U0541534

作者简介

孔祥俊,法学博士,上海交通大学讲席教授,博士生导师,知识产权与竞争法研究院院长。当前主要研究方向为知识产权法和竞争法。

曾先后任职于国家工商行政管理局和最高人民法院,曾任最高人民法院审判委员会委员和知识产权审判庭庭长,长期从事知识产权与竞争法的行政执法和司法审判工作,参加或主持多部反不正当竞争行政规章和司法解释的起草,曾参与反不正当竞争法的相关修订和执法评估。

反不正当竞争法范式论

孔祥俊 著

商务印书馆

图书在版编目(CIP)数据

反不正当竞争法范式论 / 孔祥俊著. -- 北京：商务印书馆，2025. -- ISBN 978-7-100-24257-8

Ⅰ.D922.294.4

中国国家版本馆CIP数据核字第2024BD7110号

权利保留，侵权必究。

反不正当竞争法范式论
孔祥俊　著

商 务 印 书 馆 出 版
（北京王府井大街36号　邮政编码100710）
商 务 印 书 馆 发 行
北京市白帆印务有限公司印刷
ISBN 978-7-100-24257-8

2025年4月第1版　　开本880×1230　1/32
2025年4月北京第1次印刷　印张16⅛
定价：108.00元

目 录

序言 ·· 1
第一章 反不正当竞争法的现代化 ························· 4
　第一节 历史阶段和现代化特征 ························· 4
　　一、现代化的历程 ································· 4
　　二、前巴黎公约工业化时期 ························· 5
　　三、巴黎公约推动发展时期 ························· 6
　　四、后巴黎公约现代化时期 ························· 11
　第二节 反不正当竞争法现代化的理念与制度架构 ······ 16
　　一、在法律体系中的定位 ··························· 16
　　二、由公平到效率的目标追求 ······················· 26
　　三、多元保护目标 ································· 30
　　四、竞争关系的宽解释与弃置 ······················· 34
　　五、具体制度层面的现代化 ························· 37
　第三节 我国反不正当竞争法制度现代化的基本构想 ···· 38
　　一、在我国法律体系中的基本定位 ··················· 38
　　二、保护对象的"三叠加"与行为法定位 ·············· 44
　　三、具体制度的现代化设计 ························· 47
第二章 反不正当竞争法的基本定位 ······················· 51
　第一节 反不正当竞争法定位的历史演化 ··············· 51

　　　　一、历史与现实 ……………………………… 51
　　　　二、由知识产权辅助保护法到竞争法 ………… 53
　　　　三、由经营者保护法到兼及消费者保护的
　　　　　　社会法 ……………………………………… 59
　　　　四、由市场竞争法到市场行为法 ……………… 62
　　第二节　竞争法上的定位 ………………………………… 64
　　　　一、当代反不正当竞争法的基本特质 ………… 65
　　　　二、竞争行为正当性与竞争法的特质 ………… 68
　　第三节　行为类型："小杂烩"式的松散聚合性 ………… 71
　　　　一、不正当竞争行为的"杂烩性" ……………… 71
　　　　二、"杂烩性"与法律的完善和适用 …………… 74

第三章　反不正当竞争法的竞争法范式 ………………………… 78
　　第一节　反不正当竞争法的竞争法特质 ………………… 78
　　　　一、现实提出的法律定性问题 ………………… 78
　　　　二、历史与现实的结论 ………………………… 81
　　　　三、我国的现实情况、问题和对策 …………… 84
　　第二节　首要的目标取向：自由和效率 ………………… 87
　　　　一、维护健康的竞争自由 ……………………… 88
　　　　二、自由和效率的判断标准定位 ……………… 90
　　　　三、经济意义上的公平标准 …………………… 93
　　　　四、防止变相扩张知识产权专有权 …………… 95
　　第三节　行为正当性判断的竞争法思维 ………………… 105
　　　　一、本身违法与合理原则 ……………………… 105
　　　　二、竞争行为正当性的深层判断 ……………… 108
　　　　三、竞争行为正当性判断的商业伦理标准 …… 110

　　　　四、竞争行为正当性的判断范式……………… 114
　　　　五、竞争行为正当性判断的个案性……………… 116
第四章　由兜底保护到有限补充保护 ……………………… 122
　第一节　三种保护态度的取舍 …………………………… 122
　　　　一、实践提出的问题……………………………… 122
　　　　二、平行保护说…………………………………… 125
　　　　三、兜底保护说…………………………………… 129
　　　　四、有限的补充保护……………………………… 131
　　　　五、由兜底保护到有限补充保护的思考………… 134
　第二节　有限补充保护说的证成 ………………………… 135
　　　　一、功利性利益平衡格局的优化选择…………… 136
　　　　二、防止过度占有公有领域的必要约束………… 138
　　　　三、商业成果不能尽享的必然结果……………… 140
　第三节　有限补充保护的法律界限 ……………………… 141
　　　　一、专门法调整的排斥适用……………………… 141
　　　　二、传统补充性法益与新类型孵化性法益的
　　　　　　区分对待……………………………………… 147
　　　　三、基于模仿自由与搭便车原则的限制适用 … 149
　　　　四、有限补充保护说的确定性与不确定性…… 155
　　　　五、反不正当竞争法的结构性补充保护……… 157
第五章　一般条款与特别规定 ……………………………… 160
　第一节　一般条款的封闭、开放与谦抑 ………………… 160
　　　　一、司法由突破性适用到谦抑性适用…………… 160
　　　　二、一般条款谦抑性适用的缘由………………… 167
　第二节　一般条款与特别规定的适用关系 …………… 176

　　　　一、专门法、特别规定与一般条款 …………… 176
　　　　二、列举性规定排斥一般条款的适用………… 178
　　　　三、第 2 条的总则规定与分则规定的关系…… 184
第六章　反不正当竞争法的基本模型 ………………… 187
　　第一节　竞争行为正当性认定的"3＋1"模型 …… 187
　　　　一、不正当竞争行为的构成要素与"3＋1"
　　　　　　判断模型………………………………… 187
　　　　二、判断范式：权利范式与行为范式之间 …… 189
　　　　三、"公共利益"不能泛化…………………… 196
　　第二节　静态的竞争观与动态的竞争观 ………… 200
　　　　一、静态竞争与动态竞争之差异…………… 200
　　　　二、竞争观的纠结、博弈与转向 …………… 202
　　　　三、竞争观的选择………………………… 213
　　　　四、竞争属性与竞争观…………………… 214
　　第三节　法益损害中性意义上的损害观 ………… 217
　　　　一、损害观：竞争性损害的中性 …………… 218
　　　　二、损害中性源于竞争属性……………… 223
　　第四节　法益损害中性意义上的法益观 ………… 226
　　　　一、正当性判断并非立足于可诉的"法益"…… 227
　　　　二、行为特性是正当性判断的基点……… 230
　　第五节　行为规制范式与权衡性利益衡量路径 … 232
　　　　一、判断不正当竞争行为的利益衡量特性… 233
　　　　二、竞争行为正当性判断的范式比较……… 236
第七章　市场竞争的自由与公平 ……………………… 251
　　第一节　价值取向：由公平竞争到自由竞争 …… 251

　　　　　一、市场竞争中自由与公平的主从关系……… 251
　　　　　二、两种价值和观念……… 254
　　　　　三、我国反不正当竞争法中的公平、自由与
　　　　　　　效率……… 256
　　第二节　价值取向与商业道德的塑造 ……… 260
　　　　　一、通过界定商业道德实现价值取向 ……… 260
　　　　　二、判断标准的变化：商业道德、世俗道德与
　　　　　　　非道德化……… 262
第八章　反不正当竞争法的二元法益保护谱系 ……… 286
　　第一节　独特的二元法益保护 ……… 286
　　　　　一、二元法益保护格局 ……… 286
　　　　　二、二元法益保护谱系的由来与发展……… 288
　　第二节　具体的法益保护结构 ……… 297
　　　　　一、"补充保护性"与"孵化性"具体法益……… 298
　　　　　二、知识产权类具体法益与非知识产权类
　　　　　　　具体法益……… 310
　　　　　三、具体法益保护的适格性……… 311
　　第三节　一般性法益保护 ……… 326
　　　　　一、一般法益的界定……… 326
　　　　　二、一般法益保护与竞争法走向……… 331
　　　　　三、小结……… 333
第九章　由竞争关系到竞争行为 ……… 336
　　第一节　竞争关系的两个层面 ……… 336
　　　　　一、我国对竞争关系的认识……… 336
　　　　　二、实践中竞争关系的突破与抛弃……… 338

    三、界定竞争关系的两个层面…………… 341
    四、竞争关系的国际观察…………………… 342
  第二节 基于竞争行为的不正当竞争………… 348
    一、不正当竞争基于竞争行为……………… 348
    二、目的和效果意义上的竞争行为………… 350
    三、竞争性损害与不正当竞争行为………… 352
    四、法律调整定位与行为定性……………… 353
    五、基于竞争行为界定不正当竞争的国际
      观察………………………………………… 356
  第三节 民事诉讼中的损害关系………………… 358
    一、竞争关系与民事关系…………………… 358
    二、原告资格与竞争性损害关系…………… 360

第十章 "搭便车"的反不正当竞争法定位……………… 369
  第一节 "搭便车"的反不正当竞争法界定…… 369
    一、"搭便车"的两种法律定位…………… 369
    二、"搭便车"的一般界定………………… 373
    三、"搭便车"的两种类型………………… 376
    四、实践中定位"搭便车"的疑问………… 377
  第二节 竞争观与"搭便车"的适用定位……… 384
    一、竞争观对于"搭便车"的定位作用…… 384
    二、伦理性的公平竞争观与经济性的效率
      竞争观……………………………………… 385
    三、两种竞争观的显著差异………………… 393
    四、我国"搭便车"裁判观点：对立与效率观的
      端倪………………………………………… 395

　　　　　五、竞争观对"搭便车"的应然态度……………… 401
　　　　　六、由伦理标准到效率标准转变的实现路径 … 405
　　　　　七、裁判标准的交织融合性……………………… 406
　　第三节　相关法律的协调性与"搭便车"的定位 …… 407
　　　　　一、一般条款适用的总体态度与具体路径…… 407
　　　　　二、"搭便车"与知识产权专门法的适用边界 … 408
　　　　　三、"搭便车"、既得利益与动态竞争…………… 411
　　第四节　"搭便车"构成不正当竞争的例外性………… 414
　　　　　一、模仿自由与"搭便车"的正当性…………… 414
　　　　　二、构成不正当竞争的例外性…………………… 415
第十一章　商业数据的"孵化性"保护………………………… 419
　　第一节　商业数据保护的反不正当竞争法路径 …… 419
　　　　　一、商业数据的由来……………………………… 419
　　　　　二、商业数据权益保护须寻求操作性路径 … 420
　　　　　三、在保护上宜区别各类数据…………………… 421
　　　　　四、数据权益保护的反不正当竞争法选项 … 422
　　第二节　数据权益保护的国内实践与域外借鉴 …… 423
　　　　　一、数据权益反不正当竞争保护实践的利弊
　　　　　　　分析……………………………………………… 423
　　　　　二、数据反不正当竞争保护的国外经验……… 432
　　　　　三、我国数据反不正当竞争保护的"赋权"
　　　　　　　模式……………………………………………… 437
　　第三节　数据权益反不正当竞争保护的模式构建 … 442
　　　　　一、受保护数据的构成…………………………… 442
　　　　　二、受保护数据的保护措施……………………… 445

第四节　数据侵害行为的类型化 …………… 451
　　一、数据侵害行为的归类…………… 451
　　二、不构成数据侵权的例外…………… 453
　　三、数据使用的实质性替代标准问题……… 454
第十二章　商业数据权：一种独立的新型工业产权 ………… 457
　第一节　独立的权利化是商业数据权益保护的"孵化"方向 ……………… 457
　　一、走向一种独立的新类型商业数据权…… 457
　　二、商业数据界权的逻辑起点…………… 461
　第二节　数据权益工业产权化保护的司法雏形 …… 466
　　一、具体权利的保护路径…………… 466
　　二、反不正当竞争保护路径…………… 468
　　三、两种保护路径的利弊分析………… 471
　第三节　商业数据纳入工业产权序列的契合性 …… 472
　　一、商业数据单独设权的必要性………… 472
　　二、观念上的直觉与实践中的便宜………… 473
　　三、商业数据归入知识产权的历史逻辑…… 474
　　四、商业数据与工业产权的兼容性………… 478
　第四节　可权利性商业数据的构成要素 ………… 480
　　一、合法性…………… 481
　　二、集合性…………… 481
　　三、管理性…………… 483
　　四、可公开性…………… 491
　　五、商业数据的商业价值性………… 492
　第五节　商业数据的权属界定原则 ……………… 494

一、投入界权原则……………………………… 495
二、分层界权原则……………………………… 496
三、责任界权原则……………………………… 498
四、商业数据界权的整体构想………………… 499

后记 …………………………………………………… 501

序　言
——三维架构、低门槛宽范围与实用哲学

《反不正当竞争法》于1993年9月2日通过,自1993年12月1日起施行。此后,该法于2017年和2019年历经两次修改,现在又正在进行第三次修改。近年来《反不正当竞争法》的频繁修改,说明其重要性和活跃度与日俱增。

国际范围内的反不正当竞争法是一个各具特色的法律领域,既有《保护工业产权巴黎公约》反不正当竞争条款那样的国际通行规则,又有各具特色差别极大的各国国内法情况。[①] 我国《反不正当竞争法》独树一帜,内容丰富和调整面广泛,活跃在市场经济发展的最前沿。

《反不正当竞争法》有其独特的架构和灵魂,突出地体现为如下三个方面。

第一,竞争行为正当性判断的三个维度。不正当竞争行为由法益、范式和价值三个维度构成,即判断是否构成不正当竞争,必须基于受保护的法益、行为判断范式和价值衡量三个维度。但是,三个元素在不同的行为之中有不同的权重和侧重。

[①] 参见〔德〕弗诺克·亨宁·博德维希主编:《全球反不正当竞争法指引》,黄武双等译,法律出版社2015年版,第3—4页。

第二,实用主义的灵活哲学。反不正当竞争,它奉行鲜明的实用主义,对于新难问题和法律界限模糊的领域,可以"先做后说""只做不说"或者"先问题而后主义",可以先搁置争议而解决问题,追求解决问题的有效性。这是其能够发挥独具一格的"孵化性"保护、试验性保护等功能的根基,也使其能够活跃在互联网、大数据、人工智能等科技经济的前沿领域。[①]"事实上我们每个人,即使是我们当中那些没有听说过甚至是痛恨哲学名词和概念的人,都有一种支撑生活的哲学。我们每个人都有一种如流水潺潺不断的倾向,不论你是否愿意称其为哲学,却正是它才使我们的思想和活动融贯一致并有了方向。"[②]感悟《反不正当竞争法》的独特哲学,可以澄清认识和辨明方向。

第三,法律调整的宽范围、开放性和低门槛。市场经济无所

[①] 学界有人批判不正当竞争认定中的实用主义,认为实用主义有悖法律适用的基本逻辑,包括会导致法律适用缺乏稳定性、统一性,进而会破坏人们的预期;更强调结果导向,往往先预设结果,再推导构成要件,颠倒法律规则适用的先后顺序;容易导致法律适用中"向一般条款逃逸"。实用主义还容易造成法律制度冲突,以及不符合法律发展的细化与整合趋势。见焦海涛:"不正当竞争行为认定中的实用主义批判",载《中国法学》2017年第1期。其实,实用主义是法律实践的宿命,只不过不能把实用主义庸俗化,实用主义更不是为所欲为、随心所欲。法律实践不是简单的逻辑演绎,不是纸上谈兵,而是以解决实际问题的有效性为基本目的。《反不正当竞争法》适用中的实用主义首先以遵从法律规定及基本法律逻辑为前提,如在严肃界定构成要件的基础上以竞争行为为规制对象,始终注意把握反不正当竞争的独特精神和理念,并强调其他特别法适用的优先性而避免法律冲突和遵从细化的法律秩序。只是对于一些新情况新问题(如数据权益保护)及尚未达成共识的模糊区域(如曾经的体育赛事直播画面和电子游戏玩法的保护问题),在遵从《反不正当竞争法》基本逻辑的前提下给予实用主义的调整。对于既有具体规范不清晰的领域纳入适当的法律领域进行探索性调整,是法律发展的必由之路。任何情况下都能做到法律适用的清晰可预期,并不符合法律适用的实际。

[②] 语出威廉·詹姆斯,转引自〔美〕本杰明·卡多佐:《司法过程的性质》,苏力译,商务印书馆2005年版,第3页。

不在,《反不正当竞争法》以竞争行为为调整对象,有可以开放性适用的一般条款,且构成标准具有巨大的裁量性,因而在法律调整上具有宽范围、开放性和低门槛等特性,能够灵活而便利地涵摄新的保护对象和纳入新的竞争行为。

以上三个方面是全面把握《反不正当竞争法》的"纲",纲举则目张。领会其精神可以为理解和解决《反不正当竞争法》的新难问题提供基础性支撑。

第一章 反不正当竞争法的现代化

第一节 历史阶段和现代化特征

一、现代化的历程

国际范围内的反不正当竞争法已有一百余年的发展史,当今世界的反不正当竞争制度既保留了发展初期的基本构架,又与时俱进地吸收了新内容。在历经前巴黎公约工业化时期和巴黎公约推动发展时期的基础上,于20世纪中期以后的后巴黎公约现代化时期,世界范围内的反不正当竞争法通过一系列观念和制度的变革,开启了其现代化的进程,形成了以保护对象多元化为标志的现代反不正当竞争制度,在理念和制度上呈现出新的阶段性特征。无论是通过国际推动还是国内发展,这一现代化进程仍在继续。

经百余年发展而来的反不正当竞争法,无论是基本理念还是具体制度,都历经了多次变革和多个发展阶段,每一阶段都有其阶段性标志和特征。当然,历史都有其延续性,变革和创新从来都是在继承与扬弃的基础上进行。近现代反不正当竞争法经历了前巴黎公约[即1883年缔结的《保护工业产权巴黎公约》(简称巴黎公约)]工业化时期、巴黎公约推动发展时期和后巴黎公约现代化时期。1900年巴黎公约修订时引进反不正当竞争条款之前,当时的欧洲工业化国家已有形式不一的反不正当竞争立法和实践。1900年至五六十年代,巴黎公约反不正当竞争条款在推动世界反不正当竞争法的发展中发挥了关键作用,但此后未再继续修订和发展。20世纪五六十年代以后,反不正当竞争法又进入后巴黎公约的现代化发展阶段。

我国《反不正当竞争法》吸收了传统反不正当竞争法的基本内核,体现了现代反不正当竞争法的核心元素,并结合国情形成了自己的特色。无论是当前的法律修订还是法律的具体施行,都需要站在当今世界的历史起点之上,积极推动法律的全面现代化。

二、前巴黎公约工业化时期

19世纪后半期,随着自由贸易观念的确立(1791年法国大革命时率先确立),近代反不正当竞争法在欧洲工业化国家应运而生[1]。此前是由基尔特通过铁腕手段维护商业上的公平秩序,自由贸易观念瓦解了基尔特制度,但在自由贸易中期望"理性的"商人自觉自愿地公平对待竞争对手,这注定是一种幻想,因而自由贸易必然伴随不公平竞争,需要建立遏制不正当竞争的相应规则。因此,反不正当竞争是随着行业协会(基尔特)制度瓦解和自由竞争兴起而产生的,当时多数欧洲工业化国家很快感到必须建立维护公平竞争的规则,并以不同方式迅速应对和解决不正当竞争问题。

---

[1] Rogier W. de Vrey, *Towards a European Unfair Competition Law: A Clash Between Legal Families*, Martinus Nijhoff Publishers(2006), pp. 150-151.

例如,法国率先运用民法典第 1382 条侵权责任一般条款,快速而灵活地发展出反不正当竞争(action en concurrence déloyale)的判例法体系,为商人提供防止混淆危险、模仿、诋毁、泄露秘密、寄生竞争的保护[1]。德国于 1896 年和 1909 年制定了《反不正当竞争法》,开创了反不正当竞争专门立法的先河。英国既未确立不正当竞争诉讼,又无专门法,但其传统的衡平法和普通法可以实质性解决一些不正当竞争问题,特别是仿冒(passing off)之类的诉讼[2]。很显然,前巴黎公约时代的反不正当竞争法是维护市场竞争或者竞争秩序的,并无突出的保护工业产权色彩。

三、巴黎公约推动发展时期

完成工业化之后的英国、法国和德国等欧洲国家开始进入后工业化时代,国际贸易随之增多,但它们的企业在对外贸易中经常遭遇不正当竞争,尤其是遭遇国内企业优先的歧视待遇。而且,它们也认识到国际工业产权保护并不足以公平保障其企业的利益,因而需要再增加更多更灵活的补允保护。将巴黎公约的国民待遇原则扩张到反不正当竞争,也就引起这些国家的关注。

例如,英国国内传统上并无专门的反不正当竞争制度,但却是将反不正当竞争条款纳入《保护工业产权巴黎公约》的积极倡导者和推动者。这显然是出于维护英国国家商业利益的需要。

---

[1] 法国反不正当竞争法理对大多数欧洲国家产生了影响,但法国本身并无系统融贯的反不正当竞争规范,而主要基于判例法。*Unfair Competition Law: European Union and Member States*, by Frauke Henning-Bodewig, Kluwer Law International (2006), p. 113.

[2] Ibid., p. 2.

19世纪后半叶和20世纪初期,英国主要的国际贸易利益是保护其制造品(制造业产品),即18世纪的工业革命使英国成为世界工厂,其国内已制定1862年《商标法》,但其国内普遍抱怨,随着与美国尤其是德国在国际市场上的竞争日益增多,英国制造商和出口商的国外利益不能得到充分保护。英国产业界的主要抱怨是各种原始形式的假冒和仿造(特别是在那些市场中没有注册商标保护、保护不力、保护上受歧视等情形);滥用英国国家和地方名称,如谢菲尔德钢铁、曼彻斯特棉花;通过短斤缺两制造虚假价格优势;处心积虑或者简单粗暴地滥用注册商标制度,如代理人将委托人的商标注册为自己的商标,地方制造商将国家标志、质量标志甚至产品特征注册为自己的商标。[1] 在工业产权国际保护还不足以保障对外贸易利益的情况下,英国政府积极推动反不正当竞争国际保护。

出于更好保护本国企业的共同目标,主要工业化国家克服各自国内保护方法的差异,而于20世纪初在巴黎公约中引入反不正当竞争条款,这是当时克服国内法的差异而达成的最大公约数。例如,巴黎公约能够规定被它们所接受的宽泛的一般条款[2]。缔约国法国、德国、奥地利、英国是当时的主要工业和贸易国,其国内均有形式不一的反不正当竞争基本规范。这些规范并不限于工业产权保护。1900年修订巴黎公约时纳入不正当竞争内容,当时的主要工业化国家显然不是为了构建国际反不正当竞争体

---

[1] Christopher Wadlow, *The Law of Passing-off: Unfair Competition by Misrepresentation*, Sweet & Maxwell(2011), pp. 66-67.

[2] See Reto M. Hilty, Frauke Henning-Bodewig, *Law Against Unfair Competition: Towards a New Paradigm in Europe*, Springer(2007), p. 55.

系,而纯属出于保护自身国际贸易利益的实用主义需要,有针对性地和选择性地规定不正当竞争条款。而且,巴黎公约是保护商标、专利等专门性工业产权的,这些权利构成其核心内容,反不正当竞争只是具有补充和辅助作用,不是其保护上的优先选项[①]。

　　1883年缔结的巴黎公约并未规定不正当竞争条款。1897年至1900年外交会议期间,法国代表团曾经建议新增第10条之二,明确将国民待遇原则适用于反不正当竞争法,这几乎没有争议地被采纳。采纳该规定意味着成员国在反不正当竞争法的适用时不得搞歧视,但并未要求任何特定程度或种类的保护。即使成员国并无反不正当竞争法,也并不违反该条规定[②]。

　　1911年至1925年之间,巴黎公约只是对国民待遇及一般性保护要求进行了规定。在1911年华盛顿会议上,根据巴黎联盟国际局的建议,"制止不正当竞争"被纳入巴黎公约第2条列举的工业产权名单之中,使其与其他工业产权一样自动适用国民待遇原则。而且,在英国建议的基础上,第10条之二修改为:"所有缔约国应当确保提供有效的反不正当竞争保护。"[③]此次英国关于增设行为类型的建议未被采纳。

[①] See Reto M. Hilty, Frauke Henning-Bodewig, *Law Against Unfair Competition: Towards a New Paradigm in Europe*, Springer(2007), p.54. 虽然巴黎公约将反不正当竞争纳入工业产权范围,但对于其是否属于知识产权始终存在争议。如欧盟法院就不认为反不正当竞争属于知识产权范围。See EJC, June 17, 1981 Case C-113/80, 1981 ECR I-01625.

[②] Christopher Wadlow, *The Law of Passing-off: Unfair Competition by Misrepresentation*, Sweet & Maxwell(2011), pp.68-69.

[③] 原第10条之二关于国民待遇的规定已无必要,国际局建议直接删除该条,但未被采纳,而采纳了英国的该建议。Christopher Wadlow, *The Law of Passing-off: Unfair Competition by Misrepresentation*, Sweet & Maxwell(2011), pp.69-70.

1925年海牙修订会议之前,制止欺诈性商业竞争行为是一个重要关注点。此次会议形成了一般条款与例举特定行为的条文结构,基本形成了现在这种模式,但不正当竞争的规定还仅限于针对商品的行为,且只规定了市场混淆和商业诋毁行为。例如,其中第(1)(2)项分别为:"以任何方式造成与竞争者的商品(goods)混淆的所有行为";"在商业中诋毁竞争者商品的虚假表示"。同时,增加了要求成员国提供有效救济的第10条之三(巴黎公约第10条之三)。此次会议对于是否将虚假广告列举进来进行了讨论,根本的分歧是此种行为是属于不正当竞争法还是消费者保护法的范围问题。主张后者的成员国认为这属于国内法的问题,不适宜纳入国际条约。这种分歧使得该讨论无果而终[1]。

1934年伦敦修订会议就广泛的修订内容进行了讨论,但收效甚微,最后只是扩展了行为的作用对象,即认为1925年海牙文本只适用于对商品的混淆和诋毁,而服务、企业或者工商业活动本身也需要如此保护,因而将"商品"扩展为"企业、商品或者工商业活动"。此次会议上德国提出禁止一些比较广告的建议,以及丹麦、法国、挪威、瑞典和瑞士提出禁止有关来源、性质、制造商、产品销售或者商业服务质量等虚假宣传的建议,均未被采纳[2]。

1958年里斯本会议增加了虚假宣传行为。1967年斯德哥尔摩修订会议又进行了一些修订之后,巴黎公约第10条之二一直未再改变。

---

[1] Christopher Wadlow, *The Law of Passing-off: Unfair Competition by Misrepresentation*, Sweet & Maxwell(2011), p. 85.

[2] See Reto M. Hilty, Frauke Henning-Bodewig, *Law Against Unfair Competition: Towards a New Paradigm in Europe*, Springer(2007), p. 63.

巴黎公约原则上只涉及与工业产权保护有关的内容,但这些只是反不正当竞争法的一部分,它本身还有其他与工业产权保护无关的内容。例如,在1925年荷兰修订会议期间,英国政府对其谈判代表发出如下指令:"你要特别阻止旨在将无关工业产权的内容(如保护新闻信息、商业诽谤、贿赂等),或者在国际贸易中不太突出的抱怨,纳入(第10条之二)不正当竞争条款之内。"[1]

巴黎公约反不正当竞争条款对成员国的立法产生重大影响,许多成员国国内立法将巴黎公约第10条之二作为效法的模板。特别是,许多国家的立法都采纳了"诚实的商业习惯做法"(honest trade practices)的表达及三类具体行为。至今欧洲许多国家的反不正当竞争法显然都与巴黎公约第10条之二有渊源关系[2]。至少到20世纪中期,大多数工业化国家一直都在巴黎公约第10条之二的基础上衍生发展[3],形成自己的不正当竞争法,当然也根据各自市场的需求增加了一些新内容。英国等仍在其国内法拒绝采纳此种不正当竞争制度。后来,巴黎公约第10条之二又对发展中国家的反不正当竞争立法产生重要影响。而且,为满足发展中国家的立法需求,世界知识产权组织开始总结反不正当竞争法经验,并组织制定示范条款。[4]

---

[1] Christopher Wadlow, *The Law of Passing-off: Unfair Competition by Misrepresentation*, Sweet & Maxwell(2011), p. 82.

[2] See Reto M. Hilty, Frauke Henning-Bodewig, *Law Against Unfair Competition: Towards a New Paradigm in Europe*, Springer(2007), pp. 57-58.

[3] 巴黎公约只是规定了灵活的和开放的反不正当竞争最低标准,并不要求制定特别法。各国可以根据自己的传统和情况实施条约的规定。法国、德国、英国等自始即采取了不同的路径。

[4] See Reto M. Hilty, Frauke Henning-Bodewig, *Law Against Unfair Competition: Towards a New Paradigm in Europe*, Springer(2007), p. 58.

巴黎公约反不正当竞争条款在很大程度上也是工业化时代欧洲国家反不正当竞争法的总结、吸收和延伸,在两者交互作用的基础上形成了传统的反不正当竞争法。其突出的标志主要是:与工业产权结缘,被纳入工业产权领域,二者客观上虽有密切联系,但更多是实用主义考虑;将保护对象限定为经营者或者竞争者,而不是消费者[1];巴黎公约支撑和推进了反不正当竞争规范的国际一体化。

四、后巴黎公约现代化时期

后巴黎公约时期,全球知识产权保护发展到由世界知识产权组织主导的时代,但从国际层面上看,Trips协定并未全面吸收巴黎公约反不正当竞争条款[即其"巴黎公约+"模式("paris-plus" approach)并不包括反不正当竞争法],只是在地理标志和未披露信息部分提及巴黎公约第10条之二[2]。反不正当竞争法现代化主要是由欧美国家通过改革国内法而推动的。

例如,早期比利时反不正当竞争依据的是法国民法典第1382

---

[1] "传统的反不正当竞争法保护经营活动,而不保护消费者利益。" See Frauke Henning-Bodewig (ed.), *International Handbook on Unfair Competition*, C. H. Beck · Hart · Nomos(2013), p. 208.

[2] 当然,Trips协定将巴黎公约第2条关于知识产权种类的规定纳入"巴黎公约+"其中,是否由此认为WTO成员有义务遵循巴黎公约第10条之二,并不清楚。至少就其明确包括的工业产权条款看,并不一般性地包括不正当竞争,而只包括所提及的具体情形。但是,WTO上诉机构对于"Havanna Club"案的裁决(Panel Report, Us-section 211 Omnibus Appropriation Act of 1998 of August, 2001 and February),就商号保护问题扩张了巴黎公约的适用范围。See Reto M. Hilty, Frauke Henning-Bodewig, *Law Against Unfair Competition: Towards a New Paradigm in Europe*, Springer(2007), p. 59.

条侵权责任一般条款,不正当竞争行为被界定为商人为竞争目的,因故意或者过失侵害竞争者在工商业活动中产生的权利的行为①。比利时于1934年颁布法令,旨在落实巴黎公约的规定,将一般条款规定为损害竞争者商誉或者竞争能力的违反诚实商业习惯做法,并列举了部分行为,规定了禁令救济。这是一种严格意义上的不正当竞争法。比利时于1971年颁布《市场行为法》,将其并入1934年法律。该法规定的行为包括一些销售方式、广告等,并将一般条款规定为一个商人损害或者试图损害一个或者多个其他商人的职业利益的、违反诚实商业习惯做法的行为。与1934年法律相比,该法在一般条款的规定中舍去了损害商誉和竞争能力的限制,扩展了其范围;任何职业利益均可纳入保护范围,原被告无需具有直接的竞争关系,如制造商与零售商之间的关系亦无不可。当然,即便消费者系1971年法律的保护对象,所给予的保护也是次要的,保护消费者的实体条款有限,只有消费者组织可以提起禁令救济的集体诉讼。后来比利时又进行了法律变革,于1991年制定"贸易行为、信息与消费者保护法",主要是新的消费者保护规定,包括引入有关消费者保护的新的一般条款,即禁止销售商损害或者可能损害一个或者多个消费者利益的、违反诚实商业习惯做法的行为。1991法律具有实施欧盟有关保护消费者的指令的意图②。这是比利时反不正当竞争法由狭义到广

---

① MOREAU,"Traite de la concurrence illicite"(1904). See Reto M. Hilty, Frauke Henning-Bodewig, *Law Against Unfair Competition: Towards a New Paradigm in Europe*, Springer(2007), p. 139.

② See Reto M. Hilty, Frauke Henning-Bodewig, *Law Against Unfair Competition: Towards a New Paradigm in Europe*, Springer(2007), p. 139.

义、由竞争者保护到范围更广泛的经营者和消费者保护,以及由竞争法到贸易行为法的转变过程[①]。

21世纪以来,反不正当竞争法律继续发生一些重大变化。例如,欧盟于2005年发布"不公平商业行为指令",虽然调整的是经营者与消费者之间的行为,重在保护消费者利益,但对于统一和发展反不正当竞争规则具有重要意义。德国为此还通过修订反不正当竞争法,实施该指令的规定。德国对于反不正当竞争法的新修订也产生了一般理论观念的转变,即由传统的诚实习惯做法标准,转向为竞争目的的不正当竞争行为标准。除明确保护竞争者和消费者利益外,市场竞争不受扭曲的公共利益被明确承认为受反不正当竞争法保护的目的[②]。

1967年之后巴黎公约反不正当竞争条款未再变动,但世界知识产权组织(WIPO)仍在努力发展和统一反不正当竞争标准。1990年代世界知识产权组织组织专家对世界反不正当竞争的发展状况进行了研究,于1994年提出"反不正当竞争保护:当今世界状况"专题报告[③],着重分析了有关成员国反不正当竞争立法现

[①] See Reto M. Hilty, Frauke Henning-Bodewig, *Law Against Unfair Competition: Towards a New Paradigm in Europe*, Springer(2007), pp.139-141.

[②] See Henning-Bodewig, "A New Act Against Unfair Competition in Germany", 36 ITC 421-432, 425-426(2005); See Reto M. Hilty, Frauke Henning-Bodewig, *Law Against Unfair Competition: Towards a New Paradigm in Europe*, Springer (2007), p.74.

[③] *Protection Against Unfair Competition: Analysis of the Present World Situation*, presented by the International Bureau of WIPO, WIPO publication No.725, Geneva 1994. 该研究报告初稿系委托德国马普所两位研究人员撰写,并在听取了来自12个成员国的12位专家意见以后发布的。该报告对于1990年代世界范围内的反不正当竞争状况进行了比较分析。

代化的做法,并旨在进一步推动反不正当竞争国际协调发展。在此基础上,世界知识产权组织于 1996 年提出"反不正当竞争示范条款"(简称示范条款)[①]。示范条款是为了实施反不正当竞争领域的国际义务而提供指南[②]。这些文件反映了 1960 年代以后世界反不正当竞争法的新发展。例如,首先,巴黎公约第 10 条之二采取的是传统界定模式,其诚实商业习惯做法的标准仅适用于竞争行为,但示范条款放弃了这种限制,拓宽了所调整行为的范围,认为"放弃竞争行为的要求,澄清了消费者也属于保护之列"[③]。1958 年虚假宣传条款纳入巴黎公约第 10 条之二,实际上已引入消费者保护元素。示范条款还规定,有权请求救济者包括"受到

[①] Model Provisions on Protection Against Unfair Competition, presented by the International Bureau of WIPO, WIPO publication No. 832, Geneva 1996. 示范条款是世界知识产权组织推动相关法律领域的国际规则国际协调统一的重要方式。统一相关领域国际规则的方式有多种。首先是通过国际条约的方式,如《保护工业产权巴黎公约》,条约具有法律拘束力。其次是"软法"(soft law)方式,近年来世界知识产权组织以这种方式对于一些领域的新发展快速做出反应,以尽可能防止各国各行其是而妨碍相关法律领域的国际协调统一。例如,在商标法领域,巴黎联盟和世界知识产权组织大会通过了三个联合建议,即分别为有关驰名商标保护、商标许可问题以及因特网环境下商标和其他工业产权保护的联合建议。"软法"不具有法律拘束力,但表达了国际社会的共识,具有很强的说服力。国内立法和国内法院裁判可以遵循。再次是示范法方式。"反不正当竞争示范条款"既不是条约又不是"软法"文件,而是由世界知识产权组织国际局提供,而不是由联盟大会通过,目的是为成员国立法和裁判提供参考范本和指南。其实际影响力与"软法"文件类似。"反不正当竞争示范条款"就是为如何实施反不正当竞争国际条约义务提供一个有说服力的范本,促进国内立法的统一协调和国际共同原则的进一步发展。See Reto M. Hilty, Frauke Henning-Bodewig, *Law Against Unfair Competition*: *Towards a New Paradigm in Europe*, Springer(2007), pp. 72-73.

[②] Ibid., p. 69.

[③] Model Provisions on Protection Against Unfair Competition, presented by the International Bureau of WIPO, WIPO publication No. 832, Geneva 1996, at 10, note1.06.

损害或者有损害之虞的任何自然人或者法人",这表明不仅限于竞争者及其联盟,还可以是消费者及其协会。这也超出了巴黎公约第 10 条之二的范围。示范条款不再要求行为人之间具有竞争关系,不具有直接竞争关系的当事人之间也可以构成不正当竞争行为。其次,示范条款细化了巴黎公约列举的三类行为,但在具体界定中反映了现代发展,如采取广义的混淆概念。再次,将侵犯商业秘密等一些新的行为纳入列举的行为类型之中。

示范条款是基于巴黎公约反不正当竞争条款的开放态度,所做出的示范性规定,体现了"国际反不正当竞争法对于实际问题和需要的适应性"。"引入消费者保护、放弃竞争关系要求、采取宽泛的混淆方法、诋毁和误导行为的新构造以及明确列举淡化和商业秘密的不正当竞争新情形,目的都是为了使传统的诚实习惯做法的原则跟上时代步伐。"① 而且,以功能性市场取向方法塑造不正当竞争认定标准,强调竞争自由和市场效率的观念和理论的转变,这也是 1994 年世界知识产权组织研究报告以后出现的新发展。这些发展已足可以改写该研究报告。②

总之,这一时期是反不正当竞争法的现代化时期,主要标志是:20 世纪中期消费者运动的影响与消费者元素的引入,使其保护对象扩大到经营者、消费者和公共利益,调整范围扩展到严格竞争关系以外的市场主体;引入了与工业产权关系不密切的行为和市场管理规则,甚至成为市场行为法,或者与反垄断关系更加密切;出现了公、私法交织的现象,欧美均有以公权力管制竞争的

---

① See Reto M. Hilty, Frauke Henning-Bodewig, *Law Against Unfair Competition: Towards a New Paradigm in Europe*, Springer(2007), p.72.
② Ibid., p.75.

规则和制度,如一些欧陆国家(德国、比利时等)对于折扣、有奖销售等的管制;英美法影响增强,反不正当竞争的目标实现了由公平到效率的转变。

第二节 反不正当竞争法现代化的理念与制度架构

现代化是对传统的突破和再造,是继承基础上的扬弃与创新。反不正当竞争法的传统与现代的对比,可以使我们更加清晰确定制度的定位和精神。当然,在现代化的过程中,各国立法依然呈现出理念和制度的多样化,而不可能只有一种模板,只是在差异化和多样化的基础上,还存在理念和制度上的共同趋向。

例如,首先,反不正当竞争法(主要是欧陆国家)由维护公序良俗和社会和谐的传统目标,转向强化竞争自由和市场效率的现代观念,如2004年德国反不正当竞争法修订由公序良俗标准转向扭曲市场标准。其次,由传统的保护经营者的法律定位,转变为同时保护消费者和社会公共利益,形成保护目标上的"三位一体"或者"三驾马车"[1]。再次,一些传统的法律构成标准转变为现代法律标准,如仿冒行为中的市场混淆概念广义化。

一、在法律体系中的定位

反不正当竞争法的传统内容具有相对的稳定性,同时又不断

---

[1] Rogier W. de Very, *Towards a European Unfair Competition Law: A Clash Between Legal Families*, Martinus Nijhoff Publishers (2006), pp. 45-46.

发生新变化。至少在许多国家,反不正当竞争法具有独立性或者相对独立性,尤其是在德国等单独立法的国家更是如此。如荷兰学者所说:"传统上的反不正当竞争法被认为属于独立的法律分支,不同于知识产权法和反垄断法。"[1]当然,反不正当竞争法的内容(调整对象)及其与其他法律之间的关系是发展变化的。比较突出的是,一方面,它常常以孵化新权利的方式补充保护知识产权;另一方面,又不断在其他领域进行延展和扩张,尤其是通过适用一般条款而进入新领域和调整新行为。反不正当竞争法调整的行为不断增减变化和变动不居,与其他相关法律的边界时有变化。

反不正当竞争法的现代化首先体现于它在现代法律体系中的定位,主要是与消费者保护法、知识产权法、反垄断法(反托拉斯法)和市场行为法的关系。这些关系折射了其基本的现代定位和现代特征。这些关系是由国际国内各种因素形成的,且就法律发展本身而言,它更多是历史传统与实用主义的产物,而通常不是理论设计的产物。换言之,我们不应该看其逻辑上应该是什么法律部门,而是有什么样的实际内容和实际的发展方向,以及形成实际状况的原因。在实际发展需求面前,理论上的完美性和严谨性往往是苍白无力的。前文回溯的发展史已或多或少地显示了这种特质。

(一) 与消费者保护的关系

20 世纪中期以后,受消费者运动影响,发达国家反不正当竞

---

[1] See Reto M. Hilty, Frauke Henning-Bodewig, *Law Against Unfair Competition: Towards a New Paradigm in Europe*, Springer(2007), p.141.

争法纳入消费者元素,至此反不正当竞争法受到深刻改造,范围拓展和边界模糊,工业产权保护只是其传统的一部分,而另外增加了新内容和赋予新使命。消费者运动形成了极大的冲击,影响了反不正当竞争法的现代走向,在欧洲国家尤甚,但各国对此进行了不尽相同的应对。例如,由于各国历史传统和国内立法差异极大,欧盟始终在反不正当竞争法的统一化方面没有太大作为[①],但为保护消费者权益,在误导性广告以及贸易行为等领域制定了一些重要的法律,这些法律实质上涉及不正当竞争规则,即"实质上是以消费者保护法的形式统一成员国国内竞争法"[②],且成员国在落实欧盟指令时以直接或者间接方式相应地改造了国内反不正当竞争法,形成了反不正当竞争法的新格局。

现代大陆法国家反不正当竞争法向不同方向发展(又被称为不同的反不正当竞争路径),大体上有两种基本方向。其一是,通过引入消费者和公共利益保护,而扩充和改变反不正当竞争法。如德国 2004 年对于反不正当竞争法进行了革命性修订,其中为落实欧盟不公平商业行为指令而引进消费者和公共利益保护,改变了法律的目标取向和制度设计。另外一些国家因引进消费者和公共利益保护,而将反不正当竞争法改造为市场行为法。这些

[①] 如有的学者所说,反不正当竞争法过于难以捉摸,以至于很难标准化,遑论一体化了;尽管反不正当竞争法有其共同标准(巴黎公约反不正当竞争条款为其代表),但存在大量的难以类型化的模糊领域。Anselm Kamperman Sanders, *Unfair Competition Law:The Protection of Intellectual and Industrial Creativity*, Clarendon Press(1997), p. 1.

[②] See Reto M. Hilty, Frauke Henning-Bodewig, *Law Against Unfair Competition:Towards a New Paradigm in Europe* Springer(2007), p. 10.

国家更倾向于称为"市场行为法"(market practices law)[1],目的是为经营者、消费者和一般公众的利益而管制各种市场行为[2]。这些国家的典型不正当竞争行为既包括误导广告、对消费者的不正当影响行为,也包括诋毁竞争对手、不正当干预竞争者的业务或者侵占商业秘密[3]。这些国家也赋予消费者及消费者社团对于不正当竞争行为的救济权。其二是,采取消费者保护法与反不正当竞争法分立的做法,后者只保护经营者因竞争者的不正当竞争行为所遭受的损害[4]。法国、意大利和一些中东欧国家采取此种做法。如法国依照民法典侵权责任一般条款保护诚实经营者,维持其保护竞争者的传统做法,但顺应消费者运动和保护消费者的需要,又另外构建了消费者保护法律体系。意大利与法国的情形类似,即依据民法典确立的反不正当竞争规则,要求竞争者之间须具有竞争关系,只有受损害的竞争者可以寻求反不正当竞争救济;消费者因不正当竞争行为受到损害的,只能依据合同或者侵权责任一般规定寻求救济;有关误导性广告和比较广告的专门法赋予消费者团体向普通法院寻求救济的权利[5]。尽管这些国家采取了分立方式,但反不正当竞争与消费

---

[1] 如奥地利、比利时、丹麦、德国、西班牙、瑞典等。

[2] 如西班牙1991年反不正当竞争法和德国2004年反不正当竞争法,均明确规定了该立法目的。

[3] *Intellectual Property, Unfair Competition and Publicity: Convergences and Development*, edited by Nari Lee, Guido Westkamp, Annette Kur and Ansgar Ohly, Edward Elgar(2014), pp.34-35.

[4] Ibid., p.35.

[5] See Reto M. Hilty, Frauke Henning-Bodewig, *Law Against Unfair Competition: Towards a New Paradigm in Europe*, Springer(2007), pp.155-160.

者保护相互之间仍有千丝万缕的联系[①]。此外,美国联邦贸易委员会法同时适用于反垄断与反不正当竞争,而二者均具有保护消费者的目的。

例如,比利时1971年法律又并入了一些自身违法的规则,其中既包括由有关误导性、诋毁性和比较性广告的现有判例类型化的行为,又将现有保护小商品主不受异常销售和促销方式侵害的规定扩展进来。为此,1971年法引入了进行联合邀约(1935年法只禁止附赠销售),以及(效法法国)进行亏损式销售。以后的修订甚至引入更为严格限制打折(特别是进入夏季前和冬季结束前的换季销售打折)的规则。"随着1991年市场行为法的制定,现有的反不正当竞争法——当时已成为内容更为广泛的法律部门即贸易行为法——又并入了消费者保护的新条款。市场行为法已成为并入实施有关广告、不公平合同条款和远程销售的欧盟消费者指令的法律。"比利时反不正当竞争法或者贸易行为法包含了许多与竞争无关的条款,这些条款旨在保护小商店业主和消费者的个人和集体利益。比利时市场行为法已将原来的反不正当竞争法吸收成为其中的一部分,成为包括反不正当竞争以及其他营销行为(marketing practices)的市场法律"杂烩",这些营销行为涉及价格标志、标签、广告、促销、销售方式、消费者信息、不正

[①] 如意大利学者所说,像意大利这样采取狭义的反不正当竞争法与消费者保护各行其道的国家,与采取三元叠加保护的广义反不正当竞争法的国家,在实际效果上并无太大差异。See Reto M. Hilty, Frauke Henning-Bodewig, *Law Against Unfair Competition: Towards a New Paradigm in Europe*, Springer(2007), p.160.

当竞争以及一般的不公平商业行为①。这些新引进的内容与工业产权保护渐行渐远,已突破了传统的反不正当竞争意义,这也是将反不正当竞争法称为贸易行为法或者市场行为法的重要原因。

(二) 与知识产权法的关系

反不正当竞争法与知识产权法具有特殊而重要的关系,当然对于这种关系的认识和界定也不尽一致。初期的反不正当竞争法是为了管制市场竞争秩序和市场行为而产生的,当时的市场关系和法律部门远没有后来发达,但至少在其产生之时并不是工业产权法。1900年之后,由于后工业化时代工业化国家对外贸易的需要,反不正当竞争被纳入巴黎公约之中,成为工业产权保护的一部分,且在20世纪上半叶,巴黎公约主要影响了工业化国家反不正当竞争法的发展和统一,此后又对其他成员国继续产生影响。纳入知识产权保护固然有其在保护属性上具有高关联度的客观基础,但实用主义考虑更为重要。例如,在早期反不正当竞争法就被视为保护商人用以从事市场活动必要元素(工业要素)的概称,这些元素就是商号、商标、产品设计、商誉、与供应商和客户的合同、制造方法等。工业产权和反不正当竞争都保护这些元素,只不过角度和方式有所不同,很难从性质上区分开来②。基于

---

① See Reto M. Hilty, Frauke Henning-Bodewig, *Law Against Unfair Competition: Towards a New Paradigm in Europe*, Springer(2007), pp.141-144.

② Ibid., p.139. 为法律所禁止的部分不正当竞争对于知识产权专有权有补充作用,即"虽不构成侵害专有权行为,但所保护的是类似利益,特别是对于造成混淆可能性的禁止,以及对于利用竞争对手的商标或者其他识别标志的特性的禁止,更是如此"。同上书,第154页。

这种共性而将其纳入工业产权保护,并不显得突兀。最为典型的是英国的实用主义态度,即英国并无专门的国内反不正当竞争制度,但为了急迫的重要对外贸易利益,而成为将反不正当竞争条款引入巴黎公约之中的积极推动者。总体上看,这一时期的反不正当竞争法的内容更多与工业产权相关联,其内容相对纯粹和具有明显的专门性。如比利时学者所言:"自从(比利时)1971年市场行为法制定之后,反不正当竞争法即丧失其专门性(specificity)。此前的反不正当竞争法是由巴黎公约第10条之二转化而来的一般条款,与民法典第1382条(侵权责任)具体化形成的行为类型所组成,并规定了专门的禁令救济。"[1]

反不正当竞争法与知识产权法的关系至少可以从以下方面理解。首先,它们是相互独立或者相对独立的法律分支。即便是笼统地将反不正当竞争法归入知识产权法,也只是其部分内容与知识产权保护有关,但该内容又不是其他知识产权法的组成部分,也即不能由其他知识产权法所包括。反不正当竞争法的部分内容与知识产权具有功能上的补充性,但属于不同的法律部门,且有些内容又与知识产权保护无关[2]。而且,反不正当竞争法有一项重要的原则,即不能用以确立或者扩张专有权[3],而只能以自身独特的方式立足于制止不正当竞争行为。其次,一些知识产权

---

[1] See Reto M. Hilty, Frauke Henning-Bodewig, *Law Against Unfair Competition: Towards a New Paradigm in Europe*, Springer(2007), p. 144.

[2] *Protection Against Unfair Competition: Analysis of the Present World Situation*, presented by the International Bureau of WIPO, WIPO publication No. 725, Geneva 1994, at 26, para. 37.

[3] See Reto M. Hilty, Frauke Henning-Bodewig, *Law Against Unfair Competition: Towards a New Paradigm in Europe*, Springer(2007), p. 154.

开始先由反不正当竞争法调整,条件成熟后纳入知识产权专门法的保护之中。反不正当竞争法有时称为新类型知识产权的"孵化器"(incubator)和前身(forerunner),或者使现有的知识产权扩展到新的保护领域或者对象。例如,德国1965年版权法之前,录音和表演受反不正当竞争法保护,德国法院依据反不正当竞争法一般条款授予表演者拟制的"改编权",后来上升为版权法上的权利。[1] 再次,保护范式和调整方法的重大区别。反不正当竞争法有补充保护的功能,但二者有不同的保护范式,在调整方法上有重大差异。反不正当竞争法是行为法,重在对于行为正当性的判断[2]。除列举性规定的行为具有自身违法色彩而比较易于判断外,依照"违反诚实的习惯做法"之类的一般条款和抽象标准判断不正当竞争行为,往往需要平衡多种利益,因而"实际上,不正当竞争越来越具有利益平衡意蕴"[3]。这与权益保护法属性的知识产权法有根本差异。如有的学者所说,二者的基本差别是,"侵害专有权的行为构成自身违法,并不涉及依据职业正当性(profes-

---

[1] *Intellectual Property,Unfair Competition and Publicity:Convergences and Development*,edited by Nari Lee,Guido Westkamp,Annette Kur and Ansgar Ohly,Edward Elgar(2014),p.19.

[2] 反不正当竞争法是更多行为取向的规范(the more conduct-oriented regulations),其对"损害"的界定最终取决于公共利益和诚实商业习惯做法之类的基础观念。*Intellectual Property,Unfair Competition and Publicity:Convergences and Development*,edited by Nari Lee,Guido Westkamp,Annette Kur and Ansgar Ohly,Edward Elgar(2014),p.313.

[3] *Protection Against Unfair Competition:Analysis of the Present World Situation*,presented by the International Bureau of WIPO,WIPO publication No.725,Geneva 1994,at 26,para.37.

sional correctness)进行评估问题"①。反不正当竞争法则需要在考量多种因素的基础上进行利益衡量,因而具有天然的灵活性和不确定性。灵活性(flexible)甚至被认为是反不正当竞争法实现其功能所必备的属性,且其保护不能像知识产权法那样有注册登记之类的形式要求②。

(三) 与反垄断法的关系

反不正当竞争法与反垄断法同在管制市场竞争行为,其相互之间的关系日渐紧密。如比利时学者认为,"传统上反不正当竞争法被认为是一种独立的法律分支(a separate branch of the law),不同于知识产权法和反垄断法。……它与反垄断法的关系似乎日益紧密。"③

近几十年来出现了反不正当竞争与反垄断合并立法的倾向。一些国家和地区将反不正当竞争法与反垄断法合并立法,并由同样的竞争执法机关执行(如美国、澳大利亚等),反不正当竞争与反垄断的法律标准更趋统一,因而无论是在内容上还是在形式上都实现了竞争法的深度融合。例如,1914年制定的美国《联邦贸易委员会法》第5条属于一般条款④,被司法判例拓展为三个领

---

① See Reto M. Hilty, Frauke Henning-Bodewig, *Law Against Unfair Competition:Towards a New Paradigm in Europe*, Springer(2007), p. 154.

② *Protection Against Unfair Competition:Analysis of the Present World Situation*, presented by the International Bureau of WIPO, WIPO publication No. 725, Geneva 1994, p. 13, para. 11.

③ See Reto M. Hilty, Frauke Henning-Bodewig, *Law Against Unfair Competition:Towards a New Paradigm in Europe*, Springer(2007), p. 141.

④ 该条禁止商业中或者影响商业的"不正当(unfair)的竞争方法"以及"不正当或者欺骗性的行为或做法"。

域,即保护竞争的效率、保护企业免受不正当竞争的危害以及保护消费者免受不正当竞争或者误导性做法的危害[①]。该条既是反垄断(反托拉斯)的依据,又是联邦反不正当竞争的重要法源。但是,该条规定并未明确区分反垄断与反不正当竞争之间的界限,致使对其解读并不明确和统一。一百多年来,美国的立法机构、执法机关、法官和学者,均做了大量的探索。联邦贸易委员会以前的执法实践经常将不正当竞争行为与垄断行为的认定割裂开来。2015年发布的联邦贸易委员会《关于〈联邦贸易委员会法〉第5条的执法原则声明》明确规定,依据该条规定进行执法或者解读时会依照传统的反垄断分析原则进行,将考虑对消费者福利的影响,评估对竞争过程造成的正负效应。该规定结束了百余年来关于不正当竞争行为是否应受反垄断基本原则约束的争议,且明确了对消费者利益和竞争过程影响的考量[②]。尤其是,鉴于当今美

[①] 《联邦贸易委员会法》第5条规定"不正当竞争"非法,但没有对不正当竞争行为进行界定。美国联邦最高法院认为违反《谢尔曼法》的同样违反《联邦贸易委员会法》第5条,但该条还涵盖《谢尔曼法》调整范围以外的行为。联邦最高法院认为该条是对市场参与者和消费者免受任何形式的不正当竞争或者误导性做法危害的全面保护[FTC v. Motion Picture Advertising Service Co.,344 U.S. 392(1953)]。〔瑞士〕安德烈亚斯·凯勒哈斯《从华盛顿、布鲁塞尔、伯尔尼到北京——竞争法规范和功能比较》,杨华隆、伍欣译,中国政法大学出版社2013年版,第11页。

[②] 这是在长期执法经验的基础上总结出来的。首先,将"不正当"分析从反垄断基本原则中脱离出来很有可能会导致消费者的不利后果。其次,有利于规制那些不属于反垄断法范畴但却损害竞争的行为。再次,对不正当竞争行为的规制应当与反垄断法的基本原则结合起来,确保对不正当竞争行为的规制与反垄断法的基本经济原则保持一致。针对不正当竞争行为的执法重点在于竞争损害评估,同时也应当考虑可能存在的效率及商业抗辩。赖特(Joshua D. Wright):"反垄断与反不正当竞争的关系",载《竞争政策研究》2016年5月号。

国反垄断分析采取效率原则[①],这意味着反不正当竞争法亦是如此。

二、由公平到效率的目标追求

反不正当竞争法产生于欧洲大陆法国家,先是由法国裁判确立反不正当竞争观念,后来德国率先制定了专门的反不正当竞争法,再后来反不正当竞争条款又纳入《保护工业产权巴黎公约》。日本、韩国等主要继受欧陆反不正当竞争法,我国反不正当竞争立法之时深受欧陆法影响,也借鉴了一些东亚国家和地区的立法经验。因此,无论是国内法还是国际条约,欧陆国家都是先行者和发源地。欧陆国家传统的反不正当竞争法重视社会和谐理念,其立法的重要价值取向是维护社会和谐,而并不完全考虑市场效率[②],主要体现为对市场管制和干预较多,如对于折扣附赠的管

[①] 1970年代美国反托拉斯法引入法经济学分析,引起了反托拉斯法律体系的根本性变革。其中,最为突出的是接受了基于新古典经济学思想的芝加哥学派的直接影响,以至于重塑了反托拉斯法目标和内容的基本思考方法。该经济学派有一个强有力的假定,即市场是充满活力的,有能力"自我纠正",支配市场的地位是不能长久的,因此,政府的干预可能产生更多的损害而不是益处。这是一种基于效率的竞争观。它以惊人的速度征服了美国联邦法院和联邦反托拉斯界。参见〔美〕戴维·格伯尔:《全球竞争:法律、市场和全球化》,陈若鸿译,中国法制出版社2012年版,第152—167页。美国反托拉斯法在经济政策上以"自由竞争"为基础,在社会政策上以保护小企业主、中产阶级和消费者为基础,而对竞争本身的相应理论基础却缺少探究。随着时间的推移,尤其是在"哈佛学派"和"芝加哥学派"争论的影响下,美国反托拉斯政策的目标得到了新定义,慢慢开始转向强调经济政策意义上的对竞争效率的保护,但社会政策上的动机(通过制约权力保护自由)仍构成典型的美国反托拉斯法的思维原点和归宿。〔瑞士〕安德烈亚斯·凯勒哈斯:《从华盛顿、布鲁塞尔、伯尔尼到北京——竞争法规范和功能比较》,杨华隆、伍欣译,中国政法大学出版社2013年版,第6—7页。

[②] 参见〔比〕保罗·纽尔:《竞争与法律:权力机构、企业和消费者所处的地位》,刘利译,法律出版社2004年版,第4—5页。

制,对于不具有混淆可能的逼真模仿的禁止。英美国家传统上一直重视自由和效率,不主张对市场有太多的管制,更为强调自由竞争和市场机制①。20世纪下半叶以来,欧陆国家的立法观念逐渐转变,已更多地转向市场效率,减少对市场的干预,而英美国家也在适当地扩展其"仿冒行为"的范围,但总体上仍是强调市场观念。

欧陆国家传统的"诚实的习惯做法"标准是一种伦理标准,强调的是商业道德,而反不正当竞争法现代转变的一个重要标志,就是由此种传统方法转向功能性的市场取向方法(the functional market-based approach),即一种确保使有效率的市场竞争成为市场经济核心手段的方法。就其保护目的而言,以功能性市场取向方法解释"诚实的习惯做法"概念,就是引入经营者、消费者和公共利益的"三叠加"考量方式。如引入"三叠加"保护是德国2004年修订的反不正当竞争法的重要变革,其中除保护竞争者和消费者外,所保护的公共利益就是使竞争有效率地发挥作用(效能竞争,the efficient functioning of competition),其含义就是保护市场参与者行动和决定的自由②。世界知识产权组织2004年"反不正当竞争保护"专题报告注意到这种国内法上的趋势,提出

---

① 例如,英国法官一直有不愿就市场行为进行裁判的传统,认为这些决定依赖政策考量,而这恰是议会的特权。Anselm Kamperman Sanders, *Unfair Competition Law: The Protection of Intellectual and Industrial Creativity*, Clarendon Press (1997), p.2.

② Henning-Bodewig, *A New Act Against Unfair Competition in Germany*, 36 ITC 421, 432, 425-426 (2005). See Reto M. Hilty, Frauke Henning-Bodewig, *Law Against Unfair Competition: Towards a New Paradigm in Europe*, Springer(2007), pp.74-75.

"保护一般公共利益,特别是竞争自由的利益"[1]。

传统的诚实习惯做法概念被赋予新含义,或者说以新方法进行解释,该含义或者方法被称为"确保有效率的竞争(the efficient operation,效能竞争)作为市场经济核心方式"的"功能性市场取向的方法"(the functional, market-based approach)[2]。此种方法要求以"三叠加"方式确定反不正当竞争法的保护目标。

例如,1997年以前,德国等一些欧陆国家对于比较广告持怀疑或者严格限制态度。德国最高法院在早先的一个判决中认为,任何人不能成为自己的法官,而任何经营者均不能容忍被竞争对手用作广告的工具[3]。这更多体现的是维护和谐的观念,不是出于市场效率的考虑。英国对比较广告持宽容态度,只要不引人误解或者虚假陈述,就没有问题[4]。后来欧盟制定了比较广告的指令,允许比较广告并限定了比较广告的条件。允许比较广告有利于增强市场透明度,体现了市场效率的取向。

荷兰传统的反不正当竞争法保护的是竞争者,体现为保护优胜的竞争者,保护竞争者已有的市场地位、市场成果,以及后来又

---

[1] Protection Against Unfair Competition: Analysis of the Present World Situation, presented by the International Bureau of WIPO, WIPO publication No. 725, Geneva 1994, at 24-25.

[2] See Reto M. Hilty, Frauke Henning-Bodewig, Law Against Unfair Competition: Towards a New Paradigm in Europe, Springer(2007), p. 74.

[3] RG, GRUR 1931, 1299, 1301. Intellectual Property, Unfair Competition and Publicity: Convergences and Development, edited by Nari Lee, Guido Westkamp, Annette Kur and Ansgar Ohly, Edward Elgar(2014), p. 50.

[4] Intellectual Property, Unfair Competition and Publicity: Convergences and Development, edited by Nari Lee, Guido Westkamp, Annette Kur and Ansgar Ohly, Edward Elgar(2014), p. 50.

保护弱势地位的当事方。法院对于市场功能的干预理所应当,如严格禁止比较广告。但是,后来认识到传统的公平竞争标准会形成市场进入的障碍,因而判例法开始逐渐改变态度。1983年比利时上诉法院的一个判决允许百事可乐与可口可乐进行默示比较广告,给严格禁止比较广告的规定开了口子[1]。其他法院进行效法,允许为消费者提供准确信息而进行的比较广告[2]。德国原来一直主张禁止比较广告。1934年在修订巴黎公约的伦敦会议上,德国就建议增加禁止某些比较广告的规定,但未获支持。无论是为了保护优胜者还是保护市场成就,严禁比较广告体现的是传统的和谐竞争观,保护的是竞争者利益,但引入消费者保护和市场效率之后,竞争者利益只是一个方面,对于竞争者利益的牺牲能够获取更大的竞争利益,如使市场更为透明、更有效率和更有创新力,就适当允许牺牲竞争者利益,而实现消费者与公共利益的最大化。[3] 英美国家则是对于比较广告持宽松态度,后来欧盟及欧陆国家改变了严禁比较广告的态度。

再如,在处理反垄断与反不正当竞争的关系上,荷兰法院采

---

[1] Court of Appeal, Brussels, June 7, 1983 journal des Tribunaux(J. T.)717-Pepsi-Cola v. Coco-Cola; The Cour de Cassation (Cass.) confirmed this judgement: Cass., March 21, 1985, Arresten van het Hof van Cassatie 1001.

[2] See Reto M. Hilty, Frauke Henning-Bodewig, *Law Against Unfair Competition: Towards a New Paradigm in Europe*, Springer(2007), p. 142.

[3] 竞争者利益与公共利益(包括消费者利益)的关系恰如"数字"与"数据"的关系。在大数据时代,"数据"不同于"数字"。例如,一个学生考了88分,这是一个数字;如果把88分背后的因素考虑进去,如家庭背景、努力程度、学习态度、智力水平、老师教学效果等,将其与88分联系起来,就成了"数据"。同样,竞争者利益考量的是特定竞争者个人市场利益的得与失,而公共利益则考虑更大范围内和更深程度上对于竞争秩序和市场机制的影响,如果看似牺牲特定竞争者个体利益,而换来了市场竞争的更有活力和更高效率,则法律在利益取舍上应该考虑更大更重要的利益。

取了竞争自由和市场效率的态度。为落实欧盟竞争法(反垄断法)的需要,比利时制定了竞争法,其目标是维护效能竞争。随之而产生了与市场行为法规定的竞争规则的协调问题,核心是如何处理市场行为法有关禁止限制性行为(restrictive practices)与反不正当竞争一般条款的关系。此前法院将诸如选择性销售和拒绝交易之类的限制性行为,作为不正当竞争予以禁止。竞争法施行以后,有些"琐细"的限制性行为并不抵触效能竞争要求。比利时最高法院于2000年作出的一项判决认为,诸如拒绝供应之类的限制性行为如由不具有市场支配定位的经营者实施,并不违反竞争法(反垄断法),因而也并不需要由反不正当竞争法调整,除非该行为另外构成了滥用权利行为[①]。此时不违反反垄断法的限制性行为,也就排除于反不正当竞争法的禁止之外。

三、多元保护目标

保护目标是反不正当竞争法的基本问题,它不是可有可无的,而是直接决定着法律的基本定位和基本法律标准。尤其是,反不正当竞争法的保护目标是确定市场竞争"不正当性"(也即竞争行为正当性)的最重要的因素[②]。反不正当竞争法的保护目标经历了由单一到多元的过程。"反不正当竞争法最初是为了保护

---

① Cass., January 7, 2000, 2001 Revue Critique de Jurisprudence belge (R. C. J. B.) 249. See Reto M. Hilty, Frauke Henning-Bodewig, *Law Against Unfair Competition: Towards a New Paradigm in Europe*, Springer(2007), p. 142.

② "决定市场中的'不正当性'(unfairness in the marketplace)的最重要因素,来自反不正当竞争法的目的。"See *Protection Against Unfair Competition: Analysis of the Present World Situation*, presented by the International Bureau of WIPO, WIPO publication No. 725, Geneva 1994, at 24, para. 33.

诚实商人。当今时代消费者保护已被认为同等重要。而且,有些国家特别强调一般公众的保护,特别是其竞争自由的利益。因此,现代反不正当竞争法具有三元叠加的目的,即保护竞争者、保护消费者和为一般公众利益而保障竞争。"[1]如瑞士和西班牙的反不正当竞争法所规定的,其目的是为所有相关方的利益而确保公平和不被扭曲的竞争。实际上这意味着也是功能性地界定不正当竞争,特别是考虑市场运行中所涉各方即"相关方"的利益[2]。

巴黎公约第 10 条之二并未涉及消费者保护问题,而只是在纳入保护工业产权范围的情况下,规范"竞争行为",保护的立足点是经营者的利益[3]。巴黎公约所规定的不正当竞争行为仅限于竞争者之间的行为(conduct between competitors),即其所界定的"工商业活动中违反诚实的习惯做法"的"任何竞争行为"(any act of competition),此外不再属于其调整范围。但是,1958 年里斯本会议修订巴黎公约时引入的误导公众行为,已开始突破仅保护竞争者利益的限制,而为保护消费者利益提供了路径。鉴此,也就既可以根据保护竞争者利益的目标解释公约规定的不正当竞争一般条款,也可以从保护消费者的视角进行解释[4]。这就为扩张不正当竞争行为的范围埋下伏笔。"示范条款"第 1 条一般条款规定在延续巴黎公约第 10 条之二"违反诚实的习惯做法"传

---

[1] See *Protection Against Unfair Competition: Analysis of the Present World Situation*, presented by the International Bureau of WIPO, WIPO publication No. 725, Geneva 1994, at 24-25, para. 33.

[2] Ibid.

[3] See Reto M. Hilty, Frauke Henning-Bodewig, *Law Against Unfair Competition: Towards a New Paradigm in Europe*, Springer(2007), p. 57.

[4] Ibid., p. 67.

统标准的同时,又将其置于更大的行为背景之下,而不再将其限定为巴黎公约所规定的竞争行为,并在注释中澄清,"不再要求应当限于竞争行为,旨在表明消费者也是受保护的"①。这一旨在指导实施反不正当竞争国际义务的"示范条款"扩展了保护目标,实现了反不正当竞争目标由一元(竞争者)向二元(竞争者和消费者)的转变。与此相适应,"示范条款"扩展了可寻求救济者的范围,即"受到或者可能受到不正当竞争损害的任何自然人或者法人"。因此,不仅是竞争者及其联盟,而且包括消费者及其联盟,均可以获取救济②。

保护目标直接涉及不正当竞争行为的判断。首先,诚实商人标准是逻辑起点。反不正当竞争法最初是作为保护诚实商人的特别法而出现的,诚实商人是该法的传统保护对象,诚实商人的行为标准是判断不正当竞争行为的逻辑起点。所有诚实商人均必然认为的不正当的行为,很难成为正当的行为③。当然,现代法的背景下,仅考虑诚实商人利益是不够的。在决定是否构成违反"诚实商业做法"时,消费者是一项重要(甚至主要)的因素。也即,消费者利益是认定是否构成不正当竞争的考量因素④。

按照"功能性市场取向方法"的要求,除保护竞争者和消费者

---

① *Model Provisions on Protection Against Unfair Competition*, presented by the International Bureau of WIPO, WIPO publication No. 832, Geneva 1996, at 10, note1.06.

② Ibid., at 12, note1.10.

③ *Protection Against Unfair Competition: Analysis of the Present World Situation*, presented by the International Bureau of WIPO, WIPO publication No. 725, Geneva 1994, at 25, para. 34.

④ See Reto M. Hilty, Frauke Henning-Bodewig, *Law Against Unfair Competition: Towards a New Paradigm in Europe*, Springer(2007), p.57.

以外,所保护的公共利益存在于竞争的效率功能作用,即保障市场参与者的行动和决策自由。世界知识产权组织1994年研究报告已经注意这种国内法趋向,即成员国"保护公共利益,尤其是竞争自由的利益"。其次,同样要考虑消费者利益。有些行为在特定经营领域被普遍认可,但仍被其他市场主体认为具有"不正当性"。"在这种情况下,必须对实际的行为标准进行了一些伦理矫正。伦理标准尤其意味着消费者利益不能受到无谓的损害,如无视真实原则(消费者以此为基础进行交易),或者引诱消费者实施不适当甚至损害性行为,或者侵害其隐私。"[1]就不正当竞争的本性而言,"(经营者)不是通过凭据其产品或者服务的质量和价格优势,而是通过不正当利用他人成果,或者以虚假或误导性宣传影响消费者需求,获取竞争上的成功"[2]。经营者和消费者利益都是不可或缺的考量方面。再次,公共利益的考量。有些行为乍看之下既不损害经营者又不损害消费者,但可能在整体上对经济产生不利后果。例如,以倾销的价格销售商品从长远看会损害中小型经营者,对自由竞争不利。如果把这种经济因素考虑进来,就会认定其构成不正当竞争行为(比利时和匈牙利等反不正当竞争法对此有明文规定)[3]。因此,决定"违反诚实的习惯做法"之类的不正当竞争行为判断标准时,三种利益都需要加以考虑。"实际上,不正当竞争越来越具有利益平衡意蕴。"当然,在认定是"正

---

[1] *Protection Against Unfair Competition:Analysis of the Present World Situation*,presented by the International Bureau of WIPO, WIPO publication No. 725, Geneva 1994,at 25,para. 35.
[2] Ibid.,at 24,para. 33.
[3] Ibid.,at 25,para. 36.

当"还是"不正当"时可能存在的差异,通常都是因为对三种目标权重的不同取向。例如,采取这种保护竞争者的传统观念的国家,与特别重视消费者和公共利益的国家,其法律对同样的行为会有不同的定性①。

四、竞争关系的宽解释与弃置

巴黎公约对于不正当竞争行为的界定是一种被广泛采用的经典性定义,当然也代表了界定不正当竞争行为的传统模式。巴黎公约第10条之二第(1)项规定:"在工商业事务中违反诚实的习惯做法的任何竞争行为,构成不正当竞争的行为。"②巴黎公约的本意是规范竞争者之间的竞争行为,也即其主体之间具有同业竞争意义上的竞争关系。其所使用的"竞争行为""竞争者"之类的措辞,即指此意。这种过于严格的解释必然限制其适用范围,所以后来有关方面不断柔化这种要求,认为不同工商业领域的经营者之间可以构成竞争关系,甚至认为只要有间接的竞争关系即可③。也有更进一步的观点认为,不正当竞争的构成并不要求当事人之间存在竞争关系,而只是要求不正当竞争行为应当与贸易有关,也即是"竞争行为"(an act of competition),因其扭曲自由竞争而应当承担责任。根据该规定,巴黎公约成员国可以自由给

---

① *Protection Against Unfair Competition:Analysis of the Present World Situation*,presented by the International Bureau of WIPO,WIPO publication No. 725, Geneva 1994,at 26,para. 37.

② 〔奥地利〕博登浩森:《保护工业产权巴黎公约指南》,汤宗舜、段瑞林译,中国人民大学出版社2003年版,第95页。

③ See Reto M. Hilty, Frauke Henning-Bodewig, *Law Against Unfair Competition:Towards a New Paradigm in Europe*,Springer(2007),p. 65.

予制止不公平贸易行为的保护,即使当事人相互之间不具有竞争关系。其唯一要求是,不正当竞争行为(或者不公平贸易行为)违反"工商业领域的诚实惯行"。①

"示范条款"反映了这种发展变化,放弃了竞争行为的措辞,也就不再要求行为人与受损害者之间具有竞争关系。即使不正当竞争行为人与受该行为影响者没有直接的竞争关系,也可以纳入反不正当竞争的调整范围②。如"示范条款"注释所说,巴黎公约第10条之二(2)讲到了"任何竞争行为",示范条款第1条(1)(a)并未要求所调整的行为必须是竞争行为,这意味着示范条款也适用于行为人与利益受损害者之间没有直接竞争的情形。一个行为并非针对行为人的竞争对手,但可能增强行为人相对于竞争对手的市场竞争力。例如,驰名商标被他人擅自使用在完全不同的商品上,使用者并非商标所有人的竞争对手,但该使用使得使用者获得了相当于不使用的竞争对手的竞争优势,如获得销售的优势,因而该使用行为与竞争有关。而且,弃置竞争关系的要求,可以清楚地表明消费者也受保护③。

当今大多数国家已不将竞争关系作为确定不正当竞争行为的要件,如德国、比利时、捷克、丹麦、荷兰等欧洲国家均是如此。少数国家仍然要求以竞争关系为条件,如奥地利、法国、意大利、

---

① Rogier W. de Vrey, *Towards a European Unfair Competition Law: A Clash Between Legal Families*, Martinus Nijhoff Publishers (2006), p. 13.

② See Reto M. Hilty, Frauke Henning-Bodewig, *Law Against Unfair Competition: Towards a New Paradigm in Europe*, Springer(2007), p. 70.

③ *Model Provisions on Protection Against Unfair Competition*, presented by the International Bureau of WIPO, WIPO publication No. 832, Geneva 1996, at 10, note1.06.

希腊等欧洲国家。还有一些国家视案件情况决定是否要求具有竞争关系,如卢森堡和葡萄牙①。

法国、意大利等另辟消费者保护立法路径的国家,其反不正当竞争法仍限于保护竞争者。意大利反不正当竞争法(民法典中的反不正当竞争条款)只解决竞争者之间的争议和保护经营者利益。1970年代前后这种做法受到法理上的批评。批评者主张扩张其适用范围,首先是赋予消费者(至少是消费者团体)诉权,使其受民法典反不正当竞争条款的直接保护。其次是将非经营者或者非竞争者纳入保护范围,即这些主体实施的行为损害经营者和竞争,就适用不正当竞争条款调整。如此扩张可以确保反不正当竞争条款实现经济竞争的正当性,实现市场功能的优化。这是一种超越消费者个体利益的一般利益。但是,这种观点未能说服法院和改变主流观点,未能扩张诉权范围和使反不正当竞争法改变竞争关系的要求。这种争论还提交宪法法院裁决,宪法法院也没有支持赋予消费者团体诉权的诉求。

不过,后来也推动了共识的形成,即通过正当的和有效的竞争机制,反不正当竞争法不仅保护经营者利益,还保护一般公众因而也是消费者的利益。而且,据以判断不正当竞争行为的职业正当性原则(the principles of professional correctness)乃是基于一般公共利益,该利益在认定特定竞争活动是否正当时具有重要作用。但是,判例法和主流观点仍认为,反不正当竞争法只在直接的竞争关系中保护竞争者,只有直接的竞争关系的经营者可以

---

① See Reto M. Hilty, Frauke Henning-Bodewig, *Law Against Unfair Competition: Towards a New Paradigm in Europe*, Springer(2007), p. 10.

要求竞争对手遵守职业正当性原则,并赋予受损害的竞争者诉权。意大利的此种态度与其反不正当竞争实体条款的目的没有多大关系,而更多是因为,即便这些条款也有保护消费者的目的,意大利立法机构传统上不愿意拒绝消费者团体依据调整企业市场行为和竞争的法规提起侵害诉讼的权利。此后意大利为实施欧盟误导性广告指令而制定了专门的法规(74/92 号法规),明确规定三叠加保护目标,允许竞争者、消费者及其团体向行政主观机关提出诉求,不服行政处理决定时可以提起行政诉讼;允许竞争者及其协会对误导性广告提起反不正当竞争诉讼。后来的法规(281/98 号等法规)允许消费者团体向普通法院提起保护消费者的民事诉讼。意大利由此形成了由行政主管机关保护一般利益、反不正当竞争法保护竞争者的利益及消费者团体保护消费者利益的立法格局。主要涉及公共利益的,纳入行政处理和刑事处理范围;主要涉及竞争者和消费者的利益的,竞争者可以依据反不正当竞争法诉求禁令、排除令和损害赔偿,消费者个人可以寻求合同和侵权上的救济[①]。

五、具体制度层面的现代化

反不正当竞争法的现代化最终体现在制度现代化之上。其具体制度的变化体现在多个方面。比如,商业秘密纳入反不正当竞争保护,这在巴黎公约之后被广泛承认并被 Trips 协定第 39 条明确规定;不正当竞争行为具体内涵的不断扩展和变化,如仿冒

[①] See Reto M. Hilty, Frauke Henning-Bodewig, *Law Against Unfair Competition: Towards a New Paradigm in Europe*, Springer(2007), pp. 155-160.

行为中混淆标准的广义化;国内立法进行了适合自身的探索和发展,制度的差异性仍然极大,如涉及知名人物或者虚拟角色商品化权益、逼真模仿等情形,各国态度差异极大。

第三节　我国反不正当竞争法制度现代化的基本构想

我国《反不正当竞争法》立法之时即奉行市场经济目标,且认可采纳国际立法通例的态度[①],因而该法自觉或者不自觉地浸润了现代立法的气息。我国《反不正当竞争法》吸收了当今国际反不正当竞争法的现代元素,但无论是法律修订还是法律施行,均需要进一步按照现代化要求进行塑造。在当今经济和科技迅速变革的时代,我们更应该从现代背景下理解该法的定位及其相关精神,但事实上人们对于许多问题的理解并不充分和到位,以致出现了解释和适用法律上的一些障碍和偏差,引起不必要的争议。

一、在我国法律体系中的基本定位

我国《反不正当竞争法》在相关法律体系中的定位,即与消费者保护法、反垄断法等相关法律的关系,直接涉及其法律属性及

---

① 如立法说明所说,"凡是实行市场经济的国家,无论政治与社会制度如何,都把反不正当竞争的法律作为规范市场经济关系的基本经济法律之一"。所涉不正当竞争行为,"大多数为国际立法例所共有,只有个别行为是根据我国现实市场交易活动中的突出问题加以规定的"。刘敏学:"关于《中华人民共和国反不正当竞争法(草案)》的说明",国家工商行政管理总局公布,1993年6月22日。

其基本制度架构。

(一) 反不正当竞争法中的消费者保护定位

1993年《反不正当竞争法》第1条有"保护经营者和消费者的合法权益"的规定，但第2条规定了"损害其他经营者的合法权益"，而并未涉及消费者保护。该法第20条也仅授予经营者提起民事诉讼的权利。这就使该法在保护定位上出现了特殊性，即在立法目的中引入消费者保护，表明其吸收了现代元素。这与传统的反不正当竞争法有所不同，但与对于消费者保护完全另辟蹊径的法国等反不正当竞争情形又不相同。但该法第2条又未将消费者保护作为不正当竞争的构成要素，仍使该法停留在经营者保护的定位，这又与将反不正当竞争法改造为市场行为法的国家有所差别。事实上，我国另外制定了《消费者保护法》，并对虚假广告等侵害消费者权益的情形，允许消费者及消费者协会请求民事救济。这说明，《反不正当竞争法》与《消费者权益保护法》涉及的部分市场竞争行为是重合的，而后者涉及更为广泛的市场竞争和市场交易行为，且另外设定了对于消费者的民事等实体救济。反不正当竞争法实质上已不必要像欧洲一些国家那样扩展为市场行为法，且已没有必要再实质性地为消费者及消费者团体提供救济。而且，欧洲等一些国家在市场经济初期奉行自由放任，国家很少干预市场，竞争法在市场干预中一枝独秀。后来虽然对于市场的干预和管制有所增强，但毕竟干预面比较狭窄，因而有将反不正当竞争法适当扩张而改革为市场行为法的可能性，且改革之后的内容足以做到名副其实。但是，我国对于市场的相对广泛干预和管理，加上已经形成的市场法律体系，市场管理法或者市场行为法是一个更为宽泛的领域,《反不正当竞争法》只涉及部分市场行为和市场管理,将该法改造为一般的市场行为法既无可能也无必要,该法只能是管制部分市场行为的特别法,更不可能成为"经济宪法"①。

在 2017 年《反不正当竞争法》修订过程中,由国家工商行政管理总局主持起草并由国务院法制办公开征求意见的《反不正当竞争法(修订草案送审稿)》(2016 年 2 月 25 日)第 2 条第 2 款增加了消费者元素,修改为"损害经营者或者消费者的合法权益"。该稿起草者显然认识到消费者保护的现代意义及其在不正当竞争行为认定中的作用。在行政执法实践中也确实早已感到,在定义性规范中明确消费者元素,更利于认定仿冒、虚假宣传等行为,并减少认定中的争议,这种修改也是对执法经验的总结②。但是,送审稿又同时赋予消费者对不正当竞争行为的民事救济权,这就与消费者保护法的现有制度不协调,即按照我国反不正当竞争法的定位,如此规定已无必要。国务院提请全国人大常委会审议的《反不正当竞争法(修订草案)》(2017 年 2 月 22 日)第 2 条第 2 款删除了"消费者"字样,并删除消费者诉权规定。据笔者参与"修订草案送审稿"修改讨论中所了解,删除的原因是有关人士认为该法并不直接保护消费者,且消费者保护属于消费者权益保护法的范畴。这种认识不符合消费者保护在反不正当竞争中的现代定位。2017 年最终的法律修订在第 2 条增加了"消

---

① 我国在立法之初曾有反不正当竞争法为"经济宪法"之说。
② 如《反不正当竞争法》第 5 条第(2)项是否适用于非类似商品上的仿冒行为问题,曾经有过争论,但如果从保护消费者的角度考量,足以引起消费者误认的,可以适用于非类似商品。

费者权益"的内容。这是我国《反不正当竞争法》现代化的一项重要标志。

(二) 与反垄断法的界限

反垄断法旨在禁止限制或者消除竞争(妨碍或者消除竞争自由)的行为,它与反不正当竞争法同属维护竞争秩序的法律。但两者不能简单地替代或者互补,而两者之间的界限(划界)关涉竞争自由,两者之间应当存在竞争自由的足够空间。例如,2016年11月"修订草案送审稿"第6条[①]规定了滥用相对优势地位强迫交易的规定,产生较大争议和受到较多批评,最后通过的2017年法律修订未有滥用相对优势地位的条款。2022年11月22日国家市场监督管理总局公布的《反不正当竞争法(修订草案征求意见稿)》第13条再次写入滥用相对优势地位的行为。[②] 此举已引起业界和学界的关注和讨论。[③]

争论的核心问题是与反垄断法相关规定如何协调,禁止滥用

[①] 该条规定:"经营者不得利用相对优势地位,实施下列不公平交易行为:(一)没有正当理由,限定交易相对方的交易对象……"

[②] 《反不正当竞争法(修订草案征求意见稿)》第13条规定:"具有相对优势地位的经营者无正当理由不得实施下列行为,对交易相对方的经营活动进行不合理限制或者附加不合理条件,影响公平交易,扰乱市场公平竞争秩序:(一)强迫交易相对方签订排他性协议;(二)不合理限定交易相对方的交易对象或者交易条件;(三)提供商品时强制搭配其他商品;(四)不合理限定商品的价格、销售对象、销售区域、销售时间或者参与促销推广活动;(五)不合理设定扣取保证金,削减补贴、优惠和流量资源等限制;(六)通过影响用户选择、限流、屏蔽、搜索降权、商品下架等方式,干扰正常交易;(七)其他进行不合理限制或者附加不合理条件,影响公平交易的行为。"

[③] 该条成为征求意见期间各类研讨会研讨的热点问题之一。有些学者也著文加以探讨。例如,孙晋:"数字经济时代反不正当竞争规则的守正与创新——以《反不正当竞争法》第三次修订为中心",载《中国法律评论》2023年第3期。

相对优势地位行为是否打击面太宽和边界不易界定,在立法政策上是否妥当。如果一般性制止滥用相对优势地位行为,则必然架空反垄断法滥用市场支配地位行为,实质上是挤占了自由竞争的空间,即反垄断法之所以禁止滥用市场支配定位行为,是因为只要具有市场支配地位的经营者才可能左右市场竞争,而同样的行为由不具有市场支配地位的经营者实施,则属于自由竞争的范畴[①]。再如,不具市场支配地位的企业实施搭售行为,通常属于自由竞争的范畴,不需要通过反不正当竞争进行管制。当然,对于一些滥用知识产权的搭售或者附加不合理条件的行为,如果达不到垄断标准而又妨碍竞争和创新的,可以通过滥用权利的方式予以解决[②]。

(三) 反不正当竞争法在知识产权法中的有限角色

如前所述,反不正当竞争法之所以能够被归入工业产权法,客观上是因为它与知识产权法都保护经营者用以从事市场活动的必要元素(工业要素),即商号、商标、产品设计、商誉等元素,加

[①] 当然,不能把不正当竞争与垄断之间的自由竞争空间绝对化。是否需要在特殊情况下对于特定滥用市场支配地位行为予以管制,如大型商场或者超市、物业公司等强制交易行为,不予特别管制不利于保障交易对方的正当权益和维护竞争秩序,此时视情况可以按照特殊情形予以解决,但不能将滥用相对优势行为扩大化。否则会大大压缩自由竞争空间和损害市场效率。

[②] 《合同法》第329条规定了"非法垄断技术、妨碍技术进步"的情形,最高人民法院《关于审理技术合同纠纷案件适用法律若干问题的解释》(2004年11月30日)第10条对于这些情形的具体含义进行了解释。这些情形均属于滥用知识产权的行为。《反垄断法》将经营者滥用知识产权,排除、限制竞争的行为,纳入其调整范围。对于达不到《反垄断法》要求的滥用知识产权行为,可以按照上述民事法律和司法解释进行处理。

第一章　反不正当竞争法的现代化

之保护对外贸易利益等实用主义的政策考量。两者显然是以各自的方式和角度进行保护和调整，不能忽视其相互独立性和差异性。

首先，不能以反不正当竞争法变相扩张专有权。当前我国理论界对于与知识产权专门法的关系认识和把握混乱，甚至对于本属专门法调整和解决的问题，因为在专门法中有争议和认识不清，转而以反不正当竞争法取而代之，回避或者规避了专门法中的争议，并使反不正当竞争法成为扩张保护知识产权的"后门"，从而可能导致违背专门法的立法精神，变相地授予专有权或者不适当扩张专有权的保护范围，导致侵占公有领域和妨害创新，或者削弱专门法的法律调整功能。例如，有些互联网领域的不正当竞争裁判简单地保护"免费＋广告"的商业模式，给予该商业模式形同专有权的保护，不利于维护动态竞争和鼓励创新。再如，在信息网络传播权保护中由于一些法院固守原来的所谓"服务器标准"，使聚合盗链行为得不到名正言顺的直接侵权救济，转而选择反不正当竞争法保护，既使法律救济路径出现混乱和增加了不确定性，又搞乱了著作权法与反不正当竞争法的关系，使反不正当竞争法不适当地承担起保护信息网络传播权的功能，实质上削弱了著作权法对于信息网络传播权的调整和保护。因为，如果在著作权法上盗链等深度链接行为不属于直接侵权而无法获得信息网络传播权上的救济，则属于公有领域的自由行为，不应该再依照反不正当竞争法予以制止；如果属于直接侵害信息网络传播权行为，则不宜由反不正当竞争法介入该权利的保护。

其次，不能简单以专有权保护方式认定不正当竞争行为。应当按照行为法的思路,在考量相关因素的基础上认定竞争行为的正当性,而不是简单地先确定一个受保护法益,然后按照一般侵权思路认定不正当性。不能因反不正当竞争法在保护知识产权上的补充性,而忽视其本身的独立性。

二、保护对象的"三叠加"与行为法定位

1993年《反不正当竞争法》第2条将"损害其他经营者的合法权益"和"扰乱社会经济秩序"界定为不正当竞争的构成元素,前者直接保护经营者,而"经济秩序"可视为公共利益,也即实质上是将经营者和公共利益纳入保护对象,在构成要素上缺少了消费者。这种规定与传统的不正当竞争法相契合[①],但与现代保护对象的"三叠加"不相符合。2017法律修订第2条增加了"消费者权益"的内容。《反不正当竞争法》可以不授予消费者救济权,但在不正当竞争行为构成要素中纳入消费者元素是必要的,消费者权益(福利)是认定竞争行为正当性的重要考量因素。这是我国反不正当竞争法现代化的重要标志。

首先,符合市场主体的实际。市场主体包括经营者和消费者,市场竞争最终是为了争夺交易机会和消费者。只有同时考量各个市场主体的利益,才能够使竞争行为正当性的认定符合市场竞争实际,否则会失之偏颇。例如,市场竞争具有天然的对抗性,市场利益的争夺经常是此消彼长和损人利己,相互"干扰"是常

[①] 当时的参与立法者曾说,"这是一个不正当竞争传统概念的定义"。参见孙琬钟主编:《反不正当竞争法实用全书》,中国法律年鉴社1993年版,第26—27页。

态,法律只禁止极端的"干扰"行为,而并不奉行"非公益不干扰"①。出于促进消费者福利和最大限度地激励市场竞争,恰恰需要限制经营者的静态的或者既得的利益,而不断地使市场利益出于变动不居状态,以此诱发市场活力。

其次,符合反不正当竞争法的行为法属性。反不正当竞争法是行为法,不同于知识产权专门法之类的设权性法律。在设权性法律中,侵权行为的判定相对简单,只要特定的权利被侵害且没有免责事由,即构成侵权②。行为法中行为正当性的判断则需要考量与行为有关的多种因素。竞争行为正当性的判定除考量受损害的法益外,还考量其他因素。反不正当竞争法对于不正当竞争行为的界定应包含其基本构成要素,包括违反竞争原则与所损害法益,后者则包括经营者和消费者利益以及公共利益。除以竞

---

① 前些年来我国法院在涉互联网领域的不正当竞争判断中,提出所谓的"非公益不干扰"原则,即非因特定公益(如杀毒)的必要,不得直接干预竞争对手的经营行为。例如,百度与360插标不正当竞争案,北京市高级人民法院(2013)高民终字第2352号民事判决书;猎豹浏览器屏蔽优酷网视频广告案,北京市海淀区人民法院(2013)海民初字第13155号民事判决书,北京知识产权法院(2014)京知民终字第79号民事判决书;"极路由"视频广告屏蔽不正当竞争案,北京市高级人民法院4月13日发布的"2015年度北京市法院知识产权司法保护十大创新性案例"之案例二。

② 实践中有法官主张根据反不正当竞争法的法律属性确定其法律适用标准。例如,反不正当竞争法的适用首先要界定其所保护的"合法权益","合法权益"是判断"不正当竞争"的基础要件。界定"合法权益"的一个路径是"从反不正当竞争法隶属于知识产权的整体框架出发,在确保'合法权益'符合知识产权的整体理解之下,再根据反不正当竞争法的自身特点进行界定,从而既保证该法作为知识产权大类中的部门法在属性上的一致性,又能体现该法自身的独特性,更易被学界与实践所接受"。"在对'合法权益'进行界定时,既要注重将其置于'知识产权'这一大类范围内的考量,又不应忽视其自身特有的属性。"陶钧:"论反不正当竞争法在'互联网+'经济模式下适用的正当性分析",载《竞争政策研究》2016年5月号。这是一种形式主义的方式,即先确定反不正当竞争法的法律归属,即归属于知识产权法,然后按照"知识产权"的概念对于反不正当竞争法中的"合法权益"进行认定(即以按图索骥的方式根据"知识产权"概念衡量和认定"合法权益");反不正当竞争法只具有知识产权下位法之下的独特性。

争原则界定竞争行为正当性以外,损害法益的"三叠加"也具有足够的复杂性。在构成要素中忽视消费者元素,必然直接影响正当性判断的方向和结果。例如,对于互联网领域的"免费+广告"商业模式,如果简单地认为其属于合法权益,对其侵害即构成不正当竞争,就是一种一般侵权式的判断思路,并未体现行为正当性的判断特性,即未能从竞争原则和"三叠加"法益因素上进行综合考量。我国司法实践中奉行的所谓"非公益不干扰"原则就是一般侵权式判断的思维模式,而德国最高法院在2004年"电视精灵案"[①]中奉行行为法的判断模式,尤其是重点考虑消费者福利,以至于得出截然不同的裁判结论。

再次,不符合反不正当竞争法的规范实际,并可能限制其调整范围。我国反不正当竞争法定位于竞争行为和竞争秩序,并未采取严格的保护竞争者的限制,即不将严格的竞争关系一律作为构成要件[②]。保护消费者利益是放弃严格竞争关系的重要支撑。

---

① 德国最高法院2004年6月24日判决的"电视精灵案"(BGH, Urteil v. 24.06. 2004, Az. I ZR 26/02)。该案判决基于消费者福利和竞争机制的考量,认为不足以给他人造成致命性损害的有线电视广告屏蔽行为,不构成不正当竞争。德国汉堡州法院第16民事庭2015年4月21日判决的"带有付费白名单的广告屏蔽案"(LG Hamburg 16. Kammer für Handelsachen, Urteil vom 21.04.2015, 416 HKO 159/14),采取同样态度。

② 司法裁判已意识到该问题。例如,"传统行业对竞争关系的理解一般限于同业间的直接竞争关系,但当前互联网经济由于行业分工细化、业务交叉重合的情况日益普遍,对竞争关系的理解则不应限定为某特定细分领域内的同业竞争关系,而应着重从是否存在经营利益角度出发进行考察。经营利益主要体现为对客户群体、交易机会等市场资源的争夺中所存在的利益。"见北京市第一中级人民法院(2014)一中民终字第3283号民事判决书(2014年9月12日)。"在传统经济模式下,竞争关系的范围一般在于同一商品或者服务领域的竞争者。但是随着社会经济的迅速发展,尤其是随着互联网行业的出现和蓬勃壮大,出现了很多不同于传统经济模式的经营形态。而如果竞争关系的范围囿于同一商品或者服务领域的竞争者,则难以实现《反不正当竞争法》的立法目的。因此,在新经营形态不断出现的情形下,只要双方在最终利益方面存在竞争关系,应当认定两者存在竞争关系,适用《反不正当竞争法》。"见上海市杨浦区人民法院(2015)杨民三(知)初字第1号民事判决书。

而且,消费者在竞争行为中的显性程度不尽相同。在一些不正当竞争的构成中,消费者元素非常突出,如仿冒行为、虚假宣传行为等,消费者元素尤其突出和直接;在有些行为的构成中,如商业贿赂、商业诋毁、商业秘密保护等,损害经营者的利益更为直接和突出。将消费者元素纳入不正当竞争行为的界定,使得消费者元素更为直接和突出的行为,有了更加明确的依托和逻辑依据,且消费者福利更是依据一般条款认定不正当竞争的核心考量因素。

保护对象的"三叠加"定位是依据一般条款开放性认定未列举不正当竞争行为的综合考量依据。已为反不正当竞争法列举的不正当竞争行为,其构成要素明确,确定性强,可以视为"自身违法行为"。依据《反不正当竞争法》第2条第1、2款一般性规定(一般条款)认定新的不正当竞争行为,则具有较大的裁量性和不确定性。"三叠加"保护目标是确定裁量方向的重要指引。

三、具体制度的现代化设计

反不正当竞争法的现代化最终要体现和落实在具体制度设计之上。在此仅举例说明。

首先,具体制度要体现追求效率基础上的公平目标。反不正当竞争法所维护的公平竞争必须是效率前提之下的公平,而不是抽象的和孤立的公平。例如,搭售行为[1]是否仍作为不正当竞争行为。就具体交易而言,搭售行为通常会限制购买者的交易自由,但从市场竞争机制而言,不具有市场支配地位的经营者实施

---

[1] "修订草案"第11条仍保留了现行《反不正当竞争法》关于搭售的规定,即"经营者销售商品,不得违背购买者的意愿搭售商品,不得附加其他不合理的条件"。

搭售行为，应当交由市场机制去调节，属于自由竞争的范围，不予一般性禁止符合效率的要求。再如，由于市场竞争奉行模仿自由等原则，不能一般性地禁止"搭便车""食人而肥"等行为，只有在其具有特殊情形时才应当禁止，如导致市场混淆等。

其次，列举性行为的规定应当与时俱进。例如，仿冒行为的结果性要件是引起市场混淆，《反不正当竞争法》第6条以"引人误认为是该知名商品"和"引人误认为是他人的商品"表达结果要件，这是一种传统的表达方式，限于最狭义的市场混淆即对商品本身的混淆误认。现代反不正当竞争实践已采取广义的市场混淆概念，除狭义的商品混淆外，还包括主体关联关系、认可关系等外延广泛的混淆[①]。而且，为了适应实践需求，司法解释已采取扩张解释，如《最高人民法院关于审理不正当竞争民事案件应用法律若干问题的解释》第4条第1款规定："足以使相关公众对商品的来源产生误认，包括误认为与知名商品的经营者具有许可使用、关联企业关系等特定联系的，应当认定为反不正当竞争法第五条第（二）项规定的'造成和他人的知名商品相混淆，使购买者误认为是该知名商品'。"因此，2017年《反不正当竞争法》第6条以"引人误认为是他人商品或者与他人存在特定联系"取而代之。

---

① 现代法上的市场混淆被划分为多种类型，虽然具体说法存在差异，但大体上的划分是比较一致的。例如，按照世界知识产权组织有关资料的说法，反不正当竞争法中的混淆分为三种类型，即商品来源的混淆、关联关系的混淆和认可关系的混淆。商品来源的混淆是指商业标识近似到足以使一般消费者对商品来源产生混淆，包括对商品的误认或者误认为商品来源于相同市场主体；关联关系的混淆是指误认为相同类似商品的使用者存在密切的商业联系；认可关系的混淆是指虽不被误认为具有同一来源或者具有密切联系，但因商业标识的近似而认为此种协议认可使用的关系。*Protection Against Unfair Competition*, presented by the International Bureau of WIPO (1994), pp. 28-29.

再次,尽可能维护竞争自由和减少市场干预。我国《反不正当竞争法》虽较多地借鉴大陆法系国家立法经验,但在调整范围上却比较克制。反不正当竞争法只是规定了巴黎公约规定的三类行为(仿冒、虚假宣传和商业诋毁行为)及有较高国内外共识的行为(如商业贿赂、商业秘密和不正当有奖销售),这些行为都是遏制扭曲市场、降低交易成本和增强市场透明度所必须禁止的行为。这种对于调整行为采取的列举式和封闭式的立法态度,体现了对于市场竞争进行审慎干预和有限干预的精神。《反不正当竞争法》修订仍应高度重视和充分贯彻有限干预和市场效率观念。

首先,对于一般条款既要保持开放又要适当限制,即适应新形势需求,已将该法第2条明确定位为可据以认定新行为的一般条款,但又要适当加以限制,防止过宽过滥适用而过多干预竞争自由。

其次,能够纳入市场调节的行为尽可能交给市场去解决。市场机制具有强有力的自我修复和调整能力,市场自由能够确保资源优化配置和市场效率最大化,只有那些市场自身不能解决的问题,才需要法律予以干预。因此,要从最小程度干预的原则出发,确定构成不正当竞争的行为范围。例如,法律只禁止引人误解的宣传,真实而引人误解的宣传需要禁止,但虚假而不引人误解的宣传,就交给市场去识别和解决。

例如,需要限制《反不正当竞争法》第2条一般条款的适用,防止随意扩大适用范围而损害竞争自由。需要贯彻有限政府的理念,尤其是对于行政强制措施和行政处罚进行必要的限制,如对于行政机关责令暂停行为需要限制必要的条件;行政处罚最好限定于损害公共利益的情形。需要适当扩展私法救济,如可以赋予行业协会对于损害行业利益的不正当竞争行为的起诉权。此外,可以适当提高构成不正当竞争的门槛性要求,如可以要求不正当竞争行为的构成必须具有竞争损害,即对竞争秩序造成了损害。

综上所述,钱穆在其《中国历代政治得失》中曾言,制度不会凭空从一种理论中产生,而是现实孕育了制度。[①]制度是实际需求的产物,不太可能是纯粹理论的设想。实用主义具有天然的重要性。在与强烈的实际需求相较中,理想化的和纯粹的理论构想往往苍白无力。理论可以对实践推波助澜,可以因势利导借势推动实践的发展,但不可能使实践削足适履,也不可能阻碍实践发展的潮流。

---

① 钱穆:《中国历代政治得失》,九州出版社2012年版,第56页。

第二章 反不正当竞争法的基本定位

第一节 反不正当竞争法定位的历史演化

一、历史与现实

反不正当竞争法的内容选择和制度设计根本上取决于其定位,无论是制度构建、法律完善还是法律适用,首先需要廓清定位问题。这些问题需要从历史与现实、国外与国内及理论与实践等多个维度进行把握。但是,百余年来的曲折变化和现实情况的错综复杂,使有些问题的认识如雾里看花和颇有争议。当前反不正当竞争法又站在了新的历史起点上,经济全球化、互联网引领的信息社会和蓬勃兴起的新产业革命,极大地促进了世界范围内反不正当竞争法的新变革。我国《反不正当竞争法》制定于刚刚确立市场经济模式时期,其施行以来无论是内涵外延还是适用基础均发生重大变化,近年来发生的大要案又极大地拓宽了适用视野和认识深度,彰显了其在市场变革中的突出地位,因而在新的历史条件下重新思考其定位问题显得尤为必要和重要。为适应新形势和新时代的要求,近年来该法频繁修订[1],反思其定位问题在解决有关制度建构、行为的取舍及标准和角度的设定等重要问题时凸显出根本意义。

大体上说,反不正当竞争法从历史中走来,仍留存着历史的痕迹,传承着经典的制度设计,但百余年来随着经济基础的变化,尤其是由工业革命的产物走到了当今经济全球化和互联网信息时代,其定位和属性发生了重大改变,在诸多方面旧貌已换新颜,焕发了新的活力;其具体制度深受经济观念和法律传统影响,法系和国别之间的差异性较大,但又相互影响和不断有所趋同;受调整竞争行为的相关法律体系的影响,相关法律体系框架制约和定义着当今反不正当竞争法的定位和内容。回望历史和审视现实,有利于更准确地进行制度设计。

各国反不正当竞争法的起源和发展不尽相同,由此形成了不同模式。当今世界反不正当竞争的基本法律模式都是由历史发展而形成的,具有浓厚的历史烙印[2]。反不正当竞争法发源于19世纪后半期的欧洲,是伴随工业革命和自由市场原则的确立而生的。在此前的行会(吉尔特,guild system)时代,行会以铁腕手段维护商业公平秩序[3],而随着行会解体和自由贸易的引入,经营者

---

[1] 该法历经2017年和2019年历次修改,现在正在进行第三次修改。

[2] 例如,"在其他工业产权法领域,如专利法、外观设计法或商标法,人们普遍认同通过专门的综合性法律可以提供最好的保护,但制止不正当竞争的法律基础却可以从简洁的一般性侵权规范变化至专门法的详细规范。这种方式多样性的理由往往纯属历史的原因"。见世界知识产权组织编著:《知识产权指南——政策、法律及应用》,北京大学国际知识产权研究中心翻译,知识产权出版社2012年版,第106页。

[3] 行会实际上是以严格管制和抑制竞争的方式管制经济。如规定从业资格、雇工数量以及每一行业只能从事特定的业务、以便不涉足其他行会(如造车匠不能制造车轮)等。参见〔德〕森图姆:《看不见的手——经济思想古今谈》,冯炳昆译,商务印书馆2016年版,第7—8页。

不太可能自觉自愿地公平对待其竞争对手,因而欧洲工业化国家很快一致认为应当引入某种形式的公平贸易规则,但应对的具体方式却不尽相同,以至于19世纪末20世纪初的世纪之交,代表当时主要工业化国家的法国、德国、英国以及后来的美国相继确立几种基本法律模式。[①]

综观百余年来的发展历史和现实,可以看出反不正当竞争法是由多条线索交织和多元内容混合构成的法律系统,具有多面性,需要从多个线条、层面和维度,才能准确认识和把握其特质,而避免盲人摸象和以偏概全。

二、由知识产权辅助保护法到竞争法

反不正当竞争规则最初是用于辅助工业革命后不久制定的商标法和专利法的,即当初旨在填补早期知识产权立法的空白,规范那些损害知识产权所有人的商誉和受主流商业圈谴责,但又不能在法律上归类为"侵权"(infringement)而纳入知识产权法调整的商业行为。

当时的辅助保护体现为,专利所有人不仅可以依据专利法保护技术内容,还可依据不正当竞争规则制止模仿其独特外形(仿

[①] 19世纪后期为满足日益增长的工业化的需要,欧洲国家引进自由贸易(自由放任原则)。"市场行为的新技术出现了;'竞争'成为引领之星。在竞争自由的同时又保障竞争公平的愿望很快落空。通过阻碍竞争对手或者欺骗公众而获取竞争优势的诱惑明显过于强烈,而仅凭市场自身的力量不足以制衡。"于是,所有市场经济国家不得不发展出遏制这些不能接受的行为的新制度,并与经济自由原则相平衡。See *International Handbook on Unfair Competition*, edited by Frauke Henning-Bodewig, C. H. Beck · Hart · Nomos(2013), p.1.

冒行为);商标所有人可以防止竞争对手贬损性地指称其品牌商品(商品诋毁),或者防止不适当利用其商标声誉[1]。

反不正当竞争后来因被纳入《保护工业产权巴黎公约》(简称巴黎公约),遂成为工业产权保护的一部分。巴黎公约是工业化时代的产物,并随着工业化的不断发展而进行了系列修改。19世纪末叶巴黎公约缔结之时只涉及专利和商标之类的核心工业产权,并未涉及制止不正当竞争,其目标亦非促进公平竞争[2]。后来感到如无制止不正当竞争的补充保护,工业产权的保护不周延[3],因而于1900年修订公约时将制止不正当竞争纳入巴黎公约的框架之内,反不正当竞争保护自此就包含在工业产权概念之中[4]。以后经几次修改,形成了第10条之三从一般规定到典型列举的

---

[1] Gustavo Ghidini, *Intellectual Property and Competition Law: The Innovation Nexus*, Edward Elgar(2006), p.112.

[2] See *International Handbook on Unfair Competition*, edited by Frauke Henning-Bodewig, C. H. Beck • Hart • Nomos(2013), p.12.

[3] 当时将反不正当竞争纳入巴黎公约的主要原因是,20世纪初,所有主要工业国家都抱怨其企业在国外开展贸易时所遇到的不公平条件,尤其是所面对的国内竞争对手受到优待时。它们很快认识到知识产权保护本身常常不能阻止这种歧视,仍需要一种更为灵活的保护,尤其是在不能援用工业产权保护,或者现有的知识产权在制止模仿行为上保护不力的情况下。引入制止不正当竞争的内容以补充和理顺现有的工业产权,也就成为必然的选择。当时除法国以外,其他国家的反不正当竞争规则都很初步,但保护本国企业对外贸易的诱惑,使他们克服困难达成了共识。See *International Handbook on Unfair Competition*, edited by Frauke Henning-Bodewig, C. H. Beck • Hart • Nomos(2013), p.12. 可见,反不正当竞争纳入巴黎公约具有很强的实用主义色彩,所关注的是实际需要而不太可能是理论上的严谨。

[4] 但是,反不正当竞争为工业产权的组成部分的说法并未为任何人都接受。欧洲法院在1981年的一个判决中就不认可反不正当竞争为知识产权的组成部分。See *International Handbook on Unfair Competition*, edited by Frauke Henning-Bodewig, C. H. Beck • Hart • Nomos(2013), p.12.

结构。① 所列举的行为也成为广泛接受的经典不正当竞争行为。后来《建立世界知识产权组织公约》将制止不正当竞争纳入知识产权范围。由于这些公约的纳入,制止不正当竞争成为知识产权保护的组成部分。②

实际上,制止不正当竞争只是衔接和补充工业产权的保护,也即构成工业产权的外围保护③。其他专门化的核心知识产权需由这种更具灵活性的保护手段进行补充和理顺,从而增强保护效果④。而且,后来反不正当竞争的国内立法不断拓展范围,纳入一

---

① 1883年缔结的巴黎公约并未明确提及不正当竞争问题。在1883—1900年之间的修订会议上,曾试图引入对不正当竞争行为的一般性禁止,但因缺乏共识而作罢。1900年修订会议采纳法国建议,引入第10条之二,规定在反不正当竞争上的国民待遇。1911年华盛顿会议在第2条工业产权的种类中列入制止不正当竞争,并在第10条之二中写入提供反不正当竞争的有效保护。1925年海牙会议采纳了一般条款加具体情形的结构,其中具体规定了商品市场混淆行为和商业诋毁,并增加第10条之三。1934年伦敦会议将混淆行为扩展到对营业所和工商业活动的混淆,并完善了第10条之三。1958年里斯本会议规定了虚假宣传行为。至此形成了巴黎公约有关制止不正当竞争的现有规定。Christopher Wadlow, *The Law of Passing-off: Unfair Competition by Misrepresentation*, Sweet & Maxwell(2011), pp.68-71.

② 例如,有的学者指出,制止不正当竞争既被认为属于工业产权的一部分,又被认为属于其他工业化权的补充。巴黎公约第10条之二的主要意图是为了强化工业产权持有人的地位。See *International Handbook on Unfair Competition*, edited by Frauke Henning-Bodewig, C. H. Beck • Hart • Nomos(2013), p.20.

③ "在许多情况下,反不正当竞争规则用于补充知识财产法在特殊情况下没有规定或者不能规定的内容。"参见〔美〕弗雷德里克·M.阿伯特等:《世界经济一体化进程中的国际知识产权法》(下册),王清译,商务印书馆2014年版,第906页。

④ 例如,"当一项发明技术或者一个标记没有受到专利或注册商标保护时,反不正当竞争保护是工业产权如专利或注册商标保护的有效补充"。参见世界知识产权组织编著:《知识产权指南——政策、法律及应用》,北京大学国际知识产权研究中心翻译,知识产权出版社2012年版,第105页。

些无关知识产权的行为,如挖走雇员、工业间谍等行为①。这些行为只是因为没有达到像巴黎公约规定的行为那样高的共识程度,而在各国立法中各行其是。即便巴黎公约第10条之三所列举的三类行为,实际上只有市场混淆行为可以看作对于工业产权的保护具有明显的补充性,而商业诋毁和虚假宣传归入工业产权已有些牵强。②总体上说,随着知识产权专门法日益完善和扩张,反不正当竞争法的辅助保护功能在弱化,而此外的竞争法功能在加强。

当初巴黎公约将制止不正当竞争保护纳入进来,并不意味着所有不正当竞争都属于知识产权保护的内容,而除了涉及补充保护的情形外,更多是出于当时国际贸易的需要,有必要制止一些突出的不正当竞争③,也就顺便将其纳入多少有点联系的巴黎公

---

① Gustavo Ghidini, *Intellectual Property and Competition Law: The Innovation Nexus*, Edward Elgar(2006), p. 112.

② 如:"在诸如发明或者标志未获专利和注册商标保护时,反不正当竞争保护有效地为此类工业产权提供了补充保护。当然,还有其他不正当竞争情形,如巴黎公约第10条之二(3)2规定的贸易活动中诋毁竞争对手的虚假表示,并不承担此种补充功能。这是因为不正当竞争概念涵盖多种行为。"参见 World Intellectual Property Organization(WIPO):"Protection against Unfair Competition", p. 10。当然,既然纳入公约之中,就会有其与工业产权保护有关的理由,如商业诋毁和虚假宣传被认为涉及商誉保护。说前者旨在保护商誉尚可理解,但后者就有些牵强。

③ 例如,英国的态度就很典型。英国国内法不太认可不正当竞争,也即在国内崇尚自由竞争,对于不正当竞争的态度比较保守,但自始却是将不正当竞争纳入巴黎公约范围的积极推动者,其原因就在于其工业化程度最高,其产品频遭德国等国家的模仿,所以积极要求通过条约规定维护其对外贸易的利益。这种态度体现了典型的实用主义态度。参见 Christopher Wadlow, *The Law of Passing-off: Unfair Competition by Misrepresentation*, Sweet & Maxwell(2011), pp. 68-71.

约之中[1]。这显然带有权宜和实用的色彩,而并非考虑理论上的关联和严谨[2],但一旦将其纳入进去,实际上就成为巴黎公约的独立组成部分,并不非要解释成依附于其他工业产权内容。况且,巴黎公约本来将不正当竞争界定为"违反诚实商业习惯做法的行为",显然立足于规范竞争行为和维护竞争秩序,其基点和视野显然不是具体权益保护,或者只是通过制止行为的方式保护权益。即便就那些构成知识产权辅助保护的不正当竞争行为而言,也只是具有功能上的补充性,而就法律适用而言,反不正当竞争仍是独立的而不是依附的[3],即独立和并存于其他知识产权之外。况且,反不正当竞争法旨在促进公平和不受扭曲的竞争,其与各类工业产权保护的着眼点和基本原理并不相同,因而对于是否构成侵害行为的具体判断存在重要差异[4]。一些学者苦

---

[1] 当时制定专门的制止不正当竞争条约并无可能,将有点联系也有必要制止的不正当竞争行为纳入已有的条约之中,乃是一种便利或者便宜的选择。这种纳入既有历史的必要,又有历史的偶然,但不必因此一概地将纳入的行为均赋予工业产权保护意义。换言之,不能因为巴黎公约有制止不正当竞争行为的规定,就简单地将其作为工业产权的内容进行牵强附会的解释,而仍需实事求是地区别对待。

[2] 尤其是,英国国内并未承认不正当竞争侵权行为,但出于维护本国对外贸易利益,英国与法国一道成为将制止不正当竞争纳入巴黎公约的主要推手。这种国内外态度的差异典型地体现了对外贸易领域的实用主义。对此非要在理论连接上分出子丑寅卯来,恐怕很可能不得要领。See *International Handbook on Unfair Competition*, edited by Frauke Henning-Bodewig, C. H. Beck • Hart • Nomos(2013), p. 13.

[3] 例如,世界知识产权组织"反不正当竞争示范条款"第1条专门规定了制止不正当竞争行为与"保护发明、工业设计、商标、文学艺术作品和其他知识产权"的关系,认为前者独立于后者并在其之外进行适用。其解释为,"获得专利、工业设计、商标或者版权保护并不排斥反不正当竞争条款的适用"。例如,发明者可以选择将其发明以商业秘密方式进行保护。因此,反不正当竞争构成了在专门知识产权之外的补充保护。参见 World Intellectual Proprty Organization(WIPO): *Model Provision Protection against Unfair Competition*, Article 1, pp. 14-15.

[4] 例如,根据瑞士联邦法院的判决,商标法并不是反不正当竞争法的特别法,前者不能作为特别法而比后者优先适用,其结论是,两法遵循的基本原理不同。参见〔美〕弗雷德里克•M.阿伯特等:《世界经济一体化进程中的国际知识产权法》(下册),王清译,商务印书馆2014年版,第906页。

心孤诣地在内涵上详加分析,而将商业诋毁和虚假宣传等行为解释为具有保护工业产权性质或者特征,其理由有些不无道理[①],但所涉商誉之类的保护内容已过于泛泛、深层和间接,与核心知识产权差异甚大,即使与工业产权能够扯上关联,也已非常外围;有些更多是牵强附会[②],与其如此,莫不如直接认可其内容的独立性和非依附性,以及部分内容与知识产权的非关联性,这样更符合实际。

因此,在不正当竞争与知识产权保护的关系上,我们既要看到无论出于何种背景和原因,客观上两者因巴黎公约而产生了百余年来的联系,及其部分内容具有保护知识产权属性,又要看到其联系的权宜性和制度之间的差异性,及其与知识产权保护无关的内容,避免在二者关系上产生更为牵强和扭曲的解释,防止简单地将工业产权保护精神生搬硬套地适用于制止不正当竞争;也不能标签化地认为制止不正当竞争均属知识产权范畴,反不正当竞争法只能是知识产权保护法,而与知识产权无关的行为不宜纳入此类法律调整。我国法院近年来依据《反不正当竞争法》第 2 条裁判的大批量涉互联网等新兴市场的新类型不正当竞争行为

---

① 如认为因仿冒行为、商业诋毁和虚假宣传涉及商誉保护,而将其作为纳入知识产权范围的理由。而且,1925 年在修订巴黎公约的荷兰会议上,波兰学者佐儿作纳入仿冒和商业诋毁的说明时,将商誉作为其保护原理。See Christophe Heath, *The System of Unfair Competition in Japan*, Kluwer Law International(2001), p. 17.

② 例如,我国学界也有将制止不正当竞争行为归为"公平竞争权",以使其与工业产权的大概念更吻合,而且有将所有不正当竞争均纳入工业产权的意图,但显然这种说法也更多是一种为纳入工业产权范围而进行的牵强解释,将无关知识产权的内容纳入知识产权保护范围更是不切合实际。

案[1],基本上都涉及与知识产权保护无关的竞争行为,这反映了该法的竞争法功能正在强化。

三、由经营者保护法到兼及消费者保护的社会法

经营者与消费者都是市场参与者,都受竞争行为的影响,但从保护对象上看,反不正当竞争法经历了由保护诚实经营者到保护消费者的转变。[2] 反不正当竞争法律最初都是聚焦于诚实经营者的利益,保护他们不受不诚实竞争者的攻击。公众和消费者在衡量商业行为时只是一个参考因素;消费者保护问题虽然未必受排斥,但并不必然是其预定的目标,而只是一个次要因素和副产品。巴黎公约引进不正当竞争条款也是以此为基础,即当初的目的就是保护经营者不受国外不正当贸易行为的侵害,该目标也足以诱惑这些国家克服各自国内法律的差异,而将其纳入条约之中。[3]

到了1960—1970年代,随着消费者运动的兴起和消费者不愿停留在"市场的阴面",反不正当竞争的基础发生变化,所有工

---

[1] 例如,据调查,2010年至2015年,北京法院审理的涉及互联网的一审不正当竞争案件中,依据《反不正当竞争法》第2条裁判的达37%。

[2] 巴黎公约制止不正当竞争的规定始终是为了保护竞争者,而并不以保护消费者为目标,即便引入了以误导公众作为界定标准的虚假宣传行为,也并不强调其对于消费者的保护,虽然实际上同时保护了消费者。这是巴黎公约的制度定位决定的。See *International Handbook on Unfair Competition*, edited by Frauke Henning-Bodewig, C. H. Beck·Hart·Nomos(2013), pp. 20-21. 当然,巴黎公约所确立的毕竟是最低保护标准,其仅保护竞争者的态度并不妨碍成员国在其国内立法中引入消费者保护。而且,事实上WIPO后来的"反不正当竞争示范条款"也将消费者保护纳入进来。

[3] See *International Handbook on Unfair Competition*, edited by Frauke Henning-Bodewig, C. H. Beck·Hart·Nomos(2013), pp. 1-2.

业化国家都面临在其中是否及如何充分考虑公众利益,尤其是消费者利益问题。消费者利益被以各种方式成功地融入反不正当竞争法之中[①],该法甚至渐变为一般的"市场法"。[②]德国甚至还存在反不正当竞争法由个体法到社会法转变的说法。1896年德国反不正当竞争法为竞争者提供侵权法的保护,1909年反不正当竞争法则设立一般条款,尤其是1930年帝国法院开始强调保护公共利益之后,以竞争者的绝对权利作为保护客体的理论受到了质疑,"社会法"思想取而代之,即反不正当竞争法保护竞争者、消费者和公众在内的多种利益主体,而且不需要这些利益的权利化。[③]此外,消费者保护的引入甚至改造了反不正当竞争的制度和执行程序。一些国家甚至将公平竞争中的消费者保护纳入同时负责反垄断的行政机构的保护之中,由此而使与侵权法和知识产权法紧密关联的反不正当竞争法,转向了与反垄断法的联系。[④]我国《反不正当竞争法》是在借鉴国外立法经验的基础上制定的,其保

[①] 当然,各国根据其具体情况进行消费者保护。例如,法国因以侵权行为一般条款制止不正当竞争,该条款只适用于损害特定竞争对手的行为,无法引入消费者保护,因而陆续通过特别立法保护消费者。英国的普通法同样是基于保护受到损害的特定经营者,所以也是通过制定法和自愿的自我约束制度保护消费者。制定反不正当竞争专门法的国家将消费者保护融入宽泛的一般条款之中,且经常由此发展成一般的"市场"。See *International Handbook on Unfair Competition*, edited by Frauke Henning-Bodewig, C. H. Beck · Hart · Nomos(2013), p. 3.

[②] 反不正当竞争法在传统上属于私法范围,但随着消费者利益的引进,有些更加以公共执法的方式保护消费者利益,以至于由原来与侵权行为法和知识产权法紧密相连的法律,现在又与反垄断法联系在一起。See *International Handbook on Unfair Competition*, edited by Frauke Henning-Bodewig, C. H. Beck · Hart · Nomos(2013), pp. 2-3.

[③] 范长军:《德国反不正当竞争法研究》,法律出版社2010年版,第59—60页。

[④] See *International Handbook on Unfair Competition*, edited by Frauke Henning-Bodewig, C. H. Beck · Hart · Nomos(2013), p. 3.

护目标具有多元性，未限于竞争者。这体现了我国立法的现代性和合潮流性。[1]

现代反不正当竞争法通常都具有保护经营者(竞争者)、消费者和公共利益的多重保护目标。当然，对于公共利益的保护是通过保护"未受扭曲的竞争"达致的。[2] 在具体不正当竞争行为的认定中，三种目标既可能兼顾，又可能有所侧重。如果不同的目标方向有所不同，就需要进行利益平衡。不同保护目标也决定了竞争行为正当性标准的差异。例如，就互联网等新型市场领域的不正当竞争而言，竞争行为正当性涉及的利益平衡更为多元化，也更为复杂、敏感和明显。

除保护特定经营者的个人利益之外，反不正当竞争法通常与保护公共利益或者公共福利密切相关。这是在欧洲国家将其归入经济法(economic law)之中的缘故。即便其早期的制度基础是保护"诚实竞争者"，但其目的显然是为了维护竞争，即虽以维护"良善道德"(good morals)的名义，但目的是为所有经营者确立公平竞争的舞台，使任何竞争者均不能获得不正当的竞争优势。竞争的公平性总是根据商业伦理(business ethics)进行判断，其实施不仅为了经营者的利益，而且也为公共利益。消费者运动的兴起，使公共利益更为彰显。公平竞争成为消费者福利的最佳保障，而扭曲的不公平竞争则会使消费者利益受到损害。因此，公

---

[1] 立法之时，国务院提请审议的草案及当初的全国人大常委会法律委员会的草案修改稿只是在第 1 条规定"保护经营者的合法权益"，后来"有的委员提出，反不正当竞争法的立法目的，不仅是保护经营者的合法权益，也要保护消费者的合法权益"，故最为修改为"保护经营者和消费者的合法权益"。参见薛驹："关于对修改经济合同法的决定(草案)和反不正当竞争法(草案修改稿)修改意见的汇报"(1993 年 9 月 1 日)。

[2] 范长军：《德国反不正当竞争法研究》，法律出版社 2010 年版，第 61 页。

平竞争关乎竞争者和消费者在内的市场参与者的共同利益。① 正是由于反不正当竞争的公共利益性,才使得引入公权力救济、赋予行业协会和消费者组织起诉权等制度具有合理性和必要性。这是新时代反不正当竞争的重要特色。

四、由市场竞争法到市场行为法

"不正当竞争"只是此类法律的典型称谓,但并非在任何国家均使用该称谓,此外还有不公平贸易行为(unfair trade practices)、不公平商业行为(unfair commercial practices)或者不公平市场行为(unfair market behavior)之类的类似称谓,这些术语及其相应的法律大致上属于同一类型。② 不正当竞争一词,最初只是描述一种涉及不符合普遍接受的公平要求的商业或者经营行为。该行为首先是商业行为,而不是私人的、社会的或者政治的行为。但是商业行为又是宽泛的,反不正当竞争法只调整其中涉及不公平商业行为的部分行为。最初的主要划分标准只是依据当事人之间是否有竞争关系,但后来感到这种方法过于狭窄,因为它排除了不正当竞争对于其他市场参与者尤其是消费者的影响,忽略了一般公众在公平竞争中的利益。或者说,最初的商业

---

① See *International Handbook on Unfair Competition*, edited by Frauke Henning-Bodewig, C. H. Beck · Hart · Nomos(2013), pp. 3-4.

② 这些术语有时各有侧重或各有优劣。例如,有些国家的"不公平贸易行为"更多与消费者保护关联,而有些国家则作为不正当竞争的同义语。不公平竞争一词已使用百余年历史,且有广泛共识,但英美国家通常又不使用不正当竞争法的称谓。尽管用语不尽相同,但所规范的内容却无重大差异。See *International Handbook on Unfair Competition*, edited by Frauke Henning-Bodewig, C. H. Beck · Hart · Nomos (2013), p. 5.

竞争还不是很发达,行业之间界限清晰,市场竞争主要是同业竞争,反不正当竞争的关注点只是同业竞争,而随着市场经济及市场竞争的发达,市场竞争犬牙交错,同业竞争的概念过于狭窄,已不适应市场竞争的实际。鉴此,一些国家的立法不再仅仅指向狭义的不公平竞争,而逐渐扩张了调整范围,对于反不正当竞争法进行了实质性改造。

例如,在欧洲大陆,比利时、丹麦和瑞典等国家,此类法律调整非常广泛的贸易行为或者一般市场行为。其他一些国家虽然理论上仍然与竞争密切联系在一起,但其要求日益放松。例如,德国1909年《反不正当竞争法》第1条使用了"商业交易中以竞争为目的的行为"的概念。2004年《反不正当竞争法》使用了"竞争行为"概念,该法的适用范围取决于竞争行为,而不是竞争关系。[①] 为转化欧共体《不正当商业行为指令》(第2条a项),2008年反不正当竞争法用"商业行为"概念取代了"竞争行为",而将商业行为界定为有利于自己或他人的经营的缔结交易之前、期间或之后的,与促进商品、服务的销售、获取或与商品、服务合同的签订、履行客观上相关联的人的行为(第2条第1款第1项)。在此不再以促进竞争的主观意图作为判断标准,而是以促进商品、服务的销售、获取的客观关联作为判断标准;也不再局限于签订合同之前的行为,而是延及合同的签订及履行阶段的行为。[②]

巴黎公约第10条之二使用了"竞争""竞争者"之类的字眼,其修订过程中曾有过以其他方式替代这些字眼、以扩展适用范围

[①] Frauke Henning-Bodewig,*Unfair Competition Law European Union and Member States*,Kluwer Law International(2006),p.1.

[②] 参见范长军:《德国反不正当竞争法研究》,法律出版社2010年版,第70—71页。

的建议,但最终均未被接受。例如,1925年修订巴黎公约的版本明确表达了限于商业竞争意图,1958年里斯本修订会议试图取消这种限制,但未能如愿。因此,巴黎公约限定了狭窄的竞争概念。面对竞争概念逐渐放宽的世界性趋势,也不好扩展其竞争的界限,因而充其量只能说巴黎公约只是规定了最低标准,成员国可以根据自己的情形放宽或者放弃竞争标准。[1] 如博登浩森所说,"国家可以将不正当竞争概念扩及狭义地讲(即在工业或商业的同一部门内)不是竞争的行为,但这些行为从工业或商业的另一部门确立的声誉中不适当地得到利益,从而削弱了这种声誉"。[2] 对于巴黎公约有关竞争关系的解释也就只能如此了,但即便如此,《反不正当竞争法示范条款》还是试图朝着放宽竞争关系的方向进行引导,即其指出示范条款适用于当事人之间没有直接的竞争关系的情形。[3]

当然,我国《反不正当竞争法》虽然对于竞争关系没有严格的限定,但还没有扩张到市场行为法的定位,而仍属于反不正当竞争法的范畴。

第二节 竞争法上的定位

不正当竞争的界定直接反映反不正当竞争法的基本定位及

---

[1] Christopher Wadlow, *The Law of Passing-off : Unfair Competition by Misrepresentation*, Sweet & Maxwell(2011), pp. 60-61.

[2] 〔奥地利〕博登浩森:《保护工业产权巴黎公约指南》,汤宗舜译,中国人民大学出版社2003年版,第96—97页。

[3] 参见 World Intellectual Property Organization(WIPO): Model Provision Protection against Unfair Competition, Article 1, p. 10.

决定其适用范围,因而它既是该法的核心概念,又涉及根本的判断标准。以前述所谓竞争关系界定不正当竞争是作茧自缚和没有必要的,但在抛弃竞争关系的束缚之后,仍需要对于反不正当竞争法所调整的不正当竞争行为的属性进行界定,这仍然是适用该法的前提条件。只不过此时是从竞争行为的角度界定不正当竞争行为,即其首先是一种竞争行为,然后按照特定标准决定应否对其进行否定性评价。鉴于竞争和不正当竞争行为的界定均取决于反不正当竞争法的基本属性,我们必须从反不正当竞争法的一些特质入手对其进行界定。

一、当代反不正当竞争法的基本特质

当代反不正当竞争法可以从以下几个方面进行理解。

第一,它是维护市场竞争秩序或者保障正当市场竞争利益的法律。在反不正当竞争法刚刚出现的时期,市场竞争关系还不是非常复杂,调整市场秩序的法律相对较少,反不正当竞争法及反垄断法(反托拉斯法等)成为维护市场竞争秩序的基本法律。但是,随着市场经济的发达和竞争关系的复杂化,竞争中的利益日趋多元,危害竞争秩序的行为多样化,调整和规范竞争关系的法律渐趋专门法,有关产品质量、消费者保护、虚假广告等各种专门化法律应运而生。反不正当竞争法和反垄断法虽然仍保持其传统特色和具有市场竞争法的基本定位,但与其他同样以维护市场竞争秩序为目标的法律相互关联,其相互之间的界限并不十分清晰,所调整的行为有时相互交叉,甚至可以说一些行为并非为某种法律所专有和专属调整,归入哪种行为或者哪个法律调整具有一定的便宜性和随机性,取决于调整的需要,纳入调整的行为其

相互之间的具体逻辑关系也未必非常紧密。于是出现了反不正当竞争法调整行为"小杂烩"(见下文第三节)的现象,对于它所调整行为属性的概括应当反映这些特点。

第二,所涉及的是市场竞争中的经营行为以及涉及竞争秩序或者市场竞争利益的其他行为。反不正当竞争法当然是调整市场竞争行为的,但竞争行为却是广泛的。我们需要在宽阔的市场竞争框架内界定市场竞争,也即从市场经济的基本机制的角度理解竞争和不正当竞争。市场机制本来就是竞争机制,是以竞争为基础有效配置稀缺资源。资源的稀缺性决定了竞争的固有性和根本性。这种竞争已不限于同业者之间的狭义竞争,而是一种更深层次的市场机制,有关竞争的市场行为也应该做更广义的理解。一些市场行为是在明确的竞争对手之间进行,而另一些市场行为看似竞争对手不明确,但从市场机制而言仍可以定位为竞争行为,以至于此类市场行为与竞争行为本身就是一体化的。如果人为地划分竞争关系,会割裂这种本质上相同的竞争行为,不符合市场实际。但是,就经营者而言,市场竞争归根结底是为了获取交易机会、竞争优势或者竞争利益。因此,为争夺市场交易机会或者稀缺资源的市场行为,都可以归入市场竞争行为。这些行为不可能都纳入反不正当竞争法调整,至于哪些具体的行为应当归入其调整范围,更多是通过行为特征和正当性标准来解决。

第三,制止损害竞争的不当行为。它制止的是损害市场竞争秩序或者损害正当竞争利益的行为,即以不正当竞争方式损害竞争秩序或者正当竞争利益的行为。反不正当竞争法立足于对竞争行为的否定性评价,遏制破坏竞争的否定性行为。这些否定性行为主要是直接破坏他人正当竞争利益的经营行为,同时也不排除一些外围的行为。例如,就企业员工侵害商业秘密的行为而言,员工虽然不是常规的经营主体,但因为破坏他人的竞争利益而有必要纳入反不正当竞争法的调整范围。将此类主体的行为纳入显然是为了维护竞争秩序和竞争利益的需要,其连接点不在于员工是否为常规的经营主体,而立足于损害了经营者的竞争利益。

第四,维护竞争秩序的独特性。涉及竞争的多种法律是通过调整对象和调整方式的特殊性进行划界的。例如,通常认为反垄断法立足于维护竞争的自由,所制止的主要是排除或者限制竞争的行为;反不正当竞争法着重于维护市场竞争的公平,所制止的是被通行的市场观念认为不公平的竞争行为[①]。反不正当竞争法是以列举加概括的方式,划清与其他竞争法律所调整行为的边界,使自身具有独特性。无论是概括的原则性规定,还是明确具体的列举性规定,都体现了其所调整行为的特殊性。尤其是,以诸如平等、自愿、公平、诚实信用和公认商业道德之类的模糊方式确定原则性标准,既用于不正当竞争的界定标准和认定依据,又与其他调整市场竞争的法律大致区别开来。当然,由于竞争关系的复杂性及法律划分的局限性,在竞争行为的划分上有时并不绝对清晰,甚至一些行为会出现调整上的交叉。例如,滥用知识产权、强迫交易之类的行为,很可能不排除出现法律调整上的交叉关系。

[①] 例如,"反不正当竞争与反限制商业行为(反托拉斯法)规则是相互关联的:两者均旨在确保市场经济的有效率运行。但是,它们有不同的实现路径:反托拉斯法通过反贸易限制和滥用经济势力而维护竞争自由;反不正当竞争法通过使所有市场参与者遵循相同规则而确保竞争公平。两者尽管有所不同,但同等重要,且相互补充。确立市场经济制度的国家需要反托拉斯法,但仅仅依据反托拉斯法不足以确保竞争公平;这只能通过另外不同的反不正当竞争规则加以实现"。See World Intellectual Property Organization(WIPO):Protection against Unfair Competition,p. 12.

二、竞争行为正当性与竞争法的特质

当前司法实践中对于不正当竞争的认定即便立足于争夺交易机会意义上的竞争行为,有时也忽略了判断标准的动态性和竞争中立,从而使判断标准简单化,使判断结果有可能背离正当竞争机制的要求。例如,一些法院在系列案件涉互联网不正当竞争行为的判断中,提出了颇有影响力的所谓"非公益不干扰"原则,即非因公益(如杀毒)必要,不得直接干预竞争对手的经营行为。从有关裁判理由来看,"非公益不干扰"标准更多关注于竞争者之间互不干扰、相安无事或者和平共处的静态竞争,即经营者推出自己的商业模式之后,他人就应当予以尊重和不能干扰,经营活动由此可以静态地进行,除非在消费者选择之下自生自灭,或者由同业竞争者进行颠覆。这是市场竞争的理想图画,但显然是"乌托邦",市场竞争不是也不必成为如此类型的祥和。我们可以称此为静态的竞争观和传统的公平观,但是市场竞争确是动态的。可以说,这种原则不符合市场竞争和反不正当竞争的属性与实际,也即不符合动态的或者效率的竞争观。

首先,它不符合市场竞争的动态性、交织性和损害性属性。市场竞争是在内生机制("看不见的手")的引导下动态地进行,且现代市场竞争是相互交织和跨界的,市场界限日趋模糊,跨界经营日趋便利,资源配置在更宽广的范围内有效进行。由竞争所产生的竞争性损害是市场经济的常态,只是在例外的情况下才会将一些"过火"的竞争行为定性为不正当竞争。而且,无论是同行业竞争还是不同行业竞争,对于竞争性损害的态度并无不同,事实上跨行业竞争恰恰是竞争更为发达和更为激烈的产物,更不必为其设定异于同业竞争的更为严格的限制性标准。因此,竞争的属性决定了竞争者之间的损害或者"干扰"通常并非不正当,而恰恰是常态而不是例外。"非必要不干扰"显然颠倒了竞争行为和竞争性损害的主次关系,扩张了"不干扰"的范围,不符合市场竞争的基本观念。况且,市场竞争本来是为了私益而争夺交易机会,维护公益不是经营者的固有目标,公益通常也是在经营者追求私益时得以实现[①],仅将竞争性损害、干扰或者破坏的例外限定为"公益",不符合市场竞争的常态和属性。

其次,它不符合不正当竞争的判断要求。此类不正当竞争的认定采取的是"行为正当性主义",而不是"权益保护主义"。对于是否构成不正当竞争,仅以是否损害他人正常经营活动(如商业模式)进行判断还是不够的,更为关键的是还必须具有其他不正当性,这些不正当性在判断中甚至有更高的权重。例如,竞争行为是否具有中立性,如对于竞争对手一视同仁还是具有刻意损害特定竞争者的选择性[②];是否对于正常的商业模式等经营活动产生导致利益明显失衡的根本性冲突,还是仅仅增加了选择的多样

[①] 如亚当·斯密在其《国富论》中所说,"我们每天所需的食物和饮料,不是出自屠户、酿酒家或烙面师的恩惠,而是出于他们各自的打算"。说到底,为自己谋利才是增加国家和全体国民之福利的最重要的驱动力。商人受"一只看不见的手"指引,去"促进与其本意无关的目标"。正是通过对其自我利益的追求,个人会促进社会之福利。参见〔德〕森图姆:《看不见的手——经济思想古今谈》,冯炳昆译,商务印书馆2016年版,第7页。

[②] 如在"搜狗诉奇虎阻碍浏览器安装设置不正当竞争纠纷案"中,奇虎公司的360安全卫士软件对搜狗浏览器在安装、设置默认浏览过程中进行弹窗提示和直接干预,使用"木马防火墙提醒您——风险""威胁""快速清除残余木马"等虚假描述提示等,但对待不同企业的浏览器产品未做到一视同仁,对360浏览器和IE浏览器的相关安装和设置不做任何提示。法院认定此类行为构成不正当竞争。见北京市高级人民法院4月13日发布的"2015年度北京市法院知识产权司法保护十大创新性案例"之案例一。

性；是否另有实质性非侵权意义（用途）。仅仅考量是否损害特定权益（如为自己获利而破坏他人正当商业模式）以及行为人主观状态，充其量只是一般侵权行为的判断思路，即确定权利范围及判断被诉行为是否落入权利范围的方式，而不是竞争法的裁判思路。竞争法更注重判断行为本身的正当性，且根据竞争原则判断竞争行为的正当性，权益（如商业模式）是否受保护充其量只是考量因素之一，而不是判断的基准。

再次，它不符合新时代反不正当竞争法的目标取向。反不正当竞争的目标是促进经济和增进公共福利，用以判断正当性的诚实信用和公认的商业道德，都不应按照日常生活或者一般社会关系的道德标准解读，而是一种商业行为的伦理标准，即以其能否增进经济效率和促进社会福利作为根本的衡量标准。所谓竞争中的和平共处、互不干扰或者不得损人利己之类的说法，体现的是如前所述的社团性的传统公平观和竞争观，不尽符合效率和福利的商人标准，因而不能简单地运用于不正当竞争的判断。①

综上，围绕"非公益不干扰"原则的争论，乃是在互联网信息时代如何确定竞争行为正当性判断标准的一个重要事例和缩影，反映了反不正当竞争法定位和竞争行为正当性认定中的一系列重要竞争理念和价值观的分歧。竞争行为正当性判断必须符合市场竞争和竞争法的特质，否则会偏离方向和走入误区。

---

① 例如，就巴黎公约规定的不正当竞争或其违反商业领域的诚实惯行而言，"它不能与一般的伦理要求尤其是宗教信念相混淆。它所考量的是商业领域的诚实"。"'诚实'或者'公平'问题必须在实际的商业贸易惯行的框架内讨论，不能与一般伦理道德的理想混为一谈。"See *International Handbook on Unfair Competition*, edited by Frauke Henning-Bodewig, C. H. Beck · Hart · Nomos(2013), p. 24.

第三节　行为类型:"小杂烩"式的松散聚合性

与其他法律不同,纳入反不正当竞争法中的各类具体行为之间通常并不存在诸如总分结合、先后相继和衔接互补之类的紧密逻辑关系,而更像是实用主义的行为"堆积"和"杂烩"。正视反不正当竞争法的此种调整特色和立法定位,对于确立观念和建构制度均具有重要意义。

一、不正当竞争行为的"杂烩性"

涉及市场竞争的法律是众多的,只不过因为切入点不同而进行了调整对象的细分。例如,产品质量、消费者保护以及知识产权法等法律均与维护公平竞争有关。反不正当竞争法虽然是保障公平竞争的专门法,也不过是选取一些维护公平竞争的角度确定所调整的对象,所规定的不正当竞争行为也只是市场竞争行为中的一部分。况且,竞争行为与经营行为或者商业行为本来就相互交织,这也是在立法中将其视为同类或者难以区分的原因。纳入该法中的不正当竞争行为既有历史上约定俗成的,又有后来陆续根据需要加入的,其相互之间或有紧密关联,或只是松散关系,而不好简单地认为哪些行为一定一律天然地属于该法调整范围。

反不正当竞争法的初衷是通过遏制不公平商业行为而维护市场竞争的公平性,也即维护公平竞争是制止不正当竞争的立足点。尽管在具体规定的细节上存在差异和争议,也并不都使用不正当竞争的称谓,且使用不同称谓实际上也各有利弊,但其基本信念是共同的,即市场行为的公平性是所有市场参与者的共同利益,为此需要一些规则保障这种公平性。[1] 至于哪些行为纳入其中,则涉及多种因素,如历史性的因素和权宜性的因素、共通的因素和特色性的因素以及国外的因素与国内的因素。那些已为多数国家或者国际社会所公认的行为类型,如巴黎公约规定的三类行为以及此后被公认的侵犯商业秘密等行为,成为核心的行为类型[2],通常为各国相应的立法以不同形式加以承认。同时,各国立法当然还会根据本国实际规定一些有特色的行为。[3] 我国反不正当竞争法第二章列举规定的不正当竞争行为既有条约规定和国际社会公认的行为,在很大程度上遵循了通行做法,又有具有我国特色的行为,特别是具有当时历史条件下的明显烙印[4]。这充分体现了该法在一定程度上的法无定式。如 1993 年《反不正当竞争法》起草说明所说,"草案是符合我国基本国情的,也同国际惯例基本一致"。"其中大多数为国际立法例所共有,只有个别行

---

[1] Frauke Henning-Bodewig, *Unfair Competition Law European Union and Member States*, Kluwer Law International(2006), p. 1.

[2] 1925 年,荷兰修订会议修订巴黎公约时引入不正当竞争的定义条款之后,为使该宽泛的定义更为精确,以及更利于普通法国家接受,先是引入了市场混淆和商业诋毁两类行为,后又引入虚假宣传。See *International Handbook on Unfair Competition*, edited by Frauke Henning-Bodewig, C. H. Beck • Hart • Nomos(2013), p. 14.

[3] 例如,日本反不正当竞争法除规定仿冒、淡化、逼真模仿、侵犯商业秘密等传统行为外,还规定了禁止规避保护版权的技术措施、抢注域名、代理人或代表人抢注商标、贿赂外国公务人员之类的内容。这充分体现了其"杂烩"特色。

[4] 我国自 1987 年开始起草反不正当竞争法,中间历经思路上的争论和转变,如对于是起草反垄断与反不正当竞争合一的法律还是单独法律等问题进行过讨论,最后起草了一部以反不正当竞争法为名,同时包含部分垄断行为的混合性法律,其中的一些不正当竞争行为也是根据实践中的迫切需要而规定的。

为是根据我国现实市场交易活动中的突出问题加以规定的。"[1]修订该法时显然要坚持该思路,既反映公认的重要行为类型,又不刻意简单以国外的做法为取舍标准,要切实解决我国自身的突出问题。

纳入反不正当竞争法中的行为具有一些突出特点。

首先,与相关法而言,具有或者要体现补充性和衔接性。反不正当竞争法的一项重要传统内容是用来衔接和补充知识产权法的,这些内容构成了此类法律的核心部分。随着法律调整的细分和专门法的完善或者扩张,这部分内容也在变化。例如,驰名商标保护更多地纳入商标法之中,虚假宣传需要与广告法衔接,商业秘密被有些国家单独立法。凡专门法未予调整而仍需反不正当竞争法规定的行为,仍为重要的行为类型。此外,现代社会的法律部门日益增多、法律体系日益发达和专门化程度越来越高,经营行为往往归入众多法律部门中进行调整,而不好归入其他专门法的一些行为,仍可以归入反不正当竞争法调整。这些经营行为无论是纳入其他法律还是反不正当竞争法之中,其基本竞争属性不一定有质的区别和明确的界限,只是因法律调整的专门法和精细化而使它们分布于不同法律之中。

其次,不正当竞争行为之间的逻辑关系不紧密。法律部门之间的交叉以及行为类型的选择性纳入,使得反不正当竞争法中的行为看起来有些凌乱,相互之间缺乏先后相继和融贯合一的严密逻辑性,有时给人"东一榔头西一棒子"的印象。除了最终都可以

---

[1] 刘敏学:"关于《中华人民共和国反不正当竞争法(草案)》的说明",国家工商行政管理总局公布,1993年6月22日。

归结为公平竞争属性,或者说把各类行为统一在一起的"竞争"概念过于上位,无论是理论上的阐述还是操作上的考量,有时候不一定好用一把尺子衡量,不好归纳一种内在统一的逻辑机制和理论基础。例如,涉及知识产权保护的仿冒、侵犯商业秘密等行为与虚假宣传、商业贿赂、不正当有奖销售等行为虽然都在于维护公平竞争,但其相互之间并无直接和紧密的逻辑关系。可以说,反不正当竞争法涉及的是不正当竞争行为的"杂烩",但因涉及面不够宽和专门法越来越多,又难以说是不正当竞争行为的大杂烩,而充其量只是"小杂烩"。

二、"杂烩性"与法律的完善和适用

清醒地认识上述"杂烩性"特点具有重要的理论和实践以及立法和适用意义。

首先,它可以决定我们的立法态度和理论思维方式。它告诉我们不必煞费苦心地刻意在不同的行为类型之间需求具体的理论和逻辑上的有机联系,除传统的或者经典的不正当竞争行为外,对于其他行为的纳入而言实用和便宜的考虑常常是第一位的;即便追寻行为之间的共同纽带,也都是非常基础和上位的。本质上属于涉及公平竞争的行为,如确实无法归入其他法律,尽可以归入反不正当竞争法之中,不必刻意寻求理论依据,也不必一定有外国立法例上的支撑。反不正当竞争法的此次修改涉及是否和如何增加新类型行为问题,当前的讨论对此已有较多争论,但取舍的根本标准归根结底是实践的需求和制度本身的利弊。例如,2017年和2022年《反不正当竞争法》修订草案对于滥用相对优势地位的规定受到了较多批评,但问题不在于国外是否普遍采取该制度，而在于该制度所要规范的行为是否严重和突出，主要涉及比较法上罕有规定、即使规定（如德国、日本）也很少适用，与反垄断法相关规定如何协调，在立法政策上是否妥当，以及是否有必要纳入不正当竞争范围。至于当前条款的表达过于宽泛、立足点有偏差（立足于优势地位而未主要立足于行为的不正当性）、与反垄断法相关规定界限不清等问题，可以在技术层面上予以解决。例如，设定该条款的一个重要意图可能是为了制止欺行霸市、强迫交易之类的市场行为。这些行为可能在市场经济相对发达的国外并不突出，但由于我国市场经济不够规范和企业自律意识较弱等原因，此类行为在一定程度上比较突出，规范此类行为恰恰可以成为我国的特色。如果确有制止此类不公平交易行为的需要，在其他专门法中不好规定，完全可以在该法之中作出规定，只是在条文设计上直奔主题和直接规定行为即可。

其次，有助于认真对待其竞争法属性。反不正当竞争法虽然与知识产权法渊源深厚，具有补充保护的功能，但毕竟是竞争类法律，是按照自己的独特方式即竞争法方式进行补充保护的，且历经演变吸收消费者保护和公共利益因素，其维护竞争秩序的竞争法色彩愈加浓厚，在越来越多的国家（地区）与反垄断法合称为竞争法、公平交易法、贸易行为法等，这既是一种竞争法归属上的明显趋势，也恰恰反映了其本质上的竞争法属性。我们没必要将该法纯化为知识产权保护法，而归根结底应将其作为竞争法对待，按照竞争和竞争法的理念塑造制度和指引适用。我国反不正当竞争法既有涉知识产权保护内容，又涉及此外的专以维护竞争秩序为目的的行为。但是，无论是法律列举的行为还是依照一般条款认定的行为，所贯彻的都是竞争法的理念和方法，尤其是近年来依照该法第 2 条一般条款认定的行为,更多与知识产权保护无涉,而着重于维护市场竞争秩序①。一般条款在制止不正当竞争中的作用日益重要,也说明该法维护竞争秩序的功能更加突出。而且,知识产权专门法的保护与制止不正当竞争的基点、理念和保护方式明显不同,所谓的补充保护与专门保护具有根本性的差异。前者是通过确定权利和权利范围及判断被诉行为是否落入权利范围的方式进行保护,后者则着重于按照竞争理念和标准判断行为的正当性。制止不正当竞争范围内的知识产权保护有些虽与专门知识产权保护有所接近(如仿冒行为和侵犯商业秘密),有时也可能参照专门法的精神,但与专门知识产权保护截然不同,而仍然采取竞争法思维和方式。实践中确有以保护权利的思路判断竞争行为的正当性,如只要有需要保护的法益(如正当商业模式),被诉行为又对其造成损害,加之主观上知情,就认定构成不正当竞争。这就混淆了保护思路和方式,把不正当竞争判断简单化②。总之,我们不必将反不正当竞争法刻意解释为知识产权法,即便其涉知识产权保护内容也应当按照竞争法方式处置。

综上所述,无论是法律完善还是法律适用,反不正当竞争法的定位是"纲",是连接理念与制度及立法与适用的轴线。可以

---

① 有的学者认为,"假如我们非要依据《反不正当竞争法》第 2 条规定的一般条款,将某些行为打上'不正当竞争'的标记,也应当在保护智力活动成果的意义上予以考虑"。见李明德:"关于反不正当竞争法的几点思考",载《知识产权》2015 年第 10 期。但事实上依据该条规定认定的不正当竞争更多是与智力成果或者知识产权无关,如据此认定的互联网等领域的不正当竞争多是维护竞争秩序的。

② 这种思维和方式的混淆与误用,很大程度上与我国知识产权法官审理不正当竞争案件有关。

说,定位准确了,可以收到纲举目张的效果。反不正当竞争法自其诞生之日起即随着时代的发展而不断变迁,在当今互联网信息时代更需要按照时代要求进行定位和塑造。当前的法律修订和法律适用对此均应给予高度重视。结合当今国际新趋势以及我国市场竞争的新实际,可将反不正当竞争法理解和界定为广义的市场竞争法或者市场行为法意义上的法律,在此基础上相应地建立竞争关系、竞争行为和不正当竞争判断标准等基本范畴。反不正当竞争法具有衔接法和补充法的特性,纳入调整范围的行为之间既有历史的和逻辑的联系,又有偶然的杂烩色彩,由此造就了其灵活性和适应性,可以在此基础上建构相关理念、思维方式和具体制度。

第三章 反不正当竞争法的竞争法范式

第一节 反不正当竞争法的竞争法特质

一、现实提出的法律定性问题

反不正当竞争法属于知识产权与竞争法的交叉领域，既与知识产权法关系密切，又属于竞争法的领域。反不正当竞争法属于竞争法，这种说法看起来有些滑稽，因为其名称之中就有"竞争"二字，但实则这确实是一个问题。换言之，它是知识产权法还是竞争法，这是一个问题。这是因为，反不正当竞争法因被归入知识产权法，或者因为有浓厚的知识产权保护色彩和功能，而遮蔽了其竞争法的本性，由此产生了诸多误解和误区。

我国经济法和竞争法学者更多关注于反垄断法的研究，缺乏从竞争法的角度对于反不正当竞争法进行深入研究；知识产权法学者和法官更多将其归入知识产权法，并从知识产权法的角度进行较多的研究和应用，出现了简单地将其知识产权化的倾向，如简单地以知识产权思维和方式适用反不正当竞争法，这种倾向不适当地影响了反不正当竞争法适用的理念、标准和方法。即便将其作为竞争法，也存在目标定位上的偏差，尤其是导致政府与市场关系定位上出现了一些失调[1],已有过度干预竞争的偏好,修改法律中已出现扩大干预范围的倾向;司法实践中出现一般条款扩张适用,有不适当过多干预竞争的可能。这些问题的准确把握,需要澄清其法律属性。

反不正当竞争法的竞争法回归既有重要的理论意义,又有现实的实践价值。当前尤为突出的是,我国反不正当竞争法过多地受到了知识产权法的影响,实践中更是直接将其归入知识产权范围,以至于淡化或者忽略了其竞争法属性,在法律理念、制度定位和适用方法上都出现了偏向和偏差,甚至背离了竞争法的目标,因而必须回复本来面目将其拉回到竞争法的轨道中来。尤其是,即便就法院裁判的不正当竞争案件而言,适用反不正当竞争法第2条一般条款认定不正当竞争的情形越来越多[2],这些案件基本上不涉及知识产权保护,而纯粹是维护竞争秩序,但实践中仍然明显地按照知识产权保护思路进行裁判,导致常常背离反不正当竞争法的调整目标。因此,我们必须正视反不正当竞争法的竞争法属性,按照其竞争法属性确定法律理念、制度定位和适用

---

[1] 反不正当竞争法是处理政府与市场关系的一部重要法律。党的十八届三中全会决定指出:经济体制改革的"核心问题是处理好政府和市场的关系,使市场在资源配置中起决定性作用和更好发挥政府作用"。"市场决定资源配置是市场经济的一般规律","着力解决市场体系不完善、政府干预过多和监管不到位问题"。维护公平竞争是政府的主要职责和作用之一。如何界定公平竞争,或者如何确定公平竞争的判断标准,直接影响着如何"使市场在资源配置中起决定性作用和更好发挥政府作用"。不正当竞争行为的范围过宽和判断标准不适度,就会导致政府干预太多和监管不到位问题。

[2] 例如,有资料显示2010年至2015年4月,北京法院一审裁判的不正当竞争案件中,依据一般条款判决的占37%。见陶钧:"涉网络不正当竞争纠纷的回顾与展望(一)",载"知产力"(微信公众号)2015年5月15日。

方法。

反不正当竞争法尤其是其一般条款的适用具有开放性，可以根据技术和发展需求及时引进新观念和新思想，对于判断标准不断进行重新塑造。美国学者在论述美国反垄断法对于新观念的开放性时曾说过："通过一篇见解深刻的文章，一次发人深思的演讲或者政府的改革，甚至一次私人诉讼，新的观念都能够且已经点滴渐进式地潜入反垄断制度。一位法官的法庭见解，只要论证有力，就能树立新的理论或成为新的判决标准。""反垄断制度的开放性持久地影响着反垄断理论和分析方法的发展方向。裁判过程的开放性意味着今天的被称作正统的思想每隔一个阶段就会受到新理论的挑战，然后新的理论占据主导地位。由于该制度对新观念的开放性，不断改变的政治经济现实状况伴以人们对经济本质的新认知，使得现有理论和分析方法很具有不稳定性。"[①] 适用反不正当竞争法的理念、理论和分析方法同样需要保持开放性和动态性，与时俱进地感知经济社会发展的新需求，吸收新理念和改造旧标准。在实践中对竞争行为正当性标准需要不断发掘和调适，需要吐故纳新。旧的适用模式和判断标准如果不合时宜或者不适当，就应该及时进行变革。反不正当竞争法的适用已形成了现有的模式，但这种模式需要不断接受检验和调整。此处虽然名为竞争法的回归，且貌似有点"门户"之辨，但循名可以责实，名不正则会走错方向，因而使反不正当竞争法的回归其竞争法的本来面目，可以校正其方向，且在竞争法的道路上实现一系

[①] 〔美〕欧内斯特·盖尔霍恩等：《反垄断法与经济学》，任勇等译，法律出版社2009年版，第39—40页。

列理念、理论和思维方式的调整和转变。

二、历史与现实的结论

反不正当竞争法与知识产权法的交织关系,需要从历史和现实的角度来理解。我们可以从三个阶段考虑和考查。

(一) 国内法与国际法两个脉络的形成

由于历史原因和当时的社会需求,反不正当竞争法形成了国内法与国际法两个发展线条。其中,国内法线条有更强的竞争法色彩,国际法线条则纳入知识产权法范畴,由此而形成了反不正当竞争法所具有的竞争法与知识产权法的历史和现实交叉,也塑造了其两者兼而有之的属性或者对其属性的特殊认识。

反不正当竞争法发源于19世纪后半期的欧洲,伴随工业革命和自由市场原则的确立而产生。在此前的行会(吉尔特)时代,行会以铁腕手段维护商业公平秩序,而随着行会解体和自由贸易的引入,经营者不太可能自觉自愿地公平对待其竞争对手,因而欧洲工业化国家很快认为应当引入某种形式的公平贸易规则,以防止不诚实或者欺骗性的竞争,确保商业竞争的公平和平等。[1]当时的国内法(法、德、英等国家)仍立足于维护竞争秩序。因此,当时的国内反不正当竞争规则属于竞争法,并未赋予太多的知识产权保护色彩。从国际法层面看,反不正当竞争法被纳入保护工

---

[1] 参见 Rogier W. de Vrey, *Towards a European Unfair Competition Law: A Clash Between Legal Families*, Martinus Nijhoff Publishers (2006), pp. 2-3。安斯加尔·奥利:"德国反不正当竞争法——导读",见范长军:《德国反不正当竞争法研究》,法律出版社2010年版,第1页。

业产权的国际条约,则另有其背景和原因。

19世纪后期,随着国内知识产权保护的发展及为适应跨国保护的需求,1883年一些工业化国家签订了《保护工业产权巴黎公约》(即巴黎公约),对于商标、专利等专有权利进行保护,当时并无反不正当竞争内容。只是由于感到工业产权的保护被一些仿冒的不正当竞争行为抵消和削弱,于是从1900年修订巴黎公约开始,陆续将反不正当竞争内容纳入其中。公约纳入反不正当竞争条款主要是为了与知识产权保护相衔接,即在没有专有权可以保护,而又需要制止一些削弱知识产权保护的行为的情况下,使用不正当竞争保护。所以,公约的本意是以制止不正当竞争行为的方式辅助知识产权专有权保护,而不是立足于权利或者专有权的保护。

这种国际线条中的反不正当竞争所涉及的都是有关辅助和强化知识产权专有权保护的内容,后来世界知识产权组织"反不正当竞争示范条款"(简称示范条款)及其对反不正当竞争的学理阐释,也都是立足于有关知识产权的内容,但反不正当竞争的国内法包括但不限于这些内容。显然,就国内法而言,其所涉知识产权保护内容并不影响反不正当竞争法的竞争法属性,而条约以反不正当竞争法衔接和保护知识产权,则带有很强的实用主义和权益色彩,且由于反不正当竞争法与知识产权法分别为行为管制法和权益(专有权)保护法,其保护对象和调整方式并不相同。因此,这种历史来源足以说明,我们不能简单将反不正当竞争与知识产权保护画等号,而需要正视其属性上的差异,避免因为前提认识的误差而产生法律适用上的误区和误解。

(二) 消费者运动之后的改造

20世纪60—70年代之后,随着消费者运动的兴起,消费者保护成为反不正当竞争法的重要目标,该法的竞争法色彩更为浓厚,甚至转变为一般性的市场行为法或者贸易行为法。这些变化与知识产权保护没有太大的关联。

(三) 与反垄断法日渐靠拢

近几十年来出现了反不正当竞争与反垄断合并立法的倾向。一些国家和地区将反不正当竞争法与反垄断法合并立法,并由同样的竞争执法机关执行,反不正当竞争与反垄断的法律标准更趋统一,因而无论是在内容上还是在形式上都实现了竞争法的深度融合。

如前所述,1914年制定的美国《联邦贸易委员会法》第5条属于一般条款[1],被司法判例拓展为三个领域,即保护竞争的效率、保护企业免受不正当竞争的危害以及保护消费者免受不正当竞争或者误导性做法的危害[2]。该条既是反垄断(反托拉斯)的依据,又是联邦反不正当竞争的重要法源。

---

[1] 该条禁止商业中或者影响商业的"不正当的竞争方法"以及"不正当或者欺骗性的行为或做法"。

[2] 《联邦贸易委员会法》第5条规定"不正当竞争"非法,但没有对不正当竞争行为进行界定。美国联邦最高法院认为违反《谢尔曼法》的行为同样违反《联邦贸易委员会法》第5条,但该条还涵盖《谢尔曼法》调整范围以外的行为。联邦最高法院认为该条是对市场参与者和消费者免受任何形式的不正当竞争或者误导性做法危害的全面保护[FTC v. Motion Picture Advertising Service Co.,344 U.S. 392(1953)]。〔瑞士〕安德烈亚斯·凯勒哈斯:《从华盛顿、布鲁塞尔、伯尔尼到北京——竞争法规范和功能比较》,杨华隆、伍欣译,中国政法大学出版社2013年版,第11页。

综上，反不正当竞争法的竞争法属性是始终如此和一以贯之的，只是在特殊历史条件下为了特殊需要而与知识产权保护结缘，具有衔接和补充知识产权法的意义。显然，这种衔接和补充功能并不改变其竞争法的属性，该部分功能仍然只是在竞争法属性之下的部分功能。简而言之，在与知识产权保护的关系中，反不正当竞争法只是以竞争法的方式实现该功能，而不是摇身一变成了知识产权法。

三、我国的现实情况、问题和对策

我国有些学者强调反不正当竞争法的知识产权法属性，法院也是将不正当竞争案件纳入知识产权案件之列。由于这种制度背景，许多法官习惯于简单地按照知识产权保护的思维和方式适用反不正当竞争法。

最典型的是以权利保护的方式适用法律，即先确定一种受保护的权益[①]，如先论述特定商誉、商业模式、商业数据等受法律保护，再从权益受到损害推论损害行为的不正当性；或者以权益是否受到损害作为论证是否构成不正当竞争的出发点和立足点，在很大程度上落入了类似知识产权的专有权保护模式；或者夸大反不正当竞争法的兜底或者补充作用，变相地扩张专有权范围。或许还是因为，一直以来法院裁判的不正当竞争案件多涉及知识产权保护类型而形成了惯性思维，随着依照一般条款认定的案件的增多，这些案件基本上不涉及知识产权保护，但习惯上仍按知识

[①] 如前所引，有人甚至认为"合法权益"是判断"不正当竞争"的基础要件。陶钧："论反不正当竞争法在'互联网＋'经济模式下适用的正当性分析"，载《竞争政策研究》2016年5月号。

产权保护思维行事。

学界不少学者更是从"权利"的角度界定反不正当竞争法保护对象,如将其保护的客体称为"反不正当竞争权""公平竞争权""竞争权"和"自由竞争权"等[1]。持这种观点者多为知识产权法学者,这更是反不正当竞争"权利"化或者"知识产权"化。如反向仿冒"枫叶"牌西裤案[2]甚至提出了公平竞争权利的概念,即以公平竞争权受到损害而认定构成不正当竞争。

大众点评诉百度不正当竞争案[3]一审判决认为,对涉及信息使用的市场竞争行为是否具有不正当性的判断,应当综合考虑以下因素:"涉案信息是否具有商业价值,能否给经营者带来竞争优势;信息获取的难易程度和成本付出;对信息的获取及利用是否违法、违背商业道德或损害社会公众利益;竞争对手使用信息的方式和范围"。其推理过程为,第一,大众点评网的点评信息是汉涛公司的核心竞争资源之一,能给汉涛公司带来竞争优势,具有商业价值。第二,汉涛公司为运营大众点评网付出了巨额成本,网站上的点评信息是其长期经营的成果。第三,大众点评网的点评信息由网络用户发布,网络用户自愿在大众点评网发布点评信息,汉涛公司获取、持有、使用上述信息未违反法律禁止性规定,

---

[1] 参见吴汉东主编:《知识产权法》,中国政法大学出版社2002年版,第1页;李明德、杜颖:《知识产权法》,法律出版社2007年版,第24页;郑有德:"论反不正当竞争法的保护对象——兼评'公平竞争权'",载《知识产权》2008年第5期。

[2] 北京市第一中级人民法院(1994)中经知初字第566号民事判决书。

[3] 即原告上海汉涛信息咨询有限公司(简称汉涛公司)与被告北京百度网讯科技有限公司(简称百度公司)、上海杰图软件技术有限公司(简称杰图公司)不正当竞争纠纷一案,见上海市浦东新区人民法院(2015)浦民三(知)初字第528号民事判决书。该案被中国互联网协会评为"2014年—2016年中国互联网法治十大影响性案例"之一。

也不违背公认的商业道德。第四，在靠自身用户无法获取足够点评信息的情况下，百度公司通过技术手段，从大众点评网等网站获取点评信息，用于充实自己的百度地图和百度知道。此种使用方式实质替代大众点评网向用户提供信息，对汉涛公司造成损害，其行为具有明显"搭便车""不劳而获"的特点。"百度公司上述行为给汉涛公司造成了实质损害，具有不正当性，构成不正当竞争。"该判决前三点理由论证的是大众点评网的点评信息为其受法律保护的或者合法的权益（经营成果性财产），百度公司获取并使用该信息的行为构成不正当竞争。这种判决思路仅考虑了原告权益的受保护性和被告的使用行为（侵害行为），而没有从竞争的特点或者属性的角度衡量被告行为是否具有不正当性，因而对于竞争行为正当性问题做了简单化处理，属于权益保护式的思路，并未体现出不正当竞争行为认定的特点。

简单以权益保护式的思维和方式认定竞争行为的正当性，必然忽视从市场竞争属性和竞争行为本身的正当性判断是否构成不正当竞争。立足于市场竞争特点和规律的行为正当性判断，恰是反不正当竞争法的基本范式，也是与知识产权保护以及一般侵权行为认定的重要区别所在。

强调反不正当竞争法的竞争法属性，首先是强调其行为法特性，即不能把重心放在权益合法性上，也即不能简单地从权益保护法的角度适用法律，而应当着重从有关行为本身正当性的考虑因素，判断竞争行为的正当性。其次，行为的判断应当符合或者立足于竞争特点和规律，需要根据案件具体情况，从竞争的相关价值和因素进行判断。再次，需要正确对待与知识产权法保护的衔接关系。反不正当竞争法虽然有衔接和补充知识产权保护的内容和功能,但其法律性质仍属于竞争法,应当按照竞争法的思维衡量竞争者和消费者利益,衡量对于竞争的影响和评价,不能将知识产权法原理简单套用到反不正当竞争法之上。

强调反不正当竞争法的竞争法属性,乃是为了根据市场竞争的本质要求,回复和找准竞争法的理念、思维和方法,找准其自身的准确定位,使其成为本来应该是的那个样子,而并不否认其知识产权保护功能及其与知识产权法的衔接和补充关系。反不正当竞争法属于知识产权法还是属于竞争法,并不取决于我们个人的主观臆断和偏好,而取决于客观上应该是什么样的,什么样子才符合其调整对象的本质属性。恰当地回归竞争法属性,更能够厘清反不正当竞争法与知识产权法的区别和联系,使其更好地以竞争法的立场衔接和补充知识产权保护,而不是按照知识产权法理解和改造。这既可以使我们看到反不正当竞争法有某些与知识产权法相关的内容,又能够使我们看到这部分内容仍然是从竞争法角度进行的调整,它与其他无关知识产权保护的内容仍有竞争法意义上的联系,否则也不会成为同一部法律的组成部分。从竞争法意义上,尽管其调整的行为各异,反不正当竞争法的各项内容应当是一个由相同的理念和思维方式作为纽带连接起来的有机整体。

第二节 首要的目标取向:自由和效率

在反垄断与反不正当竞争法的关系中,通常将前者定位为维护自由而将后者定位为维护公平。但是,这种界定除了有将自由与公平对立之嫌外,实质上还涉及对于反不正当竞争法深层目标取向的误解,只看到了问题的表象而忽视了本质。

一、维护健康的竞争自由

竞争法（反垄断法和反不正当竞争法）以促进竞争为目的，这是因为人们相信竞争可以促使以最少资源和最低价格水平满足消费者的需求。竞争可以促进分配效率（提供消费者愿意购买的产品或者服务），提高生产效率（以最少资源和最低成本提供产品和服务），并且激励创新，因此能够使得消费者福利最大化。竞争法均旨在把社会经济这块蛋糕做大，至于如何分配这块蛋糕，主要由其他手段决定。竞争法促进竞争的方式是依靠市场体系（自由企业）决定生产什么，如何分配生产资料，如何分配产品。市场体系又依靠消费者决定生产什么、生产多少；依靠生产者之间的竞争决定由谁来生产[1]。自由和效率显然是市场竞争的灵魂。垄断是限制和消除竞争自由，不正当竞争是滥用竞争自由，两者最终都损害市场效率。

反不正当竞争法通过制止竞争自由的滥用行为而维护健康的竞争自由，归根结底仍是为了从根本上维护竞争自由，也即维护竞争自由仍是其终极目标。而且，不正当竞争行为的范围与竞争自由的空间大小有直接的相关性，即对于竞争行为管制越多，自由空间越小；反之，自由空间越大。反垄断法则是通过消除限制或者排除竞争的行为而维护竞争自由。两者在根本目标上相辅相成和相互补充。这种终极目标上的相同是其评判标准能够实现一致或者融合的根本基础。而且，反不正当竞争法所要维护

---

[1] 〔美〕欧内斯特·盖尔霍恩等：《反垄断法与经济学》，任勇等译，法律出版社2009年版，第47页。

的竞争的"正当"或者"公平"[①],显然不是与效率对应或者对立意义上的"公平",即不是把"蛋糕"做大(效率)与把"蛋糕"分好(公平)的关系,而最终仍然是关注把"蛋糕"做大即实现效率最大化的问题。自由显然是效率的基础,这也是将自由定位为反不正当竞争目标取向的原因。

由于具有自由和效率的目标取向,反不正当竞争法的调整必须符合竞争自由和效率的要求。尤其是,竞争自由事关市场竞争的效率和活力,管制范围的确定显然不能任性,应当追求和实现最佳的平衡,即对竞争行为的干预或者管制范围应当能够确保市场效率的最大化[②]。例如,反垄断法上有所谓"保护竞争,而不是竞争者"[③]的经典说法,反映了对于效率目标的取向和追求。这种观念同样适用于反不正当竞争法,即该法虽直接保护竞争者,但保护竞争者的目的是为了使市场更有效率,因而最终是为了保护竞争;是否有利于竞争,是否符合竞争机制的要求,是确定不正当竞争行为的范围和判断标准的根本标准,是确定竞争者利益是否应予保护的终极依据,也决定了利益衡量的具体因素和方法;为

[①] 英文不正当竞争就是"unfair competition"(不公平竞争)。

[②] 如党的十八届三中全会决定所说,深化市场化改革就是要"推动资源配置依据市场规则、市场价格、市场竞争实现效益最大化和效率最优化"。

[③] 在 Brown Shoe 案(1962年)判决意见中,美国最高法院大法官瑟古德·马歇尔提出"反垄断法是要保护竞争,而不是竞争者"的观点,首席大法官华伦重复了该格言,即"国会关心的是对竞争的保护,而不是对竞争者的保护"。该格言体现的是追求效率的竞争观。Brunswick 案(1977年)以后,美国法院越来越倾向于效率目标。当今美国法院反垄断分析是以效率目标为主导的。而且,"在可以预见的未来时间范围内,效率目标可能将长期居于主导地位。原因更可能在于法院对全球经济状况的认识,而不是立法当时的原始目的或行政能力的考虑。"〔美〕欧内斯特·盖尔霍恩等:《反垄断法与经济学》,任勇等译,法律出版社 2009 年版,第 38—39 页。

维护效率，总体态度应当是尽可能减少干预范围和扩张自由竞争的空间。保护竞争而不是竞争者，意味着保护竞争者仅是直观的层面，是利益考量之后的外观结果，其背后存在着深层的和内在的竞争利益考量，是否有利于竞争成为根本的和最终的参照。这是且应当是反不正当竞争的突出特性，也是其与一般的权益保护法的重大差异。反不正当竞争法保护上位利益，即竞争秩序。

二、自由和效率的判断标准定位

竞争行为正当性的判断必须以竞争自由和效率为根本取向，据此确定行为正当性的具体考虑因素。而且，自由和效率取向经常取决于竞争行为是否有利于增强市场竞争强度、是否有利于激励创新等。例如，"损人利己"是市场竞争的必然产物，也是竞争行为的根本特性，因竞争而给他人造成的损害属于竞争性损害，这是市场竞争的常态，仅损害本身通常不构成不正当竞争，只有例外或者极端的情形才构成不正当竞争，如导致市场混淆（仿冒行为）或者市场信息混乱（误导性宣传）的行为。但是，当前司法实践中恰恰有降低竞争性损害门槛和扩大构成不正当竞争的损害的范围的倾向，实际上损害了竞争自由和市场效率，不符合市场竞争的本质要求。

强调以效率为基本取向，意味着更多尊重市场调节和认可竞争行为的中性（竞争中性），尽可能减少公权力以认定不公平竞争的方式进行的市场干预；即便是必须贴上不正当竞争标签的行为，除首先根据效率标准认定的外，充其量再以公平的名义干预一些明显与社会的公平理念格格不入的行为。这在很大程度上相当于对竞争行为坚持竞争中性的推定，而不是动辄拿不公平竞争的标签和有色眼镜审视市场竞争行为,更不能简单地依据竞争损害的存在而推定行为的不正当性。这就如比利时学者保罗·纽尔所说,"在'正当竞争'的观念里,权力机构以怀疑的眼光看待竞争"[①]。但在效率的竞争观念中,则对于竞争行为更加宽容,尽可能缩小不正当竞争的范围。在我国特别强调自由和效率的理念更为重要,因为我国市场经济体制仍具有很强的转轨色彩,由权力主导的经济到市场调节的经济转轨尚未完成,经济运行中权力管制的思维一向严重,执法者(包括法官)经常有管制市场的偏好和惯性("家长"情怀),时常自觉不自觉地戴着有色眼镜看待竞争行为,更有甚者想方设法地往不正当竞争的方向进行认定,以至于不适当扩张不正当竞争的范围,侵蚀自由竞争的领地,损害市场效率。

总之,自由和效率取向要求尽最大限度维护竞争自由,尽可能扩大市场竞争的自由度,尽可能减少对于竞争自由的干预和管制。例如,执法者对于市场竞争不能有太强的管制意识和"家长"情怀,对于竞争行为尽可能宽容,防止以怀疑的眼光看待市场竞争,尽可能让市场解决竞争中的问题,更多奉行"市场的归市场"及"技术的归技术"之类的竞争理念。

例如,在大众点评诉百度不正当竞争案中,百度公司辩称,大众点评网的 Robots 协议允许百度公司抓取其网站的信息,故百度公司的行为不构成不正当竞争。一审判决确认,网站通过

[①] 此处的"正当竞争"乃是指欧陆国家"和谐""公平"之类的传统意义上的竞争观,即不着眼于效率而更多地以社会和谐意义上的"公平"观念管制市场。但是,受英美法的影响,欧陆国家后来更多地抛弃传统,转向效率的竞争观。〔比〕保罗·纽尔:《竞争与法律》,刘利译,法律出版社 2004 年版,第 5 页。

Robots 协议可以告诉搜索引擎哪些内容可以抓取,哪些内容不能抓取。由于 Robots 协议是互联网行业普遍遵守的规则,故搜索引擎违反 Robots 协议抓取网站的内容,可能会被认定为违背公认的商业道德,从而构成不正当竞争。但并不能因此认为,搜索引擎只要遵守 Robots 协议就一定不构成不正当竞争。Robots 协议只涉及搜索引擎抓取网站信息的行为是否符合公认的行业准则的问题,不能解决搜索引擎抓取网站信息后的使用行为是否合法的问题。本案中,百度公司的搜索引擎抓取涉案信息并不违反 Robots 协议,但这并不意味着百度公司可以任意使用上述信息,百度公司应当本着诚实信用的原则和公认的商业道德,合理控制来源于其他网站信息的使用范围和方式。百度公司拥有强大的技术能力及领先的市场地位,若不对百度公司使用其他网站信息的方式依法进行合理规制,其完全可以凭借技术优势和市场地位,以极低的成本攫取其他网站的成果,达到排挤竞争对手的目的[①]。其实,鉴于互联网环境的特殊性以及互联互通的要求,除另有著作权等专门保护外,凡进入互联网环境的信息原则上都是可以自由抓取和使用的公共信息,而若想不被他人抓取和使用,需要信息的拥有人自行采取必要的和公认的保护措施进行自我保护,如 Robots 协议之类的行业公认的技术措施。这种自我保护不但有效,而且还可以减少市场成本。这种态度体现的就是"市场的归市场"和"技术的归技术"的理念。这种处置办法显然有利于节约市场成本及维护竞争自由和效率。上述裁判的态度显然不利于互联网环境下的信息传播和有效利用,不符合竞争自由和

---

① 见上海市浦东新区人民法院(2015)浦民三(知)初字第 528 号民事判决书。

效率的要求。

再如,2016年《反不正当竞争法(修订草案送审稿)》第6条[①]及2022年修订草案征求意见稿第13条,均将利用相对优势地位的行为纳入不正当竞争行为,显然是不适当扩大了不正当竞争范围。市场竞争往往都是基于相对优势地位,不论是否出于真实的自愿,总要与具有相对优势地位的交易对方进行交易,只是在例外的情形下,才需要限制行为自由,如限制达到市场支配地位者的行为自由,或者仅管制欺行霸市的极端不公平的竞争行为。正常情况下利用相对优势地位进行交易,恰是市场分工和市场竞争的必然要求。

三、经济意义上的公平标准

竞争行为正当性需要以经济的而不是一般道德意义上的"公平"标准进行判断。用以判断竞争行为正当性的商业道德标准原则上应当与竞争自由和效率相一致,原则上不宜采用竞争自由和效率以外的商业道德标准,也即商业道德标准必须接受竞争自由和效率的检验。尤其是在适用一般条款认定不正当竞争行为时,不能附加太多自由和效率之外的道德或者"公平"含义。但是,当前实践中确有将商业道德或者诚实信用表层化泛泛理解的倾向,以至于判断标准降低和管制范围扩张,最直观的表现是一般条款

[①] 第6条内容为:"经营者不得利用相对优势地位,实施下列不公平交易行为:(一)没有正当理由,限定交易相对方的交易对象;(二)没有正当理由,限定交易相对方购买其指定的商品;(三)没有正当理由,限定交易相对方与其他经营者的交易条件;(四)滥收费用或者不合理地要求交易相对方提供其他经济利益;(五)附加其他不合理的交易条件。""本法所称的相对优势地位,是指在具体交易过程中,交易一方在资金、技术、市场准入、销售渠道、原材料采购等方面处于优势地位,交易相对方对该经营者具有依赖性,难以转向其他经营者。"

的过度、过宽和随意性的适用①。最为突出的表现是表层化地适用"搭便车"、"不播种而收获"(不劳而获)、"食人而肥"、"用他人的牛耕地"之类的直观判断标准,疏于对于其他价值和因素的考量,尤其是为搭便车、不劳而获之类的表象所阻隔和迷惑,不再深入考察和衡量其深层价值。

例如,大众点评诉百度不正当竞争案一审判决认为,"市场经济鼓励市场主体在信息的生产、搜集和使用等方面进行各种形式的自由竞争,但是这种竞争应当充分尊重竞争对手在信息的生产、搜集和使用过程中的辛勤付出"。"百度公司并未对于大众点评网中的点评信息作出贡献,却在百度地图和百度知道中大量使用了这些点评信息,其行为具有明显的'搭便车''不劳而获'的特点。"基于如前文所述的综合考虑,"百度公司大量、全文使用涉案点评信息的行为违反了公认的商业道德和诚实信用原则,具有不正当性"。显然,这种判断着重于原告的商业信息是否有竞争价值、是否付出劳动,而百度公司未付出劳动而获得,就是搭便车和不劳而获,据此即构成不正当竞争。这种判断的逻辑是简单的和浅层的,即信息是我付出劳动获取的,你用了就是不劳而获,显然未再进一步考查该信息是否应该保护、应该以何种方式保护以及如何保护有利于降低市场成本等有关竞争价值的深层因素。这些因素对于认定竞争行为正当性才是至关重要的。仅仅把这种浅层的搭便车、不劳而获定性为违反"诚实信用原则和公认的商

---

① 存在"过度适用一般条款的问题",参见海淀法院课题组:"北京市海淀区人民法院关于网络不正当竞争纠纷案件的调研报告(三)",2016年8月12日发布于"知产力"(微信ID:zhichanli)。

业道德",不但容易落入权益保护式的专有权保护范式,易于把不该纳入保护的信息资源纳入保护范围,而不适当扩张专有权范围,而且显然还具有强烈的一般道德和道德谴责色彩,虽然看起来理直气壮,但经不住理性的竞争自由和效率的深层价值拷问。我们必须分析和看到理性的市场竞争的价值点在哪里,以理性的而不是浅层的口号式的道德感认定和谴责不正当竞争,理性的把握和认定才能确保行走在竞争思维和方式的正道上。

四、防止变相扩张知识产权专有权

就无体(形)财产而言,法律原则上是通过赋予专有权的方式给予保护,不予保护的大体上都属于可以自由利用和自由竞争的公有领域和公共空间。反不正当竞争法则是以管制不当竞争行为的方式,维护竞争秩序,而从性质上区别于权益保护式的知识产权法。即便是已经类型化的有些不正当竞争行为,如仿冒行为和侵害商业秘密,虽然已接近或者类似于法益保护,但这种保护本质上仍属于行为规制,只是与未类型化的不正当竞争行为相比,类似于将这些行为定性为本身违法,而有更大的确定性,但与专有权保护相比,仍有较多的不确定性。例如,知名商品特有名称与注册商标相比,在可保护性上有较大的区别和不确定性[①]。

[①] 例如,有的法院在注册商标的保护中,引进注册商标侵权的"注意义务"。就直接侵犯注册商标专有权而言,法律采取的是拟制过程,即不管实际上是否知道他人注册商标的存在,只要未经许可使用相同近似商标,就构成侵权。同时,法律又特别规定正当使用之类的不作为标识使用的情形不构成侵权。之所以不要求个案判断是否有过错,是因为注册商标已经公示,就视为他人已经知道。如果在个案中需要具体认定行为人是否有过错,据此决定是否侵权,则与公示制度的目的相悖,会使注册商标专用权保护大打折扣,具有很大的不确定性。知名商品特有名称则不受如此严格的保护,它需要根据个案情况认定,其保护也就具有不确定性。

对于未类型化而依照一般条款认定的不正当竞争行为,如果以权益保护式的思路进行认定,即先确定一种受保护的权益,再从权益受到损害推论损害行为的不正当性,或者以权益是否受到损害作为论证是否构成不正当竞争的出发点和立足点,就可能变相地扩张专有权范围。

例如,美国最高法院按照商业行为的伦理准则(a code of ethical business conduct)判决了 International News v. Associated Press 案(简称 INS 案或者 INS v. AP 案),学者认为该案判决基于不当得利原则(the principle of unjust enrichment),在法律中引入了道德性的商业行为观念(a conception of ethical business conduct)[①]。但是,正是这种道德判断所具有的固有模糊性,因而在后来的司法中受到了抵制。该案中的多数与少数意见恰恰反映了两种截然相反的竞争观。

INS 是一家美国西海岸的新闻商,AP 是另一家东海岸的出版商,两家为竞争对手。"一战"期间,AP 因时差原因可以早几个小时报道战区新闻,INS 则因被怀疑同情德国而被禁止获取战区新闻,遂利用 AP 的员工获取 AP 采编的新闻,经过整理改编之后在西海岸发布。由于 INS 的记者只是在这些信息内容的基础上自行撰写成文发布,该行为并不构成侵犯版权。美国最高法院多数意见判决认为 INS 侵占了 AP 的新闻故事,利用了他人劳动成果而获取利润。该案多数意见法官作出的判决认为:"(被告在将原告收集的新闻重新撰写并以自己的名义发布这些新闻时,)通

[①] Callmann,"He Who Reaps Where He Has Not Sown: Unjust Enrichment in the Law of Unfair Competition",55 *Har. L. R.* 595, at 597(1942).

过其行为表明,它使用了原告通过整合和付出劳动、技术和金钱而获取并可以出售的材料,被告将其作为自己的东西加以利用并销售,是在不播种而收获,且将其发送给与原告成员竞争的报纸,乃是收获他人播种的成果。透过现象看本质,该过程相当于擅自干涉原告收获利润的正常合法经营,以分走原告成员相当部分的利润;被告因为没有负担收集资料所付出的任何成本,它就获得了特别的竞争优势。该交易本身就说明了问题,衡平法院应当无需犹豫地将其认定为商业中的不正当竞争。"[1]至少在欧洲大陆,许多法院和法律家认可这种态度。在美国最高法院作出该判决的前一年,德国法官和学者阿道夫·洛比(Adolf Lobe)就认为"用他人的牛耕地"是不正当的。[2] 今日欧洲,尤其是在法国法院,仍在很大程度上奉行这种竞争观。法国法院对于"寄生竞争"(parastic competition)给予宽泛的保护,这种态度的信仰基础就是"从他人投资中获得竞争优势是不正当的"。其他有些国家也是基于不正当竞争制止"逼真模仿"(slavish imitation)或者侵占行为(misappropriation)。[3] 显然,这种竞争观立足于道德意义上的公平,对于竞争自由进行了更多的道德限制。

  布兰代斯(Brandeis)大法官在该案的异议中指出,并不存在融贯的财产原则,而只有特定的利益,这些利益要么为制定法所

---

[1] 248 US 215,239-40(1918).

[2] Lobe,A.,"Der Hinweis auf fremde gewerbliche Leistung als Mittel zur Reklame",MuW XVI(1916-17),129. See *The Structure of Intellectual Property Law: Can One Size Fit All*,edited by Annette Kur Vytautas Mizaras,Edward Elgar(2011),p.98.

[3] *The Structure of Intellectual Property Law:Can One Size Fit All*,edited by Annette Kur Vytautas Mizaras,Edward Elgar(2011),pp.98-99.

保护，要么由普通法或者衡平法基于政策原因给予保护。独占原则与不受限制的竞争原则之间的固有紧张关系意味着，"财产权的扩张与……知识和思想的自由利用的相应减少"，已置于公共利益领域，因而只能由立法进行处置。他还对于干预自由竞争的危害提出了如下警告："即使以竞争对手的付出为代价，也不能仅因所获得的利润是不劳而获（unearned），而认为竞争构成了法律意义上的不正当（unfair），此种情形……在许多判例中都有体现。跟随先行者进入新市场的人，或者制造他人新引进的产品的人，主要是从先行者付出劳动和费用的基础上营利；但是法律确实鼓励这样做。"[1]该观点提出了法官能否在诉争知识产权争议中决断政策问题，以及法院自身应否授予知识产权，还是将此交由立法机关决定。而且，模仿不仅不受反对，恰恰还是"竞争经济的生命线"[2]。通过模仿的竞争可以拉低价格。由于消费者"需要能够得到的最好交易"，有活力的竞争符合其最佳利益，至少在没有欺骗的情况下如此[3]。正是由于这种原因，INS案的原则［即不当得利的侵占原则（misappropriation）］在知识产权领域从未得到广泛适用。[4] 如论者所说："在普通法法域，INS v AP案的多数意见并未

---

[1] INS v. AP. 248 US 215 at 225,246,263-67(1918). See Anselm Kamperman Sanders, *Unfair Competition Law: The Protection of Intellectual and Industrial Creativity*, Clarendon Press(1997), pp. 14-15.

[2] US Supreme Court, Bonito Boats, Inc. v. Thunder Craft Boats, Inc., 489 US 141,146(1989).

[3] See *The Structure of Intellectual Property Law: Can One Size Fit All*, edited by Annette Kur Vytautas Mizaras, Edward Elgar(2011), p. 99.

[4] Anselm Kamperman Sanders, *Unfair Competition Law: The Protection of Intellectual and Industrial Creativity*, Clarendon Press(1997), p. 15.

被普遍遵从。它被称为一座孤岛而不是里程碑[①]。当今大多数普通法律师更可能认可布兰代斯大法官铿锵有力的异议。"[②]这种竞争观显然立足于竞争自由,对于限制竞争自由持严格和谨慎的态度,体现的是效率观念。

普通法系国家确实对于不正当竞争能否作为一般的普通法侵权行为,普遍持否定态度。例如,在澳大利亚早期的 Victoria Park v Taylor 案[③]中,原告是悉尼附近的一家跑马场的所有人,被告泰勒(Taylor)在跑马场的旁边有块地,允许一家电台(第二被告)在其土地上建一个能够观看跑马场的塔。他们通过这种方式实况广播赛马情况,原告赛马场的观众因此减少。澳大利亚高等法院以 3∶2 的票决驳回了原告的诉请。由狄克逊(Dixon)法官撰写的判决采纳了布兰代斯大法官在美国最高法院 International News v Associated Press 案中的异议意见,即"原告请求的实质是,它不是干预原告土地的享有,而是干预其从事的营利活动。如果英国法遵循最近在美国发生的进展(即上述美国最高法院裁判的 INS 案件——引注),赛马比赛的'广播权'就可以作为'准财产'而受到保护,因为这是原告组织了赛马活动,付出了人力和物力上的劳动。但是,英国的衡平法院不曾采取对所有

---

  ① High Court of Austialian, Moorgate Tobacco v. Philip Morris [1985] RPC 219, 237-8 per Deane J, Quoting Morison, W. L., "Unfair Competition at Common Law", (1951-3)2 *University of Western Australia Law Review* 34, 37. See *The Structure of Intellectual Property Law: Can One Size Fit All*, edited by Annette Kur Vytautas Mizaras, Edward Elgar(2011), p. 99.

  ② *The Structure of Intellectual Property Law: Can One Size Fit All*, edited by Annette Kur Vytautas Mizaras, Edward Elgar(2011), p. 99.

  ③ (1937) 58 C. L. R. 479(High Court of Australia, Full Court).

的无形价值都给予禁令保护的态度,这些价值可能是个人付出财力、智力、知识、技术或劳动的结果。版权法历史以及发明、商标、设计、商号和商誉的专有权在英国法上都是类型化的受保护利益,而不是一般性地给予保护。这就是上述态度的证明。""美国最高法院的判决基于衡平考虑,将一家新闻机构收集的新闻视为准财产,给予禁止作为竞争对手的另一家新闻机构使用的保护,布兰代斯大法官在异议中提出的理由实质上表达了英国法的态度,他援引英国的传统观点支持其主张。……他的观点是,一个人能够获得权利不是基于其努力,其通过努力获取的价值不是由此而受到法律保护,并取得专有财产权,而是因为他所主张的无体权利落入了法律或者衡平所保护的范围。"后来澳大利亚对于这种司法态度虽有过争论,但最终为后来的判例所坚持。

英国更是竞争自由主义的堡垒,向来反对以不正当竞争方式对于市场竞争的过多干预。法官罗宾·雅各布(Robin Jacob)有如下被广泛引用的归纳:"复制不构成侵权。夺取他人的市场或者客户不构成侵权。无论是市场还是客户都不是原告自己的。以如此方式利用他人商誉并不构成侵权。不存在竞争侵权行为……""仿冒行为的核心是欺骗或者欺骗的可能性,特别是对最终消费者的欺骗。……从来没有扩展到欺骗之外的任何趋向。如果将欺骗之外的行为宣布非法,那会进入诚实竞争的领域。但是,我想象不出应当如此做的任何理由。那只会窒息竞争。"[①]这

[①] Hodgkinson Corby Ltd v. Wards Mobility Services Ltd[1995]F. S. R. 169. See Christopher Wadlow, *The Law of Passing-off: Unfair Competition by Misrepresentation*, Sweet & Maxwell(2011), pp. 5-6.

是竞争自由主义的典型写照,它反对以不正当竞争方式一般性扩张专有权保护范围。

我国1993年反不正当竞争法立法之时即有意防止对于市场竞争的过多干预,如类型化的行为都是经典的不正当竞争行为,而且,当时的立法本意是不允许将该法第2条作为一般条款认定法律没有列举的不正当竞争行为[①]。这种精神同样适用于如何处理保护范围的扩张问题。例如,一些涉及知识产权"溢出效应"的行为是否构成不正当竞争,直接与是否以不正当竞争扩张知识产权问题有关。对于使用知识产权的行为超出知识产权保护范围,且并未对权利人造成损害,即使对于使用人有益,也可以看作是知识产权的"溢出效应"或者"带给社会的纯收益",不一定认定构成不正当竞争。否则,有可能变相扩张知识产权的保护范围。

例如,在原告路易威登马利蒂公司与被告上海鑫贵房地产开

[①] 1993年《反不正当竞争法》第2条第2款中的"违反本法规定","是指违反反不正当竞争法第二章的规定,即第五条至第十五条"。国务院提请全国人大常委会审议的法律草案没有这几个字。草案第3条规定:"本法所称不正当竞争,是指经营者在经营活动中,违背诚实信用的原则和公认的商业道德,损害或者可能损害其他经营者合法权益的行为。""草案的规定和外国有关不正当竞争行为的规定大体一致,这一规定的好处是弹性大,除法律明确规定的几种不正当竞争行为外,随着市场经济的发展新出现的不正当竞争行为,可以依据这一规定的精神加以认定,进行处理。缺点是给执法部门的授权太大,对同一种行为可能处理不一。根据我国的实际情况,特别是眼前和近期的状况,在全国人大常委会审议反不正当竞争法(草案)过程中,修改了草案的规定。修改的核心是增加了'违反本法规定'几个字。这样,就使《反不正当竞争法》第2条对不正当竞争行为的定义和第二章规定的不正当竞争行为一致。因此,依照《反不正当竞争法》的规定,市场竞争中的不正当竞争行为就是第二章规定的11种行为。"见孙琬钟主编:《反不正当竞争法实用全书》,中国法律年鉴社1993年版,第29页。

发有限公司、上海国际丽都置业有限公司商标侵权和不正当竞争纠纷案中，被告在一路口处的大楼上安装了一宣传其房地产的大型户外广告牌，其广告可分为三部分，左侧和右侧主要是其房地产的广告语，广告中间为一半蹲模特图像，模特手中拎一手提包，包身为均布的"LV 花图形"图案，其中包含"LV"商标图案。上述广告中的文字为白色，模特和手提包的主色调为橙红色。原告起诉被告侵犯"LV"注册商标专有权及构成不正当竞争。法院认为被告构成不正当竞争。首先，"两被告在广告中使用 LV 包的行为有恶意，系不正当地获取利益"，即 LV 手提包有较高的知名度，LV 已经成为高档、时尚的象征；两被告明知 LV 手提包有较高的知名度，还在宣传被告楼盘的巨幅广告中，以近 1/3 的比例和夺目的橙色突出模特和模特手中的 LV 包，以此吸引受众的视线，并进而通过 LV 手提包的知名度来提升其广告楼盘的品位，意在宣传出入其楼盘的都是手拎 LV 包的时尚、高贵人士，该楼盘同样时尚、高档。两被告将其宣传行为建立在原告商品之上，系故意利用原告资源，不正当地获取利益。其次，"两被告行为损害了原告的合法权利，扰乱了正当的竞争秩序"。原告投入巨额资金、通过长期经营才获得今天的声誉，原告的商标和商品也因此才成为时尚、高档的象征。两被告为了商业目的，未付出正当努力而故意直接利用原告的经营成果，获取有利的市场竞争地位，损害了原告的合法权利。两被告通过搭便车的形式抬高其楼盘形象，获得了其本不应有的比其他竞争者更有利的优势地位，打破了诚实信用、平等公平的竞争秩序。综上，"两被告违反平等、公平、诚实信用的原则，违反公认的商业道德，构成不正当竞争。原告另诉称被告行为系引人误解的虚假宣传，但原告既未证明该广告存在虚假成分,也未证明消费者因该广告而产生错误的认识,故对原告的该节主张,本院不予支持。"被告使用原告的"LV"注册商标不属于其自己商标意义上的使用,不构成商标侵权行为。[①] 显然,该案判决立足于权利保护,即承认原告经长期投资和经营积累形成的商誉构成受保护的权利,而被告不劳而获、搭便车的行为侵害该权益,因而构成不正当竞争。这些裁判理由显然是权益保护式的表层理由,未在竞争法意义上进行利益衡量。

就该案而言,首先,原告的基础权利是"LV"注册商标专用权,所保护的也是注册商标,在按照《商标法》有关规定不能认定构成商标侵权的情况下,原则上该行为即不具有违法性,不宜再按照《反不正当竞争法》的规定实质上扩张注册商标专用权的保护范围,也即不构成商标侵权行为的商标使用行为原则上不能再认定侵犯注册商标所有人的合法权益,否则,如果认为利用了注册商标的知名度及其延伸的表彰使用者品味的功能,就构成对于商标所有人合法权益的侵犯,这无异于扩展了商标权的范围,与《商标法》界定注册商标专用权的立法政策相抵触。其次,被告的利用行为是一种抽象的、含蓄的和暗示意义上的使用,对于普通购买者的选择不会有实质性影响,因而不会带来明显的和直接的竞争优势,而更多地属于广告艺术想象力的范畴。对于这种利己不损人的利用,认定其构成不正当竞争应当慎重。即使对其商誉有所利用,也只属于一般性的"搭便车",达不到构成不正当竞争的程度。而且,被告不是将其作为自己的商标进行使用,该

[①] 上海市第二中级人民法院(2004)沪二中民五(知)初字第242号民事判决书。

使用行为因不存在欺诈误导、淡化和丑化等效果，客观上不会损害原告权利，也不损害公益，只是借其知名度作为宣传，此时可以将该使用看作原告高知名度商标的溢出效应，将其留给公有领域而不认定构成不正当竞争，更符合效率的竞争观思路。如果认定构成不正当竞争行为，就是宽泛地采纳了"搭便车""不播种而收获""用他人的牛耕地"之类的原理，倒是接近法国等有些欧陆国家公平意义上的保护思路[1]，也即将商誉视为"准财产"式的财产性保护主义思路，这种思路不利于促进竞争。况且，法国对奢侈品品牌特别保护，乃是奢侈品大国的国情所决定的，我们不需要亦步亦趋和简单盲从。笔者更倾向于采取效率的竞争观思路。特别是，"对于知识产权侵权案件设置更为严肃的证明损害的要求，能够解决很多问题。如果一项侵权行为对侵权人及其客户有益同时又没有给知识产权人造成损害，它带给社会的是纯收益"。"LV"商标被用于楼盘广告，带给社会的是纯收益，没必要认定构成侵权和不正当竞争。如果认定构成不正当竞争，则是以不正当竞争法变相地扩张了商标权，实质上侵害了竞争自由。

---

[1] 欧陆国家以"搭便车"之类的词语描述不涉欺骗的不正当竞争行为。用以衡量复制他人商业成果的不正当竞争行为的"搭便车"、"寄生行为"(parastic behaviour)，通常都是基于正义感，也即认为这些行为有悖于正义感。偏重效率取向的国家不太主张此类行为构成不正当竞争，而偏重伦理意义上的公平考量的国家，则认定其构成不正当竞争。民法法系国家经常以"搭便车"之类的词语表述非欺骗性的不正当竞争行为。See *Intellectual property in Common Law and Civil Law*, Edward Elgar(2013), p. 202; WIPO, Protection Against Unfair Competition 55 (1994) [WIPO Pub. No. 725 (E)]; *Intellectual property in Common Law and Civil Law*, Edward Elgar(2013), p. 204.

我国有的判决已经开始对于损害问题有比较准确的认识。例如,大众点评诉百度不正当竞争案一审判决认为:"认定行为是否构成不正当竞争行为,需以该行为是否会给行为人带来竞争优势或者足以给其他经营者造成损害为条件。对于不会造成实际损害或者损害极其轻微的行为,司法不应予以干预。因汉涛公司的证据尚不足以证明其因百度公司的微博回复而受到了损害,故汉涛公司关于百度公司构成虚假宣传的主张,本院不予支持。"[①]这种明确以不具有损害或者损害轻微为由,不认定构成不正当竞争,在我国不正当竞争案裁判中很少见,但确实很有创意,符合适用竞争法的思维和方式。

第三节　行为正当性判断的竞争法思维

竞争行为正当性的判断是反不正当竞争法的核心问题。认定不正当竞争行为需要以竞争及竞争法的思维和方式,进行竞争行为正当性的判断。

一、本身违法与合理原则

反不正当竞争法调整的不正当竞争行为既有类型化的行为,又有依照一般条款认定的行为。类型化的不正当竞争行为可以看作本身违法的行为;依照一般条款认定的不正当竞争行为,则需要通过利益衡量来确定,类似于反垄断法上依合理原则认定

---

① 上海市浦东新区人民法院(2015)浦民三(知)初字第528号民事判决书。

的垄断行为[1]。

我国《反不正当竞争法》第 2 条第 1、2 款被作为一般条款适用，其中第 1 款规定的是基本原则，即"经营者在市场交易中，应当遵循自愿、平等、公平、诚实信用的原则，遵守法律和商业道德"；第 2 款是对于不正当竞争行为的界定，即"经营者在生产经营活动中，违反本法规定，扰乱市场竞争秩序，损害其他经营者或有消费者的合法权益的行为"。无论是原则性规定还是定义性规范，都属于概括条款或者一般条款，需要通过法官在个案中予以公平裁决，才能够实现其规范功能。法律设定概括条款的目的通常是使法院能够适应经济社会及伦理道德价值观的变化，对于特定社会关系能够进行与时俱进的调整，实现其相应的规范功能。法官在适用一般条款（以及规范性不确定概念）时，需要依据在社会上可以认知的客观规范、公平正义，通过价值判断进行确定。一般条款可以使法官能够适时引进法律外的新价值观念，并且顾及个案衡平。当然，适用不确定法律概念是否属于法律漏洞填补的范畴，学者们存在不同的见解。这些概念毕竟有法律的明文规定，在形式上并不属于法律漏洞，但因此类法律规定毕竟又不是明确的法律规则，实质上很可能与法律漏洞无异。有的判决直接认定其为法律漏洞。如，"《中华人民共和国反不正当竞争法》第

---

[1] 本身违法与合理原则是反垄断的基本分析方法。如美国最高法院所总结的，"本身违法原则只适用于那些显然反竞争的行为"；合理原则则是"技术性很强的标准"，"任何背离合理性标准的司法分析必须有可论证的经济效果作为支持，而不是仅仅依赖一条形式上的划线。"〔美〕欧内斯特·盖尔霍恩等：《反垄断法与经济学》，任勇等译，法律出版社 2009 年版，第 182 页。

二条属于原则条款,具有填补法律漏洞的作用"①。无论是否将其视为法律漏洞及其填补,适用一般条款总归需要进行自由裁量和利益衡量。诚如波斯纳所说:"司法裁量权概念是一块空地或一个黑箱,当规则不够时,裁量权并不是解决如何判决案件问题的办法,而只是这个问题的名字。无论你把裁量权想像得多好,裁量权都会令法律职业界不安。"②

　　强调反不正当竞争法的竞争法属性,在很大程度上就是主张要转变当前依据一般条款认定不正当竞争行为的思路和方向,即由较为普遍采取的权益保护思维,向竞争行为正当性认定的方向转变,并且不简单以权益保护式的方式固化竞争行为认定的裁判理由描述。即便这种认定方式使竞争行为正当性认定更具灵活性和不确定性,那也是一般条款的适用和竞争情况的复杂性导致的,不是法官人为导致的。倘若法官为简单地追求操作便利和确定性,必然不合乎一般条款自身的特点和竞争的实际状况,反而是不应该的简单化。

---

① 上海市浦东新区人民法院(2015)浦民三(知)初字第528号民事判决书。
② 他接着说:"如果法官在许多时候,并且肯定在最复杂的案件中充当的都是立法者,那么,为什么他们不应和其他立法者一样,也受制于一样的政治(在今天,即民主)控制呢? 对于这个问题,哈特和萨克斯,还有德沃金分别提出了当代的两个著名的答案。哈特和萨克斯论辩说,法官这种立法者是不同的,他的训练、他所遵循的程序以及法律推理传统都使得我们有理由更相信他的正直和能力。然而,他们又认为,普通的立法者,即国会成员和州立法机构的成员,是和法官一样谨慎小心且通情达理的。如果情况真是如此,那么司法权和立法权合二为一的可能性也就不那么令人担心了。""在决定是否创立或修正一个规则时,法官有权考虑各种因素,德沃金把这些因素称为'诸多原则',并把它们也算作法律的构成部分,并且事实上把它们当成法律的主要部分。在德沃金看来,法官并不是运用公共政策改变和创立了法律,而是通过解释这些原则发现了适用于手中案件的法律。"[美]理查德•波斯纳:《法理学问题》,苏力译,中国政法大学出版社2001年版,第27—28页。

二、竞争行为正当性的深层判断

竞争行为正当性需要按照竞争特点和属性进行认定。这是反不正当竞争法的安身立命之本，是认定不正当竞争行为的基点。竞争的特点和属性多种多样，竞争行为正当性判断尤其需要考量其"损人利己"的特性，即允许市场竞争中的"损人利己"。此种"损人利己"性是其根本属性。这种属性决定了损害是中性的，损害是"竞争特权"，仅损害本身不一定构成是与非，给他人造成损害的竞争行为并不当然非黑即白，而往往通过利益平衡和运用比例原则进行决断。正是竞争的"损人利己"性造就了竞争行为正当性判断的难度，也从根本上决定了竞争行为正当性认定与权益保护方式的本质差异。

当前普遍采用的"可保护权益＋损害行为"的竞争行为正当性认定模式，实质上多仅止于"损人利己"的层面，通常未再进一步从市场竞争机制上进行正当性分析。这正是浅层化运用搭便车、不劳而获之类的判断标准的原因所在。既然市场竞争中的"损人利己"是常态和中性的，决定竞争行为正当性的必然是其他价值和因素，必须对其他因素和价值进行利益衡量。这是判断不正当竞争的根本特点。而且，一般条款本身就是需要价值填补和酌情认定的法律规范，它具有并需要较强的裁量性。一般条款的考量因素要适合裁量对象的实际，需要考量相关价值和因素，且能够不断满足经济社会发展的新需求。当然，满足新需求本身也需要通过多因素考量而实现。如果将其固化为权益保护式的模式，尤其是非要寻找到一种具体的可保护权益，就可能与这种一般条款的属性不相符合。

例如,大众点评诉百度不正当竞争案涉及的竞争行为正当性的认定,必须考量互联网的特性和价值,需要考虑保护所涉信息的政策取向。如果简单地以所涉信息具有竞争价值、是劳动所得而他人轻易获取就是不劳而获,这就很可能与互联网的价值及相关政策目标相冲突。这是因为,互联网的基本价值是互联互通[1],互联互通确保互联网信息畅通;凡进入互联网的信息均可以自由流动和自由利用,就像或者就是进入公有领域;凡不愿进入自由流通的信息,需要通过技术手段进行自我保护,如通过 Robots 协议或者其他技术措施,不让他人自由抓取。该案简单地以不劳而获认定被告行为构成不正当竞争行为,显然忽略了互联网信息利用的基本价值。

再如,近年来热议的屏蔽广告不正当竞争案[2],中外裁判态度迥然不同,反映了裁判理念、标准和方法上的差异。我国相关裁判通常都是先分析"免费+广告"商业模式的可保护性,被告的主观状态(故意或恶意)以及被告行为对原告利益的损害性,据此认定构成不正当竞争行为,显然是一种权益保护式或者一般侵权式

---

[1] 例如,"从其产生开始,就其本质而言,因特网就代表着互联互通性和创新"。See Ron WhitemHow Computers Works, 309-11(Todd Brakke et al. eds., 9th ed. 2010).万维网的发明者蒂姆·贝纳斯-李(Tim Berners-Lee)设计万维网的初衷,就是将万维网作为一个"通用的"信息分享平台,用户可以"绝对地链接任何信息"。他认为,"通用性对于网络至关重要:如果存在某种东西不能够链接,它的能力就大打折扣。""网络上的任何东西可以被他人迅速了解,以及在网络上看到而又丢失的任何知识,都能够迅速找到。"Tim Berners-Lee, Realsiting the full potential of Web, w3(Dec., 3,1997), http://www.w3.org/1998/02/potential.html.

[2] 德国的 2004 年对"电视精灵案", BGH, Urteil v. 24.06.2004, Az. I ZR 26/02 [联邦德国最高法院(BGH)判决书(1ZR26/02)2004 年 6 月 24 日];"带有付费白名单的广告屏蔽案", BGH, Urteil v. 24.06.2004, Az. I ZR 26/02[联邦德国最高法院判决书(1ZR26/02)2004 年 6 月 24 日]。美国的 Zango, Inc., v. Kaspersky Lab, Inc. 案, Zango, Inc. v. Kaspersky Lab, Inc. 案。

的判断思维,并未恰当体现竞争的价值和特性。德国、美国等国家的裁判不是立足于商业模式的可保护性,而更多考量双方之间的竞争均衡(各方的技术和市场出路、生存压力大小)、消费者福利以及创新的需求,有更强的市场意识和对于竞争行为的更大宽容度,更符合竞争特性和规律。

三、竞争行为正当性判断的商业伦理标准

依据商业伦理标准判断竞争行为的正当性,是反不正当竞争的显著特色,也是其竞争法属性的典型体现。换言之,竞争行为正当性的判断具有商业伦理性,应以有别于日常生活道德的商业伦理标准进行判断。竞争规范是以维护市场效率为目标的市场规范,不正当竞争的判断当然需要以反映市场竞争需求的商业伦理为标准。商业道德标准是一种不同于日常生活道德的经济伦理标准。以现实的和公认的商业道德认定不正当竞争行为,也是反不正当竞争的通行做法。例如,作为不正当竞争衡量要素的"诚实",是一种更多地付诸开放性解释的规范的、道德的标准(normative,ethical criterion)。不能将它"混同于一般道德要求,尤其是宗教信仰"。"它考虑的是商业活动中的诚实。""'诚实'或者'公平'的含义问题必须在实际商业贸易做法的框架内讨论,不能混同于一般道德理想。""一旦摆脱社会的、宗教的和一般的道德要求,而置于商业正当性之上,就经常会有'一种大致的和清晰的诚实贸易行为共识'。"[1]在山东食品公司与马达庆等不正当竞

---

[1] *International handbook on Unfair Competition*, edited by Frauke Henning-Bodewig,C. H. Beck·Hart·Nomos(2013),p.24.

争案件中,最高人民法院也首次明确提出经济人伦理标准[1],即以特定商业领域普遍认识和接受的伦理标准,认定是否违反公认的商业道德,防止将商业道德简单等同于个人道德或者社会公德,不适当地扩张不正当竞争行为的范围。因为,市场竞争本来具有谋取私利甚至"损人利己"的属性,由此造成的市场损害是竞争损害,而反不正当竞争法制止的是以不正当手段进行的竞争,认定不正当手段的商业道德标准显然是商业"职场"的是与非、对与错的标准,即商业伦理标准,而不可能是日常生活意义上的高尚道德标准。最高人民法院裁定指出:"商业道德要按照特定商业领域中市场交易参与者即经济人的伦理标准来加以评判,它既不同于个人品德,也不能等同于一般的社会公德,所体现的是一种商业伦理。经济人追名逐利符合商业道德的基本要求,但不一定合于个人品德的高尚标准;企业勤于慈善和公益合于社会公德,但息于公益事业也并不违反商业道德。"就本案而言,"用一般的社会观念衡量,作为一个被企业长期培养和信任的职工,马达庆的所作所为可能并不合于个人品德的高尚标准,不应该得到鼓励和提倡,但这并不当然意味着他作为一个经济人同时违反了诚实信用原则和公认的商业道德"。[2] 后来最高人民法院又进一步将其总结为指导性政策:"正确把握诚实信用原则和公认的商业道德的评判标准,以特定商业领域普遍认同和接受的经济人伦理标准

---

[1] 笔者在审核修改裁判文书时加入了"经济人伦理"的术语,主要是强调其为职业性的道德准则,以示与日常生活道德的差异。做出这种区分和判断时,我们实际上并没有对于国外的相关认识进行刻意的了解和考证,可见在这种问题上我们与国外的许多认识不谋而合。

[2] 最高人民法院(2009)民申字第 1065 号民事裁定书。

为尺度,避免把诚实信用原则和公认的商业道德简单等同于个人道德或者社会公德。"①

商业伦理与日常道德标准是效率与效率之外的公平的重要分界线。竞争行为正当性的判断采取商业道德,乃是维护效率的需要。首先,这是为了最大限度维护竞争自由。市场竞争以自由为原则,以限制为例外,不符合法律限制的情形即为自由。除法律列举性规定的具体限制外,以竞争法的原则规定限制竞争行为,必须以商业伦理标准进行衡量,限缩限制竞争自由的范围。其次,它符合市场精神。日常生活道德有利于维护人与人之间日常关系的和谐,符合传统道德和日常情感,但有时会与市场竞争的效率要求相悖,即效率需要鼓励交易机会的争夺(竞争),以此优化资源配置。在市场竞争中,要贯彻效率原则,以市场精神解读诚实信用原则和商业道德标准,不使其日常生活化,从而使市场行为与日常生活的标准区分开来。

商业伦理标准应以实际的商业惯常做法为依据。诚实商业惯常做法是通行的和具有广泛共识的不正当竞争判断标准。它首先是一种事实上的标准,是实际运行的而不是主观的标准。巴黎公约第 10 条之二将不正当竞争界定为"在工商业活动中违反诚实的习惯做法"(contrary to honest practices in industrial and commercial matters)的行为。这是"以经营者所在商业领域的实际做法(或者惯常做法)"为判断标准,"援引实际习惯做法保障了决定'诚实'标准的现实方法"。"就巴黎公约而言,实际实践中的

---

① 《最高人民法院关于充分发挥知识产权审判职能作用推动社会主义文化大发展大繁荣和促进经济自主协调发展若干问题的意见》。

'惯例'(usages)是任何评估的出发点,并且只有在其本身'不公平'时才会被否定。""何为'诚实'或者'正当'问题,必须在实际商业贸易惯行的框架内讨论,而不能与普通的道德理想混为一谈。"[①]"如果撇开社会的、宗教的和一般道德的要求而集中于商业公平,对于'贸易中的诚实行为'通常有'大致的和清晰的共识'[②]。"[③]我国最高人民法院裁定也认为:"反不正当竞争法所要求的商业道德必须是公认的商业道德,是指特定商业领域普遍认知和接受的行为标准,具有公认性和一般性。即使在同一商业领域,由于是市场交易活动中的道德准则,公认的商业道德也应当是交易参与者共同和普遍认可的行为标准,不能仅从买方或者卖方、企业或者职工的单方立场来判断是否属于公认的商业道德。具体到个案中的公认的商业道德,应当结合案件具体情形来分析判定。"[④]

当然,对于实际的市场惯常做法也不是照单全收,而是要按照反不正当竞争法的价值取向进行审查。如最高人民法院在奇虎 360 公司与腾讯公司不正当竞争案二审判决中所说,"人民法院在判断其相关内容合法、公正和客观的基础上,将其作为认定互联网行业惯常行为标准和公认商业道德的参考依据,并无不

[①] See *International Handbook on Unfair Competition*, edited by Frauke Henning-Bodewig, C. H. Beck · Hart · Nomos(2013), p. 24.

[②] 该说法系欧盟法院法律顾问雅各布(Jacobs)在一起商标案件中的说法。See *International Handbook on Unfair Competition*, edited by Frauke Henning-Bodewig, C. H. Beck · Hart · Nomos(2013), p. 24.

[③] 同上。

[④] 最高人民法院(2009)民申字第 1065 号民事裁定书。

当。"① 互联网行业规范毕竟是互联网协会制定,且主要是凝聚互联网经营者的共识,而未必充分考虑消费者利益,也不一定完全符合市场机制的要求。因此,需要进行必要的审查判断。只是在没有充分的理由否定通行做法时,不要凭执法者的主观好恶进行取舍。

四、竞争行为正当性的判断范式

与知识产权专有权权益保护式的范式相比,竞争行为正当性判断是行为规范范式,即并不立足于特定的权益,而立足于行为本身的正当性判断,据以判断的都是与行为正当性有关的考量因素。当然,也有些类型化的行为已接近于权益保护式,如侵害商业秘密等,此类行为的判断具有较多法益保护元素。

反不正当竞争法的行为法范式突出的表现是与知识产权保护范式的差异。一方面,如前所述,不能以不正当竞争的方式扩张知识产权的范围;另一方面,知识产权不能保护的情形,如果确实构成不正当竞争,也可以另辟蹊径地给予保护。这种保护可能在功能上与知识产权保护有所衔接和补充,但不是立足于权益保护,而立足于行为本身的正当性,核心也在于判断行为的正当性。例如,江南创作的《此间的少年》是一部以宋代为背景,讲述发生在"汴京大学"里以郭靖、黄蓉、乔峰、令狐冲等为代表人物的校园爱情故事。小说的主人公及其他角色,大量使用了金庸系列武侠小说中的人物名称,人物性格刻画基本相同,只是故事完全不同。查良镛(金庸)诉江南等侵害著作权和构成不正当竞争行为。通

---

① 最高人民法院(2013)民三终字第 5 号民事判决书。

常而言，人物名称及人物与原作品之间的关联关系很难受著作权保护，但由于这种关联关系，"同名人物作品"客观上有"攀附"原作品和"搭便车"效应。鉴于这些作品属于商品，从不正当竞争角度分析，如果对于原作品人物名称的使用及其"攀附""搭便车"达到了足以混淆误导的程度，可以考虑构成不正当竞争；如果不足以达到混淆误导，仅客观上的"攀附"和"搭便车"尚不足以使其构成不正当竞争。当然，除此之外，认定是否构成不正当竞争还要考虑鼓励创作、繁荣文化与保护既有权益的价值平衡关系。可见，在著作权之外认定是否构成不正当竞争不是扩展著作权保护，而是以另外的价值和因素考量竞争行为的正当性[①]。

即便涉及知识产权保护的内容，反不正当竞争法也是以竞争法方式，立足于规范行为，而不是简单地立足于权益保护。例如，《反不正当竞争法》第6条第(1)项禁止擅自使用他人有一定影响力的商品名称、包装装潢的规定，并未限制在相同或者类似上的使用，这与注册商标保护不同。如果立足于权益保护式的思路，按照体系解释方法，前者也应限定于相同类似商品上的保护，否则有一定影响力的商品名称等保护的力度反而可能超过注册商标保护，这样会导致两者在立法政策上的不协调。但是，反不正当竞争法保护不是立足于权益保护，而是立足于行为正当性，因而无需受注册商标权益保护式的思维的限制。例如，"大湖"饮料具有较高知名度，其包装装潢独特。天津一家日用化学品公司生产销售的洗发水使用了与大湖饮料酷似的包装装潢，导致消费者

[①] 查良镛(笔名金庸)诉杨治(笔名江南)、北京联合出版有限责任公司、北京精典博维文化传媒有限公司、广州购书中心有限公司著作权侵权及不正当竞争案，广东省广州市天河区人民法院(2016)粤0106民初12068号民事判决书。

误认误购。由于饮料和洗发水显然不属于类似商品,对于天津日化公司是否构成不正当竞争行为引起了不同看法。最后,国家工商行政管理局认为构成不正当竞争行为[①]。一般情况下在非类似商品上使用与知名商品相同近似的商品名称或者包装装潢,不构成不正当竞争,但确实足以导致误认误购(市场混淆)的,显然危害竞争秩序,可以认定为不正当竞争行为。这种认定符合反不正当竞争法的精神。

五、竞争行为正当性判断的个案性

反不正当竞争法调整的突出特点是个别化和个案判断性,这既是其特点和优点,也可能带来了不足,但更重要的是前者。这是比较普遍的认识。反不正当竞争法对于行为特性界定以及存在宽泛的一般条款,这使得行为的认定取决于"变幻不定的'不正当性'"(elusive unfairness)。这"既是不正当竞争原则的长处也是其弱点"。"其观念的弹性使其能够基于个案情况对于他人的天才、知识、技术或者劳动的成果给予补偿。"[②] 如 WIPO 文献所说:"为确保实现其(确保市场有效运行的)功能,不正当竞争法必须是灵活的(flexiable),据此进行的保护必须无需注册之类的形

[①] 国家工商行政管理局《关于在非相同非类似商品上擅自将他人知名商品特有的名称、包装、装潢作相同或者近似使用的定性处理问题的答复》(1998 年 11 月 20 日)指出:"仿冒知名商品特有的名称、包装、装潢的不正当竞争行为一般发生在相同或类似商品上,但经营者在非相同、非类似商品上,擅自将他人知名商品特有的名称、包装、装潢作相同或者近似的使用,造成或者足以造成混淆或者误认的,亦违反《反不正当竞争法》第二条规定的市场竞争原则,可以按照《反不正当竞争法》第五条第(二)项的规定认定为不正当竞争行为。"

[②] Anselm Kamperman Sanders, *Unfair Competition Law: The Protection of Intellectual and Industrial Creativity*, Clarendon Press(1997), p. 2, p. 23.

式要求。特别是,不正当竞争法必须能够适用任何市场行为的新形式。这些灵活性并不必然意味着缺乏可预见性。当然,不正当竞争法从来不会像专利或者商标法之类的规定那样具体;但是,许多国家的经验表明,完全有可能形成一种既有效和灵活,同时又确保充分的预见性的不正当竞争法律制度。"[1]亦如有的学者所说,"由于知识产权法大致上遵循'一把尺子丈量'逻辑(a'one size fits all'logic),知识产权保护倾向于不够灵活和有时太一般太宽泛。不正当竞争法将会允许根据各个具体案件进行具体保护,对于模仿行为采取'更为经济的方法',限制可以避免的福利损失。尽管这种方法可能导致法律的不确定性,因而窒息一些不应反对的竞争。"[2]实践中应当善于把握这种特性,扬长补短,实现其立法目的。

尤其是,一般条款的适用具有个案裁量性,必须根据个案的具体情况认定竞争行为的正当性。换言之,不同类型的竞争行为可能涉及不同的价值和因素,需要根据个案情况进行价值判断和利益衡量。这必然决定了其个案色彩,而不是千篇一律和千案一面。如最高人民法院裁定所说:"对于不属于反不正当竞争法第二章列举规定的行为的正当性,主要应该以该行为是否违反了公认的商业道德进行判断,公认的商业道德需要根据特定商业领域和个案情形具体确定,特定行业的一般实践、行为后果、交易双方

---

[1] WIPO, *Protection Against Unfair Competition: Analysis of the Present World Situation*, presented by the International Bureau of WIPO, p. 13.

[2] See *The Structure of Intellectual Property Law: Can One Size Fit All*, edited by Annette Kur Vytautas Mizaras, Edward Elgar(2011), p. 115.

的主观状态和交易相对人的自愿选择等都可能成为考虑因素。"①而且,这必然具有与生俱来的不确定性,但只是一般条款抽象性和具体情形复杂性的必然产物,是法律不可避免之"恶"。当然,随着同类的情形增多,也可能进行事实上的不正当竞争行为归类,但这不能解决根本性的问题。即便这些归类也必须不断接受检验,因为这毕竟不是法律规定的本身违法行为②。

例如,既然大众点评诉百度不正当竞争案涉及互联网经营者经营积累的点评信息问题,那么考量被告利用该点评信息正当性,必然需要考量互联网环境下的信息流通和信息保护的原则和价值,甚至涉及互联网的基本价值和理念。该案一审判决仅从点评信息是付出劳动和金钱所得、具有市场竞争价值和应受保护的角度,认定被告不劳而获的利用行为具有不正当性,显然并未从互联网的价值和理念角度进行考量,其考量的层面还不够深,忽视了构成不正当竞争的根本标准。至少可以认为,互联互通是互联网的基本价值,如果不能最大限度地确保互联网的互联互通,互联网的价值将大打折扣。为确保互联互通,一些特殊的信息流通规则应运而生,如网络信息保护主要依靠自我保护,即如果不想让置于网络环境的信息自由流通或者不让他人随意抓取,可以按照行业惯例或者法律要求采取技术措施,如通过 Robots 协议

---

① 最高人民法院(2009)民申字第 1065 号民事裁定书。
② 例如,北京市高级人民法院在指导性文件中总结列举了五种可以依据反不正当竞争法第 2 条认定为不正当竞争行为的行为类型,见《北京市高级人民法院关于涉及网络知识产权案件的审理指南》(2016 年 4 月 13 日公布)。这些列举虽然可以增强司法的确定性和可操作性,但如此类型化仍需慎重,防止简单和绝对地适用,仍应允许裁判时考量个案中的合理性。因为,这种列举仅是审判经验的总结,很可能以偏概全或者失之偏颇,与法律规定的类型化的行为不可同日而语。

不让他人争取；如果不采取适当措施限制或者保护自己的信息流通，该信息即进入互联互通的领域。而且除非以行业惯例或者法律要求采取的技术措施，他人才有义务避让，这种制度安排显然有利于减少使用互联网信息的交易成本。否则，让识别网络信息能否抓取的一般义务赋予搜索服务提供者之类的利用者，显然会妨碍互联网信息的互联互通。从利益平衡的角度看显然是不可取的。鉴此，该案一审判决的结论不利于网络环境下的互联互通。

再如，就涉及知识产权侵权警告是否构成不正当竞争而言，最高人民法院的裁判显然都注重搞好利益平衡，即法院此类承认侵权警告是行使权利的行为，也是重要的救济手段，但同时应兼顾竞争对手的合法权益，防止滥用。防止滥用的方式是通过设定规则和标准，为侵权警告行为的尺度划界。换言之，侵权警告具有正当性，但滥用侵权警告又触犯法律"红线"，因而二者之间需要一种划定界限的平衡机制，即侵权警告与不正当竞争之间的界限是通过保护知识产权与维护公平竞争的利益平衡机制划定的。问题的关键是界限划在哪里，这就要依靠规则和标准来解决。如在"理邦案"中，最高人民法院裁定就结合案件具体事实，就侵权警告的利益平衡进行了精细的把握。例如，该裁定认为："为有效发挥专利侵权警告的纠纷解决功能和维护当事人之间的利益平衡，需要适当限制侵权警告的发送条件、发送内容、发送对象范围、发送方式等，并由权利人承担不正当侵权警告行为的法律责任。""就专利侵权警告的内容而言，权利人在侵权警告中依据的涉嫌侵权事实应当具有较高程度的确定性，但又不能对其确定性程度要求过高和过分，否则会妨碍侵权警告制度的正常效用和有悖此类制度的初衷。而且,对涉嫌侵权事实的确定性程度可以有多种判断途径,但在侵权警告中对于涉嫌侵权的基本事实判断事后能够达到获一审判决认可的情况下,已足可认定其在发送侵权警告时不属于捏造、散布虚伪事实,而不能再苛求只有终审判决认定的侵权事实才能作为判断依据。即便该一审判决结果在后续诉讼程序中有所变化,对于权利人在发送侵权警告时已尽到谨慎注意义务的认定并无影响。而且,考虑到竞争对手的上下游客户对于涉嫌专利侵权问题的判断能力相对较弱、避险意识较强和更易受到侵权警告影响等实际,向涉嫌侵权的竞争对手的客户发送侵权警告需要在注意义务上有更高要求,但即便如此,在已向涉嫌专利侵权的产品制造商提起诉讼之后,在向其销售商发送侵权警告亦能够达到上述注意程度的情况下,已足以认定其发函时已尽到谨慎注意义务。"[1]从这段有关侵权警告行为正当性判定的引述可以看出,涉案行为是否正当并没有一条是与非的清晰界限可循,有的只是一种一般性考量思路,而只能通过利益比较和衡量进行划定,且该裁定对于利益平衡的界限划定也是小心翼翼[2],典型体现了裁判的实践理性。

该裁定首先强调了必要性,即侵权警告确为维权所必须时,特别是所采取的方式(手段)、所造成的后果与实现合法目的相适应,手段为实现正当目的所必须,就具有正当性。必要性是正当

---

[1] 深圳市理邦精密仪器股份有限公司(理邦公司)与深圳迈瑞生物医疗电子股份有限公司(迈瑞公司)商业诋毁纠纷案,最高人民法院(2015)民申字第191号民事裁定书。

[2] 笔者是该申请再审案的审判长,也是裁判理由的撰写人,裁判当时就是这种心态。

性的基础,这也是所谓的比例原则的体现。其次,强调了充分披露信息。权利人应当充分披露权利依据及对方侵权的详细信息,如涉及的知识产权及其具体权利范围(如所涉权利及其权利范围)、涉嫌侵权的具体行为及理由,这既可以表明权利人发出侵权警告是审慎的,也便于对方进行判断和保护对方的正当权益;侵权警告措辞要适当,不使用构成侵权的绝对化肯定用语,如把涉嫌构成侵权断然说成构成侵权。再次,区别了不同发送对象规则,即发送对象的不同,决定了注意义务和不正当竞争构成的不同。这种利益衡量显然只能取决于个案情况,裁量所依据的都是变量因素。

第四章 由兜底保护到有限补充保护

第一节 三种保护态度的取舍

一、实践提出的问题

知识产权保护体系由专利、商标、著作权等知识产权专门法和反不正当竞争法所构成。专门法确立各类知识产权专有（用）权制度；反不正当竞争法则提供补充保护。反不正当竞争法对于知识产权具固有的补充保护性，近年来这种功能颇有迅速扩张之势。我国司法实践中通过反不正当竞争扩展知识产权保护，涉及专利、商标和著作权等诸领域，尤其在传统的法益保护之外，被越来越多地用于保护新法益和拓展新领域。在新的背景下，研究反不正当竞争法对于知识产权的补充保护，具有更大的现实意义。

反不正当竞争法对于知识产权的补充保护体现在多个方面。

有些裁判以反不正当竞争法保护不受著作权保护的作品构成要素。例如，金庸诉江南案一审法院认为，原告作品中的人物名称、人物关系等元素虽然不构成具有独创性的表达，不能作为著作权的客体进行保护，但并不意味着他人对上述元素可以自由、无偿、无限度地使用。本案原告作品及作品元素凝结了原告高度的智力劳动，具有极高的知名度和影响力，在读者群体中这些元素与作品之间已经建立了稳定的联系，具备了特定的指代和识别功能，具有较高的商业市场价值。原告作品元素在不受著作权法保护的情况下，在整体上仍可能受我国反不正当竞争法调整。杨治未经原告许可在其作品《此间的少年》中使用原告作品人物名称、人物关系等作品元素并予以出版发行，构成不正当竞争。[①] "葵花宝典案"最高人民法院再审裁定以实质性的"商品化权益"，保护金庸先生武侠小说《笑傲江湖》中的知名武功秘笈名称。[②]

有些裁判以反不正当竞争扩展注册商标专用权的保护。如"LV"标志案一审判决认为，被告明知"LV"手提包有较高知名度，还在巨幅楼盘户外广告中以近1/3的比例和夺目的橙色突出模特和模特手中的"LV"包，吸引受众视线，进而通过"LV"手提包的知名度提升其广告楼盘的品位，意在宣传出入其楼盘的是时尚高贵人士，该楼盘同样时尚、高档，故其将宣传行为建立在原告商品之上，未付出正当努力而故意利用他人经营成果，通过搭便车故意利用原告资源，获取优于其他竞争者的不正当获取利益，损害原告的合法权利，虽因"LV"图案对被告的楼盘没有商业标识识别作用、消费者不会产生混淆而不构成商标侵权，但构成不正当

[①] "查良镛诉杨治、北京联合出版有限责任公司、北京精典博维文化传媒有限公司、广州购书中心有限公司著作权侵权及不正当竞争案"，广东省广州市天河区人民法院(2016)粤0106民初12068号民事判决书。
[②] "完美世界控股集团有限公司、国家知识产权局与上海游奇网络有限公司商标权无效宣告请求行政纠纷案"，最高人民法院行政(2021)最高法行再254号裁定书。

竞争。① "非五常大米案"②二审法院认为,谷堆坡公司在争议商品标题中虽然使用的是"非五常大米"字样,但以"五常"为关键词搜索时可搜到该商品。而且,从商品评论中可看出,该行为已造成部分消费者混淆误认,损害了消费者的知情权和选择权。同时,谷堆坡公司的上述行为客观上实现了"关键词引流",不合理获取了商品点击、浏览及交易机会,切实增加了其商业机会而减少他人商业机会,实质上是一种搭便车的攀附行为,即表面上以"非五常大米"进行区别,实则进行"区别式攀附",构成不正当竞争。

有些裁判涉及扩展外观设计专利权的保护。例如,对于获得外观设计专利的商品外观在专利权终止后能否再依据反不正当竞争法获得保护的问题,"晨光"笔不正当竞争案最高人民法院裁定认为,多数情况下,如果一种外观设计专利因保护期届满或者其他原因导致专利权终止,该外观设计就进入了公有领域。但是,知识产权领域内一种客体可能同时属于多种知识产权的保护对象,其中一种权利的终止并不当然导致其他权利同时失去效力。反不正当竞争法可以在知识产权法之外,在特定条件下对于某些民事权益提供有限的、附加的补充性保护。外观设计专利权终止之后,使用该外观设计的商品成为知名商品的,如果他人对该外观设计的使用足以产生混淆或者误认,可以构成不正当竞争。因此,外观设计专利权终止后,该设计并不当然进入公有领域,在符合

---

① "原告路易威登马利蒂公司(LV 公司)与被告上海鑫贵房地产开发有限公司等商标侵权和不正当竞争案",上海市第二中级人民法院(2004)沪二中民五(知)初字第 242 号民事判决书。

② 五常市大米协会与沈阳谷堆坡电子商务有限公司"五常大米"商标侵权及不正当竞争案,福建省高级人民法院(2021)闽民终 900 号民事判决书。

反不正当竞争法的保护条件时,它还可以受到该法的保护。[①]

上述裁判系以反不正当竞争法扩展外观设计专利、作品和注册商标的保护。值得研究的是,这种扩展哪些正当、哪些不正当？正当与不正当的界限何在？反不正当竞争法的补充保护条件是什么？如何确定其判断标准？这些重要的理论与实践问题经常存在较大争议。恰当地确定反不正当竞争法补充保护的条件、边界和范围,直接涉及如何恰当地定位知识产权保护,既能够保护应当保护的知识产权法益,又避免因权利保护与公有领域的失衡而妨碍创新和自由竞争。

反不正当竞争法与知识产权专门法的关系是持续关注的重要问题,不同时期有不同的体现。随着反不正当竞争不断拓展新领域,两者的关系不断出现新景象和新问题。无论是理论界还是实务界,都存在平行说、兜底说和有限补充保护说的不同主张,厘清三种之间的关系,仍具有重要意义。

二、平行保护说

平行保护说认为反不正当竞争法与知识产权法可以对同一对象或者行为进行选择的平行保护,相互之间无优先劣后之别。实践中仍不时见到此种做法。

例如,在深圳腾讯与广州菲柔腾讯视频 NBA 比赛遭非法转播不正当竞争案[②]中,法院认为,被告经营的"人人体育"网站及

[①] "上海晨光诉宁波微亚达侵犯知名商品装潢案",最高人民法院(2010)民提字第 16 号民事裁定书。

[②] 深圳市腾讯计算机系统有限公司、腾讯科技(深圳)有限公司、腾讯数码(天津)有限公司与广州菲柔网络科技有限公司不正当竞争纠纷案,天津市第三中级人民法院(2021)津 03 民初 2119 号民事判决书。

APP 未经授权向公众免费提供"腾讯视频"中的 NBA 比赛直播画面,原本需要付费观看的比赛无须付费即可观看,亦未对 NBA 比赛直播投入任何成本即可实质性替代原告提供的 NBA 比赛直播。本质上是攫取原告投入巨额成本而形成的比赛直播内容和围绕比赛直播内容打造的特色直播方式等核心经营资源,来从事自身"主播直播"的商业经营活动。上述行为必然导致原本需要登录"腾讯视频"网站或客户端观看比赛的用户转而选择通过"人人体育"网站及 APP 进行观看,直接造成原属于"腾讯视频"的用户的减少和流量的降低。因此,被告利用免费提供原告投入巨额成本形成的比赛直播资源和特色比赛直播方式进行商业经营的行为构成不正当竞争。另外,"人人体育"网站及 APP 利用"腾讯视频"NBA 比赛直播,放任主播或用户发布大量的不良广告信息,引诱用户博彩进入非法网站,使用户误以为该低俗广告系原告提供,对原告的名誉造成不良影响,也损害网络用户的合法权益,损害社会公共利益。

上述案件中,如何看待体育赛事画面直播的著作权保护与反不正当竞争的关系?尤其是在业界对于体育赛事画面可以纳入著作权保护已经形成共识的前提下,是否还需要绕开著作权而以反不正当竞争保护?

再者,如何理解据以判断构成不正当竞争的实质性替代标准?仅实质性替代是否足以导致构成不正当竞争?首先,实质性替代来源于著作权法上的三步检验法及信息网络传播权保护(如"网页快照"是否构成对于照片的实质性替代,据此认定是否构成复制),但目前较多用于网络不正当竞争认定(如数据保护案件)。著作权保护中的实质性替代是以存在著作权为前提,再以实质性替代衡量是否侵权。其次,不正当竞争中的实质性替代,是否构成不正当的充分条件? 感觉更像是判断损害的方式,即达到实质替代程度的就使损害具有法律判断价值,但是否要求以合法权利(权益)的存在为前提? 如果合法权益是著作权,是否还有必要纳入反不正当竞争法调整? 如果不属于专门的知识产权而属于竞争法益,按照反不正当竞争法保护当然可以。假设体育赛事画面不构成著作权及其他知识产权,是否还适宜以反不正当竞争法保护,保护条件是什么?

通常情况下,实质性替代是中性的,即体现的是损害中性,不必然构成不正当竞争。是否构成不正当竞争,更取决于其他竞争行为正当性的构成要素。

咪咕音乐有限公司与淘宝公司、阿里巴巴音乐公司不正当竞争案[①]二审判决认为:(1)数字音乐服务提供商耗费大量的时间、精力、财力建立的海量、优质的曲库是维护其市场地位、保持竞争优势的重要因素,其对该曲库享有竞争利益。(2)具有竞争关系的其他数字音乐服务提供商未经许可,以盗链等技术手段向自己的用户免费提供同行业竞争对手曲库中的歌曲,不正当地获得竞争优势,抢夺交易机会,损害了同行业竞争对手的合法权益,扰乱了公平市场竞争秩序,构成不正当竞争。就该案而言,可能涉及是否属于著作权法调整,而寻求以不正当竞争进行替代性保护的问题。如果确属著作权(信息网络传播权)保护的范围,以反不正当竞争进行替代性保护,就存在法律适用的问题。

新百伦贸易(中国)有限公司与纽巴伦(中国)有限公司、赵程

---

① 四川省高级人民法院(2021)川知民终 2116 号民事判决书。

鹏擅自使用与他人有一定影响的商品装潢相同或近似的标识案[①]法院判决认为:(1)商标权与《反不正当竞争法》第 6 条规定的"有一定影响的商品装潢",在构成要件、形成时间、权利客体、保护范围及期限等方面均不同。在被诉侵权行为可能同时构成商标侵权及不正当竞争时,属于请求权竞合。在涉及请求权竞合的案件中,权利人可以明确择一法律关系对涉案行为进行主张。(2)注册商标专用权与"有一定影响的商品装潢"权益存在权利冲突时,应秉持诚实信用的基本原则解决两者冲突。判断市场经营者是否诚实信用,应遵循两项规则:一是保护在先权益,二是防止市场混淆。(3)被告被控侵权行为是否为注册商标的使用行为,不构成不正当竞争案件的抗辩事由。只要被告在后的标识使用行为与他人在先有一定影响的商品装潢构成近似,容易导致消费者混淆的,就构成不正当竞争。

该判决似认定注册商标与《反不正当竞争法》第 6 条的商业标识可以产生请求权竞合,也即产生可以任意选择的平行保护关系。但是,因为注册商标另有《商标法》的保护体系,两者显然不能产生竞合和任意选择,而只能存在特别规定与一般规定的关系。所谓两者竞合的观点有点匪夷所思。

专门法的规范均是利益衡量之后的立法选择,如果属于专门法范围而又允许任意选择反不正当竞争法保护,必然使专门法的立法政策随时被架空,背离立法者的调整本意。因此,除下文涉及的尚未达成共识的"孵化性"保护情形外,知识产权专门法与反

[①] 上海市浦东新区人民法院(2017)沪 0115 民初 1798 号民事判决书;上海知识产权法院(2020)沪 73 民终 327 号民事判决书。

不正当竞争法不应该存在平行保护的关系,而是特别法与一般法的关系。

三、兜底保护说

对于反不正当竞争法与其他知识产权法之间的关系,我国知识产权界有个众所周知的"冰山"与"海水"比喻,即如果把专利法、商标法和版权法等专门法比作冰山,反不正当竞争法就如冰山下使其赖以漂浮的海水(海洋)。"冰山"与"海水"的关系,经常成为兜底保护说的形象比喻。[①] 该比喻的原始出处不详,但这已不重要,重要的是该比喻已在我国知识产权理论和实务界流传甚广影响深远,甚至渗入学者和法官的潜意识,成为反不正当竞争法兜底保护的当然基础。[②] 当然,也有学者指出,反不正当竞争法不是知识产权法之下的全部海洋,而只是给予"反不正当竞争的附加保护",只要求反不正当竞争法中"订有足够的条款(哪怕这部分条款只占全法很小一部分)去补知识产权单行法之'漏'"。[③]

我国学界和实务界一度流行的反不正当竞争法是"兜底法"或者"口袋法"的说法,大体上就是由冰山与海水的比喻延伸而

[①] 参见郑成思:《知识产权法》,法律出版社1997年版,第476页;郑成思:"反不正当竞争——知识产权的附加保护",载《知识产权》2003年第5期;孔祥俊:《反不正当竞争法的适用与完善》,法律出版社1998年版,第4—5页。

[②] 此外,有些学者还区分附加保护与补充保护,以及主张反不正当竞争与知识产权保护的平行说,即两者可以成为两个平行的保护轨道。参见张伟君:"从'金庸诉江南案'看反不正当竞争法与知识产权法的关系",载《知识产权》2018年第10期。

[③] 郑成思:"反不正当竞争——知识产权的附加保护",载《知识产权》2003年第5期。

来。例如,它"意思是说,凡专利法、商标法和版权法所管不到的领域,都由反不正当竞争法来兜底。这个比喻形象地道出了反不正当竞争法的补充性特征"。① 1993年《反不正当竞争法》的参与起草者曾指出,反不正当竞争法是其他知识产权法的"口袋法"或者"不管法",如:"反不正当竞争法也被称为'不管'法,其表现在于别的法管的,它要管;别的法不管的,它也要管。也即,其对那些专门法保护不到的地方给予保护。"②

兜底保护说在司法实践中影响甚深,甚至深入不少法官的潜意识,在裁判中自觉或者不自觉地加以运用。例如,2004年全国法院知识产权审判工作座谈会着重研究了反不正当竞争法的适用问题,在两类法律的关系上一般性地提出反不正当竞争法对于知识产权专门法进行"附加或者兜底"保护的定位,反不正当竞争法"可以在知识产权法提供的特别保护之外为知识产权提供附加或者兜底的保护",即侵犯知识产权的行为一般也可能属于不正当竞争行为,知识产权类专门法对那些已被明确规定行为加以规制和调整,而法律并未明确规定者,由反不正当竞争法调整。③ 此处所谓"法律并未明确规定者,由反不正当竞争法调整",并未对补充保护的适用条件作出限制,实际是接受反不正当竞争法为兜底保护法的结果。2022年不正当竞争司法解释"答记者问"指出:"既厘清了一般条款与具体行为条款、知识产权专门法规定之间的适用关系,也明确了一般条款对反不正当竞争法及商标法等其他知识产权专门法的兜底适用地位。"

---

① 孔祥俊:《反不正当竞争法的适用与完善》,法律出版社1998年版,第4—5页。
② 河山、肖水:《民事立法札记》,法律出版社1998年版,第82—83页。
③ 2004年最高人民法院主管院领导在强国知识产权审判工作座谈会上的讲话。

四、有限的补充保护

专门法在权衡政策和衡量利益(如权利保护与公有领域的平衡)之后,对于各类知识产权专有权的保护条件和保护范围均有明确的规定,若其专门规定可以随意突破或者规避,专门规定的立法政策即无从实现,因而专门规定需要具有优先性。专门法的调整范围是反不正当竞争法的适用边界,具体表现为落入专门法调整范围并符合其保护条件的事项,不宜再以反不正当竞争法进行选择性或者平行保护;落入其调整范围而不符合其保护条件的事项,一般不宜再以反不正当竞争法进行补充和附加的保护,否则会抵触专门法的立法政策。有限补充的界限既有客观性的确定标准,又有价值上的判断取舍。是否属于专门法调整范围及是否给予补充保护,可以结合立法政策等进行判断。

多年来最高人民法院一直倡导有限补充保护的理念和政策。[1] "2002年不正当竞争司法解释"第1条认为专门法及专门规定具有优先适用的效力,显然是排斥平行说的,也即2022年不正当竞争的司法解释并未转变司法政策。而且,司法解释与司法政策(司法文件)毕竟有倡导式政策语言与规范性语言的不同表达方式,司法解释并未否定司法政策中强调的有限补充保护态

---

[1] 2004年11月11日、2007年1月18日和2008年11月28日多次全国法院知识产权审判工作座谈会主管领导讲话;最高人民法院《关于当前经济形势下知识产权审判服务大局若干问题的意见》(2009年4月21日印发,法发〔2009〕23号)第11条;《最高人民法院关于充分发挥知识产权审判职能作用推动社会主义文化大发展大繁荣和促进经济自主协调发展若干问题的意见》(2011年12月16日印发,法发〔2011〕18号)第24条。

度。有限补充保护也具有法理上的充分依据。①

多年来一些裁判对于有限补充保护进行过阐释。有些裁判以反不正当竞争一般条款适用的谦抑性、竞争行为推定合法性等理由，限制补充保护的适用。如，晨光笔特有装潢不正当竞争案，最高人民法院裁定指出："反不正当竞争法也可以在知识产权法之外，在特定条件下对于某些民事权益提供有限的、附加的补充性保护。"②"马达庆案"最高人民法院裁定指出："虽然人民法院可以适用反不正当竞争法的一般条款来维护市场公平竞争，但同时应当注意严格把握适用条件，以避免不适当干预而阻碍市场自由竞争。凡是法律已经通过特别规定作出穷尽性保护的行为方式，不宜再适用反不正当竞争法的一般规定予以管制。"③"脉脉案"二审判决认为，"对于互联网中利用新技术手段或新商业模式的竞争行为，应首先推定具有正当性，不正当性需要证据加以证明"。④梦幻西游VS神武案原告主张，《梦幻西游》《梦幻西游2》中的门派、技能、法术、装备、特技、玩法、阵法、宠物、宠物技能等游戏元素的选取、编排、优化和设定是原告及其关联公司投入大量人力、物力、财力进行研发、推广和运营的结果，《神武》端游及手游的这些元素与《梦幻西游》《梦幻西游2》高度近似，属于不正当抄袭、模仿的搭便车行为，构成不正当竞争。一审判决认为，禁止对于他

---

① 参见孔祥俊："论反不正当竞争法补充保护知识产权的有限性"，载《中国法律评论》2023年第3期。

② 最高人民法院(2010)民提字第16号民事裁定书。

③ 山东省食品进出口公司等与青岛圣克达诚贸易有限公司等不正当竞争纠纷再审案，最高人民法院(2009)民申字第1065号民事裁定书。

④ 微梦公司与淘友技术公司不正当竞争案，北京知识产权法院(2016)京73民终588号民事判决书。

人知识上的投资和所创造的劳动成果的搭便车,是反不正当竞争法立法的重要初衷。但竞争和竞争自由是市场经济的根本机制,是最基本的竞争政策。市场竞争中的相互争夺性损害是允许的和常态的竞争损害,对于竞争行为的干预是例外。搭便车行为并不必然构成不正当竞争,不能将搭便车行为等同于违反诚实信用原则和公认的商业道德。禁止搭便车尽管具有强烈的道德感召力,但不能简单地以此作为操作标准适用。对一般条款的适用,更应当秉持谦抑的司法态度,对竞争行为保持有限干预和司法克制理念,否则就会不适当的扩张不正当竞争的范围,侵占公有领域,损害自由竞争。一审判决未认定构成不正当竞争。[1]

对于著作权保护期限已经届满的作品,在其进入公有领域之后,其内容和书名等元素均不再受反不正当竞争法保护。如果再以保护商品名称的方式保护作品名称,则通常会抵触著作权保护政策。"《大闹天宫》案"最高人民法院裁定指出:"一般而言,知识产权专门法已在特别规定中作穷尽保护的行为,原则上不再按照反不正当竞争法扩展保护,避免抵触相关法律的立法政策。本案中,电影作品《大闹天宫》及其孙悟空美术作品已过保护期,根据著作权法的规定,其已进入公有领域,属于人类社会共有的文明财产,他人可以自由使用该作品中的构成元素。对于已过保护期的作品,不能再以反不正当竞争法有关保护知名商品特有名称等为名,行保护该作品及其构成元素之实,否则即变相延长作品著

---

[1] 广州网易计算机系统有限公司与广州多益网络股份有限公司、第三人徐波著作权侵权及不正当竞争案,广州知识产权法院(2018)粤73民初684号民事判决书。

作权的保护,抵触著作权保护的立法政策。"①

新反不正当竞争司法解释的规定。《最高人民法院关于适用〈中华人民共和国反不正当竞争法〉若干问题的解释》(法释〔2022〕9号)第1条规定,"经营者扰乱市场竞争秩序,损害其他经营者或者消费者合法权益,且属于违反反不正当竞争法第二章及专利法、商标法、著作权法等规定之外情形的",可以适用第2条予以认定。司法解释第1条显然认为专门法及专门规定具有优先适用的效力,显然是排斥平行说的,也即2022年不正当竞争的司法解释并未转变司法政策。而且,司法解释与司法政策(司法文件)毕竟有倡导式政策语言与规范性语言的不同表达方式,司法解释并未否定司法政策中强调的有限补充保护态度。有限补充保护也具有法理上的充分依据。

五、由兜底保护到有限补充保护的思考

理论界说经常是泛泛而言,其是否适应实际需求须经过实践检验。反不正当竞争法补充保护由兜底说到有限补充说的转变,显然不是理论争鸣的结果,而是实践检验及认识深化的产物,是由理论到司法政策的实践转化。兜底保护说强调了补充保护的广泛性和低标准性,而有限补充保护说则体现了补充保护的限制性和高标准,旨在提高保护标准、限制保护范围和实质性协调专门法与补充保护法之间的内在关系。

有限补充保护说是由补充和有限两个要素所构成。补充保

---

① 上海美术电影制片厂与武汉新金珠宝首饰有限公司侵害著作权、不正当竞争纠纷案,最高人民法院(2017)最高法民申4621号民事裁定书。

护可以从三个层次上进行理解：(1)主次关系的层面，即知识产权保护以专门法为主导，由反不正当竞争保护作为辅助。(2)效力上的优先性和排斥性，即属于专门法调整范围的事项，由专门法调整，排斥反不正当竞争法的适用；专门法不能覆盖的智力成果和商业标识，确有保护必要时由反不正当竞争法保护，反不正当竞争法在专门法之外实现特定的知识产权保护职能，具有拾遗补缺的特性。(3)两者功能上的互补性，即专门法保护和补充保护均以属于知识产权范畴的创新成果和商业标识为保护对象，具有保护客体范畴上的同质性，而不是具体保护客体的重合性，但两者在知识产权保护功能上具有互补性。当然，此类排斥性和互补性显然并不必然基于理论上是否为特别法与一般法的关系，不是基于法律规范的竞合，而是基于互补性法律体系的定位和设计。鉴此，在保护条件和判断标准上，反不正当竞争保护又有独立性，只不过补充性与独立性是不同层面的意蕴。补充性是基于保护领域的排斥性以及适用次序的优先和候补性，一旦属于反不正当竞争法保护范围，仍按照反不正当竞争法的规定独立适用，也即有其独立的保护客体、领域和条件，对属于其保护范围的客体进行独立保护，此时又与知识产权专门法保护并不相关，在这种意义上是一种平行的独立保护渠道。不过，这种独立和平行的保护显然以在先的效力优先、排斥和功能补充为前提。

第二节　有限补充保护说的证成

反不正当竞争法的有限补充保护是协调专门法与补充保护关系的有效途径，具有知识产权保护上的正当性。

一、功利性利益平衡格局的优化选择

知识产权的保护范围、条件和期限等制度建构均是权利保护与公共利益之间利益平衡的结果。过于狭窄和宽泛的知识产权保护均不利于实现平衡目标。体现在知识产权专门法与反不正当竞争法的关系上,首先是因为知识产权本身是利益平衡的结果,知识产权权利的承载了利益平衡的立法政策取向。反不正当竞争法的介入应当与其相协调,与其立法政策相抵触的补充保护必然破坏已有的利益平衡。其次,反不正当竞争法补充保护仍属于知识产权保护的重要领域,其本身也需要进行适当的利益平衡,过宽过窄的保护均不利于实现知识产权保护的目标,因而在保护范围和强度上应当有所节制。

知识产权保护的利益平衡不是凭空而来,而是源于其以功利性为体现的公共政策属性。也即,知识产权是一种财产权,但不同于物权等其他财产权,还具有公共政策性。[①] 易言之,与其他财产权的法律纯粹性不同,知识产权具有鲜明的公共政策属性(Intellectual Property as public policy)。知识产权成为实现激励创新等功利目标的政策工具。[②] 例如,Trips 协定序言既强调知识产权是私权(序言第 4 款),又强调其公共政策性(序言第 5 款),即"各国知识产权保护制度的基本公共政策目标,包括发展目标和

[①] 孔祥俊:"论知识产权的公共政策性",载《上海交通大学学报(哲学社会科学版)》2021 年第 3 期。

[②] "贯穿于它的发展史,无论是有意还是无意,知识产权保护总是一种公共政策形式。"See Christopher May Susan K. Sell, *Intellectual Property:A critical History*, Lynne Rienner Publishers(2006),pp. 108-111. 另参见孔祥俊:"民法典与知识产权法的适用关系",载《知识产权》2021 年第 1 期。

技术目标"。①世界知识产权组织认为,国家法律基于两种原因而保护知识产权,即一种是对于创造者对其创造物的精神和经济权利以及公众获取这些创造物的权利进行的成文法表达,另一种是作为政府的政策,促进这些成果的创造、传播和应用,以及鼓励有益于经济社会发展的公平交易。②在当今知识产权保护的正当性理论中,实用主义的功利论或者效用论显然居于主导地位,这种理论显然与知识产权的公共政策性互为表里。③作为实现公共政策的法律工具,知识产权是与公有领域和公共利益进行平衡的产物。为达成促进创新等公共政策目标,实现权利与公有领域的平衡,知识产权在权利保护范围、条件和期限等方面形成独特的特征,也即通过体现这些特性的制度设计,落实其公共政策目标和实现恰当的利益平衡。

我国始终对于知识产权进行功利和效用上的定位,无论是立法目的还是政策文件,均对此直言不讳。《专利法》《商标法》和《著作权法》的第1条均明确了权利保护与社会功利兼得。我国

---

① 当然,Trips协定中的公共政策目标还具有特指的含义。特别是,该协定谈判过程中发展中国家代表团强烈提出,"承认知识产权公共政策目标的重要性,并且认为该政策目标要求对权利人的需求有所节制"。参见联合国贸易与发展会议、国际贸易许可和可持续发展中心编:《Trips协定与发展:资料读本》,商务部条约法律司译,中国商务出版社2013年版,第12—13页。此处的公共政策目标与本文重点强调的激励创新等公共政策性有所差异和各有侧重。

② See *WIPO Intellectual Property Handbook*: *Policy*, *Law and Use*, WIPO 2004(second edition), p.3.

③ 在知识产权正当性证成上,自然权利论在早期居主导地位,18世纪后期和19世纪前期社会功利主义后来居上。前者强调对于个人天才和智力创造物的自然权利,强调权利的保护,而后者强调社会价值和集体利益,强调对于权利的适当约束。See Christopher May Susan K. Sell, *Intellectual Property*: *A critical History*, Lynne Rienner Publishers(2006), p.108.

始终倡导加强知识产权保护的动机和目标是激励创新和促进创新性发展,始终将保护与创新挂起钩来。如习近平同志指出:"要坚持以我为主、人民利益至上、公正合理保护,既严格保护知识产权,又确保公共利益和激励创新兼得。"①这说明,知识产权保护不是一味高标准和强保护,同时还有兼顾"确保公共利益和激励创新"的另一面。实现知识产权的激励创新等公共政策目标,必须在权利与激励目标之间进行适当的权衡。尽管设定精确的恰如其分的匹配标准异常困难,②但经历史的积累、实践的摸索和反复试错检验,知识产权的范围、条件和期限等规则就是对于利益平衡的固化和凝结。反不正当竞争法在专门法之外的补充保护,需要考量与专门法立法精神的协调性,否则会破坏专门法的利益平衡和抵触立法政策。③

二、防止过度占有公有领域的必要约束

知识产权专门法与反不正当竞争法不是无缝连接,给予补充

---

① 见"习近平在中央政治局第二十五次集体学习时强调 全面加强知识产权保护工作激发创新活力推动构建新发展格局",新华社(2020年12月1日)。

② 例如,"通过实施恰如其分的法律规则来促进创新极其困难,并且分歧并不止于细节。但就知识产权而言,理性和学识渊博之人就根本问题存在分歧,而且这种分歧广泛存在。例如,他们无法就专利或版权保护的最优范围和期限达成共识,且某些人甚至认为如果没有知识产权法我们的情况可能会更好"。〔美〕克里斯蒂娜·博翰楠、赫伯特·霍温坎普:《创造无羁限——促进创新中的自由与竞争》,兰磊译,法律出版社2016年版,第1页。

③ 如司法政策曾经指出,凡属于知识产权保护范围的成果,必须坚决保护,以此鼓励创新;凡不属于知识产权范围的信息,均属于公有领域,应允许自由利用和自由竞争。在涉及知识产权与公有领域界限模糊的法律领域,必须在激励创新与鼓励自由竞争之间搞好利益平衡,划定和适用的法律界限应当有利于营造宽松的创新环境,有利于提高自主创新能力和国家的核心竞争力。参见2007年全国法院知识产权审判工作座谈会主管院领导讲话。

保护的应当是确有保护正当性的知识产权法益,也即两者之间的空间地带原则上是公有领域,基于特定原因给予的补充保护只是例外。

公有领域为原则而保护为例外的精神,同样是激励创新和共享知识等公共政策目标所要求。这是因为,"基于私人激励的创新政策需要平衡两项互相对立的权利。一项是通过创新新事物参与竞争的权利;另一项是获取创新成果部分价值的权利。""健康的创新需要两个最为重要的前提条件:一是存在一个庞大的公有思想领域,二是保护持续丰富我们知识存量的那些重大的增量创新。保护公有领域至关重要。创新步伐最快的社会都为创新者在前人成果基础上继续前行提供了可观的自由。"[1]而且,"公有领域的规模与知识产权的保护范围呈现此消彼长的关系。每授予一项知识产权就会缩减公有领域的规模,知识产权的范围越大公有领域的缩减程度也越大。知识产权政策必须努力找到一个平衡点,将排他权的增加扣除公有领域缩减造成的社会价值损失所得的净收益最大化。还必须考虑运作知识产权制度带来的巨大管理和诉讼成本及其发生严重差错的可能性"。[2]鉴此,以反不正当竞争法补充保护必须加以限制,必须限定其正当理由,并始终注意维护公有领域,尽量减少因保护导致公有领域缩减而造成社会价值损失,尽量使所得净收益最大化。

---

[1] 〔美〕克里斯蒂娜·博翰楠、赫伯特·霍温坎普:《创造无羁限——促进创新中的自由与竞争》,兰磊译,法律出版社2016年版,第3页。

[2] 同上。

三、商业成果不能尽享的必然结果

知识产权所保护的知识信息类无体财产不具有使用上的排他性,而具有非竞争性,法律赋予知识产权不是像有体财产那样旨在防止资源稀缺带来的公地悲剧和分配扭曲,而是人为创造稀缺性,目的是使权利人取得创新收益,同时为了激励更大的创新,只是给予适可而止的权利,使其能够回收创新的边际成本,并适当地得到回报。如果给予过度的保护,同样会导致妨碍社会创新的诸多成本。因此,知识产权并非使权利人收获其产出的全部社会价值,也并非以防止搭便车等为名内化其创新成果的全部正外部性。① 而且,"受保护产品必须在还有一定剩余经济生命的时候进入公有领域才会有意义。"②

知识产权始终强调适度保护。知识产权有限保护是适度保护的需求,而保护适度就是一项永恒性的线条。如美国联邦法官阿列克斯·考辛斯基(Alex Kozinki)指出:"知识产权保护过度跟保护不力一样有害。没有丰富的公有领域,创造性无从谈起。如今,或许人类驯服火种以来,没有一样东西是真正全新的事物。文化,跟科学技术一样,在累积中增长,每一个新的创造者都踏着前人的成果前行。保护过度会遏制它本来想要培育的创造力量。"③ 当前我国空前强调严格保护,但仍然不能忘记适度保护,不

---

① Mark A. Lemley,"Property,Intellectual Property,and Free Riding",83 *Tex. L. Rev.* 1031(2005).

② 〔美〕克里斯蒂娜·博翰楠、赫伯特·霍温坎普:《创造无羁限——促进创新中的自由与竞争》,兰磊译,法律出版社 2016 年版,第 3 页。

③ White v. Samsung Electronics America, Inc. ,989 F. 2d 1512,1513 (9th Cir. 1993).

能忽视公有领域的考量。严格保护是必要的,但要注意宏观政策与具体执行的联系与区别。具体的保护行动千差万别,不能为一般政策的口号所绑架。

总之,知识产权的范围、条件和期限都是对于知识产权的限制,即知识产权并非将权利人的创新成果均纳入其权利范围,只是在有限的范围和期限内给予保护。未纳入权利范围的元素或者保护期届满之后,原则上均属于公有领域。知识产权留给社会的剩余价值包括边界上和期限上的剩余价值,谨防以搭便车等为由不适当扩展保护,过度挤占剩余价值。

第三节 有限补充保护的法律界限

有限补充保护的基本定位及其正当性,需要具体的适用规则、标准或者界限加以实现。当然,具体的适用情形异常复杂,在此只是基于知识产权法律的融贯性和体系性适用,做一些大致的归纳。

一、专门法调整的排斥适用

此即属于知识产权专门法调整范围的情形,原则上排斥反不正当竞争法的补充适用。原因是,知识产权法和反不正当竞争法是一个融贯的整体(a coherent whole),具有体系性(a systematic nature),知识产权的保护条件、期限和例外等制度设计都是立法平衡(a legislative balancing exercise)的结果,一部知识产权法的保护边界必须为其他知识产权法和反不正当竞争法所尊重。[①] 例如,如对于授予专利的发明,不能在专利法的保护期限之外再给予保护,除非另有保护理由。大多数国家持这种态度。如美国学者指出,专利法对于专利保护的专门规定与反不正当竞争法的规定互不交叉,不涉及或者不允许反不正当竞争法的适用。[②] 在德国,通常而言,因缺乏实质近似、版权期限届满或者版权性质而不构成版权侵权时,也就不能依据反不正当竞争法承担责任。如果需要另外承担责任,则具有额外的非法因素。这些另外的情形有两个。一个是涉及新作品的可版权性问题,如曾经经历的数据库、时装设计保护。大多数此类作品的独创性门槛低(所谓的"微小变化"),又难以纳入邻接权,于是以反不正当竞争法进行补充保护,但仍应当限于新出现的作品或者商品类型,功利性极强。另一个涉及反不正当竞争法一般条款的适用条件,包括:(1)存在立法尚未考虑利益平衡的知识产权保护空白(漏洞);(2)不仅考量权利人的利益,还要考量竞争者和一般公众的利益,以评估给予制止模仿保护的利弊。适用一般条款应当限于缺乏保护将会实质性减少特定领域创造性生产的情形。[③]

我国司法政策以是否与专门法的立法政策相抵触,作为确定

[①] Ansgar Ohly, "Free access, including freedom to imitate, as a legal principles—A forgotten concept?", see *The Structure of Intellectual Property Law: Can One Size fit All?*, Edward Elgar Pulishing(2011), p. 102.

[②] 参见〔美〕贾尼丝·M. 米勒:《专利法概论》(影印版),中信出版社2003年版,第7—8页。

[③] Hisao Shiomi, Can Non-Copyrightable Works Be Protected Under Unfair Competition Law? The Japanese "*North Korea*" *Case*, published online: 21 August 2014. houzhe.

反不正当竞争法适用范围和发挥其补充作用的重要衡量标准,即凡专门法已作穷尽规定的法律领域,原则上不再运用反不正当竞争法扩展保护;对于法律未作特别规定的竞争行为,只有按照公认的商业标准和普遍认识能够认定违反原则规定时,才可以认定为不正当竞争行为,防止因不适当扩大不正当竞争范围而妨碍自由、公平竞争。[①] 前引反不正当竞争司法解释第1条也有专门法的除外适用规定。这是一种客观化的最基本法律界限。这种界限旨在表明,知识产权法确立的专有权是利益平衡和政策选择之后的结果,已纳入其调整范围的事项应当优先尊重立法选择,并防止通过反不正当竞争法扩展其适用。

具体而言,首先,属于知识产权专门法保护范围且符合保护条件的,不再按照反不正当竞争法进行平行保护,司法实践对此已形成共识。此类裁判俯拾即是。其次,属于知识产权专门法保护范围而不符合保护条件的,除非有特别的正当性理由或者政策考量,原则上不再依据反不正当竞争法进行额外保护。如前所述,此种未纳入专门法保护的情形均系未内化为权利的剩余价值,原则上留给公有领域,若将其纳入补充保护,势必侵占公有领域和抵触专门法立法精神。而且,即便有例外给予保护的正当事由或者有特别的政策选择,通常是综合考量与知识产权专门法立法政策是否协调的结果,也即必须做好两者在保护政策上的协调。这恰如前述德国适用反不正当竞争法一般条款时的条件。

[①] 参见2008年11月28日全国法院知识产权审判工作座谈会主管院领导讲话,以及《最高人民法院关于贯彻实施国家知识产权战略若干问题的意见》(2009)。

有规则就会有例外,而例外也可能会成为规则。^① 专门法的排斥性规则有其例外,此即另有保护理由的情形,而正当理由又可能成为一项规则。例如,"乐高"塑料插板玩具("Lego" bricks)本来是一项受专利保护的发明,但在其专利保护期内变得非常知名,其他竞争对手若生产相同或类似的玩具,就会产生市场混淆,因此,有些法院禁止其他竞争对手生产和销售此类玩具。再如,日本1998年的判例涉及对知名和服设计的保护问题,即一些旧的和服设计因不具有新颖性,不再受外观设计法的保护,但倘若其在相关公众中很知名,就可以据此受到保护。^② 这种情况主要是针对那些主要具有装潢作用的外观设计,这些外观设计更易于获得商业标识意义。即使外观设计因在专利保护期间的持续使用而具有一定的商业标识意义,但其主要意义仍然是功能性的,就不宜再按照商业标识保护。例如,美国联邦法院指出,赋予发明人在有限的时间内对新产品设计享有专有权,在该有效期届满后允许竞争者自由使用,从而鼓励发明,这属于专利法的范畴,不属于商标法的范畴。如果把产品的功能特征作为商标使用,就会导致对这些特征的垄断,无论这些特征是否可以获得专利,或是否可以延续下去。例如,即使消费者能够将专利灯泡可增强照明度的独特外观与其制造商联系起来,该制造商也不能把这种外观用作商标,否则等专利到期后,就会因为会影响竞争者生产相同的灯泡而妨碍竞争。再如,在外观设计到期后,不得为延长小麦

---

① 〔美〕波斯纳:《法理学问题》,苏力译,中国政法大学出版社1994年版,第58页。

② Christopher Heath, *The System of Unfair Competition Prevention in Japan*, Kluwer Law International(2001), pp. 49-50.

饼干的"枕头"形状的垄断权而适用商标法。法院曾指出:"一般而言,产品的特征如果是产品用途或目的的必要因素,或影响该产品的成本或质量,换言之,如果产品特征的专有权会将竞争者置于与信誉无关的极其不利的地位,那么该特征就具有功能性,就不能被用作商标。"[①]前述"晨光笔案",也是基于外观设计因具有商业标识意义的另外理由,给予商业标志的反不正当竞争保护。

法律体系的融贯性和立法政策的协调性是反不正当竞争法有限保护的实质性判断标准,而是否属于知识产权专门法的保护范围和是否符合保护条件,则是形式标准。例如,书名是作品的元素,通常因符合单独保护条件而不单独按照著作权予以保护,但书名因符合一定影响商品标志的保护条件而给予反不正当竞争保护的,则是因为有防止市场混淆的公共政策存在,该政策与著作权法的立法精神不抵触。但是,作品著作权保护期限届满之后,如果以商品书名保护书名抵触作品进入公有领域的立法政策,应当不予。如"《大闹天宫》案"最高人民法院裁定指出,电影作品《大闹天宫》及其"孙悟空"美术作品已过保护期,根据著作权法的规定,其已进入公有领域,属于人类社会共有的文明财产,他人可以自由使用该作品中的构成元素。对于已过保护期的作品,不能再以反不正当竞争法有关保护知名商品特有名称等为名,行保护该作品及其构成元素之实,否则即变相延长作品著作权的保

[①] 参见〔美〕罗伯特·P.墨杰斯等:《新技术时代的知识产权法》,齐筠等译,中国政法大学出版社2003年版,第448—449页。

护,抵触著作权保护的立法政策。①"傅雷家书案"一审判决在《傅雷家书》著作权期限届满之后,仍以商品特有名称保护"傅雷家书"书名。② 鉴于此种书名对于作品内容的指代性,此种保护即会使进入公有领域的作品利用受到妨碍,有悖著作权保护的立法政策。金庸诉江南案涉及的人物名称等作品元素,在其不符合诸如商业标志保护等正当理由和政策考量时,应当认为已作为金庸作品不受保护的剩余价值而进入公有领域,如果再按照反不正当竞争进行保护,则抵触著作权保护的立法政策。在"非五常大米案"中,如果"非五常大米"以商标方式进行使用,则需要判断其是否因与"五常大米"构成混淆性商标近似而落入注册商标专用权的保护范围;否则,充其量只是一种描述性使用,即使有搭便车之嫌,也应当予以容忍。"LV"标识案被诉商标标志并不用于识别原告的商品(楼盘),不构成商标侵权;该行为客观上构成借用"LV"商标声誉的搭便车,但这种搭便车是否符合不正当竞争的条件,则需要按照反不正当竞争法进行衡量。如果考量其利己而并不损人,即并不给权利人造成淡化等损害,此时容忍搭便车亦无不可。③ 类似情形还如在比较广告中使用他人商标,即使客观上利用他人商誉,如果达不到误导的程度,就不构成侵权。④ 当然,如果非要禁止此种搭便车,那就纯属政策选择问题,即政策取

---

① 上海电影制片厂诉武汉新金珠宝首饰有限公司侵犯著作权、不正当竞争案,最高人民法院(2017)最高法民申 4621 号民事裁定书。
② 合肥市高新技术开发区人民法院(2017)皖 0191 民初 2710 号民事判决书。
③ Ansgar Ohly, "Free access, including freedom to imitate, as a legal principles—A forgotten concept", see *The Structure of Intellectual Property Law:Can One Size Fit All*, Edward Elgar Pulishing(2011), p. 112.
④ Ibid.

向上就要选择限制严格禁止搭便车的态度,这会在客观上过度强化注册商标的保护。

二、传统补充性法益与新类型孵化性法益的区分对待

反不正当竞争法补充保护的知识产权法益可以区分传统补充保护性知识产权法益与新类型"孵化性"知识产权法益。① 前者已具有稳定的反不正当竞争保护格局,通常已落入不正当竞争行为的列举性规定。即便出现新情况,也不过是如何具体对号入座问题。例如,反不正当竞争法对于未注册商标(以及商号等)、商业秘密等法益的保护。此类补充保护具有较大的确定性。孵化性知识产权法益则是更具有伸缩性、开放性和裁量性的新类型法益。反不正当竞争法可以作为知识产权或者其他商业成果类新权利的"孵化器",②即在特定的创新成果可能成为权利之前,先纳入反不正当竞争法进行过渡性、尝试性或者试验性的保护,在其将来能够上升为权利或者就作为权利保护达成共识时,再进入权利保护行列。当然,经过渡性保护而未能上升为权利,且有继续保护必要的,仍可以进入稳定的补充性法益保护之列。

当今信息智能时代,新技术、新业态和新商业模式迭代更新迅速,对于新商业成果的过渡性和孵化性保护需求更加强烈,反不正当竞争法的"孵化"保护功能更为彰显。孵化性法益保护通

---

① 参见孔祥俊:"论反不正当竞争法的二元法益保护谱系——基于新业态新模式新成果的观察",载《政法论丛》2021年第2期。

② Annette Kur, "What to protect, and how? Unfair Competition, intellectual property, or protection sui generis", *Intellectual Property, Unfair Competition and Publicity: Convergences and Development*, Edited by Nari Lee, Guido Westkamp, Annette Kur and Ansgar Ohly, Edward Elgar(2014), p. 19.

常基于新商业成果有保护的必要性,但已有制度(如商业秘密、著作权等)包容不了,暂时不能或者不宜归入既有的法益类型,而先纳入反不正当竞争法进行孵化性或者过渡性保护,待时机成熟时再行确定新的权利或者法益归类。"孵化"功能是反不正当竞争法的独特功能,历史和现实均不乏此类事例。例如,1965年德国版权法始将录像制品纳入版权法保护范围,此前是作为拟制的"改编权"(a fictious right),以反不正当竞争法一般条款进行保护[1]。我国司法中也不乏其例。如在著作权法施行之前,在"《辘轳女人和井》录音磁带侵权案"中,法院以制止不正当竞争原则予以保护。[2] 近年来,反不正当竞争法在网络游戏、体育赛事直播画面以及数据权益等保护,均发挥了孵化作用,即在尚未纳入权利或者形成权利共识之前,先以反不正当竞争进行保护。[3]

孵化性法益保护通常考量以下因素:(1)受保护法益不属于专门法保护范围,或者是否纳入专门法保护尚无共识,不能或者暂时不能纳入专有权保护,因而不存在与专门法立法政策相抵触。(2)是否给予保护是利益衡量的结果,且通常是受保护法益有整体上的保护必要性和正当性,但将来的保护方向和归位还看不清晰或者存有争议,可以先将反不正当竞争保护作为权宜之计。(3)契合反不正当竞争法的保护场景,即受保护的法益可以

---

[1] Annette Kur, "What to protect, and how? Unfair Competition, intellectual property, or protection sui generis", *Intellectual Property, Unfair Competition and Publicity:Convergences and Development*, edited by Nari Lee, Guido Westkamp, Annette Kur and Ansgar Ohly, Edward Elgar(2014), p. 19.

[2] 郑成思:《知识产权法》,法律出版社1997年版,第476页。

[3] 参见孔祥俊:"论反不正当竞争法的二元法益保护谱系——基于新业态新模式新成果的观察",载《政法论丛》2021年第2期。

归为市场竞争法益,能够纳入反不正当竞争法一般条款的调整范围。反不正当竞争法一般条款具有调整范围广、弹性大和开放性的特点,这就使其天然地契合此类法益的保护。而且,"孵化性"法益是在现有权利和传统法益之外开辟全新的法益类别或者保护空间,需要打破现有法益的门槛和既有政策。例如,数据权益之所以需要寻求单独的保护,除其有保护的必要性之外,还因为商业秘密、著作权等现有权利类型已不足以对其进行保护,因而需要另辟蹊径。因此,"孵化性"保护能否在现有权利格局中另起炉灶,主要是看其单独保护的必要性,而不简单拘泥于是否与现有权利保护的立法政策是否冲突[①],典型地体现了新法益保护的功能目的。

三、基于模仿自由与搭便车原则的限制适用

就信息知识而言,知识产权保护是例外,公有领域使用是原则。权利之外是公有领域,属于模仿自由的范畴。"在市场经济中,自由模仿竞争对手的产品或服务是自由和公开的市场竞争的一般原则,而通过专利权等知识产权保护禁止自由模仿,是自由竞争的必要的例外。"[②]模仿自由具有突出价值。"在我们学习好的技能的过程中,复制和模仿处于核心地位。在孩提时代,我们喜欢复制别人的艺术品,模仿我们的体育英雄们。复制和模仿从来就与我们形影相随,没有复制和模仿,许多对社会有价值的信

---

① 参见孔祥俊:"论反不正当竞争法的二元法益保护谱系——基于新业态新模式新成果的观察",载《政法论丛》2021年第2期。
② 参见〔美〕贾尼丝·M.米勒:《专利法概论》(影印版),中信出版社2003年版,第7—8页。

息就得不到传递和学习。发明家们也总是在借用别人的思想和信息。""而知识产权使信息有了标价,因而提高了'借用'的成本,通过强行加高标准的知识产权提高'借用'成本,将会逐渐窒息而不是促进创新。"①当然,知识产权法在私人产权与公共领域之间的界限,是一种法律上的人为设定(legal artifact),而非自然存在的现象。这条界线的移动,不仅因特定法官而异,也随着各个国家以及文化上的态度而变。②

模仿自由是自由竞争政策的派生物,有时又被称为公有领域自由模仿(或者复制)原则(the principle of free copying of things that in the public domain)。自由模仿和复制是原则,专利、商标、版权之类的专有权是例外。③ 例如,美国最高法院大法官布兰代斯指出:"法律的一般规则是,人类的精神产品——知识、确定的事实、理念和思想——在自愿传播给他人之后,就像空气一样可以自由使用。"④美国最高法院在 1989 年的博尼托(Bonito)案中重申了这一基本观念,即"思想的自由利用是原则,联邦专利的保护是例外。而且专利制度的最终目标是通过披露将新的设计和技术引入公共领域……在有限的程度内,联邦专利法不仅决定保

---

① 〔澳〕彼得·达沃豪斯等:《信息封建主义》,刘雪涛译,知识产权出版社 2005 年版,第 2 页。

② 〔美〕保罗·戈斯汀:《著作权之道——从谷登堡到数字点播机》,金海军译,北京大学出版社 2008 年版,第 10—11 页。

③ J. Thomas McCarthy: *McCarthy on Trademarks and Unfair Competition* (Fourth Edition), Thomson/West(2005), pp. 1-51.

④ Internationa News Service v. Associated Press, 248 U. S. 215, 63 L. Ed. 211, 39 S. Ct. 68(1918)(dissent).

护什么,而且决定大家可以自由利用什么"。①《美国不正当竞争重述(第三版)》没明确指出,反不正当竞争法的首要原则是竞争权,这是"自由企业制度的根本前提"。美国法官里奇(Rich)指出:"通过模仿竞争对手的产品进行竞争是一项基本权利,该权利只是被专利或者版权法暂时否定。"②

随着科技、经济和社会的发展,知识产权整体上始终处于扩张状态,模仿自由的空间随之不断缩小。③ 例如,随着传播技术的发达和作品客体的增加,著作权保护范围持续扩张,计算机软件、数据库等被纳入著作权保护范围。专利、商标等也是如此。"Trips强调为权利持有者提供保护,将许多形式的模仿视为'不道德'——将以前合法的企业家们丑化为'知识犯罪'。"④而且,知识产权规则对模仿自由的威胁并不那么显而易见,"这种威胁是建立在不断积累的限制的基础之上的——因为这些限制隐藏于技术规则制定、高深的法律学说及复杂的官僚体制背后,不容易觉察得到。所有这些限制都被表面上似乎颇具说服力的理由,即保护发明家、作者的权利及促进创新的需要掩盖了"。⑤ 当然,知

---

① Bonito Boats, Inc. v. Thunder Craft Boats, Inc., 489 U. S. 141, 103 L. Ed 2d 118, 108 S Ct. 971, 9U. S. P. Q. 2d 1847, 1857(1989).

② In re Morton-Norwich Products, Inc., 671 F. 2d 1332, 213 U. S. P. Q. 9, 12(C. C. P. A. 1982).

③ Ansgar Ohly, *Free access, including freedom to imitate, as a legal principles-a forgotten concept*, see *The structure of Intellectual Property Law: Can One Size fit All*, Edward Elgar Pulishing(2011), p. 101.

④ 〔美〕苏姗·K.塞尔:《私权、公法——知识产权的全球化》,董刚等译,中国人民大学出版社2008年版,第15—16页。

⑤ 〔澳〕彼得·达沃豪斯等:《信息封建主义》,刘雪涛译,知识产权出版社2005年版,第4—5页。

识产权扩张的原因比较复杂,既有能够产生正效应的必要扩张,也有利益集团的不过度推动。① 反不正当竞争法的扩张保护与这种背景有关。

反不正当竞争法存在两种对立立场,即以不劳而获为由较为严格地限制模仿自由,以及秉持模仿自由原则。例如,美国最高法院在 INS v AP 案多数意见判决中确立了"不播种而收获"(reaping without sowing)规则,即侵占他人付出劳动、技术和金钱而获得的成果(战地新闻),构成不正当竞争。② 几乎与此同时,欧洲大陆的许多法院和学者持同样的态度。如德国法官和学者阿道夫(Adolf Lobe)将"用别人的牛耕地",作为判断不正当的标准。③ 但是,确立该原则的这一多数意见判决未成为里程碑而成为孤岛,布兰代尔大法官在判决时的异议反而为后来的裁判所推崇。该异议认为,"即便以竞争对手的付出为代价而获益,竞争也并非不正当"。"追随先行者进入新市场,或者跟随他人制造新引进的产品,大多因先行者的劳动和投入而获益,但法律裁判鼓励这种行为"。④ 据此,后来的判决认为,模仿不仅不予禁止,反而是"竞争性经济的生命线"。⑤ "竞争并不是一种侵权行为,亦即并不是

---

① 如近几十年知识产权的急剧扩张与利益集团影响和监管俘获直接相关。参见〔美〕克里斯蒂娜·博翰楠、赫伯特·霍温坎普:《创造无羁限——促进创新中的自由与竞争》,兰磊译,法律出版社 2016 年版,第 152—155 页。

② 248 US 215,248,259(1918).

③ Ansgar Ohly,"Free access, including freedom to imitate, as a legal principles—A forgotten concept", see *The structure of Intellectual Property Law:Can One Size fit All*, Edward Elgar Pulishing(2011), p.98.

④ 248 US 215,248,259(1918).

⑤ US Supreme Court, Bonito Boats, Inc. v. Thunder Craft Boats, Inc., 489 US 141,146(1989).

对一个在法律上受保护权利的侵犯。模仿与复制的自由,这是竞争的一块基石,也被用来使垄断利润最小化。"[1]英美法国家尤其以奉行模仿自由为主导,而仅在模仿达到足以混淆程度时才予以禁止。欧陆国家经常在反不正当竞争法中宣示模仿自由原则,但在适用中在两个极端之间进行权衡选择。[2] 欧洲法院在三种情形下限制模仿自由,即导致消费者混淆、利用或者贬损他人商业形象以及相同或者逼真的复制。这些情形的具体适用又比较复杂。[3] 两大法系都承认模仿自由原则,具体适用中的差异只是反映了具体竞争观念略有不同。

反不正当竞争法具有遏制搭便车、不劳而获的传统基因,[4]易于找到"孵化性"保护接口,容易将新出现的创新成果纳入反不正当竞争法保护,但这成为稍有不慎即易于过度扩张知识产权保护的重要原因。尤其是,知识产权专门法扩张知识产权保护是通过立法完成的,具有确定性和公示性,但反不正当竞争保护的扩张则基于个案裁量和具体情况,容易恣意,且反不正当竞争本来处于补充保护的定位,因而扩展保护需要更加谨慎和谦抑,更应该以维护竞争自由为主要取向。应当谨记,"不受知识产权保护的空间

---

[1] 〔美〕威廉·M.兰德斯、理查德·A.波斯纳:《知识产权的经济结构》,金海军译,北京大学出版社2005年版,第28页。

[2] Ansgar Ohly, "Free access, including freedom to imitate, as a legal principles—A forgotten concept", see *The Structure of Intellectual Property Law: Can One Size fit All*, Edward Elgar Pulishing(2011), pp. 99-100.

[3] Ibid., p. 104.

[4] 孔祥俊:《反不正当竞争法新论》,人民法院出版社2001年版,第2—4页。

不是'漏洞',而是不受反不正当竞争法限制的自由空间。"①

以金庸诉江南案为例,不能纳入著作权保护的人物姓名等作品因素,原则上属于贡献给社会的剩余价值,他人可以自由使用,对其给予保护需要除作者创作以外的正当性依据,比如经作者用作商业标志并产生知名度,他人擅自使用构成市场混淆,而给予不正当竞争的禁止。该案以搭便车为由简单予以禁止,有悖模仿自由原则。"葵花宝典案"再审判决②以"葵花宝典"作为《笑傲江湖》小说中武学秘笈的特有名称,是牵引小说情节发展的重要线索和贯穿整部小说的核心,经由作者的创造性劳动而成为具有明确指向性、对应性的名称,与《笑傲江湖》小说和金庸产生了稳定的对应关系,且《笑傲江湖》武功秘笈名称具有较高知名度,其被使用易于与金庸先生授权的衍生服务及金庸先生产生联系,借用其竞争优势,而以实质上的"商品化权益"③给予保护,其妥当性值得探讨。通常而言,此类作品元素的知名度不足以产生受保护的法益,否则不符合著作权法立法政策。只有在其因其他原因而另外具有正当性,通常是被作为特定的商业标志使用而产生商业标志意义时,才给予单独保护。再审判决提及本案涉及金庸先生已授权他人对《笑傲江湖》小说的游戏改编权,他人有权以授权作品

---

① Ansgar Ohly,"Free access,including freedom to imitate,as a legal principles—A forgotten concept",see *The Structure of Intellectual Property Law:Can One Size fit All*,Edward Elgar Pulishing(2011),p. 98.

② 最高人民法院(2021)最高法行再 254 号行政判决书。

③ 《最高人民法院关于审理商标授权确权行政案件若干问题的规定》第 22 条第 2 款规定:"对于著作权保护期限内的作品,如果作品名称、作品中的角色名称等具有较高知名度,将其作为商标使用在相关商品上容易导致相关公众误认为其经过权利人的许可或者与权利人存在特定联系,当事人以此主张构成在先权益的,人民法院予以支持。"该规定本身也存在是基于作品的保护还是基于商业标识的保护的困扰。

名称、授权作品中的人物、武功、武器的名称等申请注册商标等，而诉争商标使用在相关服务项目上，容易使相关公众误认为相关服务项目与知名小说作品的作者具有关联关系或者已经获得了作者的授权。但是，仅此种授权并不当然成为认定其具有单独法益的理由，易使相关服务与作品作者产生的联系，也不同于商业标志关联关系的混淆。因为，授权是以存在权利为前提，倘若在作品元素不受著作权保护而不能构成单独法益，授权即无依据，也即授权不是法益存在的原因和依据，而是法益存在的结果。因此，不具有单独法益的作品元素应当属于公有领域的范畴。

四、有限补充保护说的确定性与不确定性

反不正当竞争的有限保护说提出之后，有学者诟病其带来不确定性。诚然，"不确定性是成本增加功用减少的根源之一"。[①]但是，这显然并非否定有限补充保护说的理由。因为，即便是法律规范，其确定性都是相对和动态的，且所有裁量性规范都面临确定性难题，但最终都未能阻挡法律的适用。法律适用尽可能使不确定变得确定，但也只能做到尽可能而已。诸如"善良风俗""诚实信用"之类的价值判断术语，具有语义上的不确切性。"这些词语所指称的行为是需要根据具体时空条件下占主导地位道德观念加以具体判断的行为。然而占主导地位的观念本身在大多数情况下也是无法确切判定的。因为通常情况下只有对于那些典型的、反复发生的生活过程才会形成多少可以有把握确定的具有多数公认的判断。司法在这里所起的作用，常常不过是一步

[①] 〔美〕波斯纳：《法理学问题》，苏力译，中国政法大学出版社1994年版，第57页。

步地对有关法律用词的含义空间加以明确。"[1]这些努力都是通过行使裁量权而实现,且只能减少不确定性而不能完全消除。诚如波斯纳法官所说:"司法裁量权概念是一块空地或一个黑箱,当规则不够时,裁量权并不是解决如何判决案件问题的方法,而只是这个问题的名字。无论你把裁量权想象得多好,裁量权都会另法律职业界不安。"[2]

落实有限补充保护的具体界限兼有确定性与模糊性,即核心情形的清晰与边界上的模糊。比如,属于专门法保护对象而不符合保护条件的,不给予补充保护的界限大致是清晰的,而另有保护的正当性事由又是模糊的。模糊的事项也可以通过法律意识和价值判断上的共识而进行比较一致的判断,但最终要回归法益保护与公有领域的恰当平衡。因此,一定程度的不确定性不妨碍有限补充保护说的可行性。

综上所述,知识产权专门法奉行知识产权法定原则,对于各类法定知识产权进行边界清晰的强保护。反不正当竞争法具有开放性,可以不断适应知识产权法益保护的新发展,进行灵活的补充性知识产权法益保护。专门法与补充保护构成了原则性与灵活性相结合的知识产权保护格局。知识产权的补充保护是反不正当竞争法的重要功能,但这种功能不能夸大。尤其是在当今严格保护成为知识产权保护主导政策的背景下,要警惕反不正当竞争补充保护的不适当扩张。知识产权是权利保护与公有领域平衡的产物,法律只是在有限范围和期限内对于创新成果进行保

---

[1] 〔德〕齐佩利乌斯:《法学方法论》,金振豹译,法律出版社2009年版,第66页。
[2] 〔美〕波斯纳:《法理学问题》,苏力译,中国政法大学出版社1994年版,第27页。

护,且通过知识产权法定原则约束知识产权专有权保护,在此之外的反不正当竞争法保护只能是拾遗补缺的有限补充,而不是范围广泛的兜底,更不是可任意选择适用的平行保护。知识产权补充保护最终应当有利于知识产权保护体系的协调性。

五、反不正当竞争法的结构性补充保护

从上述可以看出,反不正当竞争法补充保护知识产权只是一个笼统说法,其背后有复杂的情况及诸多的争论。而且,补充保护既有传统的情形,又不断出现新情况。

总体而言,反不正当竞争法所保护的法益可以划分为三种类型,即独立型、补充型与孵化型。独立性法益通常为反不正当竞争法所保护的一般性竞争法益,也即反不正当竞争法为维护竞争秩序而保护的竞争法益,如制止商业贿赂、网络不正当竞争等行为而受保护的市场公平竞争法益。补充性法益是以特定法益为保护对象,并与知识产权专门法形成互补关系的情形。孵化性法益则是在知识产权专门法保护时态度不明朗,但确有保护的必要性,以反不正当竞争法进行保护又较为稳妥的情形。孵化性法益也可以归入广义的补充性法益范畴,只是其保护对象还暂不稳定。

就补充性法益而言,反不正当竞争法的补充保护只是一种结构性功能上的补充,而不是拾人牙慧,即有些法益不属于知识产权专门法保护范围,又有保护的必要,遂纳入反不正当竞争法保护范围,由此形成两者之间在保护法益上的结构性互补,但并非属于专有权保护范围而又不符合专有权保护条件,再将其纳入反不正当竞争法保护的情形,不具有保护上的先后相继或者承继关系,充其量是另起炉灶地进行保护。换言之,知识产权与反不正当竞争两者之间仍是平行的保护,各有独立的保护理由和依据。比如,作品名称不能单独按照著作权保护,但一旦构成知名商品特有名称,即可以按照反不正当竞争法保护。这种保护不属于著作权的延续或者续集,而是因为其符合了知名商品特有名称的条件而受保护。这种结构性补充功能是理解相关保护政策和两者适用关系的基础。

在知识产权专门法与反不正当竞争法的交叉关系中,一种情况是,各自的适用范围清晰,所涉事项因为明确地不属于知识产权法调整或者保护,而由反不正当竞争法进行补充保护。例如,有些未注册商标不为商标法保护,而由反不正当竞争法保护;作品标题(名称)因不具有可版权性,但又符合商业标识保护条件,而按照反不正当竞争法保护;商业秘密不为专利法所保护,而由反不正当竞争法保护。在这种交叉关系中,基本上因为知识产权法和反不正当竞争法的不同功能定位,使得两者各司职责地对某些事项进行功能上互补的保护。这种补充性保护是反不正当竞争法的传统的补充性保护。

另一种情况是,某种新出现的客体能否纳入知识产权专门法保护有争论或者不清晰,又可以纳入反不正当竞争法保护,而先纳入反不正当竞争法进行保护。如数据产品等的反不正当竞争保护。此种情况又称为反不正当竞争法的"孵化性保护",即对于具有保护价值而又不能确定地归入知识产权专门法保护的法益,作为试验性、过渡性或者临时性之类的保护路径,待将来认识清晰或者形成共识时,再在知识产权专门法与反不正当竞争法之间形成清晰的保护功能划分。[①] 特别是,一旦具备权利的保护条件或者就纳入权利保护形成共识,即脱离反不正当竞争法的保护轨道而进入权利保护之中,经过渡性保护而未能上升为权利,且有继续保护必要的,仍可以进入稳定的补充性法益保护之列。此种情形下的适用关系是近年来两者关系的新领域。

[①] 孔祥俊,"论反不正当竞争法的二元法益保护谱系",载《政法论丛》2021年第1期。

第五章　一般条款与特别规定

第一节　一般条款的封闭、开放与谦抑

1993年《反不正当竞争法》第2条第2款规定:"本法所称的不正当竞争,是指经营者违反本法规定,损害其他经营者的合法权益,扰乱社会经济秩序的行为。"据立法者解释,此处"违反本法规定",是指违反第二章的行为列举性规定,即本法只调整第二章列举的不正当竞争行为。[1] 2017年修订《反不正当竞争法》时总结了司法经验,第2条修改为:"本法所称的不正当竞争行为,是指经营者在生产经营活动中,违反本法规定,扰乱市场竞争秩序,损害其他经营者或者消费者的合法权益的行为。"据立法者解释,允许法院开放性适用第2条的规定。法律修订对于第2条的适用态度改弦更张。[2]

一、司法由突破性适用到谦抑性适用

1993年《反不正当竞争法》施行以后,法院逐渐开始开放性适

---

[1]　孙琬钟主编:《反不正当竞争法实用全书》,中国法律年鉴社1993年版,第26页。
[2]　王瑞贺主编:《中华人民共和国反不正当竞争法释义》,法律出版社2018年版,第6—7页。

用第2条,依照第2条认定第二章没有列举的不正当竞争行为。如1998年判决的北京市京工服装工业集团服装一厂诉北京百盛轻工发展有限公司等反向仿冒"枫叶"牌西裤案[①],是法院最早直接援引《反不正当竞争法》第2条和《民法通则》基本原则定性和处理的案件(该案一审历经4年的审判)。

2016年不正当竞争法司法解释(《最高人民法院关于审理不正当竞争民事案件应用法律若干问题的解释》)草稿曾就第2条的具体适用作出专条规定。例如,该司法解释的草稿直到起草后期还一直保留一般条款的适用内容,如"对不正当竞争行为的认定,应当首先适用反不正当竞争法第二章的规定。对违反自愿、平等、公平、诚实信用的原则和公认的行业道德,损害其他经营者合法权益的行为,但在反不正当竞争法中未作具体规定的,可以依据反不正当竞争法第2条第1、2款的规定予以处理"。"在适用反不正当竞争法第2条第1款、第2款的规定认定不正当竞争行为时,应当掌握以下条件:(1)该项行为的主体是经营者;(2)该项行为为市场交易行为;(3)该项行为违反了自愿、平等、公平、诚实信用的原则和公认的商业道德;(4)该项行为造成了损害其他经营者的合法权益;(5)该项行为在反不正当竞争法中没有具体规定,并且在其他法律、法规中也没有特别规定。"(2005年11月15日送审稿第28条)

立法机关认为明确地写成司法解释条文不符合第2条立法当时的原意,实践中可以用第2条裁判,但最好不写成条文。司法解释照此办理,最终未保留对于第2条的适用解释。但是,司

[①] 北京市第一中级人民法院(1994)中经知初字第566号民事判决书。

法解释稿对于第 2 条适用范式的总结归纳，为此后的"马达庆案"等裁判所接受。

但是，此前通过的域名司法解释曾经明文规定依照第 2 条裁判域名纠纷。《最高人民法院关于审理涉及计算机网络域名民事纠纷案件适用法律若干问题的解释》第 7 条第 1 款规定："人民法院在审理域名纠纷案件中，对符合本解释第四条规定的情形，依照有关法律规定构成侵权的，应当适用相应的法律规定；构成不正当竞争的，可以适用民法通则第四条、反不正当竞争法第二条第一款的规定。"这表明最高人民法院对于适用第 2 条有明确的认可。

最高人民法院有关裁判，直接依据一般条款认定不正当竞争行为。如最高人民法院裁判的山东食品公司与马达庆不正当竞争案①、奇虎公司与腾讯公司不正当竞争案②。

最高人民法院对于第 2 条的适用始终持谨慎和限制的态度。最高人民法院曾在有关司法政策中明确第 2 条一般条款的适用态度。例如，2008 年 11 月 28 日召开的全国法院知识产权审判工作座谈会主报告，就"准确把握反不正当竞争法原则规定的适用条件"提出要求。后来司法政策文件明确如下："凡反不正当竞争法已在特别规定中作穷尽性保护的行为，一般不再按照原则规定扩展其保护范围；对于其未作特别规定的竞争行为，只有按照公认的商业标准和普遍认识能够认定违反原则规定时，才可以认定构成不正当竞争行为，防止因不适当地扩大不正当竞争范围而妨碍自由、公平竞争。"(2009 年《服务大局意见》)此时最高人民法院

---

① 最高人民法院(2009)民申字第 1065 号民事裁定书。
② 最高人民法院(2013)民三终字第 5 号民事判决书。

已表明第 2 条的严格性适用态度。

司法实践中发现运用第 2 条有些宽泛和随意,于是司法裁判频繁出现限制和谦抑适用第 2 条的态度和观念,对此已形成普遍性认识。如"马达庆案"最高人民法院再审裁定认为,"虽然人民法院可以适用反不正当竞争法的一般条款来维护市场公平竞争,但同时应当注意严格把握适用条件,以避免不适当干预而阻碍市场自由竞争"[①]。

"脉脉案"二审判决[②]认为,基于互联网行业中技术形态和市场竞争模式与传统行业存在显著差别,为保障新技术和市场竞争模式的发展空间,在互联网行业中适用《反不正当竞争法》第二条更应秉持谦抑的司法态度。

"欢乐颂案"一审判决指出:"即使是《反不正当竞争法》未明确列举的竞争行为,如果其确实违背了诚实信用原则和公认的商业道德,损害了公平有序的竞争秩序,以及其他经营者和消费者的合法权益,确有必要制止的,可以适用《反不正当竞争法》第 2 条规定的一般条款予以制止。但鉴于一般条款具有较大的不确定性,因此在具体案件中适用时应当特别慎重,要立足于市场竞争的环境,结合案件具体情况,重点考察被诉竞争行为的正当性,并对竞争秩序、经营者的利益和消费者的利益进行综合考量,既要防止失之过宽从而造成对公有领域的不当侵蚀、对竞争自由的过分抑制,也要防止失之过严从而不利于对竞争者合法利益的保护、对竞争秩序的维护。"[③]

---

① 最高人民法院在(2009)民申字第 1065 号民事裁定书。
② (2016)京 73 民终 588 号民事判决书。
③ 利用《欢乐颂》影视作品元素不正当竞争案,见北京市朝阳区人民法院(2017)京 0105 民初 10025 号民事判决书。

梦幻西游与神武案一审判决认为,对反不正当竞争法一般条款的适用,更应当秉持谦抑的司法态度,对竞争行为保持有限干预和司法克制理念,否则就会不适当的扩张不正当竞争的范围,侵占公有领域,损害自由竞争。严格把握一般条款的适用条件,以避免不适当干预而阻碍市场的自由竞争。一审判决未认定构成不正当竞争。①

腾讯公司与世界星辉公司不正当竞争案②中,二审法院认为,对反不正当竞争法第二条的适用应持十分慎重的态度,以防止因不适当扩大不正当竞争范围而妨碍自由、公平竞争。一般而言,只有在该行为违反公认的商业道德时,才宜将其认定为不正当竞争行为。同时,因反不正当竞争法保护的是健康的社会经济秩序,而健康的社会经济秩序通常有利于社会总福利,因此,在判断某类行为是否违反反不正当竞争法第二条时,亦可通过其是否有利于社会总福利进行量化分析。上述两种判断方法可以相互验证。

在甲悦公司与微创心通公司不正当竞争案③中,甲悦公司诉称,其系从事心脏瓣膜修复器等医疗器械研发、制造的创新型科技企业,被告亦系一家专注于心脏瓣膜领域的医疗器械公司,二者之间有直接竞争关系。被告明知案外人李守彦为原告主要技术负责人,负有竞业禁止义务,仍恶意挖角李守彦,使其从事与原告相竞争的系统研发工作,被告的恶意挖角行为造成了原告的巨

---

① 广州网易计算机系统有限公司与广州多益网络股份有限公司、第三人徐波著作权侵权及不正当竞争案,广州知识产权法院(2018)粤 73 民初 684 号民事判决书。
② 北京知识产权法院(2018)京 73 民终 558 号民事判决书。
③ 上海市浦东新区人民法院(2021)沪 0115 民初 19088 号民事判决书;上海知识产权法院(2022)沪 73 民终 162 号民事判决书。

大经济损失。甲悦公司请求判令停止对李守彦进行竞业限制的不正当竞争行为及赔偿经济损失。一审法院认为,甲悦公司指控微创心通公司恶意挖角,损害其利益,对其造成严重损失,属于《反不正当竞争法》的调整范围。但是,在案证据不能证明微创心通公司采取了有违商业道德的不正当手段,也未扰乱市场竞争秩序,故其行为不具有不正当性,不构成不正当竞争。故驳回甲悦公司的诉讼请求。

二审法院认为,对于于微创心通公司聘用李守彦以及对李守彦进行竞业限制的行为是否构成不正当竞争。首先,因李守彦离职产生的争议,应通过双方之间的合同、协议解决,而不是直接适用《反不正当竞争法》。其次,虽然甲悦公司可以主张与其有竞争关系的微创心通公司构成不正当竞争,但其主张的行为应是微创心通公司在聘用李守彦的过程中采取了违反商业道德的不正当手段,而不是微创心通公司聘用李守彦或者李守彦跳槽本身构成了不正当竞争。现有证据并不足以证明微创心通公司采取了有违商业道德的不正当手段。最后,微创心通公司与李守彦之间的竞业限制问题,属于微创心通公司作为用人单位享有的相应权利,也是其与李守彦自愿协商的结果,并无证据证明微创心通公司采取了胁迫等不正当手段。对于因人才流动产生的法律关系,《民法典》有关合同的规定、《劳动合同法》《公司法》以及《反不正当竞争法》的商业秘密条款等,均可能会予以调整。虽然人才也是经营者参与市场竞争的重要资源,但在不涉及商业秘密的情况下,反不正当竞争法对人才流动的调整和规范应当遵循兜底性和谦抑性,最大限度为人才流动和经营者的自由竞争营造宽松的法律环境。如果经营者与相关人员存在劳动合同、合作协议或者相关人员属于经营者高级管理人员的,因人员流动产生的争议原则上应当通过专门调整双方间法律关系的民法典、劳动合同法、公司法等寻求救济,不应直接主张适用反不正当竞争法。

该案承审法官认为,人才是企业参与市场竞争的重要因素,人才流动是充分发挥人才价值的重要方式,司法实践对此应当予以必要的尊重。反不正当竞争法不是维护一般意义上的社会和谐和公序良俗(世俗伦理道德),而是更取向于维护竞争自由和市场效率。在不涉及商业秘密的情况下,因人员流动产生的争议原则上不应直接适用反法规制,进而为人才的自由流动营造良好的竞争氛围。首先,如果经营者与相关人员存在劳动合同、合作协议或者相关人员属于高级管理人员的,因人员流动产生的争议原则上应当通过专门调整双方间法律关系的民法典、劳动合同法、公司法等寻求救济,不应直接主张适用反法。本案李守彦原是甲悦公司的董事,二者之间签订了劳动合同,其与甲悦公司的法定代表人亦签订合资协议书。微创心通公司聘用李守彦时,即使甲悦公司与李守彦之间的相关协议仍在履行期内,因李守彦离职产生的争议,也应通过双方之间的协议解决。其次,如果经营者主张其他经营者对于相关人员的流动存在不正当竞争,在不涉及侵害商业秘密的情况下,应当举证证明其他经营者采取了违反商业道德的手段促成相关人员离职,并造成了相应的损害后果。本案中,囿于合同相对性,虽然甲悦公司可以主张与其有竞争关系的微创心通公司构成不正当竞争,但其主张的行为应当是微创心通公司在聘用李守彦的过程中采取了违反商业道德的不正当手段,而不是聘用李守彦或者李守彦跳槽本身构成了不正当竞争。其他经营者即使知道该员工与原单位仍存在劳动合同或者竞业限制协议,仅仅聘用该员工本身并不存在不正当竞争的问题。当然,劳动者在合同期限届满前离职,由此给用人单位造成损失的,应当根据合同约定承担相应的违约责任。①

该案所谓"反不正当竞争法对人才流动的调整和规范应当遵循兜底性和谦抑性,最大限度为人才流动和经营者的自由竞争营造宽松的法律环境",就是以人才市场的竞争自由优先限制一般条件的适用,避免宽泛地适用一般条款而妨碍正当的竞争自由。

二、一般条款谦抑性适用的缘由

之所以强调一般条款的适用谦抑,除最大限度地维护竞争自由的直观理由外,深层的原因还是市场机制本身的特性和规律。②

(一) 市场的不确定性与竞争行为正当性认知的难度

市场是一个复杂的生态系统,具有像"看不见的手"之类的固有的内在调节机制,且对其既能够有所认识而又难以充分认识。特别是,客观事物纷繁复杂,人的认识能力又有限度。以有限的认识能力应对无限丰富复杂的客观事物,必须既面对确定性,又面对不确定性。在确定性知识的外面,是更大的非确定性领域,也即更大的未知领域。古往今来,人们掌握的确定性知识越来越多,确定性领域越来越大(其中有很大一部分是现代科学)。同

---

① 凌宗亮、邵望蕴:"人才流动是否构成不正当竞争的司法考量",载《中国知识产权》第191期。
② 以下分析是基于笔者在一篇反垄断法文章中的归纳论述,感觉同样适用于反不正当竞争法,故借用过来。参见孔祥俊:"论反垄断法执行的谦抑性",载《法学评论》2022年第1期。

时,也把能接触到的非确定性领域撑得越来越大。确定性只是有限的一小点,非确定性则是无限的虚空。在认知的前沿,我们一直在摸黑赶路。对于确定性领域和非确定性领域,应该适用两套不同的思维体系。在确定性领域,对与错有确定性的答案。此时如果用非确定性领域的思维方法,必然是不尊重事实和科学。而在非确定性领域,正确答案是未知的。如果采用确定性领域的思维方法,就属于迷信科学或者教条主义。在一般情况下,对于非确定性问题的处置,通常是先尝试后调整、接受无常、中庸之道和实事求是,如此应对非确定性问题则更为合适。就反不正当竞争法的施行而言,非类型化的行为都属于不确定性的领域和问题,需要不断地尝试、试错、调适和谨慎行事,不能盲目冒进和贸然处置。市场和经济发展的不确定性,与人的认识能力有限性之间存在巨大的鸿沟,因而不能夸大人的认知能力,否则会导致认识的误差。①

---

① 例如,诺贝尔经济学奖先后四次被授予行为经济学家,他们的文献毫无疑问地说明,"人的认知是有限的"。2003年,诺贝尔经济学奖得主卢卡斯宣称,"从所有实际的情况来看,防范经济萧条的核心问题已经解决"。但就在五年后的2008年,发生了1929年以来最大的金融危机,这充分说明他的狂妄自大。同样令人尴尬的是,普林斯顿大学的经济学家伯南克在2004年提出,随着"宏观经济波动性的大幅下降",资本主义将迎来一个"大稳定"的新时代。时任国际货币基金组织首席经济学家的布兰查德不仅支持这种毫无根据的想法,还在美国股市熔断前几分钟判定"宏观经济状况良好"。问题不仅在于他们未能预测危机,"更重要的是,经济学家们对市场经济中极有可能发生的灾难性失败视而不见"。诺贝尔奖经济学奖得主菲尔普斯说,"好的经济"应是可提供"美好生活"的经济,而现实经济没能实现预期目标,所以不能称其为"好的经济"。这也难怪现实经济"引发了民粹主义的反弹","以及一种不加宽容的、复仇的民族主义"。"西方经济的这种失败也是经济学的失败。"这些问题已经毫无意外地引发了许多经济学家的关注,纷纷提出要改革经济学的原教旨。〔德〕约翰·考姆勒斯:"过时的新古典经济学范式该改变了",中译文载《中国社会科学评价》2021年第2期。

第五章　一般条款与特别规定

　　在广袤无垠的不确定性面前,人类需要保持必要的谦卑。"人们总喜欢追求确定性答案。以为凡事一定能分清对错曲直,会有最优解。但是许多事情并不在确定性领域之中。没发生之前,没人知道事情会如何发展,且不会有第二次机会让你跟自己做对比。事物之间的诸多条件又不同,也没有绝对的可比性。此时,立于"最优解"来做道德批判,是一个妄念。""只能不断去试,去调整,没有必然的最优解。"[1]在变动不居的市场范围内和纷繁复杂的竞争法领域,执法者需要保持必要的谦抑。尤其是,反不正当竞争法的施行中的是非曲直经常并不清晰,需要不断地探寻摸索和应时而变。

　　反不正当竞争法与反垄断法同属竞争法领域,在许多情况下适用同样的分析方法,如引入经济分析。但是,即便像反不正当竞争法的近亲反垄断法,同样是充满不确定性。美国学者肯·海尔(Ken Heyer)指出:"尽管过去四分之一世纪取得长足发展,但反垄断执行仍是一个高度不精确的事业。无论是美国还是其他国家,虽然执法者通过日益精深的技术实施基于经济学的、福利导向的分析框架,但极大的不确定性仍然存在。虽然经济学的科学方法提供了一个确定性的外表,反垄断执行仍存在大量的潜在执行错误,这些错误可能导致极大的经济成本。"[2]美国法院不断调整垄断行为的判断标准和改变法理认识,足以说明执法标准本身难以划定并需要不断变动,根本原因是市场及竞争异常复杂,

---

[1] 陈柱子:"确定性只是有限的一小点,而非确定性是无限的虚空",载"陈柱子"(微信公众号)2020年10月13日。

[2] Ken Heyer, "A World of Uncertainy: Economics and the Globalization of Antitrust", *Antitrust Law Journal* 72(2005), pp. 375-422.

经常难以作出准确的认知。这种复杂性和认知困难使得经常难以对调整对象划分出泾渭分明的界限[①]，而所作出的认定不一定符合实际和精确妥当，不符合市场实际即或枉或纵的现象在所难免，也即随时会导致执法错误和错误成本。即便执法者小心翼翼殚精竭虑，也难以避免错误情形的发生。执法应该是理性的，在错误发生不可避免，且错误执法还可能对正当竞争放大寒蝉效应的前提下，就需要探寻减少错误的路径。不断地改变法律标准和法理认识是一种路径，而在执法上保持谦抑则是避免错误可能性的另一种路径。当然，两种路径的选择同样也都有利弊得失的比较取舍问题。反不正当竞争法同样如此。尤其是涉及那些看不透利弊分析的新出现的不正当竞争行为，即便引入经济学分析，仍然难以避免不确定性。经济学分析毕竟基于各种条件，其准确性并不是理所当然的，给出正确的客观答案仍非易事。

（二）市场竞争的两面性与利弊取舍的不易

市场竞争基于多种因素和条件，是一种复杂的机制，经常具有矛盾性和两面性。比如，竞争法基于市场能够自我调整的基础观念，即市场调节能够优化资源配置，优于政府的管制，但理想的市场状态又难以实现，需要进行竞争法的必要干预；自由竞争是市场经济的本质，但竞争者又对自由竞争天然地充满敌意，具有

[①] 反垄断法的新手总是觉得或者奢求反垄断法具有黑白分明的界限，有时候律师和法官也支持简单明晰的标准（simple "bright-line" tests）。但这经常不是现实。A. E. Rodriguez, Ashok Menon, *The Limits of Competition Policy: The Shortcomings of Antitrust in Developing and Reforming Economies*, Kluwer Law International(2010), p. 32.

破坏竞争的动机;静态竞争(效率)与动态竞争(效率)、短期效应与长期效应等矛盾随处可见,如特定市场中的短期垄断价格可以造成社会损失,但可能为动态效率所带来的社会收益所抵消,而动态效率正是来源于垄断价格带来的利润,如抬高价格带来的利润被用于研发再投资,生产出更优质的产品。[1] 市场竞争的矛盾性和两面性,为认识和判断新难不正当竞争行为增添了诸多难题和迷雾,也产生了竞争法领域的独特分析判断方法。

比如,竞争行为的正当性,经常最终取决于其竞争效果分析,而竞争效果往往具有两面性,即同一行为兼有促进竞争和反竞争的效果,需要在对比衡量和权衡利弊之后得出结论,在定性上具有很大的弹性和裁量空间,不具有完全的确定性。实践中经常会为行为的定性争论不休,甚至裁判标准反复无常。鉴此,竞争行为正当性的认定发生判断错误的几率提升,需要保持必要的适度和谦抑。

市场行为的矛盾性和两面性使得比例原则、合理分析等弹性标准大有用武之地,且竞争效果的利弊分析成为经常的判断方法,甚至成为竞争行为正当性认定的根本方法。利弊比较毕竟是相对性和裁量性的方法,在许多情况下难以确保准确性,因而在这些不确定性的领域保持必要的法谦抑性考量,更利于趋利避害。

(三) 市场自我矫正机制与减少执法错误成本

市场的自我调节是竞争法的基础政策,即其基本信念是,如

---

[1] Christopher L. Sagers, *Antitrust*, Kluwer Law International(2011), pp. 23-25.

果不被不适当干预,市场不仅能够实现自我调节,而且通常比政府调节更好;但良好的自我调节需要满足特定的条件,竞争法则是尽可能使市场趋于理想状态的一种制度设计。[1] 因此,竞争法的制度基础首先是相信和依靠市场调节,而必要干预的目的是使偏离轨道的市场回归自我调节。

法律和法律的执行不完全是一回事。反不正当竞争法是抽象概括的一般性规范,在抽象意义上更可能符合市场发展需求,但具体的执法又是另一回事。反不正当竞争法的具体执行可能符合法律规定和市场实际,但又难免会发生错误和偏差。对错误成本的考虑对于不确定后果的行动的判断具有影响,即当我们根据不完美信息采取行动时,不仅要考虑事件的发生概率,还要考虑犯错的预期成本。[2] 例如,执法者通过划分自身违法和合理原则等路径,其目的是尽可能实现反不正当竞争法执行标准的准确性,尽可能使得对竞争行为正当性的判定不枉不纵,"把错误降低到可以容忍的地步"。但是,仍难以避免错误的发生,即"既有可能谴责了一些本来有利于竞争的良性行为,也有可能放过一些反竞争行为"。[3] 这就为竞争行为正当性判断设定了客观的限制。反不正当竞争法的错误执行及由此确立的错误标准可能谬误流传,可能比适当"放纵"的不利后果更严重,而且,积极的反不正当竞争法执行还可能对于本来是促进竞争的大胆作为有寒蝉效应,

---

[1] Christopher L. Sagers, *Antitrust*, Kluwer Law International(2011), p. 23.
[2] Herbert Hovenkamp, "Antitrust Error Costs", June, 2021.
[3] 〔美〕欧内斯特·盖尔霍恩、威廉姆·科瓦契奇、斯蒂芬·卡尔金斯:《反托拉斯法与经济学》(第5版),任勇等译,法律出版社2009年版,第165页。

使得经营者畏首畏尾、畏葸不前,窒息本来应有的市场活力。① 对于错误成本的考量源于反不正当竞争执法中的不确定性,该考量本身又是对反不正当竞争执法妥当性的一种重要探索。

比如,"现在的法院经常认为,即使某些行为可能是反竞争的,但因为存在认识错误以及有禁止实际上促进竞争的行为的风险,而不认定这些行为违法,这要比允许某些坏的行为在特定条件下继续存在具有更坏的后果"。② 类似的情况不仅存在于反垄断法执行之中,对于反不正当竞争法同样有借鉴意义。如在一个标杆性判例中,美国最高法院认为:"在考虑反托拉斯干预的价值时,(法院)必须对这些干预的代价进行现实的评估。即便是在最好的情况下适用反托拉斯法也是困难的,因为(限制竞争行为)的手段,正如合法竞争的方法一样,存在无数种情形。错误的推论,以及由此而导致的错误的违法认定,将极具代价,因为这会阻吓那些正是反托拉斯法所要保护的行为。假阳性(false positives)

---

① A. E. Rodriguez, Ashok Menon, *The Limits of Competition Policy: The Shortcomings of Antitrust in Developing and Reforming Economies*, Kluwer Law International(2010), chapt. 3, pp. 35-36.

② Christopher L. Sagers, *Antitrust*, Kluwer Law International(2011), 60-61. 另可参见〔美〕克里斯托弗·L.萨格尔斯:《反托拉斯法:案例与解析》,谭袁译,商务印书馆 2021 年版,第 70 页。1984 年弗兰克·伊斯特布鲁克撰文以错误成本合理解释反垄断执行的偏好,认为市场也可能在相对较短的时间内纠正垄断,司法错误则持续存在,因此假阳性比假阴性的成本更高。Rank H. Easterbrook, "The Limits of Antitrust", 63 *Tex. L. Rev.* 1, 2-3 (1984). 此种错误成本见解虽然在反垄断案件中不太被明确提及,但其影响广泛而深远,指导着推定和举证责任。反反垄断执行偏好理论还可以追溯更远,20 世纪 40—50 年代乔治·J.斯蒂格勒和米尔顿·弗里德曼的著作中即已论及。参见 Herbert Hovenkamp, "Antitrust Error Costs", June, 2021.

带来的成本告诫我们不能过度扩大责任范围。"①假阳性即被诉行为被认定为反竞争,但实际上不是。这种观点认为,假阳性比假阴性(false negative,即认为具有反竞争性而实则不然)更糟糕。除非被告具有重大市场势力,大多数反竞争行为反而会受到竞争的惩罚,会弄巧成拙,会自我纠正。假阳性的执法结果会持久地破坏将来的行为。②

既然完美的执法和完全的不枉不纵不可避免,次优选择必然是保持必要的谦抑,防止执行上的轻率冒进,将棘手的问题留给市场调节。反不正当竞争法执行的谦抑既有特殊的市场意义,又有坚实的市场经济根基。最为根本的基础和保障是,市场具有像"看不见的手"之类的固有的内在调整和修复机制。而且,"市场如果要履行其公共利益的功能③,必须享有一些受保护的独立性,

---

① Verizon Commcns., Inc. v. Law Offices of Curtis v. Trinko, LLP, 540 U. S. 398, 412-415(2004)("魏瑞森通信公司诉柯蒂斯诉特林科律师事务所案")。Christopher L. Sagers, *Antitrust*, Wolters Kluwer(2011), p. 61. 另可参见〔美〕克里斯托弗·L. 萨格尔斯:《反托拉斯法:案例与解析》,谭袁译,商务印书馆 2021 年版,第 70 页。

② 当然也有持不同观点,如自我纠正需要的时间等。如有人指出:"(诸如反垄断诉讼的)应用性活动关注在现实世界中作出的决定。在现实世界中,不作出改变与作出改变恰恰是一样的,即错误地没有改变商业行为、政府政策或者法律规则,与对此进行错误的改变,其代价是一样的,或者不改变的错误成本更高。"Christopher L. Sagers, *Antitrust*, Kluwer Law International(2011), p. 61.

③ 用亚当·斯密的话来说:"每个人都试图用他的资本,来使其生产品得到最大的价值。一般来说,他并不企图增进公共福利,也不清楚增进的公共福利有多少,他所追求的仅仅是他个人的安乐、个人的利益,但当他这样做的时候,就会有一双看不见的手引导他去达到另一个目标,而这个目标绝不是他所追求的东西。由于追逐他个人的利益,他经常促进了社会利益,其效果比他真正想促进社会效益时所得到的效果为大。"Adam Smith, *An Inquiry into the Nature and Causes of the Wealth of Nations*, vol. 1, bk. iv. ch. ii(1776).

从而根据市场自身的测算方法实现有效的资源配置。"[①]在这里托底的是市场自我调整功能,即便干预不到位,最终结果也坏不到哪里去。正是因为错误的不可避免,完美的执法难以实现,而对于边界不清晰的行为即便不通过反不正当竞争执法介入,因市场本身的自我调节机制,也不至于因为执法的不介入而带来更大的市场危害,因而以谦抑的执法遏制执法的冒进,总体上利大于弊,具有正当性。

总之,对于竞争行为正当性的判断既有确定性领域,可以采取明晰的违法性判断标准和确定的方法;又有不清晰的或者未知的不确定性领域,需要采取合理分析、利益衡量等不确定性的方法。由于市场本身的复杂性、事物属性展开的程度以及认识能力的有限性,即便在不确定性方法的运用上极尽能事,在不确定性的领域终究难免有较大的误判概率。如果相信不确定性方法是万能的,未知的市场领域都能够得出违法与否的准确判断,那必然是不符合实际和违背科学精神,一定会给市场造成灾难。因此,如何正确对待法律执行的局限性及误判等负面效果,涉及采取什么样的执法观。鉴于市场本身的强大自我调整功能和自愈能力,对于以不确定方法难以取得积极效果的未知领域,以采取谦抑的执法观为宜。突出的表现是,既然反不正当竞争法执行的不枉不纵难以完全实现,退而求其次的可行性态度是在未知领域相信市场和依靠市场,保持宽松的执法,奉行必要的宁纵不枉,防止执法惩罚的过度和禁止范围的过宽过严。

[①] 〔美〕詹姆斯·魏拉得·赫斯特:《美国史上的市场与法律:各利益间的不同交易方式》,郑达轩等译,法律出版社2006年版,第17页。

综上,这是一直推崇和呼吁反不正当竞争法适用的谦抑、"无责推定"和"最小化干预"的原因。

第二节　一般条款与特别规定的适用关系

一、专门法、特别规定与一般条款

对于专门法、特别规定与一般条款的适用关系,最高人民法院在司法政策和有关判例中进行过阐释。例如,通常情况下,凡是知识产权法已经规范的侵权行为,应当直接适用知识产权法的规定,只有对那些缺乏特别法规范的不正当竞争行为,才需要依据反不正当竞争法作出裁决。对于一般条款与具体规范之间的关系,对不正当竞争行为的认定首先应当适用第二章的规定;对于反不正当竞争法第二章未具体列举,也没有其他法律规范可以援引的市场交易行为,经过审理查证属实被告违反了自愿、平等、公平、诚实信用的原则和公认的商业道德,损害了原告的合法权益,且纠纷发生在平等主体的经营者之间的,可以依据该法第2条的规定认定为不正当竞争行为。①

2011年司法文件指出,妥善处理好知识产权专门法与反不正当竞争法的关系,在激励创新的同时,又要鼓励公平竞争。反不正当竞争法补充保护作用的发挥不得抵触知识产权专门法的立法政策,凡是知识产权专门法已作穷尽性规定的领域,反不正

---

① 最高人民法院主管领导在2004年全国法院知识产权审判工作座谈会上的讲话。

当竞争法原则上不再提供附加保护,允许自由利用和自由竞争,但在与知识产权专门法的立法政策相兼容的范围内,仍可以从制止不正当竞争的角度给予保护。严格把握反不正当竞争法原则规定的适用条件,凡属反不正当竞争法特别规定已作明文禁止的行为领域,只能依照特别规定规制同类不正当竞争行为,原则上不宜再适用原则规定扩张适用范围。反不正当竞争法未作特别规定予以禁止的行为,如果给其他经营者的合法权益造成损害,确属违反诚实信用原则和公认的商业道德而具有不正当性,不制止不足以维护公平竞争秩序的,可以适用原则规定予以规制。①

2022年不正当竞争司法解释第1条规定:"经营者扰乱市场竞争秩序,损害其他经营者或者消费者合法权益,且属于违反反不正当竞争法第二章及专利法、商标法、著作权法等规定之外情形的,人民法院可以适用反不正当竞争法第二条予以认定。"该条明确了专门法与反不正当竞争法以及一般条款与列举性条款的适用关系,以专门法和列举性规定的优先适用作为硬约束,限制反不正当竞争法及其第2条的适用边界。这些态度显然是一以贯之的。

知识产权专门法和《反不正当竞争法》第二章的行为列举性规定,构成了第2条的适用边界,即专门法和列举性规定不涵盖的领域,才是第2条的适用空间。

---

① 《最高人民法院关于充分发挥知识产权审判职能作用推动社会主义文化大发展大繁荣和促进经济自主协调发展若干问题的意见》(2011年12月16日印发,法发〔2011〕18号)。

二、列举性规定排斥一般条款的适用

同一法律条文之间的列举性规定与概括性(兜底性)规定,如《反不正当竞争法》第6条第(1)(2)(3)项与第(4)项,可以构成特别规定与一般规定的关系,同样适用特别规定优于一般规定的关系,且属于特别规定的事项,不宜纳入兜底规定的范围。

《反不正当竞争法》第二章各个条文均调整一类不正当竞争行为,每一种行为都涉及某一特定市场竞争领域,并为该领域的不正当竞争行为划定了法律边界,即属于该领域的市场竞争行为,即使因不符合列举性规定设定的法律要件,也不宜再寻求依据第2条进行认定。鉴于任何一类不正当竞争行为的规定均是在公平竞争与自由竞争之间划出的具体界限,无论是特定法律条文中采取的是列举性规定还是兜底规定的,其目的都是最终穷尽调整这一类型的不正当竞争行为,并给这类行为划出边界,属于这一类型的行为无需再通过一般条款进行扩展保护,否则就可能侵犯竞争自由,导致抵触特别规定的立法精神。

例如,《反不正当竞争法》第6条调整的是市场混淆行为,旨在规制商业标志使用和其他市场模仿行为,且涵盖了所有市场混淆行为。第6条除前三项列举性规定外,第(4)项规定了"其他足以引人误认为是他人商品或者与他人存在特定联系的混淆行为"。第6条以市场混淆作为此类行为的门槛性要件和法律界限,达到混淆程度的市场行为才纳入不正当竞争的范围。其立法精神是,对于涉商业标志类使用和其他模仿类不正当竞争以混淆为构成要件,不构成混淆的行为,如达不到混淆程度的市场模仿,不再纳入不正当竞争范围,而属于模仿自由和自由竞争的领域,不宜再以第 2 条一般条款扩展涉商业标志的不正当竞争行为。这种法律界限类似于知识产权专门法与反不正当竞争法的界限。

当然,实践中对此仍存在认识上的分歧,分歧的根本原因则是对于竞争观和立法政策的理解不同。如关键词竞价排名、隐性使用他人商业标识行为是否构成不正当竞争,存在两种不同的意见,即一种观点认为,隐性使用行为未妨碍相关权利人信息的展示,也未导致相关公众混淆、误认等后果,且互联网经济下的商业行为应遵从效率优先原则,即使权利人受到一定程度的利益损失,亦属于应当承受的正常竞争风险,因而此类行为不构成不正当竞争。

另一种观点则认为,行为人将他人尤其是竞争对手的企业名称或字号设置为关键词,不仅缺乏正当理由,而且具有利用他人商誉、不正当获取竞争利益的主观故意;隐性使用行为使侵权主体的推广链接出现在搜索结果的较前位置,极有可能诱导相关公众去点击该网站,从而使相关权利人失去潜在的商业交易机会,利益受到了损害,故应当认定构成不正当竞争。[1]

在海亮教育管理集团有限公司等与浙江荣怀教育集团有限公司等侵害商标权及不正当竞争案(简称"海亮案")[2]中,最高人民法院再审判决认为,未经许可擅自将竞争对手的商业标识设置为关键词进行使用的行为,即便是隐形使用,也同样构成不正当竞争,即不仅损害了竞争对手的商业利益,亦扰乱了正常的互联网竞争秩序,违反了诚实信用原则和商业道德准则,构成商标侵

---

[1] 晏景等:"竞价排名行为的司法认定",载《人民司法》2023 年第 11 期。
[2] 最高人民法院(2022)最高法民再 131 号民事判决书。

权及不正当竞争。

在鸿云公司与同创蓝天公司、百度公司不正当竞争案（简称"鸿云与同创案"）中，法院认为在搜索引擎后台将他人商业标识设置为关键词的行为未破坏该商业标识的识别性，不会导致相关公众混淆，故不属于反不正当竞争法第6条所规定的商业混淆等类型化不正当竞争行为。同时，该种使用方式未对经营者利益、消费者利益和公共利益所组成的"三元叠加"法益造成实质性损害，亦未违反诚实信用原则和商业道德，不应再适用反不正当竞争法原则性条款予以规制。[①]

"鸿云与同创案"的裁判观点应当是多年来审判达成的共识性观点，而"海亮案"再审判决则似乎又颠覆了共识性观点。观点分歧的原因在于如何理解《反不正当竞争法》第6条与第2条的适用关系，本质上仍涉及公平与自由的关系。如"海亮案"再审承办人认为："关于隐性使用行为未造成混淆、误认，还能否认定构成不正当竞争的问题，从现有法律规定来看，反不正当竞争法所规制的不正当竞争行为并不以导致混淆、误认为构成要件，对于扰乱市场秩序，有悖诚实信用原则、商业道德准则的行为，即使未导致消费者混淆、误认，同样也构成不正当竞争。""海亮案"再审判决之所以认为关键词隐形使用不构成市场混淆，仍可以依据第2条认定构成不正当竞争，核心在于认为从现有法律规定来看，反不正当竞争法所规制的不正当竞争行为并不以导致混淆、误认为构成要件，对于扰乱市场秩序，有悖诚实信用原则、商业道德准则

[①] 上海浦东新区人民法院(2020)沪0115民初3814号民事判决书；上海知识产权法院(2021)沪73民终772号民事裁定书。另见姜广瑞、庄雨晴："搜索关键词隐性使用的不正当竞争判定"，载《人民司法》2023年第14期。

的行为,即使未导致消费者混淆、误认,同样也构成不正当竞争。[①]如果涉案商业标识使用不构成混淆误认而仍可以依据第 2 条认定不正当竞争,则相当于第 6 条设定的法律门槛没有为特定类型不正当竞争行为的划界意义了,也即架空第 6 条,侵入竞争自由的范围,在立法精神的把握上难谓正当。"鸿云与同创案"判决,则是准确把握了相关立法精神。

两种认识的分歧,本质上还是竞争观和价值取向的差异。第 6 条设定了使用他人商业标识的不正当竞争行为的构成要件,并穷尽了涉商业标志使用类不正当竞争行为,也即使用他人商业标识的不正当竞争行为,凡不符合第 6 条规定的,则属于自由竞争的范畴,不再以第 2 条加以禁止。如果再以第 2 条加以禁止,则会背离第 6 条的调整初衷。"海亮案"再审判决以虽不混淆但利用了他人知名商标的商誉、挤占交易机会和网络流量,仍不符合商业道德和扰乱竞争秩序,这种认识更倾向于下文所述伦理性竞争观,持此种竞争观必然会扩张搭便车构成不正当竞争的范围。这种观点是否与《反不正当竞争法》第 6 条的立法精神相符,必须从竞争观和价值观的层面进行判断。

《反不正当竞争法》第 12 条是调整互联网不正当竞争的"互联网专条"。该条第 2 款在列举三类行为之后,第(4)项规定"其他妨碍、破坏其他经营者合法提供的网络产品或者服务正常运行的行为"。除属于第二章其他列举性条款(如误导性宣传)的行为范围外,第 12 条是否可以理解为已经涵盖了所有其他网络不正当竞争行为,存在不同认识,关键是如何解读第 2 款规定的"利用

[①] 晏景等:"竞价排名行为的司法认定",载《人民司法》第 11 期。

技术手段"。

如腾讯科技(成都)有限公司、深圳市腾讯计算机系统有限公司与佛山市南海区北笙网络科技有限责任公司不正当竞争纠纷案,法院认为,并非所有借助互联网技术实施的不正当竞争行为均可适用互联网专条规制,需利用技术手段实现不正当竞争行为、导致损害后果才可适用该条款。涉案被诉行为不属于利用技术手段,不属于第 12 条及第二章其他条文规范的不正当竞争行为,因而依照第 2 条认定构成不正当竞争。①

在腾讯科技(成都)有限公司、深圳市腾讯计算机系统有限公司与江苏爱代网络科技有限公司不正当竞争纠纷案②中,二审判决认为,本案被诉行为不符合反不正当竞争法第 12 条规定的情形。反不正当竞争法第 12 条第 2 款第(4)项规定,经营者不得利用技术手段,通过影响用户选择或者其他方式,实施其他妨碍、破坏其他经营者合法提供的网络产品或者服务正常运行的行为。这里的"利用技术手段"应当指以运用技术的方式实现不正当竞争,该技术手段的运用不正当地影响用户选择或者实质性地破坏、妨碍其他经营者正常提供网络产品或服务的技术运行逻辑,技术手段和行为损害后果之间具有直接因果关系,而非所有借助互联网实施的行为均可视作"利用技术手段"。本案中被诉侵权行为虽系爱代公司通过运营其互联网 APP 平台实施,但爱代公司仅通过该平台提供代练交易机会,撮合交易完成,并从中获利,具体代练行为由代练者实施,爱代公司并非利用技术手段,影响

---

① 上海浦东新区人民法院(2022)沪 0115 民初 13290 号民事判决书。该案被称为全国首例网络游戏商业代练行为不正当竞争案件。
② 江苏省高级人民法院(2023)苏民终 280 号。

用户选择或者妨碍、破坏腾讯公司提供的网络产品或者服务正常运行。

  第12条是针对互联网不正当竞争而言的,总体精神是除能够纳入其他列举性行为(如误导性宣传)外,其他互联网不正当竞争行为均由该条调整,而第1款第(4)项的兜底规定就是为了达此目的。因为,第12条第1款是针对"利用网络从事生产经营活动"应当遵守本法的各项规定,第2款则是利用技术手段的不正当竞争行为,在第12条为规范网络不正当竞争行为的前提下,非属于另有规定的利用网络实施的不正当竞争行为外,其他均属于第12条调整。而且,据立法者解释,网络领域的不正当竞争行为大体上分为两类:一类属于传统不正当竞争行为在网络领域的延伸,另一类属于网络领域特有的、利用技术手段实施的不正当竞争行为。[1] 这意味着前一类之外的网络不正当竞争行为均纳入第2款,且第2款第(4)项就是为了防止挂一漏万。[2] 此处所谓的"利用技术手段",乃是立法时为了显示互联网不正当竞争的特性及其与其他行为的区别,使用了该术语,对其没必要限于严格的专门技术之类的解释,凡利用网络技术实施的不正当竞争行为,均可纳入兜底条款之中,没必要再在第2条与第12条之间进行繁琐的细分,否则会削弱第12条第2款一统网络不正当竞争行为的意图,且此种区分除具有咬文嚼字的意义之外,并不影响裁判结果,因而并无实质性意义。

---

  [1] 王瑞贺主编:《中华人民共和国反不正当竞争法释义》,法律出版社2018年版,第42—43页。
  [2] 同上书,第46页。

第9条对于侵犯商业秘密行为进行了穷尽性列举,未设兜底条款,表明立法者有意对于此类侵权行为采取法定主义,以此限定其保护范围和进行有限保护。在此之外,不宜依照第2条认定其他侵犯商业秘密行为。

三、第2条的总则规定与分则规定的关系

第2条兼有一般条款与总则条款的双重性。作为一般条款,它与列举性规定相互排斥,只能认定第二章列举以外的行为。作为总则条款,第2条又可以辅助第二章条款的解释和适用,两者又可以相辅相成和水乳交融。

例如,依照《反不正当竞争法》第12条第1款第(4)项兜底条款认定网络不正当竞争行为,可同时援引第2条的规定,以第2条的竞争原则和行为构成要素补充第12条第1款第(4)项兜底条款的适用。第2条与第12条第1款第(4)项的规范内容各有侧重,显然具有互补性。

就总则规定而言,《反不正当竞争法》第2条是该法的统领性规定,与第二章的列举性规定是一般规定与特别规定的关系,适用特别规定优于一般规定、一般规定补充特别规定的法律适用规则。换言之,一般规定与特别规定或者一般法与特别法的关系,不仅存在于不同法律之间,还存在于同一部法律之内的不同条款(规范)之间,特别是总则规定与分则规定之间。鉴此,即便属于反不正当竞争法第二章列举的行为,当事人主张同时适用反不正当竞争法第2条的,就第2条的补充适用功能而言并无问题。况且,已被第二章列举的行为,援引第2条显然并非用于认定法律未列举的行为,而是以总则规定帮助解释或者补强列举性规定的

适用,这恰恰是总则规定补充适用功能的应有之义。

第2条的补充适用功能并非仅具理论价值或者宣示意义,还具有重大的操作价值。尤其是列举性规定有价值上的不充分或者规范要素的不清晰不完整时,第2条可以发挥重要的补充功能,包括第2条第1款原则条款对于列举性规定的指导适用功能,以及第2条第2款的行为构成要素(行为范式)对于具体行为条款的补位功能。例如,《反不正当竞争法》第12条第2款对于网络不正当竞争行为作出了例示性规定,即第(1)(2)(3)项为类型化列举,第(4)项为列举未穷尽的概括性规定,即"其他妨碍、破坏其他经营者合法提供的网络产品或者服务正常运行的行为"。该概括性规定仅提出了"妨碍、破坏其他经营者合法提供的网络产品或者服务正常运行"的行为特征,显然其构成要素不完全,仅此还不足以对于具体行为进行判断。在此情况下,援引第2条第1、2款规定作为补强性判断依据,从损害经营者或者消费者合法权益、扰乱竞争秩序的要素判断网络不正当竞争行为,显然具有重要的操作价值。据说实践中确有一些法院和法官认为,适用第12条第2款第(4)项认定网络不正当竞争行为的,不宜再援引第2条作为依据。这种认识是片面的。

如,上海哈啰普惠科技有限公司、上海钧丰网络科技有限公司与深圳市大如展鸿途科技有限公司、深圳前海点点科技有限公司网络不正当竞争案一审法院认为,反不正当竞争法第12条第2款中第(4)项的"其他"互联网不正当竞争,因规范要件过于模糊、宽泛,在裁判时难以直接援引得出结论。为精准定性新类型竞争行为的法律性质,更为避免司法裁判对互联网竞争自由施以矫枉失当的过分干预,有必要参照反不正当竞争法第2条的规定,借助其对所有不正当竞争行为共性特征的高度抽象,以切入各项市场机制运行为路径,重点分析市场竞争秩序受到的干扰和变化,以及经营者和消费者各自权益的受损情况,方可判定新类型竞争行为是否属于违背公平诚信原则及商业道德的不正当竞争行为。①

---

① 上海市徐汇区人民法院(2021)沪 0104 民初 33010 号民事判决书。

第六章 反不正当竞争法的基本模型

第一节 竞争行为正当性认定的"3＋1"模型

一、不正当竞争行为的构成要素与"3＋1"判断模型

《反不正当竞争法》第2条第1款规定了市场竞争的基本原则,第2款界定了不正当竞争行为的构成要素。基于该规定,反不正当竞争基本范式涉及认定不正当竞争的理念、价值、方式和标准,大体上可以归结为竞争观、损害观和法益观等"三观",并通过对于竞争行为进行利益衡量加以实现。这种"3＋1"判断模型,即"三观"加上竞争行为正当性的利益衡量方法,构成反不正当竞争的基本维度。其中,"三观"是观念(理念、精神)支撑,利益衡量是实现路径,"3＋1"模型构成了竞争行为正当性判断的独特范式。

不正当竞争行为的认定应当奉行动态的竞争观、损害中性和法益中性,并采取行为正当主义而非法益保护主义,且对于竞争行为的正当性判断采取多因素利益衡量和利益比较。"三观"和利益衡量路径构成了反不正当竞争法的基本范式,它整合了该法的理念、精神和行为标准的把握,并深深地根植于深层的市场机

制和竞争原理。

反不正当竞争基本范式由竞争观、法益观、损害观以及利益衡量的路径所架构,关键是由市场竞争的基本属性所支撑,体现市场竞争的特点和规律。市场是一个复杂的生态系统和有机体,人的认知能力则具有局限性,且易受各种主客观因素的干扰,如果执法者在法律明文规定之外随意对市场竞争的是非对错指手画脚,甚至为此而乐此不疲、津津乐道和自鸣得意,往往会事与愿违。例如,"在大多数情况下,人们更清楚自己的利益,而不是太清楚别人的利益,他们因为被弄得更加自立而获益。竞争常常激发创新,保障物美价廉,从而增加人们的富足并间接地增加他们的自由"。[1] 如果对于竞争行为过多地指手画脚,尤其是过多地贴上不正当竞争的标签,很可能不会真正产生我们想要得到的结果。"创新思想会被官僚机构例行公事的单调乏味所取代,社会也将因此而停滞不前。"[2]在错综复杂的和具有内生机制的市场竞争面前,法官对于不正当竞争的判断应有足够的谦卑和谦抑。

当前实践中确实已显现有些法官具有提炼或者创设抽象的一般竞争规则的偏好。对于法院是否可以主动界定特定商业领域的竞争规则,实践中已发生争议。有些法官已有谦抑的自觉。例如,北京市海淀区法院在其调研报告中认为:"司法应保持谦抑的态度,不能对市场竞争造成不当干预,故当法院主动提炼出竞争规则并判定竞争行为构成不正当竞争时,需要对所提炼的竞争

---

[1] 〔英〕理查德·贝拉米:《自由主义与现代社会——一项历史论证》,毛兴贵等译,江苏人民出版社2012年版,第41—42页。
[2] 同上书,第42页。

规则做详细的论证。"①这种态度值得赞赏。司法更应当主要立足于解决个案正义,围绕个案事实澄清法律含义和做出裁判,而不宜有过多的扩张职能、确立抽象性规则的偏好。对于法官而言,创制规则乃是不得已而为之。尤其是,自创和自称某种原则或者标准应当审慎,最好经由多个类似裁判累积和检验之后,由学者或者学理提炼和归纳一般性的原则和标准。

二、判断范式:权利范式与行为范式之间

竞争行为正当性的判断范式有权利范式与行为范式之分。权利范式即以存在特定的权利为基础,围绕权利的损害构成进行不正当竞争行为的判断。行为范式则是基于多种行为的因素进行考量,判断竞争行为的正当性,而所涉权益只是考量因素之一。就反不正当竞争法的总体而言,保护"诚实企业主"时期的目标相对单一,且脱胎于侵权法,其权利范式比较突出。以保护多元利益为目标并以保护"未受扭曲的竞争"为新的共同基础的现代法时代,行为范式更为凸显。②

(一) 司法裁判由权利范式到行为范式的发展

我国早期的竞争行为正当性判断有较强的权利范式。如反向仿冒"枫叶"牌西裤案③甚至提出了公平竞争权利的概念。在颇

---

① 参见海淀法院课题组:"北京市海淀区人民法院关于网络不正当竞争纠纷案件的调研报告(三)",2016年8月12日发布于"知产力"(微信 ID:zhichanli)。
② 〔德〕佛诺克·亨宁·博德维希主编:《全球反不正当竞争法指引》,黄武双等译,法律出版社2015年版,第4—6页。
③ 北京市第一中级人民法院(1994)中经知初字第566号民事判决书。

有争议的屏蔽广告不正当竞争案中,我国相关裁判通常都是先分析"免费+广告"商业模式的可保护性,被告的主观状态(故意或恶意)以及被告行为对原告利益的损害性,据此认定构成不正当竞争行为,显然是一种权利保护式或者一般侵权式的判断思维,并未恰当体现与此类竞争相适应的价值和特性。

如反向仿冒"枫叶"牌西裤案[1],法院援引《反不正当竞争法》第2条和《民法通则》基本原则认定构成不正当竞争的路径是先认定原告有一种公平竞争的权利,然后认定被告的行为侵害这种权益,构成侵权行为和不正当竞争。首先,原告服装一厂为建立良好的商业信誉和产品声誉,经过多年不懈的努力和投入,使其"枫叶"牌西裤在版型设计、面料选择、制作工艺等方面都具有自己的特点。其产品满足了不同消费者的需求,占有了一定的市场份额,在市场竞争中取得了一定信誉,"枫叶"商标也在市场上享有一定的知名度。服装一厂对其享有的商业信誉和公平竞争的权利,应受到法律保护。其次,被告将已进入市场流通中的他人产品的商标撕下,更换成"卡帝乐"商标后高价销售。这是利用原告的优质产品为其牟取暴利,无偿地占有了原告为创立其商业信誉和通过正当竞争占有市场而付出的劳动,其行为违反了诚实信用、公平竞争的基本原则,妨碍原告商业信誉、品牌的建立,使原告的商业信誉受到一定程度的损害,正当竞争的权利受到一定的影响。因此,被告公司的行为构成侵权。

在深圳迅雷公司与北京暴风公司不正当竞争纠纷案[2]中,一

---

[1] 北京市第一中级人民法院(1994)中经知初字第566号民事判决书。
[2] 参见北京市石景山区人民法院(2015)石民(知)初字第3573号民事判决书,北京知识产权法院(2015)京知民终字第2204号民事判决书。

审法院认为,本案诉争的竞争行为显然不属于《反不正当竞争法》第二章规定的具体情形,而1993年《反不正当竞争法》第2条第1款规定,经营者在市场交易中,应当遵循自愿、平等、公平、诚实信用的原则,遵守公认的商业道德。因此,本案可以适用该原则条款。具体到本案,一审法院认为,适用该原则条款认定涉案竞争行为构成不正当竞争应当同时具备以下条件:一是涉案竞争行为使其他经营者的合法权益受到实际损害;二是涉案竞争行为违反了公平竞争、诚实信用原则和公认的商业道德,扰乱了正常的市场交易秩序。本案中,北京暴风公司经营的"极轻模式"的技术特征是搜索、链接到视频网站,使网络用户不必回到视频源网站网页而直接在该模式下观看相关视频,并具体表现为:拦截源网站视频片头广告;不显示源网站网址;不显示源网站除视频以外的其他网页信息,包括页面广告。关于"极轻模式"拦截源网站视频片头广告的行为,一审法院认为,目前视频网站基本上采取的是"免费+广告"的运营模式,即以免费的服务吸引网络用户,再利用网络用户资源经营广告以实现盈利,该运营模式和盈利方式已经得到社会的普遍认可,且不会损害网络用户及社会公众的合法利益。而"极轻模式"拦截视频片头广告的功能,虽然会提升网络用户观看视频节目的体验,增加北京暴风公司网站的吸引力,但显然也因此对视频网站普遍使用的运营模式和盈利方式造成影响与干扰,进而直接导致深圳迅雷公司的合法利益受损,符合构成不正当竞争的两个条件,应认定为不正当竞争行为。

当然,近年来司法判决越来越倾向于依照反不正当竞争法第2条,进行多元利益衡量。此类判决俯拾即是。反不正当竞争法的行为法范式在裁判中被充分强调和体现。

例如,"脉脉案"①二审判决提出在互联网行业中适用《反不正当竞争法》第 2 条,要考量六个方面的因素。在对于这些因素和方面进行综合考量的基础上认定不正当竞争行为,明显不同于权利侵害式判断范式,典型地体现了行为法特征。

具体而言,"脉脉案"认为,基于互联网行业中技术形态和市场竞争模式与传统行业存在显著差别,为保障新技术和市场竞争模式的发展空间,在互联网行业中适用《反不正当竞争法》第 2 条更应秉持谦抑的司法态度,在满足上述三个条件②外还需满足以下三个条件才可适用:1.该竞争行为所采用的技术手段确实损害了消费者的利益,例如:限制消费者的自主选择权,未保障消费者的知情权,损害消费者的隐私权;2.该竞争行为破坏了互联网环境中的公开、公平、公正的市场竞争秩序,从而引发恶性竞争或者具备这样的可能性;3.对于互联网中利用新技术手段或新商业模式的竞争行为,应首先推定具有正当性,不正当性需要证据加以证明。在对于这些因素和方面进行综合考量的基础上认定不正当竞争行为,明显不同于权利侵害式判断范式,典型地体现了行为法特征。

咪咕音乐有限公司与淘宝公司、阿里巴巴音乐公司不正当竞争案③一审判决认为,设链行为实质上是将阿里音乐公司获取部

---

① 北京知识产权法院(2016)京 73 民终 588 号民事判决书。
② 最高人民法院在(2009)民申字第 1065 号山东省食品进出口公司等与青岛圣克达诚贸易有限公司等不正当竞争纠纷再审案中提出的适用《反不正当竞争法》第 2 条认定构成不正当竞争应当同时具备的以下条件:1.法律对该种竞争行为未作出特别规定;2.其他经营者的合法权益确因该竞争行为而受到了实际损害;3.该种竞争行为因确属违反诚实信用原则和公认的商业道德而具有不正当性。
③ 见四川省高级人民法院(2021)川知民终 2116 号民事判决书。

分歌曲、完善曲库的成本转移给了咪咕音乐公司,并降低听众因曲库差异而成为咪咕音乐公司用户可能性,在一定程度上损害了咪咕音乐公司基于曲库的竞争力。但该致损行为是否构成不正当竞争,还需结合《反不正当竞争法》的具体规定进行综合判断。该法的第 1 条、第 2 条,非常明确地宣示该法的立法宗旨为"鼓励和保护公平竞争",要求在认定不正当竞争行为时,既要考量其对其他经营者合法权益乃至消费者利益是否致损,更要分析其是否扰乱市场竞争秩序。因此,《反不正当竞争法》更为重视对竞争机制的保护,而非对某一竞争主体具体利益的保护,并为此规定了综合权衡多项法益的正当性判断方法。按照第 2 条的指引,利用法益权衡的方法,在被诉行为被禁止或被容忍的情况下,分析经营者、消费者、著作权人以及涉案双边市场其他参与主体市场行为及其利益的变化情况,动态判断禁止或不禁止的处置是否会减少交易成本,推动有效竞争,并据此认定被诉行为是否具有不正当性。

在对涉诉行为不加禁止的情况下,数字音乐网络服务提供商可链接其他数字音乐网络服务提供商曲库,以此替代寻找数字音乐内容提供商并获取许可的曲库组建方式。该种方式有可能导致不同服务提供商的曲库内容趋同,降低曲库的竞争价值,促使服务提供商间的竞争从曲库投入进一步转向内容之外的技术创新、服务升级;曲库建设方式的转变还会减少经营者的前期曲库建设负担,降低市场进入门槛,致使经营者数量增加,竞争加剧,从而增进消费者福利。在允许以设链方式提供数字音乐网络服务的情况下,势必有利于数字音乐的跟踪技术、收费技术创新,以维护数字音乐内容提供商的合法利益,激励创作。如果,数字音乐网络服务提供商获取内容的搜寻成本、谈判成本相较于禁止设链情况下的同类交易成本更低；跟踪技术、收费技术已经存在或创新难度不高，与之相对应的内容许可模式、收费模式的变革能够降低各方的履行成本，或抵消搜寻、谈判等成本的增长。那么，在最优的情况下，允许设链将降低该市场的交易成本，推动有效竞争；在次优的情况下，交易成本虽未降低，但其对消费者福利的提升，助推经营者、数字音乐内容提供商以及广告商等第三方开发新资源的合作竞争，依然是有效。因此，只有在允许设链将大幅增加交易成本的情况下，才会产生破坏有效竞争秩序的后果。由于双方在本案中均未对搜寻成本、谈判成本的变化情况进行论证，也未对技术变革、许可和收费模式创新的可行性及其对履行成本的影响进行证明和论证，且该问题也非基于常识、经验所能判断。因此，一审法院结合当事人现有主张和证据尚无法准确判断被诉竞争行为是否会破坏有效的竞争秩序。

数字音乐网络服务作为互联网领域的新业态，本身就属于新兴的竞争领域，技术及商业模式的颠覆式创新层出不穷，原有的经营方式、利益格局不断被打破、再造。对于该市场竞争行为的规制，《反不正当竞争法》更应着眼于市场竞争机制的保护而非原有利益格局的维护。某种互联网竞争行为具有一定损害，但又能加剧竞争、增强创新时，如果不能认定该种行为将增加交易成本、降低交易效率、减损社会福利的情况下，司法不一定当然认定该行为具有不正当性。被诉行为即属于此种情形。除此之外，我们还可以注意到其危害并非是不可控的，基于爬虫协议设置等低成本技术手段可以制止、预防，通过谈判等市场手段也可以填补许可费的损失。鉴于被诉行为极有可能降低市场门槛，增强竞争，且该行为可由市场手段予以调整,故在无法确认该行为的存在和附随的市场变化将明显增加交易成本、降低效率的情况下,一审法院不认定其属于不正当竞争行为,并对咪咕音乐公司的此项主张不予支持,对阿里音乐公司的相反主张予以支持。

撇开该案是否存在与著作权保护的关系问题,仅就其对于竞争行为正当性的分析方式而言,确实具有考量各种因素的行为法范式的典型性。

(二) 行为法与赋权法的兼而有之

通常认为,反不正当竞争法是行为法,是以规制行为的方式保护法益。但是,鉴于所保护的法益有具体法益与一般法益之别,其具体的判断范式应当有所差异,并非铁板一块和千篇一律。其中,涉及具体法益保护的案件,倾向于或者接近于权利保护范式;涉及一般竞争秩序的案件,采取多元利益考量的范式。

例如,第6条和第9条涉及商业标志和商业秘密的保护,其判断范式首先确定受保护的商业标志和商业秘密的适格性,然后看是否落入法定的侵害范围,据此认定是否构成不正当竞争。其判断范式与其他知识产权专有权保护比较接近。

涉及商业数据等具体的"孵化性"法益的案件,通常总体上评估相关法益是否具有保护的正当性(可保护性),即通常以劳动价值(自然权利)和社会效益(功利)为据认定其保护的正当性,然后再考量涉案侵害行为是否构成不正当竞争。因此类法益的可保护性要件和侵害行为尚未法定,因而在裁判之中需要结合多种因素进行判断。

总之,对于具体法益的保护,在法益的可保护性要件和侵害行为法定的情况下(如商业标志和商业秘密),其反不正当竞争保护类似于权利保护,因而反不正当竞争法有赋权法的功能。当前数据权益保护中,学界有人认为反不正当竞争法不能承担赋权角色,是对于反不正当竞争法的误解。反不正当竞争法总体上是一种行为法,但对于具体法益的保护,则接近于或者相当于赋权模式。涉及"孵化性"法益的情形,更重要的是总体评估相关利益的可保护性,在总体评估的基础上决定是否给予保护,而保护的具体理由则可能是次要的。当然,鉴于行为范式更为复杂和典型,更具反不正当竞争法的特色,行为范式就成为探讨重点。

三、"公共利益"不能泛化

《反不正当竞争法》第 2 条将不正当竞争行为界定为"扰乱市场竞争秩序,损害其他经营者或者消费者的合法权益的行为"。市场竞争秩序、其他经营者或者消费者的合法权益,构成规定其保护的三种利益,俗称"三元叠加",其中并无"公共利益"的字样。司法裁判通常通过三个利益的分析,对于是否构成不正当竞争进行认定。但是,有的裁判在利益衡量时习惯性地引入了"公共利益"的概念,且对公共利益有不同的解读,有时还对解读产生了分歧。例如,腾讯科技(成都)有限公司、深圳市腾讯计算机系统有限公司与佛山市南海区北笙网络科技有限责任公司不正当竞争纠纷案[1]、腾讯科技(成都)有限公司、深圳市腾讯计算机系统有限公司与江苏爱代网络科技有限公司不正当竞争纠纷案[2],均将未

---

[1] 上海市浦东新区人民法院(2022)沪 0115 民初 13290 号民事判决书。
[2] 江苏省高级人民法院(2023)苏民终 280 号民事判决书。

成年人身心健康等公共利益纳入考量。其实,无论是依据《反不正当竞争法》第2条的规定,还是基于反不正当竞争的实际,均不宜将"公共利益"泛化,应当限于维护竞争秩序和消费者利益。谴责"损害未成年人身心健康等合法权益"之类的公共利益虽然义正辞严和正义凛然,但超出了反不正当竞争法的考量范围,不应该成为不正当竞争案件的利益衡量选项。

这些裁判有过度解读"公共利益"的现象。例如,腾讯科技(成都)有限公司、深圳市腾讯计算机系统有限公司与佛山市南海区北笙网络科技有限责任公司不正当竞争纠纷案中,某游戏内设公平匹配机制,配有完备的"防沉迷"机制,未成年人仅能在规定时间段内游戏,游戏服务协议还规定,用户不得将账号用作代练等商业性使用。该游戏公司发现某代练平台以"发单返现金"、设立专区的形式,引诱、鼓励包括未成年人在内的用户通过其平台进行商业化、规模化的游戏代练交易,未成年玩家可通过承接订单不受时段、时长限制进入游戏系统,并因此绕开"防沉迷"机制进入游戏赚取费用,故起诉至上海浦东法院。游戏公司认为,代练平台的行为妨碍了游戏业务的正常开展,对自身、游戏用户以及社会公共利益都造成了损害,构成不正当竞争。代练平台方辩称,游戏代练与游戏服务并非同一领域,游戏代练等同于游戏陪玩,是服务性质,不构成不正当竞争,游戏代练增强了游戏用户体验,没有给原告造成损失,反而给原告增加了流量和用户黏性,且代练平台也没有从涉案经营中盈利。

法院认为,被告为游戏用户提供商业化代练交易,以其经营活动和用户群体作为自身经营的基础资源,该行为本身具有市场竞争属性。本案中代练平台的行为扰乱了市场竞争秩序,造成三个损害后果：一是破坏了公平竞技的游戏机制，损害了用户体验和合法权益；二是干扰了游戏建立的实名机制及未成年人"防沉迷"机制，损害了两原告的商业利益；三是增加了未成年人沉迷网络的风险，侵害了社会公共利益。同时，代练平台将游戏公司具有竞争性权益的游戏作为获利工具，违反了诚实信用原则和商业道德，代练平台还采取措施刻意规避原告的监管，具有主观恶意，原告亦无法通过适当技术手段消除被告行为的影响。综上，法院认定代练平台提供商业化网络游戏代练服务的行为构成不正当竞争。

腾讯科技（成都）有限公司、深圳市腾讯计算机系统有限公司与江苏爱代网络科技有限公司不正当竞争纠纷案中，二审判决通过分析"爱代公司与腾讯公司具有竞争关系"、"爱代公司的行为违反了业内行为规范及商业道德"、"爱代公司的行为严重破坏了游戏产业公平竞争机制"及"爱代公司的行为损害了社会公共利益"对于被诉商业性游戏代练行为是否构成不正当竞争进行认定，实际上围绕三者利益进行了分析认定。其中，对于"爱代公司的行为损害了腾讯公司和游戏用户的合法权益"分析如下：

首先，《王者荣耀》游戏作为竞技类游戏，采用 ELO 等级分系统评估用户的实力，并尽量匹配实力相当的对手及队友参与比赛，让每场对局尽可能接近公平。而爱代公司为《王者荣耀》游戏提供代练交易服务的行为，可能出现超出账号登记用户真实等级水平的代练者参与游戏的情况，导致正常参与游戏的用户失败率增加，挫败感增强，从而获得了虚假的游戏体验，损害腾讯公司和相关游戏用户的合法权益。其次，爱代公司的行为可能导致正常参与《王者荣耀》游戏的用户质疑该游戏的公平竞技性，对腾讯公司的商业信誉产生负面影响。游戏用户也可能因虚假的游戏体验,减少参与《王者荣耀》游戏的频率、次数,离开游戏甚至也被迫请人代练,从而妨碍腾讯公司《王者荣耀》游戏的正常运营。最后,爱代公司利用了腾讯公司《王者荣耀》游戏的知名度、影响力、用户黏性以及未成年人参与游戏时间受限等相关因素,攫取了市场竞争优势,获取非法利益。

对于"爱代公司的行为损害了社会公共利益"分析如下:未成年人通过爱代公司的APP,可以承接成年游戏用户发出的代练订单,使用成年用户的账号登录,不受限制地参与《王者荣耀》游戏,突破了腾讯公司关于未成年人游戏时间及时长的限制,从而导致"未成年防沉迷"保护机制形同虚设,加剧未成年人沉迷游戏的社会问题,损害未成年人身心健康等合法权益。同时伴随代练行为产生的以他人名义注册账号以及游戏账号转借等问题亦可能引发诸多道德、法律风险和不稳定因素,对社会公共利益造成危害。

其实,无论是依据《反不正当竞争法》第2条的规定,还是基于反不正当竞争的实际,均不宜将"公共利益"泛化,应当限于维护竞争秩序和消费者利益。谴责"损害未成年人身心健康等合法权益"之类的公共利益虽然义正辞严和正义凛然,但超出了反不正当竞争法的考量范围,不应该成为不正当竞争案件的利益衡量选项。

《反不正当竞争法》第2条并未使用"公共利益",而是将其保护的法益具体化和类型化为市场竞争秩序、经营者利益和消费者利益,这种类型化契合了反不正当竞争法的场景,是准确的。反不正当竞争法中的公共利益确实体现在三者利益之中,此外不再涉及其他公共利益。一般意义上的公共利益的范围广泛,且具有极大的不确定性,反不正当竞争法并未笼统地保护"公共利益",

其中的"公共利益"只能与竞争秩序、经营者和消费者利益挂钩，即损害竞争秩序、经营者和消费者利益，就是损害公共利益，不宜在此之外进行宽泛的扩张而超出反不正当竞争的使命。

得关注的是，2022年11月22日国家市场监督管理总局公布的"《反不正当竞争法》修改草案征求意见稿"将现行法律第2条对于"不正当竞争行为"的规定修改为"扰乱市场竞争秩序，损害其他经营者、消费者的合法权益或者社会公共利益的行为"，增加了公共利益，此举引起关注和争论。这样规定显然是不合适的，即首先与市场竞争秩序和消费者利益不是并列关系，且反不正当竞争法中的公共利益就是消费者利益和市场竞争秩序，不宜引入其他无关的公共利益元素，否则将导致法律适用的不确定，使《反不正当竞争法》变质。①

第二节　静态的竞争观与动态的竞争观

竞争观是反不正当竞争领域的世界观，是形而上的竞争行为正当性的判断理念和标准。当前的突出问题是如何在静态竞争与动态竞争之间进行取舍。

一、静态竞争与动态竞争之差异

竞争观涉及对于市场竞争的基本认识、观念和态度。竞争行

---

① 传统反不正当竞争法旨在保护诚实企业主，而到了20世纪60—70年代，回应消费者运动的兴起，工业化国家的反不正当竞争法转型为以保护消费者利益为核心的公共利益。参见〔德〕佛诺克·亨宁·博德维希主编：《全球反不正当竞争法指引》，黄武双等译，法律出版社2015年版，第4—6页。

为正当性的判断首先以竞争观为基础。有什么样的竞争观就有什么样的反不正当竞争态度,有什么样的判断标准和路径,竞争观是反不正当竞争基本范式的首要因素。市场竞争变动不居,经常发生创新和颠覆,因而市场竞争需要内生力量和活力动力。与此相适应,反不正当竞争法应当奉行动态而非静态的竞争观。动态的竞争观是市场竞争的总体竞争观。

静态竞争强调保护静态的既得利益,强调静态取予意义上的公平,对于市场竞争的干预范围相对较宽,较多地限制竞争自由;动态竞争更强调市场竞争的动态激烈程度,强调颠覆性创新,强调竞争自由和市场效率,更宽容竞争性损害。[1]

不同国家和不同历史时期对于竞争观的把握不尽相同。例如,英美法有动态竞争的传统。英国始终坚持不以公平标准干预市场的态度。美国历史上曾在INS案中对于保护静态利益和动态竞争产生争议,但此后保护动态竞争的观点占据主导定位。欧陆法更为强调静态竞争和市场公平。但是,近几十年受美国法影响大,逐渐趋向于效率。[2]

我国反不正当竞争法遵循静态竞争还是动态竞争的观念,从判例看存在着分歧。而且,保护静态利益更符合朴素的公平观

---

[1] 如约瑟夫·熊彼特经常被引用的一段描述"创造性毁灭"或者动态性竞争的文字:"……有价值的不是这种竞争,而是关于新商品、新技术、新供给来源、新组织类型……的竞争,也就是占有成本上或质量上的决定性的有利地位的竞争,这种竞争所打击的不是现存企业的利润和产量,而是这些企业基础,并危及它们的生命。这种竞争和其他竞争在效率上的差别,犹如炮击和徒手攻门间的差别,因此,按其通常意义来考虑竞争能否更敏捷地发挥作用,就变得比较不重要了。"转引自〔美〕哈罗德·德姆塞茨:《竞争的经济、法律和政治维度》,陈郁译,上海三联书店1992年版,第2页。

[2] 参见孔祥俊:"论搭便车的反不正当竞争法定位",载《比较法研究》2023年第2期。

念。但是,反不正当竞争法毕竟是促进竞争和激励创新的法律,应该更多关注以自由和效率为取向的动态竞争。

二、竞争观的纠结、博弈与转向

(一) 前些年对于静态竞争的关注

我国法院的裁判前些年更为关注静态竞争。

前些年我国有的法院在涉互联网领域的不正当竞争判断中,提出所谓的"非公益不干扰"原则,即非因特定公益(如杀毒)的必要,不得直接干预竞争对手的经营行为。该原则甚至被认为是"网络不正当竞争审判中得到遵循普遍认同的一项原则"[1]。

例如,北京市高级法院在2013年百度与360插标不正当竞争案的判决中,首倡非公益不干扰原则,即"虽然确实出于保护网络用户等社会公众的利益的需要,网络服务经营者在特定情况下不经网络用户知情并主动选择以及其他互联网产品或服务提供者同意,也可干扰他人互联网产品或服务的运行,但是,应当确保干扰手段的必要性和合理性。否则,应当认定其违反了自愿、平等、公平、诚实信用和公共利益优先原则,违反了互联网产品或服务竞争应当遵守的基本商业道德,由此损害其他经营者合法权益,扰乱社会经济秩序,应当承担相应的法律责任。前述规则可以简称为非公益必要不干扰原则"[2]。在2013年猎豹浏览器屏蔽

---

[1] 参见海淀法院课题组:"北京市海淀区人民法院关于网络不正当竞争纠纷案件的调研报告(三)",2016年8月12日发布于"知产力"(微信ID:zhichanli)。

[2] 北京市高级人民法院(2013)高民终字第2352号民事判决书。

优酷网视频广告案[1]、2015年极路由视频广告屏蔽不正当竞争案[2]中,有关判决均重申该原则。北京市高级法院在将"极路由"案作为典型案例予以公布时的评论指出,"技术革新应当鼓励,但对技术的使用不能突破法律限制。非因公益必要,经营者一般不得直接干预他人的经营行为。使用'屏蔽视频广告'插件看似符合消费者眼前利益,但长此以往必将导致视频网站经营者'免费广告'的商业模式难以为继,从而向收费模式转变,最终也将损害消费者的长远利益"。

这些案件的裁判思路一脉相承,此中所谓"非公益不干扰"原则,是指非因公益(如杀毒)必要,不得直接干预竞争对手的经营行为。从有关裁判理由来看,"非公益不干扰"标准更多关注于竞争者之间互不干扰、相安无事或者和平共处的静态竞争,即经营者推出自己的商业模式等之后,他人应当予以尊重和不能干扰,经营活动由此可以静态地进行,除非在消费者选择之下自生自灭,或者由同业竞争者进行超越式的颠覆。该原则提出之后即引起激烈的争论。它涉及反不正当竞争法基本的竞争观和方法论,触及市场竞争的深层理念和运行机制,涉及不正当竞争判断的根本标准。

当然,静态利益也应受保护,关键是如何设定保护条件和界限。例如,"金山安全软件案"[最高人民法院(2020)最高法知民终1567号民事判决书]二审判决认为,软件下载平台对权利人已授权用户可以复制、分发和传播无限制数量的免费软件的传播行

---

[1] 北京市第一中级人民法院(2014)一中民终字第3283号民事判决书。
[2] 北京知识产权法院(2014)京知民终字第79号民事判决书。

为,一般不会对免费软件著作权人的经济利益造成损害,即不会侵害信息网络传播权这一著作财产性权利;但软件下载平台在提供免费软件下载时移除软件著作权人的有关标识与替换"捆绑"软件等行为,剥夺了软件著作权人获取网络用户"注意力"和"流量"的机会,损害了软件著作权人的经济利益,构成不正当竞争。

(二)近年来对于动态竞争的关注

近年来似乎关注动态竞争的案例越来越多。例如,马顺仙与玫琳凯公司侵害商标权及不正当竞争纠纷案二审法院认为:"市场竞争是在市场引导下动态进行的,由竞争产生竞争性损害是市场经济的常态,创新更多地来自于经营者技术或商业模式之间的激烈竞争,竞争者在市场竞争中需要容忍适度的干扰和损害,实现消费者福利最大化,以此实现公共利益。本案中,综合考虑经营者、消费者和社会公众的利益,马顺仙的被诉侵权行为并未构成对《反不正当竞争法》第2条的违反,不构成不正当竞争。"[①]

爱奇艺公司与搜狗公司不正当竞争案法院认为,搜狗输入法同时具备"搜索候选"和"输入候选"两种功能,是一种在技术上的创新之处,具有一定的正面市场效应。虽然在爱奇艺网站界面使用搜狗输入法,可能导致爱奇艺网站失去一定的流量;或者说搜狗输入法借助爱奇艺网站为自身带来一定流量,但这种看似介入爱奇艺网站产品的行为本身并不足以说明其具有不正当性。

二审判决在分析"被控行为对市场竞争秩序的影响"时指出:"反不正当竞争法鼓励经营者通过技术创新、提高产品质量和服

[①] 浙江省高级人民法院(2020)浙民终479号民事判决书。

务的方式进行效能竞争,制止通过欺骗、强制客户交易,或者通过妨碍他人正常经营而获取竞争优势的不正当竞争行为。"首先,随着互联网市场竞争的日趋激烈,以及信息技术和互联网技术的发展,互联网市场领域的各种产品或者服务关联性和依附性不断加深,经营者不可能固守已有的市场或技术领域,以各种方式进入竞争对手领域参与竞争是不可避免的。其次,鼓励市场竞争的重要目的是为促进创新,创新往往并不来自于闭门造车式的自我修炼,其更多地来自于经营者技术或商业模式之间激烈的撞击。如果仅仅因为某种技术或商业模式介入竞争对手的经营而否定其正当性,无疑将会极大挫伤创新动力。本案被控行为并未过度妨碍爱奇艺网站的正常运营,也未破坏正常的市场选择功能,尚未达到扰乱市场竞争秩序的程度。依据比例原则,被控竞争行为总体上仍然是一种效能竞争。[①]

上海哈啰普惠科技有限公司、上海钧丰网络科技有限公司与深圳市大如展鸿途科技有限公司、深圳前海点点科技有限公司网络不正当竞争案[②]一审判决指出,对于市场竞争中创新技术和商业模式的正面评价,既不在于该创新技术和商业模式的单纯采用,亦不止步于其被采用后获得的片面经济效益。评判的关键在于此种新技术、新商业模式的实际运用,是否可以在打破原有竞争秩序的状态下进一步优化市场资源配置,是否能够重新建立起更加富有效率、更加公平的全新竞争秩序。在崇尚竞争效能的互联网领域,任何参与市场竞争的主体均不负有对其他在先经营者

[①] 上海知识产权法院(2018)沪 73 民终 420 号民事判决书。
[②] 上海市徐汇区人民法院(2021)沪 0104 民初 33010 号民事判决书。

商业模式和竞争利益予以避让、尊重的义务。所谓"客户黏性""良好生态系统"本就不存在,其背后意欲掩盖的静态商业利益和专属交易机会更不应成为严禁他人染指的闭环禁脔;然而,那些经过审慎商业决策,投入大量技术与资金,秉持诚信原则持续耕耘市场的经营者,所累积的竞争权益却应当获得法律的公平保护。

这些裁判都遵循了动态竞争的理念,对于动态竞争的阐释生动深刻。

(三)竞争价值观的纠结与博弈

我国司法中对于两种竞争观的选择还有较大的争论。在互联网广告屏蔽案中,即存在动态竞争与静态竞争的观念之争。如三快公司与迪火公司"二维火"不正当竞争案,[1]北京法院倾向于保护静态的商业利益,而浙江法院倾向于允许动态竞争。[2]

例如,在三快公司与迪火公司"二维火"不正当竞争案中,迪火公司(简称二维火)长期专注于云计算餐饮软件系统的研发和应用,其基于Android系统的二维火"智能收银一体机"系统已然成为餐饮支付系统中不折不扣的"大佬"。2017年以来,二维火发现多个商户在使用的二维火封闭式"智能收银一体机"上安装了"美团小白盒"插件。该插件会在餐厅食客结账时自动跳转到"美团小白盒"收银界面,从而中断交易流水。2018年8月,二维火先后向北京知识产权法院、杭州市中级人民法院提起不正

---

[1] 北京知识产权法院(2018)京73民初960号民事判决书。
[2] 浙江省杭州市中级人民法院(2018)浙01民初3166号民事判决书。二审法院维持一审判决。

当竞争诉讼。

二维火认为"美团小白盒"的插件非法侵入全封闭的二维火"智能收银一体机"系统,并实时监控商家的系统运行,在顾客结账之际读取该系统中商家的"实收金额"栏目 ID 以及数据,恶意劫持该系统和商家的第三方支付流水,造成全国 1800 余家合作商户餐饮流水的损失。并由此认为"美团小白盒"涉嫌侵犯其商业秘密,恶意侵入并监控二维火收银系统读取相关商家的收银信息,劫取支付流水,违反了公认的诚信经营的商业道德,破坏了餐饮服务行业竞争秩序,属于不正当竞争。

杭州中院认为,"美团收款"应用在安装时已经获得了用户关于"悬浮于其他应用之上"等多项权限。美团小白盒并未主动、强行在二维火收银系统中插入链接,强制进行目标跳转,去影响用户的选择。简言之,"美团收款"并未主动、强行在二维火收银系统中插入链接,强制进行目标跳转,去影响用户的选择;反之,其只是向用户提供了选项,由有相应需求的用户自行进行选择,并无不当。"美团收款"APP 可以安装到二维火收银机中的事实,以及安装后所可实现的功能,或是基于迪火公司公开的信息,或是基于二维火收银机所使用的安卓系统本身具有的功能与特性并获得用户的授权,或是基于迪火公司及其"二维火收银"APP 所允许的范围,或是以上数项的组合,均属合法合理范畴之内,难谓已经违反诚实信用原则或公认的商业道德,故不具有违法性或不正当性。

北京知识产权法院认定被告美团公司不正当竞争行为成立,其违法性主要体现在以下四个方面:首先,原告的"智能收银一体机"系统并非一般的安卓系统平台,而是基于安卓系统专门为商户收款而设计的智能收银系统。虽然法院认定该系统的白名单机制不属于商业秘密，但原告毕竟在系统中设置了包名规则，这意味着原告的系统未经允许不能随时突破，尤其是与原告系统具有相同收银功能的被告软件。其次，被告的"美团小白盒"插件安装于原告的系统后，并非基于用户的操作被动启动，而是通过监控原告的收款程序运行，以悬浮窗的形式依附于原告"二维火收银"APP 之上，且随着用户进行"结账"操作而自动跳出，具有诱导用户使用"美团收款"的明显意图。再次，用户在点击了美团悬浮窗或特定按钮后，支付页面会自动跳转至美团支付的操作页面，原告的收款程序随之中断，明显起到了妨碍原告收款系统正常运行的效果。最后，虽然被告的"美团收款"程序在表现形态上确如被告所称，系经用户授权且自主选择而运行，但 2018 年反不正当竞争法第 12 条第 2 款第（一）项规定，经营者在他人合法提供的网络产品或者服务正常运行的过程中，如需插入或者强制进行目标跳转，应经得该网络产品或者服务经营者的同意，而本案中，涉案的二维火"智能收银一体机"系统及"二维火收银"APP 的经营者为原告，被告的"美团小白盒"插件插入并强制进行目标跳转的行为均未得到原告的同意。

上述裁判对于构成不正当竞争的不同认定，本质上是采取静态的竞争观还是动态的竞争观。前者杭州中院倾向于保护既得利益和禁止他人干扰其服务系统；后者北京知识产权法院倾向于保护动态竞争。

近年来有五个涉广告屏蔽的典型案件，其中前三个案件（优酷猎豹案和两个爱奇艺案）一审即认定被告（广告屏蔽技术的使用方）的行为构成不正当竞争，后两个案件（腾讯案和快乐阳光案)在一审中被认定为不构成不正当竞争,但五个案件均在二审中被认定为构成不正当竞争。[①]

如腾讯公司与世界星辉公司广告屏蔽不正当竞争案[②],一审法院曾认定该行为不构成不正当竞争,二审法院改判认定构成不正当竞争。一审法院认为,法律对经营模式的保护要谨慎,要给予市场最大的竞争环境。应当注意严格把握适用条件,以避免不适当干预而阻碍市场自由竞争。市场竞争具有创造性破坏的属性,是一种创造性破坏的过程。市场经济越发达,这种创造性破坏越激烈。如果经营者经营依托的产品或者服务确实有利于消费者、广大的网络用户,保护该利益同时也不至于损害公共利益,则该行为不应受到法律的禁止。就互联网领域中具有选择性屏蔽广告功能浏览器而言,其不针对特定视频经营者的行为;网络用户对浏览器广告屏蔽功能的使用,虽造成广告被浏览次数的减少,但此种减少并不构成法律应予救济的"实际损害",只损害竞争对手的部分利益,影响部分网络用户的选择,还达不到特定的、影响其生存的程度,则不存在对市场的干扰,构不成对腾讯公司利益的根本损害。

二审判决经分析认为,无论是从消费者、视频平台、广告投放者,还是浏览器经营者角度进行分析,广告过滤功能的放开只可能会损害社会总福利。因此,被上诉人有关广告过滤功能的运用会增加社会福利,使整个社会从中获益的主张不能成立。据此,认定被诉行为构成不正当竞争。

[①] 参见龙小宁:"广告屏蔽技术的经济分析(上)——不劳而获的寄生性竞争 or 商业模式创新的助推器?","知识产权家"(微信公众号)2019 年 12 月 17 日。

[②] 北京知识产权法院(2018)京 73 民终 558 号民事判决书。

虽然该案一、二审判决对于被诉行为是否构成不正当竞争从多元利益进行了分析论证,但一审判决更为强调颠覆性创新,突出了动态竞争的取向。二审判决则更为关注静态的既得利益的保护。

在快乐阳光公司诉唯思公司不正当竞争上诉案中,原告快乐阳光公司为芒果 TV 的运营商,通过向用户提供免费的影视内容,吸引用户访问其视频网站,用户以观看网站广告或者购买会员免广告为代价获得免费的视频内容,会员费和广告费是快乐阳光公司的重要收入来源。被告唯思公司开发运营的 720 浏览器屏蔽快乐阳光公司网站相关广告。原告认为被告破坏了其视频网站现有的正当商业模式,损害其正当商业利益,使网络用户利益和市场秩序都受到威胁,应被认定为不正当竞争行为。

被告认为,屏蔽广告的插件最早是谷歌公司研发和发布的,任何用户均可以下载使用该插件并达到拦截广告的效果,唯思公司设计涉案浏览器的目的是拦截不良信息、屏蔽恶意广告、净化网络空间,浏览器广告屏蔽功能不具有任何破坏商业模式的针对性,而非快乐阳光公司所说的"唯一用途就是侵权的不正当竞争行为",唯思公司的 720 浏览器符合技术中立原则。唯思公司浏览器中屏蔽视频广告的插件,并非专门针对快乐阳光公司的视频广告业务而开发,对快乐阳光公司不具有特定的恶意,没有违反行业公约中的禁止性规定。因此,唯思公司的行为既未违反自愿、平等、公平、诚实信用的原则,也未违背公认的商业道德。

事实上,视频广告拦截技术在互联网中已经长期广泛存在,其既具有满足用户(消费者)权益的功能,有助于用户实现自主选择的权利,又迫使广告提供者设法改善用户体验,提高广告产品的服务与质量,从而降低用户的注意力成本,实现用户福利的不断提高。尽管该技术的适用会对某些网站的商业模式造成冲击,但任何商业模式都不是天然存在的,皆为科学技术和经济发展到一定阶段的产物,具有动态变化的特征,会随着科技的发展而变化或消亡。

广州知识产权法院经审理认为,唯思公司的被诉行为不仅会减少芒果 TV 网站用户观看视频广告的人数,导致芒果 TV 网站视频广告价值下降以及快乐阳光公司的广告收益减少,而且也会减少为了免播广告而加入芒果 TV 网站会员的用户数量,从而导致快乐阳光公司的广告费和会员费收益受损。但是,由于双方合法正当的竞争也可能令一方遭受损失,故双方竞争导致快乐阳光公司受损的结果不能直接推导出唯思公司被诉行为的不正当性,仍然应依法审查该种竞争行为是否属于违反诚实信用原则和公认的商业道德的行为以及评估该种竞争行为对于社会经济秩序产生积极还是消极的效果,是否属于扰乱社会经济秩序的行为。

在唯思公司的被诉行为是否属于违反诚实信用原则和公认的商业道德的行为问题上,广州知识产权法院认为,该案由于纠纷发生在互联网领域,因此公认的商业道德应该包括互联网行业惯例、通行做法以及互联网相关公约等表现形式。首先,《互联网广告管理暂行办法》第 16 条等规定,互联网广告活动中不得有下列行为,比如,提供或者利用应用程序、硬件等对他人正当经营的广告采取拦截、过滤、覆盖、快进等限制措施等。其次,《互联网终端软件服务行业自律公约》第 19 条约定,除恶意广告外,不得针对特定信息服务提供商拦截、屏蔽其合法信息内容及页面;恶意广告包括频繁弹出的对用户造成干扰的广告类信息以及不提供关闭方式的漂浮广告、弹窗广告、视窗广告等。再次，根据快乐阳光公司二审提交的证据显示，IE 浏览器、QQ 浏览器、搜狗高速浏览器等国内主要浏览器均不存在直接拦截屏蔽涉案视频广告的功能，因此浏览器包含直接拦截视频广告的功能并非行业惯例。

在被诉行为是否符合技术中立的原则问题上，广州知识产权法院经审理认为，虽然 Adblock Plus 插件的屏蔽广告技术本身是中立的，但唯思公司的被诉行为并非单纯向用户提供 Adblock Plus 插件技术由用户按其需求安装于浏览器并自行选择、编辑过滤规则的行为，而是将插件作为一种工具使用在自己的浏览器中进行经营的行为。同时，由于 Adblock Plus 插件的过滤规则是可选择、可编辑的，使用该插件的主体可以根据其自主意思选择拦截屏蔽的特定对象。而且，唯思公司在浏览器中使用该插件，拦截屏蔽芒果 TV 网站的视频广告，其实际使用的目的亦并非单纯为消费者谋福利，实质是为了增加浏览器自身的用户资源和谋求更多的交易机会。故唯思公司以技术中立进行抗辩，明显与事实不符，法院对此抗辩不予采纳。

这些案件提出的问题是，对于屏蔽广告行为的态度，首先是保护竞争者还是保护竞争，同时还涉及如何理解颠覆性创新等问题。对于此类不正当竞争行为的定性，当前的主流实践主要在于保护静态利益，但动态竞争之火在个别案件的裁判中仍未完全熄灭，仍偶露头角，这些探索虽遭遇失败，但仍是是可贵的，且并非没有道理，或许预示未来的方向。

综上，两种不同的竞争观涉及首先是保护竞争者还是保护竞争，同时还涉及如何理解颠覆性创新等问题。动态竞争更适合

《反不正当竞争法》的保护,更符合市场竞争机制和更利于激励创新。《反不正当竞争法》同样奉行保护竞争而不简单保护竞争者的理念,这种理念更契合动态竞争。因此,我国执法司法实践应当更多地关注动态竞争,除确有必要和正当性外,不简单地保护静态利益。

三、竞争观的选择

静态的竞争观通常代表了一种线条单一、互不干扰及和平竞赛式的静态竞争观。如所谓的网络不正当竞争领域的"非公益不干扰",常被有些法官描述为:互联网经营者和平共处,自由竞争,是否使用特定互联网产品或者服务,取决于网络用户的自愿选择;互联网产品或者服务之间原则上不得相互干扰,不得擅自干扰他人产品或者服务的正常运行,不得干扰网络用户终端的共存;确实出于保护网络用户等社会公共利益的需要,网络服务提供者在特定情况下不经网络用户知情并主动选择以及其他互联网产品或者服务提供者同意,也可以干扰其他互联网产品或者服务的运行,但是应当确保并证明干扰手段的必要性和合理性,否则会构成不正当竞争。而且,"非公益不干扰"中的"公益"是指特定的或者特殊的公共利益[1]。很显然,这种静态的市场竞争观是一幅市场竞争的理想图画,但更多是一种"乌托邦",市场竞争不

---

[1] 如实践中常被归纳为三种情形,即客观原因导致的冲突,如杀毒软件等因硬件或者软件方面的客观原因,导致不能同时并存,由此产生的互联网产品或者服务之间的相互干扰;用户知情并主动选择,影响结果只能限于该用户,且不影响他人合法权益;用户不知情也未选择,但系为保护用户安全的公共利益所必需,如杀毒软件普遍具有主动查杀他人提供的危害网络用户安全的病毒的功能。

是、不必和不可能如此"祥和"与"和谐"。市场竞争向来是动态的,不可能也不应该是静态的。

静态的竞争观不符合市场竞争和反不正当竞争的属性与实际,也即不符合动态的或者效率的竞争观。市场竞争是在内生机制("看不见的手")的引导下动态地进行(动态性),且现代市场竞争是相互交织和跨界的(交织性),市场界限日趋模糊,跨界经营日趋便利,资源配置在更深入更宽广的范围内有效进行。不正当竞争行为的判断应当坚持动态的竞争观,反映动态竞争的实际。广而言之,反不正当竞争法因维护自由贸易的健康运行,遏制其破坏因素的需要而产生,因而它首先以尊重市场机制为前提,以维护市场机制为目的。竞争和不正当竞争都是在这些机制和过程中产生的,识别竞争行为的正当性当然需要追溯竞争属性的原点,从这些根本属性上进行把握。

四、竞争属性与竞争观

判断竞争行为正当性的竞争观根植于市场竞争的本质属性,必须从本质属性中进行寻找。市场竞争首先是以动态的过程而非静态的条件维护市场过程。亚当·斯密对于动态竞争有经典的论述,如:"斯密还从竞争中看到另一些好处,它们至少和它的经济好处一样重要,并且也要求对思想模式进行根本改造。例如,他认为竞争不是对共同体社会网络的威胁。传统观点把经济行为描述为追逐私利,是对共同体稳定的威胁,因为它使人们试图从牺牲对方中获益,从而会引起冲突和混乱。这种观念为政府管制经济提供了强大的理由:防止混乱是必要的。但是在斯密看来,竞争能够产生它自身的和谐。市场能够自我调整,人人都可以从这个过程中获益,所以它增加而不是减少了共同体的稳定性。这也改变了共同体的观念,把它建立在动态的过程而不是静态的条件上。"[1]这是说,市场主体看似众多和行为各异,但由于受市场机制即"看不见的手"的引导,而呈现出协调的内在秩序和动态过程。如果误读这种内在机制而将市场自发竞争行为视为混乱,必将导致加强政府管制;相反,如果认清了这种内在的协调和动态机制,就更多地依靠市场机制和尽量不干预市场,更多地让市场自行解决自身的问题。后者才是市场和竞争的正常生态。

市场竞争具有强烈的对抗性。动态的竞争体现的是对抗性的竞争机制,对抗性使竞争者充满了市场压力和动力,在对抗之中激励创新和产生活力,使市场具有勃勃生机。确如经济学家所说,"一个社会中经济竞争的强度与其产生的创新量之间呈现出强烈的相关性"[2]。"一个好的竞争概念是建立在对抗的基础上的","这个概念认为,'竞争'这个词意味着努力在生产与自愿交易中胜过竞争者。这意味着一个公司竭力去降低成本并定一个更低的价位,使自己的产品与众不同。做广告并通过让消费者自愿地转向自己的产品来让竞争者破产。这让人们对经济体系中竞争实际上如何产生有一个清楚的了解"[3]。竞争行为的正当性必须以是否符合正当的市场机制要求和实际进行判断,它本质上

---

[1] 〔美〕戴维・J.格伯尔:《二十世纪欧洲的法律与竞争》,冯克利、魏志海译,中国社会科学出版社 2004 年版,第 23 页。

[2] Christina Bohannan, Herbert Hovenkamp, *Creation Without Restraint: Promoting Liberty and Rivalry In Innovation*, Oxford University Press(2012), Introduction.

[3] 〔美〕布里安・P.辛普森:《市场没有失败》,齐安儒译,中央编译出版社 2012 年版,第 59 页。

是保护有活力的竞争机制,维护社会福利即消费者集体利益和竞争性市场的一般利益[①]。它不同于知识产权保护思路,知识产权保护是"守成",即对于已有权利的静态保护;反不正当竞争是维护破旧立新的动态竞争机制,以行为对于竞争机制的损害性为判断标准。例如,就上述互联网领域的屏蔽广告行为而言,倘若只损害竞争对手的部分利益,影响部分消费者的选择,还达不到根本性影响其生存的程度,此时允许其存在只能是加剧跨界竞争以及商业模式和相关技术的创新,增强竞争的强度,有利于增进社会总福利。这也正是欧美一些国家在利益衡量的基础上慎重遏制此类行为的根本原因所在。如果将其定性为不正当的"干扰",也只是维护了表层的和平共处和社会和谐意义上的"公平",但未必符合深层次的市场竞争机制。

市场竞争具有交织性。竞争的形态是多样化的,竞争关系犬牙交错。经济实践中不乏平行竞争、超越式竞争和嵌入式(交织性)竞争。仅仅认可平行竞争和超越式竞争,而否定嵌入式竞争,不符合错综复杂的竞争情形,可能会在很大程度上损害创新能力。[②] 我国有的判决将竞争定义为"经营者通过对自身经营活动的改善创新而进行的竞争",似乎原则上排除了介入式竞争或者"干预"的正当性,这更是静态竞争观的体现。例如,"如果合法的经营活动可以被其他经营者随意破坏,却无法得到救济,则必将使得经营者对自己的经营活动无法预期,并进而导致合法有序的

[①] Gustavo Ghidini, *Intellectual Property and Competition Law: The Innovation Nexus*, Edward Elgar(2006), p.113.

[②] 〔英〕理查德·贝拉米:《自由主义与现代社会》,毛兴贵等译,江苏人民出版社2012年版,第43页。

市场竞争秩序无法形成与被破坏。据此,《反不正当竞争法》所鼓励的竞争应是经营者通过对自身经营活动的改善创新而进行的竞争,而非通过破坏其他经营者的经营活动而进行的竞争。"[1]这种自生自灭或者"不用扬鞭自奋蹄"式的竞争当然是一些竞争者所希望的,但这显然只是市场竞争的一个侧面,不能反映市场竞争的全貌,实际上市场竞争情况远为复杂和形式多样。正是竞争形式的多样性,才会有激烈的或者颠覆性的市场竞争,才使市场更具生机活力。如德国等法院以重要的竞争利益(消费者体验、技术创新等)为立足点,采取利益比较的方式决定行为的正当性,两害取轻或者两利取重,典型地体现了具有市场竞争特色的正当性判断思路和标准,这与一般侵权行为判断相去甚远。反不正当竞争法不保护或者不简单保护静态权益,就是为了维持市场竞争的生命力[2]。

第三节 法益损害中性意义上的损害观

如何认定竞争中的法益损害及其对不正当竞争构成的影响,涉及不正当竞争行为的根本特性,及其与一般侵权行为的差异。

---

[1] 北京市第一中级人民法院(2014)一中民终字第3283号民事判决书。
[2] 有的历史学家在比对计划经济与市场经济的优劣时指出:"虽然当大量资源配置到大型工程时,计划经济确实可以实现创新,但是缺少竞争所带来的持久压力,无法形成资本主义世界生产力提升的持续创新潮流。"〔美〕大卫·克里斯蒂安:《极简人类史——从宇宙大爆炸到21世纪》,王睿译,中信出版社2016年版,第176页。其实,这种精神同样可以类比于竞争行为正当性的判断。静态的竞争思路可能维护了市场竞争的和平,但过多限制了竞争自由和损害了市场活力;动态竞争才符合竞争实际,有利于维护经济的持续增长和不断创新。

对竞争中法益损害的误读也导致判断思路上的偏差。因此,损害观是不正当竞争构成的重要元素。

一、损害观:竞争性损害的中性

市场竞争具有独特的损害观,损害观是竞争观的重要组成部分。市场竞争的损害观是以独特的观念和视角认识和衡量由市场竞争造成的损害,也即竞争性损害。市场竞争是一种"损人利己"的行为,竞争与损害相伴而生、如影随形。换言之,一般而言,市场竞争产生的损害也即竞争性损害是中性的,不具有是与非的一般确定。这就是损害中性,即竞争行为的损害或者说由竞争行为给其他竞争者造成损害是常态,损害本身通常不构成评价竞争行为正当性的倾向性要件,只有特定的损害才成为不正当竞争的考量因素。

例如,美国《不正当竞争法重述(第三版)》[①]第 1 条(一般原则)明文规定,除非符合特别的规定,"凡从事商业或者贸易在商业关系中造成他人损害的,不需要对该损害承担责任"。该规定被认为对于不正当竞争行为采取"负面清单"或者"负面列表"的做法,市场竞争的行为人仅对列举的行为所造成的损害承担责任,也即行为人承担责任是例外,不承担责任是原则。这种竞争性损害观念派生于自由竞争原则,且竞争性损害还被归结为竞争"特权",即"本条所体现的原则常常被泛称为竞争'特权'(a privilege to compete)……主张因竞争而遭受损害的人必须确定按照本条列举的情形有足以使行为人承担责任的事实"。该规定开篇

---

① 美国法律协会根据历来的判决要旨整理汇编所形成的法条式陈述。

即申明反不正当竞争奉行自由竞争原则,维护自由竞争是其基本原则。如其注释所说:"自由从事商业活动以及自由竞争预期客户的惠顾,是自由企业制度的根本前提。""竞争自由必然意味着损害市场上的其他参与者的商业关系的可能性。"本条旨在开宗明义地"表达促进竞争的根本规则,以确保无论是新的进入者还是已有竞争者均不能因参与市场的行为所造成的损害而承担责任"。"竞争自由默示一种可以诱使潜在客户与其本人而不与其竞争对手从事交易的权利。本条不仅允许销售商寻求一般性地分走竞争对手的业务,而且允许其分走特定竞争对手的业务。本条适用于因与竞争对手直接竞争所造成的损害,也适用于因行为人决定进入或者继续其业务而遭受影响的其他人的损害。因此,行为人对于间接竞争对手所受的损害,以及对于因行为人的市场活动而给其他人的雇员或者供应商造成的损害不负责任。依据本条以及本重述所承担的责任仅适用于因被认定为不正当(unfair)的特定竞争方式所造成的损害。"[1]

再如,在英国,"市场哲学假定通过给别人带来经济损失而获利是合法的……显然已经发展出一种共识,认为致人经济损失是我们必须接受,不应予以法律救济的事实,除非该损失是因诸如欺诈或胁迫等具体的不合法行为所致"。[2] 英国法官罗宾·雅各布(Robin Jacob)的如下归纳被广泛援引:"夺取他人的市场或者

---

[1] *Restatement of the Law*, *Third*, *Unfair Competition*, §1, "General Principles", American Law Institute(1995).

[2] T Alikamon[1985]2 All ER 44,at 73,Goff,转引自〔意〕毛罗·布萨尼、〔美〕弗农·瓦伦丁·帕尔默主编:《欧洲法中的纯粹经济损失》,张小义、钟洪明译,法律出版社2005年版,第17页。

客户不构成侵权。无论是市场还是客户都不是原告自己的……不存在竞争侵权行为。"[1]这意味着,市场竞争中竞争性损害是常态和合法的,例外的情况下才构成违法。

由竞争所产生的竞争性损害是市场经济的常态,只是在例外的情况下才会将一些"过火"的竞争行为定性为不正当竞争。而且,无论是同行业竞争还是不同行业竞争,对于竞争性损害的态度并无不同,事实上跨行业竞争恰恰是竞争更为发达和更为激烈的产物,更不必为其设定异于同业竞争的更为严格的限制性标准。因此,竞争的属性决定了竞争者之间的损害或者"干扰"通常并非不正当,而恰恰是常态而不是例外。

例如,"非必要不干扰"显然颠倒了竞争行为和竞争性损害的主次关系,扩张了"不干扰"的范围,不符合市场竞争的基本观念。况且,市场竞争本来是为了私益而争夺交易机会,维护公益不是经营者的固有目标,公益通常也是在经营者追求私益时得以实现,仅将竞争性损害、干扰或者破坏的例外限定为"公益",不符合市场竞争的常态和属性。前述"非公益不干扰"原则实际上误解了市场经济条件下私人利益与公众利益的关系。竞争性损害或者"干扰"乃是效率和激励机制之所在。只要此类损害达不到使市场失灵(市场功能根本发挥不出来)和违背所在社会的根本道义,就不用去规制。

如有的学者所说:"反垄断政策经常反映出对竞争损害的夸大担忧,并因此发展出一些具有过度保护性的规则,以消费者利

---

[1] Hodgkinson Corby Ltd v. Wards Mobility Services Ltd[1995]F. S. R. 169. See Christopher Wadlow, *The Law of Passing-off : Unfair Competition by Misrepresentation*, Sweet & Maxwell(2011), pp. 5-6.

益为代价使无效率的企业免于竞争压力。同样,知识产权法授予的权利也经常远远超过创造适当创新激励所需的程度,从而削弱而非促进创新。"[1]其实,在反不正当竞争法适用中,不少法官对竞争损害和不正当性时常有夸大的担忧,因而有高度干预和动辄认定构成不正当竞争的偏好,易于使反不正当竞争扩大化,减弱市场竞争。甚至立法者有时对于竞争性损害观念把握不准,有不适当扩张不正当竞争行为和过度干预竞争的倾向。例如,2016年《反不正当竞争法(修订草案送审稿)》第6条规定,经营者没有正当理由,不得利用相对优势地位,实施限定交易对象、指定商品等不公平交易行为[2]。但是,竞争优势通常来源于竞争者的相对优势地位,除非构成垄断行为或者极端情形下的不正当竞争行为,不论交易相对人是否心甘情愿接受交易条件,利用相对优势地位与他人进行市场交易都是市场竞争的常态,而无须考虑是否有正当理由问题。该条文对于利用相对竞争优势"强迫"交易均附加正当理由的要求,显然会使不正当竞争行为扩大化,有悖市场竞争的损害观。

我国法院有的判决还直接提出了"不得破坏其他经营者正常经营活动"这一原则,这种原则恰恰与反不正当竞争法中的"损害中性"和"竞争特权"原理相背离。例如,"反不正当竞争法的立法目的在于维护合法有序的竞争秩序,而维护竞争秩序的基本要求在于使每个经营者合法的经营活动以及经营利益在竞争环境下

---

[1] Christina Bohannan, Herbert Hovenkamp, *Creation Without Restraint: Promoting Liberty and Rivalry In Innovation*, Oxford University Press(2012), Introduction.

[2] 国务院法制办公室于2016年2月25日公布。所谓相对优势地位是指在具体交易过程中,交易一方在资金、技术、市场准入、销售渠道、原材料采购等方面处于优势地位,交易相对方对该经营者具有依赖性,难以转向其他经营者。

不受损害。"①显然，维护合法经营活动不是反不正当竞争法追求的目标，经营者的正常经营活动不断遭受竞争性损害恰是竞争的常态，"损人利己"经常是"竞争特权"的合法范围，而如果将其表达为不受不正当竞争的侵害或者不受非法侵害，才符合反不正当竞争法在例外的情况下制止特定损害性竞争行为的本意。换言之，法律只是在例外的情况下禁止"不正当"的损害。

该判决还指出："本院这一认定并非意味着合一公司的经营活动以及其所采用的免费视频加广告这一商业模式不得受到任何冲击或影响，本院要强调的仅仅是合一公司的经营活动及其商业模式是否变化以及如何变化不应受制于其他经营者的破坏行为。无论合一公司采用何种商业模式，只要采用这一经营模式的经营活动未违反法律规定及诚实信用原则，均应受到《反不正当竞争法》保护，任何经营者均无权对该经营活动进行破坏。""在良性有序的市场竞争中，经营者对其经营活动及商业模式的改变或改善，可以来源于其他经营者经营活动的'影响'，但不应来源于其他经营者的'破坏行为'。所谓影响，是指其他经营者通过发展并改善自己的经营活动从而客观上对于该经营者的经营活动产生影响。"②在此"破坏"是一种否定性判断，而"影响"性损害是正当的，但因对于"影响"有专门界定，且限于狭窄的特殊情形，这就颠倒了竞争性损害原则上正当而例外的情况下不正当的关系，使正当性损害限于对于他人仅有客观性影响的情形。这显然不符

---

① 见北京市第一中级人民法院(2014)一中民终字第3283号民事判决书。
② 见北京市第一中级人民法院(2014)一中民终字第3283号民事判决书。该案系金山网络公司以其开发的猎豹浏览器，屏蔽合一公司视频节目广告的案例，法院判决被诉行为构成不正当竞争。

合竞争性损害乃是常态的实际。因此,对于竞争性损害和竞争利益保护的认识偏差,很可能会导致不正当竞争行为认定的扩大化。因此,竞争行为正当性判断范式必须回到法益中性上来,重在行为本身的正当性判断。

二、损害中性源于竞争属性

损害中性或者损害观根本上源于市场竞争的本质属性。市场竞争首先是一种通过追求自利而实现公益的机制。这是一种自利与公益的悖论和对立统一。市场竞争的根本机理是其实现私人利益与公众利益和谐统一的特殊原理,即在一个良好运行的市场机制中,"看不见的手"可以引导市场主体通过对于私人利益的追求,最终却增进了公共福利。如亚当·斯密所说:"每个人都力图用好他的资本,使其产出能实现最大的价值。一般说来,他既不企图增进公共福利,也不知道他能够增进多少。他所追求的仅仅是一己的安全或私利。但是,在他这样做的时候,有一只看不见的手在引导着他去帮助实现另外一个目标,尽管该目标并非他的本意。追逐个人利益的结果,是他经常地增进社会的利益,其效果要比他真的想要增进社会的利益时更好。"这就构成了市场的一个具有内在逻辑的体系。市场经济是一部复杂而精良的机器,它通过价格和市场体系来协调个人和企业的各种经济活动[1]。在市

---

[1] "它也是一部传递信息的机器,能将数十亿各不相同的个人的知识和活动汇集在一起。在没有集中的智慧或计算的情况下,它能解决涉及上亿万个未知变量或相关关系的生产和分配的问题,对此连当今最快的超级计算机也都望尘莫及。并没有人去刻意地加以管理,但市场却一直相当成功地运行着。"〔美〕保罗·萨缪尔森、威廉·诺德豪斯:《萨缪尔森谈效率、公平与混合经济》,萧琛主译,商务印书馆2012年版,第68页。

场经济中,正是这种私人利益与公众利益的特殊协调机制,使得对于私人利益的追求最终会促进公众利益,而且正是承认和肯定对于私人利益的追求,才形成了特殊的市场激励机制和市场运行的内在逻辑。这种悖论也成为允许市场竞争具有"损人利己"性的依据。

竞争的秩序原理是"混乱"之中的秩序。市场经济有其独特的秩序观念。按照斯密的观点,"在混乱的背后确实存在着秩序"。① 而且,市场经济下的"经济效率"是指"在不损害其他经济福利的前提下,已无法再增进某个人的经济福利"②。市场经济条件下的"损人利己"恰恰是其本质逻辑。市场经济的"统治者"有两个,即偏好和技术。一个基本的决定因素是"消费者偏好",即"消费者根据自己先天或后天的偏好(并以其货币选票加以表达)解决社会资源的最终用途,也即在生产可能性边界上的各个点之间进行选择"。③ 允许最大限度地追求私益,这正是激励之所在。虽然是追求私益,但可以增强竞争强度,促进商业模式的改变和技术创新,实现消费者福利最大化,以此实现公众利益。这恰恰是市场机制的正常运行原理。为追求私益而"损人利己"是常态,如果动辄将此类"损害"或者"干扰"当作不正当竞争遏制,必然不利于促进市场竞争。因此,如前述猎豹浏览器屏蔽优酷网视频广告案二审判决所谓,"如果合法的经营活动可以被其他经营者随

---

① 〔美〕戴维·J.格伯尔:《二十世纪欧洲的法律与竞争》,冯克利、魏志海译,中国社会科学出版社 2004 年版,第 23 页。
② 〔美〕保罗·萨缪尔森、威廉·诺德豪斯:《萨缪尔森谈效率、公平与混合经济》,萧琛主译,商务印书馆 2012 年版,第 77 页。
③ 同上书,第 73 页。

意破坏,却无法得到救济,则必将使得经营者对自己的经营活动无法预期,并进而导致合法有序的市场竞争秩序无法形成与被破坏"[1],这种说法并不符合"损人利己"的竞争属性,即对他人正当或者正常的经营活动进行竞争性破坏是市场竞争的常态,竞争性破坏的对象就是他人的"合法经营活动"。竞争的"损人利己"性,使得对于他人经营活动的破坏必定呈现"随意"性,也即"随意破坏"是常态。如果"随意破坏"都成为不正当竞争,则市场竞争将寸步难行,或者说市场上将遍布不正当竞争。正是原则上允许"随意破坏"的存在,才使得破坏性成为市场竞争的压力和动力,使市场充满了革新和超越,也使得市场竞争变化莫测。而且,受损害的经营活动的合法性,并不是判断破坏行为违法性的根本依据,充其量只是一个因素。

市场竞争具有创造性破坏的属性。自由竞争是一种以市场需求为导向、受"看不见的手"指引、奉行优胜劣汰和适者生存法则的动态竞争,是一种创造性破坏过程。市场经济越发达,这种创造性破坏越激烈。以当前我国反不正当竞争中常见的商业模式保护(尤其是互联网行业)为例,法律没有将商业模式纳入知识产权之类的专门保护[2],就是要将其留在自由竞争的领域,让优胜劣汰的市场机制决定其命运。特定的商业模式产生以后,它并不是静态地受法律保护,就像受保护的权利那样,不是静态地等待自生自灭和寿终正寝,不是敝帚自珍而不受滋扰,而是要受动态竞争的考验,需要接受即便"我不犯人"而人照样可以犯我的动态

---

[1] 见北京市第一中级人民法院(2014)一中民终字第3283号民事判决书。
[2] 有些国家以商业方法专利保护某些商业模式,但这也是有限的和有期限的保护。

市场竞争,其间必然会在干扰与反干扰、破坏与反破坏中毁灭、创新或者重生,经济和科技由此而得到增长和发展。这是市场机制生生不息的源泉。所谓"问渠那得清如许,为有源头活水来",同样也是优胜劣汰的动态市场竞争的真实写照。况且,市场竞争的另一种写照是,"竞争总是对强者有利,因为它使经济活动变得如同战斗一样"[1]。创造性破坏使市场真正成为一个多元化和充满张力的生态系统,在竞争中形成相互制衡的动态平衡结构,让市场处于平衡和可持续的状态中。因此,前述猎豹浏览器屏蔽优酷网视频广告案一审判决有所谓"商业模式的优劣理应由市场选择决定,而非由其他经营者以破坏性手段,采取'丛林法则'竞争方式进行评判"[2]的说法,并不准确。因为,"破坏"常常是一种优胜劣汰的选择方式,如果过滤视频广告行为只是影响网络视频服务经营者部分利益,并不能对其产生根本性影响,允许其"相生相克"式的共存,往往更利于推动技术和商业模式的创新。

这些属性构造了生机勃勃和活力四射的市场经济画面,塑造了市场竞争和市场机制的基本性格。如果不正当竞争的判断标准不符合市场竞争的属性,必然导致对于市场竞争的不适当干预,尤其是过多干预,因而会损害健康的市场竞争机制。

第四节 法益损害中性意义上的法益观

竞争法的法益观的基点是法益中性。它是指侵害合法或者

---

[1] 〔比〕保罗·纽尔:《竞争与法律》,刘利译,法律出版社2004年版,第130页。
[2] 北京知识产权法院(2014)京知民终字第79号民事判决书。

不违法(不为法律所禁止)的法益并不必然具有不正当性,也即仅从法益损害本身尚不足以推定行为的不正当性。这是不正当竞争与以特定权利(权益)为侵害对象的侵权损害的根本性差异[①]。损害中性与法益中性显然是一个事物的两个方面,且具有互为因果的关系。[②]

一、正当性判断并非立足于可诉的"法益"

反不正当竞争中的法益中性本质上是不以保护特别法益(或者说商业资产)为出发点和立足点,它甚至对一些法益或者事实上的利益说不上保护还是不保护,如商业机会或者商业模式,只要这些法益并不是非法即可。换言之,如果主张保护的法益不正当或者非法,通常并不构成不正当竞争,但正当的法益也并不像其他专有权利那样受积极保护,这是不正当竞争与一般侵权行为的重要区别所在。反不正当竞争法立足于竞争(市场)行为的正当性,而不是立足于静态的法益。例如,一些裁判将商业机会和

[①] 侵权法上以权利之外的"利益"为损害对象的行为,其"利益"也是特定的,"利益"仍是判断的基点,只是其侵权构成的法律要求通常更高一些。这与反不正当竞争法上的竞争利益并不相同。

[②] 我国已有人开始注意类似的问题。例如,有的学者从浏览器的"免费视频+广告"的商业模式上探讨,认为商业模式不是一种法律应强制保护的权益,其总是会在不断演进过程中,不应刻意保护,若非要通过法律手段来强制保护,会导致社会很难进步。窦新颖:"浏览器拦截或快进广告侵权吗",载《中国知识产权报》2014年3月28日。"在正常的市场竞争中,除去受知识产权保护的商业模式外,企业并不负有尊重他人的商业模式、维护其他经营者的利益的义务,这正是市场经济竞争法则的体现。"张广良:"具有广告过滤功能浏览器开发者的竞争法责任解析",载《知识产权》2014年第1期。

商业模式作为受保护的合法权益,实际上这种说法有些简单化[①]。因为如果将商业机会和商业模式作为合法权益,继而主要以该法益受到侵害而认定其构成不正当竞争,这实际上无异于将保护基点放在了该法益之上,使其成为财产或者"准财产",而在反不正当竞争法上这些法益通常无所谓保护和不保护,也即法益保护不是立足点。这是与一般侵权法中权利保护的重大差别。如果存在像物权或者知识产权那样的权利,他人擅自介入其权利范围即构成侵权,也即此类权利具有边界上的排斥力,甚至适用排除妨碍、停止侵权等责任方式并不以行为人的主观状态为依据。商业机会或者商业模式之类的法益只是中性的竞争载体或者工具,不具有合法权益属性。《反不正当竞争法》第2条第2款虽然有"损害其他经营者合法权益"的规定,该措辞更多是一种习惯性表达和套路式的泛泛说法,不妨碍我们按照反不正当竞争法的特性对其损害属性的探讨和理论上的精确界定。

例如,由于竞争是争夺交易机会的活动,法益损害最突出的体现是对待商业机会的保护态度。如最高法院在"马达庆案"裁定中指出:"在反不正当竞争法上,一种利益应受保护并不构成该利益的受损方获得民事救济的充分条件。商业机会虽然作为一

[①] 我国司法实践实际上惯于从保护法益的角度认定,或者说这是表达习惯。如奇虎公司与腾讯公司"3Q大战"不正当竞争案中,最高法院判决指出,本案中被上诉人的"免费平台与广告或增值服务相结合的商业模式"并不违反反不正当竞争法的原则精神和禁止性规定,被上诉人以此谋求商业利益的行为应受保护,他人不得以不正当干扰方式损害其正当权益。见最高人民法院(2013)民三终字第5号民事判决书。当然,该判决的基点仍是"不正当干扰方式损害"。再如,"无论合一公司采用何种商业模式,只要采用这一经营模式的经营活动未违反法律规定及诚实信用原则,均应受到《反不正当竞争法》保护,任何经营者均无权对该经营活动进行破坏。"见北京市第一中级人民法院(2014)一中民终字第3283号民事判决书。

种可以受到反不正当竞争法所保护的法益,但本身并非一种法定权利,而且交易的达成并非完全取决于单方意愿而需要交易双方的合意,因此他人可以自由参与竞争来争夺交易机会。竞争对手之间彼此进行商业机会的争夺是竞争的常态,也是市场竞争所鼓励和提倡的。对于同一交易机会而言,竞争对手间一方有所得另一方即有所失。利益受损方要获得民事救济,还必须证明竞争对手的行为具有不正当性。只有竞争对手在争夺商业机会时不遵循诚实信用的原则,违反公认的商业道德,通过不正当的手段攫取他人可以合理预期获得的商业机会,才为反不正当竞争法所禁止。"[1]显然,商业机会不同于一般意义上的合法权益。它本质上是中性的,即无所谓保护与不保护,不具有专有性和排他性。

之所以强调反不正当竞争法上的利益可以仅为正当的竞争利益,而不必是侵权法意义上的特定合法权益或者可诉的法益,首先为了强调竞争损害涉及"竞争特权",损害是常态,不正当竞争的构成不以损害为根本性要件,其判断思路因此与一般侵权行为有根本区别。其次是为了防止将其保护的法益"资产化"或者类似知识产权的专有权化,防止知识产权范围的不适当扩张而妨碍竞争自由。因为,如果认定其为合法权益且具有可诉性,就使其成为可诉的商业资产,类似或者相对于其他知识产权,这显然与其作为竞争对象的属性相悖,不符合反不正当竞争保护的本意和实际,且事实上法律也无意依此种方式保护该利益。而且,实践中本来就有以权益保护(知识产权保护)思维模式处理不正当竞争的倾向,甚至仅以或者主要以权益受损而推定行为的不正当

---

[1] 最高人民法院(2009)民申字第1065号民事裁定书。

性，因此强调此类竞争利益与可诉的合法权益的区别，也可以从观念上将不正当竞争与一般侵权行为区别开来，使其回归不正当竞争重在认定行为正当性的轨道。显然，这种利益属性的界定是一个基础性问题，从法理和观念上将其归结为中性的或者一般性的"正当的竞争利益"，具有重要的范式意义。

二、行为特性是正当性判断的基点

在反不正当竞争保护中，法益受损害问题往往不是一个重要和突出的问题。这是因为，竞争本来就是以损害他人利益为常态，但损害的法益是中性的，即仅损害本身尚不足以作构成违法或者不正当行为的推定。不正当竞争行为的违法性恰恰在于行为本身的违法性，而不在于或者主要不在于法益的受损害。例如，在"马达庆案"中，最高法院裁定认为："适用反不正当竞争法第二条第一款和第二款认定构成不正当竞争应当同时具备以下条件：一是法律对该种竞争行为未作出特别规定；二是其他经营者的合法权益确因该竞争行为而受到了实际损害；三是该种竞争行为因确属违反诚实信用原则和公认的商业道德而具有不正当性或者说可责性，这也是问题的关键和判断的重点。"其中将第三点说成"关键和判断重点"是恰当的，前两点充其量只是非实质性的或者衬托性的要素，仅有损害并不能说明什么。但是，将"合法权益"受损害作为要件之一，当然是沿袭了《反不正当竞争法》第2条第2款的规范用语，从裁判的角度看无可厚非或者只能如此，但从理论上说则过于狭窄，且在思路上容易落入一般侵权行为的判断思路。实际上，看待问题的角度可以转化一下，如从竞争利益的正当性角度来看，即只要求经营者存在正当的竞争利益（如商业机会)即可,这种利益本身不足以使其成为侵权的损害对象和主张权利的充分依据,也即竞争利益本身不具有可诉性(可救济性),但可以作为不正当竞争行为的判断因素,与其他因素组合起来作为判断不正当性的依据。或者从反面理解,如果经营者不存在正当的竞争利益,就没有必要给予反不正当竞争保护。易言之,凡竞争皆有损害,不论是正当竞争还是不正当竞争均是如此,仅有损害并不构成不正当竞争,但不正当竞争必须首先有损害,无损害必然无不正当竞争。不正当竞争行为的损害对象极可能是特定法益(如商业秘密),又可能是一般性竞争利益(如虚假宣传)。

例如,德国反不正当竞争法奉行模仿自由原则,在没有知识产权的情况下,模仿原则上是自由的,但在极为特殊的情况下仍可构成不正当竞争。该法特别规定了构成不正当竞争的三种模仿情形。即便是这些行为,法律所保护的并非模仿对象,即不是像专有权那样保护模仿对象,而是因为模仿行为不公平而予以制止。也即该法旨在管制市场行为,起决定作用的是行为即产品被模仿的方式而不是该产品,即便生产该产品需要大量劳动和支出。反不正当竞争法保护消费者和诚实经营者不受不公平市场行为的损害,而不是立足于产品本身的保护[1]。这就决定不正当竞争与侵权行为在判断标准和方式上的不同。在德国判例中,德国法院的裁判方式典型地体现了行为正当性判断的属性。

---

[1] Rogier W. de Vrey, *Towards a European Unfair Competition Law: A Clash Between Legal Families*, Martinus Nijhoff Publishers, pp. 179-180, 192-193.

综上，法益损害中性意味着，认定不正当竞争更突出的是采取"行为正当主义"，而不是简单地采取"权益保护主义"。对于是否构成不正当竞争，仅以是否损害他人正常经营活动（如商业模式）进行判断还是不够的，更为关键的是还必须具有其他不正当性，这些不正当性在判断中甚至有更高的权重。例如，竞争行为是否具有中立性，如对于竞争对手一视同仁还是具有刻意损害特定竞争者的选择性；是否对于正常的商业模式等经营活动产生导致利益明显失衡的根本性冲突，还是仅仅增加了选择的多样性；是否另有实质性非侵权意义（用途）。仅仅考量是否损害特定权益（如为自己获利而破坏他人正当商业模式）以及行为人主观状态，充其量只是判断知识产权侵权行为的思路，即确定权利范围及判断被诉行为是否落入权利范围的方式，而不完全是竞争法的裁判思路。总之，竞争法更注重判断行为本身的正当性，且根据竞争原则判断竞争行为的正当性，权益（如商业模式）是否受保护充其量只是考量因素之一，而不是判断的基准。当然，对于涉及商业标志、商业秘密等，具体权益的不正当竞争，其判断更接近于侵权判定。

第五节　行为规制范式与权衡性利益衡量路径

反不正当竞争法是行为规制法，采取行为规制范式，加之竞争行为变动不居和变化莫测，致使认定不正当竞争在很大程度上取决于利弊权衡式的不确定性具体利益衡量。这是反不正当竞争法的固有属性所决定的。当然，利益衡量同样根植于市场竞争特性和市场竞争的规律。

一、判断不正当竞争行为的利益衡量特性

(一) 竞争行为正当性判断具有与生俱来的利益权衡属性

19世纪以来的竞争立法史始终伴随着一个矛盾的态度,即人们认识到竞争的好处之时才开始认为有必要保护竞争,但竞争的坏处又需要管制和干预竞争。

例如,欧洲是反不正当竞争法的发源地,在19世纪初的欧洲,竞争并未得到普遍承认,它充其量只是少数人头脑中的一个模糊观念。"19世纪赋予它形式和轮廓。在这个世纪,欧洲人逐渐理解了它是什么,并习惯于把它作为一个独特的过程进行讨论和思考。人口中相当多的一部分人逐渐从个人通过经济活动追求私利的决定中看到了一个过程,它有着大体上可以预期的范围和后果。这满足了使保护竞争的一般性法律体制得以出现的一条要求。""在19世纪中期的二三十年里,另一项要求也得到了满足。竞争过程的巨大潜力在这个时期得到了确证。'竞争'已经产生了效率,经验已经证明了它的威力。它能产生不同寻常的财富!""但是,19世纪的竞争经验是矛盾的。在最后几十年里,竞争暴露出它是多么不可靠,以及它会造成什么损害。它的创造财富的能力似乎变幻无常,只在令人捉摸不透的环境下发挥作用。此外,给少数人创造的繁荣,似乎必须以巨大的、迅速增加的人口的困苦作为代价。难怪那些感受到这种伤害的人要控制这个制造伤害的过程。""这导致了一种对竞争的进退两难的态度。从某些方面看,它的好处居多,它所显示的繁荣前景甚至使它如上帝一

般。从另一些角度看,它是魔鬼的化身。某些经验和价值似乎要求对它加以保护,另一些经验和价值则要求对它进行管制。如何看待竞争,取决于人们看到的是什么,以及他们带着什么样的经验和观念。"[1]竞争的这种矛盾的交汇点是物极必反的那个区域,即竞争是自由的,竞争自由受法律保护,但过犹不及,负面效果大于正面效果的过度竞争行为必然会破坏竞争机制,法律需要管控此类自由竞争行为。竞争的这种好坏交织的矛盾性,决定了必须通过利益衡量的方式对其是否达到过犹不及的程度进行判断[2]。

法律明确规定不正当竞争行为都是自身违法的行为,依据一般条款认定的行为尤其必须进行利益衡量以决定其正当性。因此,竞争的属性决定了其天然地具有利益衡量的特性。

(二) 行为规制模式导致了判断标准的不确定性

就法律的保护对象而言,权益保护模式具有法律适用上的确定性,而行为规制模式却具有内在的不确定性,这种不确定性同样与生俱来,构成其法律特质和调整特色。例如,"法律一般是保护权利的:法律系统确定权利是否受到侵害以及侵害的程度,然后尽力阻止这种侵害或使受害人得到补偿。而保护一种过程是个相当含糊的目标。是什么东西侵害了这个过程?法律系统为

---

[1] 〔美〕戴维·J.格伯尔:《二十世纪欧洲的法律与竞争》,冯克利、魏志海译,中国社会科学出版社 2004 年版,第 48—49 页。

[2] 按照习惯说法,反垄断法维护竞争自由而反不正当竞争法维护竞争公平。但是,反不正当竞争法本质上也是为了维护竞争自由。

消除或减少这种侵害能够做些什么?"[1]制止不正当竞争就具有"保护一种过程"的属性。尤其是,依据一般条款认定竞争行为的正当性,本质上属于行为规制模式而不是权益保护模式,其天然地具有内在不确定性[2]。如果简单地按照权益保护模式衡量,则与不正当竞争行为判断属性相悖,也即可能背离反不正当竞争法保护竞争的目标。

(三) 法律调整方式的独特性与行为判断的不确定性

反不正当竞争法的语言具有概括性和描述性,且各类行为之间的逻辑关系不紧密。这是该法的显著特征,而且从其诞生之时就存在这种问题。这是该法调整对象和调整需要特殊性的产物。例如,"运用法律保护竞争的观念,也面临着一些概念上的障碍。如我们所知,竞争的概念在19世纪中期以前一直身份暧昧,因此人们不易理解要用法律保护那种只有朦胧感觉和知之甚少的事情。考虑到当时人们对法律语言的预期,这一点尤为真切。在德国'法律科学'的影响下,世纪末的欧洲法律思想习惯于要求高度的概念精确,对一般性法律就更是如此。概念不但要精确,还要

---

[1] "对这种特殊性的意识,以及感到有必要防止竞争法损害经济发展,也导致人们强调竞争法是一种建设性的社会力量,而不是对行为的限制。有关欧洲竞争法系统的讨论,倾向于强调它们在创造和维护有效竞争的必要条件中的作用,而不仅仅消除不当行为的作用。重点一般是放在实用主义的考虑和建设性后果上,而不是放在严格执行抽象的规则上,虽然这种情况也会发生变化。"见〔美〕戴维·J.格伯尔:《二十世纪欧洲的法律与竞争》,冯克利、魏志海译,中国社会科学出版社2004年版,第15页。这虽然是针对反垄断法而言的,但对于反不正当竞争法也有借鉴意义。

[2] 一些类型化的不正当竞争行为,如仿冒行为和侵害商业秘密行为,已逐渐接近于权益保护,具有较大程度的确定性。但与已经类型化的权利及其保护相比,仍具有不确定性。

遵照演绎逻辑原则形成一个体系。保护竞争的法律不可能符合这些要求——这种观念太新颖了。它的用语不可能做到概念精确,至少无法做到私法中那样的精确,因为它不能依靠私法所享有的数十年乃至数百年的分析。"[1]尽管后来的发展完善不断使反不正当竞争法的用语和判断标准清晰化,但对于尤其是法律没有列举的依照一般条款认定的行为,仍更多靠利益衡量确定。这本身使其确定性和可预见性天然地相对较弱。

我国法院为克服适用反不正当竞争法一般条款的不确定性,进行了一系列探索,如前述"非公益不干扰"之类的具体标准显然都是司法所探索出来的操作性路径。这些具体的操作理念和方式固然便利了法律适用,但如果把具体而复杂的利益衡量简单化,就可能误导法律的适用。因此,这些标准都需要接受具体利益衡量的检验,且不能代替具体的利益衡量。

二、竞争行为正当性判断的范式比较

我国法院将"非公益不干扰"原则典型地适用于互联网领域的广告屏蔽案,其他一些具体规则也多是提出于互联网领域的案件。在此我们可以通过与国外类似判例的比较,以便清晰和直观地展现不正当竞争判断范式上的差异和特色。

在美国法院裁判的一些广告屏蔽案件中,消费者利益是裁判是否构成不正当竞争时着重考虑的要素,美国法院表达了支持广告屏蔽工具开发商的司法裁判态度。如,2012年11月,美国加州

---

[1] 〔美〕戴维·J.格伯尔:《二十世纪欧洲的法律与竞争》,冯克利、魏志海译,中国社会科学出版社2004年版,第47页。

法院驳回了福克斯(Fox)禁止卫星运营商 Dish Network 销售拦截广告的视频录制设备霍珀(Hopper)的请求。[1] 在 2009 年的赞古诉卡斯珀斯凯一案中,[2]赞古(Zango)公司是一个在线提供视频、游戏等服务的网络媒体公司,网络用户需要先同意观看网站上的广告,才能获得浏览其网站上的内容的权利。被告卡斯珀斯凯(Kaspersky)公司销售帮助过滤、阻止潜在的恶意软件的产品。赞古公司对软件经销商卡斯珀斯凯公司提起诉讼,称卡斯珀斯凯公司不正当地阻止了赞古公司的软件。卡斯珀斯凯公司辩称其受《通信规范法》[Communications Decency Act (CDA)]230(c)(2)(B) 保护而不负法律责任,因为其是阻止和屏蔽恶意软件的"好撒玛利亚人"。华盛顿西区联邦地区法院做出了有利于被告卡斯珀斯凯公司的判决,认为卡斯珀斯凯公司是"交互式计算机服务"的提供商,有权就通过技术手段来限制访问令人反感的材料或软件所采取的行为享有豁免权,这是符合《通信规范法》的相关规定的。赞古公司提起上诉,认为《通信规范法》第 230 条的规定并非旨在使商业侵权行为得到豁免。美国第九巡回区联邦上诉法院维持了一审法院的判决,认为卡斯珀斯凯公司可以根据 1996 年的《通信规范法》的避风港条款获得豁免,《通信规范法》第 230 条规定的豁免权可以包括商业侵权行为。

德国最高法院于 2004 年对"电视精灵"案[3]所做的判决,被认

---

[1] 参见董慧娟、周杰:"对浏览器过滤视频广告功能构成不正当竞争的质疑",载《电子知识产权》2014 年第 12 期。

[2] Zango Inc. v. Kaspersky Lab. Inc. ,568 F.3d 1169 (9th Cir. 2009).

[3] BGH Urteil v. 24.06.2004, Az. I ZR 26/02[联邦德国最高法院(BGH)判决书(1ZR26/02)2004 年 6 月 24 日]。下文有关引文也分别来自本判决,有关部分不再一一赘注。

为是涉及广告拦截软件经营不正当竞争诉讼的经典判例。原告的电视台以在其播放的电视节目中投放广告为盈利方式。被告生产和销售被称为"电视精灵"的一种控制装置,可以安装在电视或录像机上,具有广告屏蔽功能。被告的装置可以由用户设置,把正在播放的节目中插播的广告自动弹出。为了实现屏蔽广告的目的,被告会通过该控制装置在选定的节目广告播放时间内向电视机或录像机发出指令信号,直接转到不插播广告的节目,并在广告时间结束时转回原频道。原告认为被告的行为构成不正当竞争,请求被告停止该装置的经营和使用,停止推广拦截广告的服务。德国最高法院认为被告的行为不构成竞争阻碍。它首先不构成对产品的阻碍。本案中被告提供的装置并没有破坏原告的节目,只是在出现插播广告时自动转台,并未对原告造成直接影响,也不存在间接影响。被告的行为同样不构成对竞争者广告营销的阻碍。另外,被告的行为不具有不正当性。德国最高法院终审认定,被告提供具有广告拦截功能的控制装置的行为及对其发射指令信号以实现广告拦截的行为,均不构成不正当阻碍竞争行为和一般市场阻碍。

德国汉堡州法院第16民事庭于2015年4月21日判决的一起关于带有付费白名单的广告屏蔽案(以下简称"白名单案"),是互联网领域的此类典型案例。[①] 在该案中,原告《时代周报》与《商报》的运营模式是在其网站上提供免费新闻,而通过其网页上的广告模块盈利。被告无偿为网络用户提供屏蔽广告的软件,该软件可以安装在网络用户的特定浏览器中,网络用户则可以自行选

---

① 416 HKO 159/14,下文有关引文也来自本判决,有关部分不再一一赘注。

择是否屏蔽广告。被告的软件可以屏蔽原告网站中的促销广告，但进入"可接受广告"的名单（白名单）中就可以不被屏蔽，只是需要交费。原告诉称，由于被告的广告屏蔽软件的广泛应用，原告在广告营销市场遭受了巨大损失，同时导致其制作新闻内容所必需的资金周转紧张。而原告之所以能够受到广告商家的资金支持，是因为他们能够提供高质量的新闻，若周转资金紧张将影响新闻版块的制作。通过对网页上的广告的限制，被告迫使原告花钱进入他们的白名单之中。这是一种法律禁止的行为，因为它唯一的交易动机是盈利，而不是基于诸如公共利益之类的其他合法目的。原告请求判决被告承担责任。德国汉堡州法院认为被告的行为未违反《反不正当竞争法》的规定，不构成不正当竞争，判决驳回诉讼请求。首先，被告未违反行为人有目的地妨碍竞争者的规定。不正当竞争法意义上的妨碍行为，是指阻碍竞争对手的发展与排挤竞争对手，或者说，相关干扰行为导致受损的竞争对手已经无法通过自身的努力，以适宜的方式在市场上提供服务。带有白名单功能的广告屏蔽软件的提出，是被告建立销售市场的前提。这就是说，任何一家企业，都会因此产生收入。因此，原告的销量受损是此事的伴随现象，这是纯粹的正常竞争，不能因此证明存在不公平竞争。另外，也没有其他的证据证明，被告的软件对原告的妨碍是有目的性的。其次，被告未违反妨碍商业行为的规定。被告没有显著妨碍原告自主决定权。显著妨碍的前提是，被告施加的压力如此巨大，以至于使原告无法避开此压制，被压迫得无法生存。本案中被告的施压强度并没有达到这个地步。再次，被告不存在不正当的市场干扰。

上述国外有关拦截广告的判例与我国有关互联网广告屏蔽

案例所涉事实和法律问题基本相同或者类似，但是考量的角度、方法和裁判结果明显不同。从美国和德国的判例和司法态度看，其判断互联网广告拦截软件的经营行为是否构成不正当竞争，更为关注消费者自主选择决定权或者消费体验，以及更加注重比较各方利弊得失的实质性利益平衡。归根结底它们更关注以市场机制调节竞争行为，司法采取了谨慎介入的态度。这是更多体现效率的竞争观念。例如，德国法院的态度很明显，就是尽量在鼓励网络技术创新、保护消费者利益和维护竞争者利益上取得平衡。其中，就鼓励技术创新的公共利益而言，考量了争议技术产品本身的技术中立性及该新技术产品的经营者尝试和探索新的经营模式的空间和机会；对消费者利益的保护则重点考量消费者自主的决定权是否受到影响；对竞争者的利益保护则以竞争者的生存不受威胁为底线。

归结起来，美国和德国更多考虑竞争的动态性，以市场和效率的标准衡量竞争者之间的"干扰"性竞争行为，采取了宽容和宽松的态度[1]。相比之下，我国目前有关屏蔽广告的典型判例多体

---

[1] 这种态度与大的制度背景有关。就反不正当竞争而言，英美国家有崇尚竞争自由的传统，信奉自由能够带来效率。欧陆国家反不正当竞争法则有由以"公平"取向的强化管制到以效率取向的"自由化"的转变过程。例如，德国反不正当竞争法历来重视国家干预和管制竞争行为的思想，1994年之前的历次法律修订无不体现国家干预市场竞争、强化管制竞争者行为的精神。1994年修法是一个重要转折点，由此前的"管制性"修订转变为反不正当竞争法的"解除管制"或者"自由化"，即放松对竞争者行为的限制，将竞争者以前所享有的竞争自由重新返还。2004年德国颁布全面修改的反不正当竞争法进一步巩固"自由化"目标和推进"自由化"运动。该法对以前法律的修改也体现了尽量放宽对竞争行为进行管制的理念。参见邵建东：《德国反不正当竞争法研究》，中国人民大学出版社2001年版，第13—14页；范长军：《德国反不正当竞争法研究》，法律出版社2010年版，第13页。

现了静态的竞争观念及效率之外的公平考虑,管制色彩比较突出,对于效率问题重视不够。

(一) 裁判理念:更多宽容与更多管制

前述中外裁判的基本理念、基本态度和方式有着重大差异,即美、德法院有更强的市场意识,更加重视市场的作用,对竞争行为更为宽容;我国裁判对市场行为具有更多的干预和管制意识,有强烈的"家长"式情怀。

例如,德国法院具有强烈的"市场的归市场"和"技术的归技术"的理念,尤其强调竞争者自身的应对和自救能力。如,"传媒企业也必须接受市场的挑战,而市场的生命力就在于商业活动自由和创新。根据本院依法作出的认定,可以期待原告完全可以通过与广告经营者一起努力激发并维持观众对广告节目的兴趣,或者主动采取技术革新来解决广告屏蔽的问题。至于到目前为止是否存在这样的技术手段以帮助原告避免被告产品对其经营活动造成的生存威胁和影响与本案的法律问题认定无关"("电视精灵案")。"原告仍可通过其他适当的方式在市场上获得经济效益,例如,技术上的改变、对广告屏蔽软件用户作相应提示,或者通过不再免费提供新闻等方法来应对。如果这样,原告因被告的广告屏蔽软件而导致的在广告市场处于劣势地位的状况将不再那么明显。""被告的产品,仅仅是使那些通过某些特定的技术手段加载出来的广告不被读者看到。原告要靠自己的能力去说服读者,让他们有理由关闭广告拦截软件。""原告除了加入白名单之外还有各式各样的方式来解决此问题。原告有这样的自由,对于屏蔽了广告的用户,拒绝他们进入网页,或者至少提出要求,让他们将屏蔽软件关闭;或者原告可以做出技术上的改进以防止广告被屏蔽。同样需要被考虑的是,在线广告只是在线新闻行业多个融资模式中的一个,因此,原告也可以开辟另一种模式,他们可以选择对自己有利的情况。可能是加入被告的白名单,但这不是必需的。如果这样真实的选择自由仍然存在,那么就不会有显著的对决定权的妨碍"("白名单案")。尤其是,在"白名单案"中,面对原告的"免费新闻+盈利性广告"与被告的"免费屏蔽广告软件+收费的白名单"商业模式,德国法院判决并未厚此薄彼,未将被告通过后者建立销售市场和损人利己的行为认定为不正当竞争。而且,将构成不正当竞争的"损人利己"界限划在是否导致竞争对手无法生存上,如"被告的行为对原告广告收入的影响并非无足轻重,但尚不危及其生存"("电视精灵"案),以及是否达到"施加的压力如此巨大,以至于使原告无法避开此压制,被压迫的无法生存","本案中原告并未证明由于被告的产品,他们正面临即将被市场淘汰的情境,企业面临生死存亡危机。如果原告新闻版块的业务不再仅仅通过广告筹集资金,那么经营活动不会过于困难。因此,法院认为原告的理由并不充分,通过原告的阐述,无法推导出被告利用他们的产品在广告市场上所做的行为真正地危害了原告生存的论断"("白名单案")。这些判决在判断正当性时很看重被告是否具有市场的和技术的应对能力及出路。这种"损害"界限和评断标准显然会增强市场竞争的对抗性,提升市场竞争的张力、韧性和强度,并以发展的眼光对待竞争问题,旨在让市场和技术去解决竞争中的冲突,避免动辄构成不正当竞争,显然有利于商业创新和技术进步。

美国法院同样持宽松态度。在美国屏蔽广告早已引起关注,当初为应对大量在线广告传输导致的浏览器速度过慢问题,1999年就出现了屏蔽广告软件。该软件诞生后即备受争议,法院有关判例虽少,但在为数不多的判决中,法院更倾向于将技术和竞争问题先交给市场去解决,而并不轻易判决构成侵权。事实上,此类司法态度收到了良好效果。YouTube 网页广告模式的成功转型就是著例。美国已将是否屏蔽广告的选择权交给用户。YouTube 于 2010 年推出"True View"服务。用户可以选择是否跳过广告,或者选择在视频特定位置观看某广告。YouTube 充分考虑了用户体验,由用户选择广告呈现的方式,并人性化地设置视频内嵌广告,时长不超过 15 秒;时长达到 60 秒的广告,用户可在 5 秒后选择快进。YouTube 根据用户体验改变商业模式,实现了用户体验、版权保护、广告商收益和自身盈利之间的良好平衡[1]。这种网页广告模式的成功转型是竞争自由和市场机制作用的结果,即经营者在谋求自利的同时实现了公益。

我国的相关判决更多着眼于原告既有商业模式受到的静态损害,据此认定被告行为的不正当性,缺乏对于技术和市场的相关因素进行全方位的深入分析和评估,在利益衡量上线条单一,更易于使新出现的市场竞争行为动辄得咎,对于市场竞争的宽容度较低,具有明显的"干预"市场的"家长"式情怀。这种态度不利于培育市场理念和市场机制。

(二) 总体裁判思路:保护静态法益与综合性利益考量

前述我国几个典型的互联网屏蔽广告案的基本裁判思路是

---

[1] 黄武双、刘健臣:"中美屏蔽网页广告行为法律规制比较",载《竞争政策研究》2015 年 7 月号。

先论述原被告之间有竞争关系,然后论述"免费观看+广告"商业模式的合法性(或者经营活动受保护)、侵害行为(对原告经营模式的破坏行为及从中获利)以及过错(故意)。这基本上是一种一般侵权行为的判断思路。例如,在猎豹浏览器屏蔽优酷网视频广告案中,二审判决认定,"金山网络公司及金山安全公司对被诉猎豹浏览器的开发及提供行为与该过滤后果具有直接关联关系,这一行为客观上造成了破坏合一公司正常经营活动的后果";"金山网络公司与金山安全公司主观上亦有破坏合一公司正当经营活动的故意";"在结合考虑金山网络公司与金山安全公司的主观故意,以及被诉猎豹浏览器开发及提供行为所带来的客观后果的情况下","金山网络公司与金山安全公司开发并提供被诉猎豹浏览器的行为构成对合一公司经营活动的破坏"。①该法院裁判的思路是,合一公司有受保护的法益、金山公司实施了侵害行为并有主观故意,据此认定构成不正当竞争,这显然更接近于一般侵权行为的判断思路。

德国上述判例首先并未将原告的商业模式作为保护对象,而从多个角度进行利益平衡,据此进行正当性裁判,且着重考虑了技术创新因素。② 例如,在"电视精灵案"中,德国最高法院认为,

---

① 北京市第一中级人民法院(2014)一中民终字第3283号民事判决书。

② 制止不正当竞争之初,德国曾经将制止不正当竞争作为侵权法问题,但德国法院不愿意遵从以侵权法一般条款调整这种新型经济现象的法国模式,并由此而引发理论上的争论,德国立法者遂采取单独立法的方式解决该问题。这就是1886年德国反不正当竞争法的由来。后来反不正当竞争法又被归入经济法之中。这或许是德国不按侵权法思路裁判不正当竞争的法律渊源。即便是在侵权法一般条款基础上发展起来的法国反不正当竞争法(实际上是案例法),其不正当竞争也不同于以特定私权为损害对象的一般侵权行为,反不正当竞争法被认为是一个独立的法律分支。See International Handbook on Unfair Competition, edited by Frauke Henning-Bodewig, C. H. Beck·Hart·Nomos(2013), p.210, p.232.

"由于任何竞争都会对其他竞争者产生影响,要认定某个单独的竞争行为应予禁止,必须考虑多方面因素,并对个案进行综合考量,权衡竞争者、消费者、其他市场竞争者的利益。基于对上述利益的综合考量,被告的利益更值得保护,因为被告的广告屏蔽装置的销售虽然加重了原告的经营负担,但并未威胁其生存。然而,被告企业如果被禁止生产和销售广告屏蔽装置,会遭受危及生存的损害,广告屏蔽本身是其商业创意创新和具有商业效果的核心。"可见,竞争各方的利益是相对的,决定竞争行为正当性的关键是比较利益,而不是静态地保护原告的利益。其中还特别提到"广告屏蔽本身是其商业创新和具有商业效果的核心"。"白名单案"判决同样认为,"需要对每个案件的情况进行全面评估,并考虑到竞争者、消费者和其他市场参与者的利益"。显然,这些理由都充满了市场精神和动态的竞争观。这明显是认定不构成不正当竞争的实质性理由——正当竞争,至于其他理由都是附属的和次要的。

我国有关裁判过于强调正当商业模式(如"免费观看加广告")的受保护性,近乎将其上升为"商业资产"的专有权,在此视角下,竞争行为正当性的认定天然地有利于主张正当商业模式的一方,而更易于将他人的"干扰"行为认定为不正当破坏,从而淡化了从动态竞争的视角考量行为正当性。换言之,不正当性的认定更多是基于受保护的法益(商业模式等)遭受侵害而进行的推论和认定,而不是着重于对竞争行为"利"与"弊"及"损"与"益"的对比衡量。由于放大了法益保护的功能,且采取侵权模式,对于行为正当性进行的考量不充分和不深刻,致使构成不正当竞争行为的门槛降低,使不正当竞争的范围易于事实上扩大化。认定不正当竞争行为,尤其是依据一般条款进行认定,显然不是依据保护静态权益的一般侵权行为的判断思路,而多方位和动态性考量竞争效果或者对竞争的影响。

(三) 竞争性损害:单向的法益损害与竞争利益的得失比较

我国相关判决基本上都是静态地看待原告遭受的损失,也即着重把损害放在原告的法益上,缺乏对于竞争双方之间利益损害的实质性比较,这种判断方式不符合竞争性损害的属性。例如,猎豹浏览器屏蔽优酷网视频广告案二审判决认定,"相当比例的该浏览器用户会选择这一功能,因此,这一浏览器的使用会使得合一公司优酷网中正常播放的视频片头广告有相当比例会被过滤","合一公司的广告收入必然会受到实质影响,故这一过滤功能显然会对合一公司的经营活动造成直接影响"[①]。该判决主要基于这种单方损害而认定竞争行为的不正当性,并未深究该损害究竟达到何种程度,亦未从更宽范围的利益因素进行考量。问题的实质不在于现有经营活动是否被破坏,而在于破坏的程度,以及在多种利益因素背景下如何评价该损害,这是利益衡量的重点和立足点。

上述德国法院判决从竞争机制的角度对竞争行为的正当性进行分析。德国法院通过受损害的利益对比的方式,决定损害的正当性。而且,决定是否受到损害时考量多种因素。例如,"电视精灵案"认为,"被告的广告屏蔽装置的销售虽然加重了原告的经营负担,但并未威胁到其生存"。"系争竞争行为是否构成应予禁止的一般市场阻碍,只能基于对竞争者利益和一般公众利益的权

---

① 北京市第一中级人民法院(2014)一中民终字第3283号民事判决书。

衡对个案中的所有因素进行总体考量。这种总体考量应将当事人在基本法上相互冲突的地位考虑在内。"该案上诉法院在其判决中认为,"妨碍竞争要求存在对竞争者竞争发展机会的影响。是否存在竞争妨碍要考虑以下要素:销售、广告、采购、生产、融资及人员等。但是,由于任何竞争都会对其他竞争者产生影响,要认定某个单独的竞争行为应予禁止,必须考虑多方面的因素,并对个案进行综合考量,权衡竞争者、消费者、其他市场竞争者的利益"。"基于对上述利益的综合考量,不存在与产品相关的不正当竞争妨碍。"在"白名单案"中,德国法院判决认为,"带有白名单功能的广告屏蔽软件的提出,是第一被告建立销售市场的前提。这就是说,任何一家企业,都会因此产生收入。因此,原告的销量受损是此事的伴随现象,这是纯粹的正常竞争,不能因此证明存在不公平竞争"。法益损害的比较方式更符合动态竞争和竞争性损害的特性和要求,而单向的和静态的损害认定会导致不正当竞争行为扩大化,致使对于竞争行为的管控过于严格,不利于营造宽松和有效率的市场竞争环境。

(四) 利益衡量:具体法益保护与竞争机制考量

适用反不正当竞争法的一般条款通常需要复杂的利益衡量。如论者所说:"令人满意的法治必须认识到体系的复杂性,在这个体系中资源稀缺,技术不断变革,监督不完美,知识被广泛传播而且信息是开放的。"[①]以一般条款认定法律没有类型化的不正当竞

---

① 〔美〕迈克尔·A.艾因霍恩:《媒体、技术和版权:经济与法律的融合》,赵启彬译,北京大学出版社2012年版,第6—7页。

争行为，需要考虑经济意义上的市场竞争与规范意义上的法律规制所涉及的多种复杂因素和多重利益关系，尽可能达到"令人满意的法治"。市场竞争本身是复杂的，如果把复杂的问题简单化处理，就很可能失之武断、短视和偏颇。在适用一般条款时尤其要高度重视考虑全面的和深层的因素[①]。

我国上述判决在比较静态利益得失的同时，并未更多地从竞争机制上进行利益衡量。德国判决则撇开商业模式受保护性、被告得利等具体静态利益的得失比较，而考量了消费者利益、竞争性损害的严重程度、技术创新的可能性等因素，从竞争机制的角度得出不构成不正当竞争的结论，尽可能使竞争者"适者生存"。相比之下，我国判决的上述思路和观念的结果很可能会忽视市场的优胜劣汰机制，不利于增进市场效率和促进技术创新。

例如，在我国的优酷与合一案中，法院进行了利益衡量，只是

---

① 例如，德国反不正当竞争法第1条（一般条款部分）曾以"违反公序良俗"作为不正当竞争的实质性判断标准，该不确定性法律标准的适用需要进行复杂的利益衡量。还有论者说："市场主体对竞争者市场地位的一般性侵犯是典型的竞争行为，这种轻度侵害符合竞争的本质。如果因为认定某行为违反公序良俗就会导致该领域的市场竞争不复存在，那么就不能轻易作出这种定论，而必须首先综合考量各种复杂要素再作结论。也就是说，要进行利益衡量，尤其是要衡量基本权利所涉及的法益。因为私人间的基本权利原则上是同等重要的。如果两个私人企业的竞争自由相互冲突，则其法益难分轻重。此时需要通过审查基本权利的间接第三人效力来审查竞争行为是否违反公序良俗。……因为每一个竞争行为都会侵害其他竞争者的利益，所以违反'公序良俗'的界限不能限定在自由竞争带来的一般不利后果，而是指影响竞争的措施达到了无法忍受的程度。支持该论点的依据是不正当竞争法的立法目的——'维护高效竞争'。……违反公序良俗是一种特殊的违法竞争行为，其违法性通过衡量国家追求的公共利益和私人的竞争自由而得到确定。反不正当竞争法第1条罗列了所有典型的不正当竞争行为，这些典型表现形式有助于判断某竞争行为是否违法，同时可作为利益衡量的参照标准，但同时不能忽略从整体上考虑各种复杂要素。"〔德〕乌茨·斯利斯基：《经济公法》，喻文光译，法律出版社2006年版，第176页。

一笔带过地认为如果视频拦截工具合法,会对视频行业造成无法挽回的打击,因此支持的是原告,这与德国法院的考量方式与因素相似,不过结果相异。前述德国法院判决则从利益平衡的角度入手,综合全案考察原被告双方、消费者及其他竞争者的利益,认为支持原告的诉请会给被告企业造成不可毁灭的打击,会影响被告企业的生存,因此未支持原告的诉请。而对于原告来说,被告广告屏蔽工具的出现并不会导致其企业陷入生死存亡之境,只是会对其生产运营造成负面影响。"电视精灵案"着重考量了消费者利益,分析了被告行为尚未影响原告的生存以及被告进行市场应对的可能性。如,"认定是否构成对竞争者广告营销的阻碍关键是看该阻碍行为是否剥夺了消费者的自主决定权。本案中电视观众完全有权决定是否使用对原告提供的服务带来直接或间接妨碍竞争影响的产品,观众可以选择是否屏蔽广告,被告只是为电视观众提供了一个技术帮助让他们离开其本来就不想看的节目而已"。

很显然,我国法院过于注重静态利益和静态竞争,不太关注动态竞争。这与效率的竞争观不符合,其结果不利于促进市场竞争的生机活力,不利于营造创新的活跃环境和培育创新精神。[①]

[①] 有的学者以比例原则为视角对于过滤及快进视频广告的行为进行合法性分析,提出比例原则的分析框架为五个步骤:首先,确定《反不正当竞争法》保护的什么权益受到了损害。其次,确定被告用以正当化其损害行为的正当目的是什么。第三步,适当性原则的考察。第四步,必要性原则的考察。第五步,狭义比例原则考察。据此得出屏蔽、快进广告的浏览器和软件的出现虽然对视频网站经营者造成运营上的困难,但并未达到严重程度,也未导致其不成比例、不合理的损害,且从另一方面来说反而对几方的利益平衡起到重要作用,因此,金山公司的浏览器过滤广告行为不是不正当竞争。参见兰磊:"比例原则视角下的《反不正当竞争法》一般条款解读——以视频网站上广告拦截和快进是否构成不正当竞争为例",载《东方法学》2015年第3期。笔者比较赞同这种动态的利益平衡思路。

综上，不正当竞争行为的认定要符合反不正当竞争的范式，重在通过多角度的利益衡量判断竞争行为的正当性，尤其不能落入具体权益保护式的一般侵权行为判断模式。反不正当竞争法必须奉行竞争自由的原则，例外的情况下才可能构成不正当竞争，因而法官应有更强的市场意识，对于竞争行为有更大的宽容和包容，给市场留足自我调节的空间，增强市场竞争的强度和韧性，不能动辄以太多怀疑的眼光看待竞争行为，不能将竞争利益专有权化，不能简单地根据损害推定不正当性，避免一般条款的过宽适用和不正当竞争行为的扩大化。竞争行为固有的损害性，决定了正当性判断时刻要把握好比较利益和比例原则，这使得判断标准具有很强的相对性。例如，对于屏蔽广告的商业行为，应当更多从市场的和技术的角度考虑是否达到"你死我活"的竞争程度，是否明显不利于消费者的福利，更多地留给市场和技术的更多可能性，让更多的"子弹"去"飞"，更多地考虑竞争对手之间的相对利益，而不是简单地奉行"非公益不干扰"，动辄贴上不正当竞争的标签。否则，市场自由竞争的空间太狭小，不利于增进市场活力和促进市场进步。

第七章 市场竞争的自由与公平

第一节 价值取向：由公平竞争到自由竞争

自由和公平涉及反不正当竞争法的基本价值。随着对反不正当竞争法认识的深化和讨论的深入，实践中对于竞争自由与公平的价值关系的认识越来越自觉和深化，而且在裁判中确实出现了自由与公平各有偏重的价值取向差异，进而影响了立法取向和裁判标准。

一、市场竞争中自由与公平的主从关系

按照通常的理解，反不正当竞争法是维护竞争公平的法律，反垄断法才是以维护竞争自由为目标[①]。但这只是表面的和浅层次的理解。竞争自由与反不正当竞争法关系密切。首先，自由竞争是逻辑起点。不正当竞争是自由竞争的极端化（负向），反不正当竞争则是制止仅靠自由竞争的市场力量难以控制的极端竞争

[①] *Protection Against Unfair Competition: Analysis of the Present World Situation*, presented by the International Bureau of WIPO, WIPO Publication No. 725, Geneva 1994, at 12. 另参见〔德〕佛诺克·亨宁·博德维希主编：《全球反不正当竞争法指引》，黄武双等译，法律出版社 2015 年版，第 9 页。

行为,最终回归健康的竞争自由。只是反不正当竞争法与反垄断法以不同的路径实现自由竞争的目标,二者殊途而同归。这也是近年来两者的路径和方法越来越接近的原因。① 其次,自由竞争是保护的目标。当代反不正当竞争法并不仅仅关注单个企业的利益,而关注以消费者福利为代表的公共利益。"只有在市场以低价向消费者提供优质商品,消费者福利才可能变为现实,自由竞争就是它的最佳保证途径。"② 再次,自由竞争与不正当竞争此消彼长。不正当竞争的范围越宽,自由竞争受到的限制越多。

市场竞争的自由与公平如影随形和相辅相成。市场经济是自由经济,市场通过自由竞争实现资源的优化配置,没有充分的竞争自由就没有真正的市场经济。反不正当竞争只是通过消除一些不利于市场竞争的因素和行为,使得市场竞争更为健康和可持续,是为了使自由竞争锦上添花。在市场竞争中,自由是公平的根基,公平是自由的附加值;公平是为了更为健康可持续的自由,必须以维护竞争自由为最终目的。因此,竞争的自由是绝对的,竞争公平是相对的;竞争自由是原则,对于竞争自由的限制是例外。维护竞争公平应当有限和适度,不能过度干预竞争自由,也即类似于"非必要不干预竞争自由",也就是有些裁判所言的"正当性推定"或者"无责推定"。

例如,司法实践中强调限制《反不正当竞争法》一般条款的开放性适用,以及我国学界始终警惕滥用相对优势地位条款入法,

---

① See Reto M. Hilty, Frauke Henning-Bodewig, *Law Against Unfair Competition: Towards a New Paradigm in Europe*, Springer(2007), p. 141.

② 参见〔德〕佛诺克·亨宁·博德维希主编:《全球反不正当竞争法指引》,黄武双等译,法律出版社 2015 年版,第 8 页。

根本上是担心这些条款易于被用以过度干预市场竞争自由。①

有些裁判对于竞争自由与公平的关系作出了准确的阐述。如,"脉脉案"二审判决认为,"对于互联网中利用新技术手段或新商业模式的竞争行为,应首先推定具有正当性,不正当性需要证据加以证明"。这种正当性推定的思路典型地体现了竞争自由是原则,不正当竞争是例外。梦幻西游与神武案一审判决认为,禁止对于他人知识上的投资和所创造的劳动成果的搭便车,是反不正当竞争法立法的重要初衷。在市场经济下,竞争和竞争自由是市场经济的根本机制,竞争自由是一项最基本的竞争政策。市场竞争中相互争夺性损害是允许的和常态的竞争损害,对于竞争行为的干预是例外情形。搭便车行为并不必然构成不正当竞争,不能将搭便车行为等同于违反诚实信用原则和公认的商业道德。禁止搭便车尽管具有强烈的道德感召力,但不能简单地以此作为操作标准适用,仍然应根据法律所规定的行为正当性的判断标准进行认定。②

前述甲悦公司与微创心通公司不正当竞争案,法院判决以人才流动自由的价值优先,限制依照《反不正当竞争法》第2条认定被诉行为构成不正当竞争。该案审理法官认为,人才是企业参与市场竞争的重要因素,人才流动是充分发挥人才价值的重要方

---

① 2016年《反不正当竞争法》修订草案曾经引入滥用相对优势地位条款,引起激烈的争论,最后未能入法。第三次修订征求意见稿又引入相对优势地位条款,仍受到学界的较多质疑。参见孙晋:"数字机时代反不正当竞争规则的守正与创新——以《反不正当竞争法》第三次修订为中心",载《中国法律评论》2023年第3期。

② 广州网易计算机系统有限公司与广州多益网络股份有限公司、第三人徐波著作权侵权及不正当竞争案,广州知识产权法院(2018)粤73民初684号民事判决书。

式,司法实践对此应当予以必要的尊重。反不正当竞争法不是维护一般意义上的社会和谐和公序良俗(世俗伦理道德),而是更取向于维护竞争自由和市场效率。在不涉及商业秘密的情况下,因人员流动产生的争议原则上不应直接适用反不正当竞争法规制,进而为人才的自由流动营造良好的竞争氛围。[①]

自由与公平主次关系的理念对于竞争行为正当性判断的裁量权行使具有重要指导价值,可以帮助指导限缩不正当竞争的认定范围和保持认定上的谦抑,尤其在自由与公平两可的情况下可以帮助执法司法者选择认定不构成不正当竞争。

二、两种价值和观念

公平与自由涉及反不正当竞争法的基本价值和理念。通常认为,反不正当竞争法旨在维护市场竞争的公平,且以商业道德作为根本的判断标准,因而可以称为伦理上的公平竞争观。此外,还存在经济上的效率竞争观。[②] 竞争观的不同取向,决定着竞争行为正当性的不同裁判标准。当然,这只是一种笼统的说法,具体细节仍非常复杂。

反不正当竞争法起源于商业道德意义上的公平竞争,采取伦理性的公平竞争观,旨在维护商业道德意义上的公平,保护既有的秩序安定和既得利益。笼统地说,大陆法系国家采取伦理的和

[①] 凌宗亮、邵望蕴:"人才流动是否构成不正当竞争的司法考量",载《中国知识产权》第191期。

[②] Mary LaFrance,"Passing off and Unfair Competition:Conflict and Converence in Competition Law",2011 *Michigan State Law Review* 1413(2011). 另参见孔祥俊:"论搭便车的反不正当竞争法定位",载《比较法研究》2023年第2期。

公平的竞争观,将公平目标置于竞争目标之上,由此又被批评为是反竞争的。如主要基于更为一般性的、没有确切界定的竞争者"公平和诚实"行为概念,讨论不正当竞争,甚至有时近乎引入道德权利(moral rights)的方式宽泛地保护商业标识等。普通法系国家将竞争作为主要目标,只对竞争者的极端行为予以公平考量,如对于误导和混淆消费者的行为给予禁止,消费者被置于突出位置。两种竞争观直接影响对待竞争行为的宽严态度。[1] 比如,对于模仿或者仿冒行为,英美法需要以混淆作为要件,即达到混淆程度的模仿或者仿冒,才足以构成不正当竞争,否则属于模仿自由和竞争自由的范畴;法国等欧陆国家则可能以逼真模仿、搭便车等理由认定构成不正当竞争,可以不需要达到混淆的程度。再如,英美法对于比较广告比较宽容,而欧陆国家早期敌视比较广告。

近几十年来,欧洲国家逐渐向经济意义上的效率转变,即越来越多地采取经济性的效率竞争观,尊重市场的激烈竞争,以及强调和相信经营者和消费者的自我保护。[2] 如欧盟通过比较广告指令,允许符合法定条件之下的比较广告。当然,就西方国家而言,无论是更多倾向于伦理性公平,还是更多倾向于效率性自由,其实际差异又是有限的,因为其采取的都是市场经济,竞争自由都是其根本价值。

---

[1] Mary LaFrance, "Passing off and Unfair Competition: Conflict and Converence in Competition Law", 2011 *Michigan State Law Review* 1413(2011).

[2] Anselm Kamperman Sanders, "Unfair Competition and Ethics", see in Lionel Bently and Spyros Maniatis eds., *Intellectual Property and Ehics*, Sweet and Maxwell (1998), pp.225-233.〔比〕保罗·纽尔:《竞争与法律:权力机构、企业和消费者所处的地位》,刘利译,法律出版社2004年版,第2页、第5—8页。

三、我国反不正当竞争法中的公平、自由与效率

我国《反不正当竞争法》是我国发展社会主义市场经济的产物,规定"鼓励和保护公平竞争"(第1条)、"遵循自愿、平等、公平、诚信的原则",似有突出"公平"之意,但实质上还是高度重视竞争自由。比如,在反不正当竞争的背景之下,"自愿"具有自由之意,且公平与自由在解读上相辅相成。1993年《反不正当竞争法》的立法者对于不正当竞争行为采取类型上的法定主义,禁止依据第2条认定未列举的行为,其目的显然在于最大限度地维护竞争自由。2017年法律修订对于第2条采取开放性适用的态度,之后法院对其适用采取了限制和谦抑的司法态度,也在于尽可能维护竞争自由。

再如,《反不正当竞争法》第6条对于模仿仿冒以混淆为构成要件,且该条应当穷尽了包括商业标志在内的模仿仿冒行为,不承认另外依照第2条认定逼真模仿等模仿行为。如此解读有利于维护竞争自由。但是,在司法实践中对此认定把握不一。

比如,服装款式风格批量模仿行为的定性依据存有差异,代表了对于第6条立法精神的理解差异。如在杭州江南布衣服饰有限公司与姜建飞不正当竞争纠纷案[①]中,浙江高院再审判决认为,服装的款式、款号虽不属于受知识产权专门法和反不正当竞争法第二章保护的客体,但如果使用他人服装款式、款号的行为违反商业道德,扰乱市场竞争秩序,损害其他经营者或者消费者合法权益的,仍可适用《反不正当竞争法》第2条予以规制。原告

---

① 浙江省高级人民法院(2022)浙民再256号民事判决书。

对其设计的服装款式和款号享有合法的竞争性利益,被告不仅大批量仿制46款与原告服装款式相同的产品,而且在产品链接及网页中标注相同款号,利用原告服装款式与款号的对应关系吸引用户流量,对产品生命周期较短的时尚流行服饰的原创主体造成了极大损害,且不利于保护消费者长期利益,该行为违反诚信原则和商业道德,扰乱市场竞争秩序,应当认定构成不正当竞争行为。

爱帛公司与莱哲公司著作权侵权及不正当竞争案[1]一审法院对于被诉批量抄袭服装款式的行为,纳入《反不正当竞争法》第6条第(4)项规定。一审法院从"搜同款"这一新技术切入,认定被告的模仿行为会让部分消费者误认为双方服装具有基本相同的质量保障,提升对被告服装的认可度,构成混淆,违反了《反不正当竞争法》第6条第四项规定。

该两个案件中,前者认为此类行为不属于第6条的调整范围,而后者按照第6条进行衡量,其实质是对于行为构成标准及其价值取向上的认识不同。前者没有以构成混淆作为法律界限,类似于承认非混淆性逼真模仿之类的行为构成不正当竞争,更倾向于维护竞争的伦理性公平;后者则将干预的界限限定于第6条的调整范围,以混淆为裁判标准,达到混淆程度的模仿才可以构成不正当竞争,更倾向于维护竞争自由。前者对于市场竞争的干预更多,后者对于市场竞争的干预保持谦抑和限制。因此,两种不同的裁判态度涉及在服装款式风格逼真模仿中对待竞争自由和公平的不同价值和政策的选择。

再如,北京高级法院在两个互联网信息抓取的判决中,对于

---

[1] 广州互联网法院(2021)粤0192民初11888号民事判决书。

涉通用搜索引擎和非通用搜索引擎的网络搜索抓取采取了不同的司法态度。[①]

在百度与奇虎不正当竞争案中，百度通过设置 Robots 协议的方式限制 360 搜索引擎抓取其相关网页内容，即通过 Robots 协议以设置白名单的形式，区分希望抓取其相关网页内容的搜索引擎，而未能纳入白名单的搜索引擎，将无法抓取其相关网页内容。因百度在线公司、百度网讯公司未将 360 搜索引擎纳入白名单，导致 360 搜索引擎无法抓取其相关网页内容。北京市高级人民法院二审判决认为，百度在线公司和百度网讯公司对 Robots 协议的利用方式，是将其他经营者区别对待，此种有针对性、歧视性的设置方式，有违公平竞争原则，该行为不仅损害与其存在竞争关系的奇虎公司的利益，也损害了相关消费者的利益。此种行为与互联网发展普遍遵循的开放、平等、协作、分享原则不符，若任由其发展，可能导致同行业经营者的效仿，将使原本遵循互联、互通、共享、开放精神的互联网变成信息相互隔绝、无法自由流动的信息"孤岛"，将有碍互联网功能的正常发挥，对互联网竞争秩序造成破坏，从而有损社会公共利益。百度在线公司、百度网讯公司在缺乏合理、正当理由的情况下，以对网络搜索引擎经营主体区别对待的方式，限制奇虎公司的 360 搜索引擎抓取其相关网站网页内容，影响该通用搜索引擎的正常运行，损害了奇虎公司的合法权益和相关消费者的利益，妨碍了正常的互联网竞争秩序，违反公平竞争原则，且违反诚实信用原则和公认的商业道德

[①] 百度与奇虎不正当竞争案，北京市高级人民法院（2017）京民终 487 号民事判决书；微梦创科公司与字节跳动公司不正当竞争案，北京市高级人民法院（2021）京民终 281 号民事判决书。

而具有不正当性,不制止不足以维护公平竞争的秩序,故构成反不正当竞争法第二条规定所指的不正当竞争行为。

在微梦创科公司与字节跳动公司不正当竞争案中,微梦创科公司在 m.weibo.com 网站 Robots 协议中以文字宣示方式,单方限制字节跳动公司的网络机器人抓取对公众和其他所有网络机器人完全公开的相关网页内容。二审判决认为非搜索引擎场景应用的网络机器人,已经不像搜索引擎那样当然地对公众利益,以及互联网的互联、互通、共享、开放的精神产生影响,因此在对这些网络机器人通过 Robots 协议进行限制时,不宜当然地借用对于搜索引擎进行限制的规则。也就是说,《互联网搜索引擎服务自律公约》仅可作为搜索引擎服务行业的商业道德,而不能成为互联网行业通行的商业道德。对于网站经营者通过 Robots 协议限制其他网站网络机器人抓取的行为,不应作为一种互联网经营模式进行绝对化的合法性判断,而应结合 Robots 协议设置方与被限制方所处的经营领域和经营内容、被限制的网络机器人应用场景、Robots 协议的设置对其他经营者、消费者以及竞争秩序的影响等多种因素进行综合判断。根据分析,本案被诉行为应被认定为行使企业自主经营权的行为,但这并不意味着对于互联网企业所设置的任何 Robots 协议均能够基于企业自主经营权而当然地认定其具有正当性。被诉行为应属于微梦创科公司企业自主经营权范畴内的正当行为,并不构成不正当竞争行为。

两个案件的不同定性,本质上仍是如何处理公平与自由的关系问题。百度与奇虎不正当竞争案二审判决显然是以公共利益为由限制百度公司的限制抓取行为,也即以公共利益限制其竞争自由,公共利益是竞争自由的限制。微梦创科公司与字节跳动公司不正当竞争案判决采取的态度是,没有限制竞争自由的正当理由,就属于竞争自由的范畴。所谓的经营自主权,乃是竞争自由的应有之义。

综上,我国当前的裁判对于自由、公平与效率的把握不尽一致,有些侧重于公平,有些侧重于效率。但是,确实存在竞争观转变的倾向,在裁判标准的把握上有所转变,即由公平到效率;由重公平到重自由;由保护竞争者到保护竞争。

第二节 价值取向与商业道德的塑造

一、通过界定商业道德实现价值取向

诚实信用和商业道德是法院据以认定不正当竞争行为的经常性的原则依据,适用第2条认定不正当竞争行为时更是如此。《反不正当竞争法》第2条第1款将诚信和商业道德规定为市场竞争原则,司法裁判则两者作为判断竞争行为正当性的"基本判断标准",且诚信原则更多的是以商业道德的形式体现出来。[①] 而且,诚实信用原则在民事法律领域具有普适性,而商业道德在反不正当竞争法中具有特殊性和独特的法律适用价值,在竞争法原则中是更为经常性援用并被作为实质性判断依据的法律原则。因此,竞争行为正当性是通过解读商业道德的内涵而实现,如何

[①] 诚实信用与商业道德又存在内涵上的交叉关系。如在山东食品与马达庆案中,最高人民法院裁定指出,在规范市场竞争秩序的反不正当竞争法意义上,诚实信用原则更多的是以公认的商业道德的形式体现出来的。最高人民法院(2009)民申字第1065号民事裁定书。

解读直接决定了如何确定具体的裁判标准。也即,商业道德是不正当竞争行为的根本性判断标准。公平与自由的价值取向主要通过界定商业道德的内涵加以落实和实现。在商业道德的界定上,有些强调伦理性意义上的公平,有些则以自由和效率的价值引入商业道德的界定并重塑其内涵。

司法裁判在不断解读商业道德内涵的过程中,逐渐更多地赋予其自由和效率的经济内涵。如最高人民法院在山东食品与马达庆案民事裁定中将商业道德定位于商业伦理,以区别于世俗道德和高尚道德。此种界定强调了不正当竞争行为判断标准的"在商言商",淡化了其伦理性公平色彩。此后,有些判决进一步将自由和效率的观念引入商业道德。如前引鱼趣公司诉炫魔、脉淼等不正当竞争案[1]、快快乐动公司与友加友公司、梅姗不正当竞争纠纷案二审判决认为[2],均以经济效率诠释商业道德标准。

此后,有些判决进一步将自由和效率的观念引入商业道德。如前引"鱼趣公司诉炫魔、脉淼等不正当竞争案"二审判决曾经以经济效率诠释商业道德标准。

快快乐动公司与友加友公司、梅姗不正当竞争纠纷案二审判决认为,自由竞争为市场主体搭建了广阔的市场平台,自由竞争的市场可以促进创新、刺激经济发展,降低物价,为消费者带来福祉。但无秩序无约束的竞争可能导致垄断,限制其他经营者进入行业中争取商业机会,损害消费者的合法权益。针对这些损害经营者、消费者合法权益的不正当行为,人民法院固然可以适用一

---

[1] 武汉市中级人民法院(2017)鄂 01 民终 4950 号民事判决书。
[2] 武汉市中级人民法院(2020)鄂 01 民终 636 号民事判决书。

般条款来维护市场公平竞争,但同时应当注意严格控制一般条款的适用条件,防止在不正当竞争行为认定上扩大化或者滑向绝对保护的错误方向,限制市场经济的自由竞争。要妥善处理自由竞争和公平竞争的关系,就必须正确把握诚实信用原则和公认的商业道德判断标准。在反不正当竞争法中,用以判断竞争行为正当性的诚实信用和公认的商业道德标准,是有别于日常生活道德伦理的商业伦理。依据商业伦理标准判断竞争行为的正当性,是反不正当竞争法的典型特征,也是其竞争法属性的显著体现。一般而言,商业伦理是一种在长期商业实践中所形成的公认的行为准则。反不正当竞争法不是追求单一的、静态的社会公平,而是动态的、多元的公平。商业伦理不同于一般的道德伦理,其在经济效益的基础上更加突出优胜劣汰法则,强调其商业模式、产品能够赢得市场和消费者,推崇通过激烈竞争实现市场资源、消费者及经营者之间的利益均衡。在市场竞争中,要坚持市场效率原则定义诚实信用原则和公认的商业道德标准,将其与日常生活区分开来。

二、判断标准的变化:商业道德、世俗道德与非道德化

(一) 商业道德的商业化

"商业道德"是不正当竞争的核心判断标准。道德具有是非善恶的意蕴。[①] 诚如孟德斯鸠所言:"在公平的规则下,财富凝聚

[①] 例如、好、坏、正确、错误、不道德、不合乎伦理之类的价值词及应当、应该和不应当、不应该之类的命令词,都用于道德的价值判断。参见〔美〕J. P. 蒂洛:《哲学理论与实践》,吉平、肖锋等译,中国人民大学出版社1989年版,第215页。

着勤奋、智慧和诚信等个人美德——毋庸置疑,财富从根本上是由每一个诚实劳动、公平交易的人,在市场中创造出来的。"[1]反之,以非勤奋、智慧和诚信等获取财富,即属于违反个人美德。最初以诚实信用和商业道德判断市场竞争是否公平,或许有遵从个人美德的意蕴。

市场竞争理应在商言商,据以衡量竞争行为正当性的商业道德,是指特定行为与特定市场领域的应然行为的契合性,应当按照市场规律和商业要求进行界定。特别是,反不正当竞争法的宗旨"从来不是为了保护'良好的道德风尚'本身,而是为了给所有企业主构建公平竞争的环境,防止有竞争者获取不正当竞争优势"。当代反不正当竞争法已从旨在保护"诚实企业主",转变为保护"未扭曲的竞争"。[2] 这种立法基础的改变,必然使判断标准随之改变。

鉴于实践中对于"商业道德"的理解关于"世俗化"和宽泛,"马达庆案"[3]民事裁定明确了商业道德的经济人伦理标准,即商人都是追名逐利的,不能按照世俗道德和高尚道德标准界定商业道德。该裁定指出:"商业道德要按照特定商业领域中市场交易参与者即经济人的伦理标准来加以评判,它既不同于个人品德,也不能等同于一般的社会公德,所体现的是一种商业伦理。经济人追名逐利符合商业道德的基本要求,但不一定合于个人品德的

---

[1] 转引自店长:"哈耶克最后的预言正在实现",载"夏虫语冰"(微信公众号)2023年1月3日。

[2] 〔德〕佛诺克·亨宁·博德维希主编:《全球反不正当竞争法指引》,黄武双等译,法律出版社2015年版,第6页。

[3] 最高人民法院(2009)民申字第1065号民事裁定书。

高尚标准；企业勤于慈善和公益合于社会公德，但怠于公益事业也并不违反商业道德。"该裁定提出了"经济人的伦理标准"，旨在强调其不同于日常生活中的世俗道德，而属于特定市场竞争领域的习俗性或者习惯性的行业领域性的伦理道德。[①] 该案是商业道德标准界定的司法分水岭。此后又被进一步纳入司法政策性文件。如，"正确把握诚实信用原则和公认的商业道德的评判标准，以特定商业领域普遍认同和接受的经济人伦理标准为尺度，避免把诚实信用原则和公认的商业道德简单等同于个人道德或者社会公德"。[②]法院在裁判中不断地对商业道德进行诠释。如马顺仙与玫琳凯公司侵害商标权及不正当竞争纠纷案二审判决指出："公认的商业道德是经营者长期在商业实践中遵守诚实信用原则所形成的公认的行为准则。本案中，认定公认商业道德需要考量与电子商务规则特点相适应的电商平台内经营者的道德水平，不能将其泛化为与个人品德或社会公德相对应的道德标准。"[③]这说明，所谓公认的商业道德，并不是现成地放在那里被轻易地拿取，而是需要权衡和认定，这中间难免具有创制的成分。

[①] "道德"一词源于拉丁文 moralis，本意是"习惯"或者"习俗"；"伦理"(ethics)一词源于希腊语 ethos，本意是"人格"。一些人在各种职业如法律、医学、商业等以外的个人道德问题上使用"道德"这个字眼，在职业内的问题上使用"伦理"这个字眼。当然，这两个词及其对立面（反义词）"不道德"和"不合乎伦理"几乎可以通用。参见〔美〕J.P.蒂洛：《哲学理论与实践》，吉平、肖锋等译，中国人民大学出版社1989年版，第215页。"经济人的伦理标准"首先强调市场主体作为经济人所奉行或者应当奉行的行业领域的好坏善恶标准，以区别于非市场主体和非市场领域的世俗道德。

[②] 见《最高人民法院关于充分发挥知识产权审判职能作用推动社会主义文化大发展大繁荣和促进经济自主协调发展若干问题的意见》(2011年12月16日印发，法发〔2011〕18号)。

[③] 浙江省高级人民法院(2020)浙民终479号民事判决书。

商业道德标准的具体内涵,关键是需要什么样的经济(营商)环境和商业行为规范,其中掺杂对自由与管制以及公平与效率关系的理解。各个时期和不同国家对此掌握的标准不尽一致,甚至差异极大。我国的商业道德标准应当契合我国市场经济发展的需求。而且,即便以自由和效率塑造商业道德的内涵,也并非完全抛弃"勤奋、智慧和诚信"的商业美德,关键是如何协调美德与自由效率的关系。

如不当利用合作电商"京东自营"平台 API 接口案一审判决认为,两被告未经许可,利用项目合作中获取的原告京东商城 API 接口信息,未经许可擅自创建网上商城,并在商城内设置"京东馆"等专门指向京东公司的项目,同时在电商平台销售应用于侵权网上购物商城的储值卡,使得相关消费者可以不通过京东商城而直接选购京东自营产品,并使用京东物流配送服务。二被告的上述行为,通过利用京东品牌、京东物流、京东客服与京东供应链等相关经营资源,直接省略了自身电商品牌建设、招商选品、销售服务、物流配送等必须环节所应付出的经营成本,挤占了原告相关业务的市场份额,足以引人误认为上述服务与原告存在特定联系,违反了诚实信用原则,构成不正当竞争。[1] 该案被诉行为显然有悖勤奋、诚信等美德,投机取巧强取豪夺。据此认定其构成不正当竞争,也是维护和倡导商业美德。

---

[1] 北京京东叁佰陆拾度电子商务有限公司、上海圆迈贸易有限公司与杭州飞象企服网络技术有限公司、北京礼家家商贸有限公司侵害商标权及不正当竞争纠纷案,北京市丰台区人民法院(2021)京 0106 民初 27589 号民事判决书。

(二) 商业道德的客观化

商业道德具有较大的不确定性,其判断标准应当尽量客观化,通常是要符合通行的商业认知,防止任意性,更不能不可捉摸。例如,英国法认为法官无法界定商业道德,应当将其交给议会去决定。[1] 欧洲大陆法认为应当限制商业道德的任意性,按照公认的标准如商业惯例认定不正当竞争行为。这是所谓公认商业道德的由来。

我国的商业道德应当首选公认的商业道德;缺乏公认的商业道德时,也应当通过客观化的因素创制商业道德标准,避免以执法司法者的主观判断简单地确定标准。商业道德强调市场行为与既有的或者应然的竞争规范的契合性,是一种按照应然标准进行对照性衡量的是非判断。

(三) 由公认的商业道德到商业道德:判断与创制

1993年《反不正当竞争法》第1条第1款规定:"经营者在市场交易中,应当遵循自愿、平等、公平、诚实信用的原则,遵守公认的商业道德。"2017年修订以后的第2条第1款规定:"经营者在生产经营活动中,应当遵循自愿、平等、公平、诚信的原则,遵守法律和商业道德。"此处将"公认的商业道德"修订为"商业道德"。

2022年不正当竞争司法解释第3条规定:"特定商业领域普遍遵循和认可的行为规范,人民法院可以认定为反不正当竞争法

---

[1] Anselm Kamperman Sanders, *Unfair Competition Law: The Protection of Intellectual and Industrial Creativity*, Clarendon Press Oxford(2004), p. 78.

第二条规定的'商业道德'。""人民法院应当结合案件具体情况，综合考虑行业规则或者商业惯例、经营者的主观状态、交易相对人的选择意愿、对消费者权益、市场竞争秩序、社会公共利益的影响等因素，依法判断经营者是否违反商业道德。""人民法院认定经营者是否违反商业道德时，可以参考行业主管部门、行业协会或者自律组织制定的从业规范、技术规范、自律公约等。""特定商业领域普遍遵循和认可的行为规范"似乎还是"公认的商业道德"范畴，但第 2 款似乎既包括判断又包括创制。

1993 年《反不正当竞争法》施行期间，相关裁判以实际存在并公认的市场行为标准或者习惯做法作为标准进行竞争行为正当性判断，并以此对其含义进行界定。例如，最高人民法院在山东食品与马达庆案驳回再审申请裁定指出，公认的商业道德应当是在特定领域具有普遍认知，并被相关从业者所广泛接受的一种规范准则。最高人民法院在腾讯与 360 不正当竞争案的裁定中认为："反不正当竞争法所要求的商业道德必须是公认的商业道德，是指特定商业领域普遍认知和接受的行为标准，具有公认性和一般性。即使在同一商业领域，由于是市场交易活动中的道德准则，公认的商业道德也应当是交易参与者共同和普遍认可的行为标准，不能仅从买方或者卖方、企业或者职工的单方立场来判断是否属于公认的商业道德。具体到个案中的公认的商业道德，应当结合案件具体情形来分析判定。"北京高级法院颁布的网络不正当竞争案件审理指南第 33 条规定："在涉及网络不正当竞争纠纷中，公认的商业道德是指特定行业的经营者普遍认同的、符合消费者利益和社会公共利益的经营规范和道德准则。""在对公认的商业道德进行认定时，应当以特定行业普遍认同和接受的经济人伦理标准为尺度,且应当符合反不正当竞争法第一条所规定的立法目的。"第34条规定:"对公认的商业道德进行认定时,可以综合参考下列内容:(1)信息网络行业的特定行业惯例;(2)行业协会或者自律组织根据行业特点、竞争需求所制定的从业规范或者自律公约;(3)信息网络行业的技术规范;(4)对公认的商业道德进行认定时可以参考的其他内容。"

囿于当时法律的明文规定,法院只能按照"公认的商业道德"路径解释适用商业道德条款的法律含义。即便是被诉行为所涉行业尚无公认的商业道德,法院也都是按照"公认的商业道德"的说辞和逻辑,进行竞争行为正当性的判断。事实上,在2017年修订《反不正当竞争法》之前,法院已开始创制判断不正当竞争行为的商业道德标准,只不过有的采取隐晦的方式,在公认的商业道德名义之下,认定并非公认的商业道德;有些则直截了当地加以创制。

新兴领域的商业道德标准需要执法者进行创制。例如,鱼趣公司诉炫魔、脉淼等不正当竞争案[①]二审法院指出:所谓公认的商业道德是在行业中长期以来通过经营而逐渐累积的规范经验。本案的特点在于,直播行业属于近年来新兴崛起的行业,可能行业内部暂时并未形成统一的商业道德。但这并不意味着对其行为判断时无需参考商业道德标准。法院可以经营行业业已形成的商业道德为基础,并结合直播行业的特点,概括总结直播行业的基本商业道德。并以此为基础,作为判断行为正当与否的依据。

---

① 湖北省武汉市中级人民法院(2017)鄂01民终4950号民事判决书。

百度公司与汉涛公司不正当竞争案[①]二审判决认为,商业道德是在市场长期经营的过程中产生的共识性行为规范,在许多近年来新产生的行业中却并未形成此种类型的普遍行业共识。因此在判断未经许可擅自使用他人数据信息的案件中,既要综合评价经营者利益、消费者利益和公众利益间的利益,又需要结合互联网经济的基本特征,从而为判断行为的正当性划清界。

2017年修订的《反不正当竞争法》第2条第1款将"遵守公认的商业道德",修订为"遵守法律和商业道德"。1993年法律采取的是相关市场上既已存在的公认的商业道德标准,即作为不正当竞争行为判断标准的商业道德是市场上已经存在并被公认的,法院只是发现特定商业道德并将其作为判断标准。当时的规定首先是遵从国际社会对于判断不正当竞争行为的商业道德标准的通常理解。同时,1993年法律本意是不允许法院依据第2条认定法律未列举的不正当竞争行为,因而其规制的行为类型是封闭的,商业道德不具有作为认定未列举不正当竞争行为依据的功能,而已列举的行为均有明确的构成要素,商业道德充其量只具有辅助的判断和说理功能,因而没有太大余地的作用。2017年法律修订后,据以判断不正当竞争行为的商业道德则既可能是市场上公认的商业道德,又可能是市场上并不存在而需要法院创制的商业道德。对于前者法院只是履行判断的职责,后者则是履行创制功能。当然,对于市场上不存在或者未被公认的商业道德,法院也不是恣意创制,而是结合各种相关因素加以确定。而且,根据创制的商业道德认定未列举的不正当竞争行为,使得法院在塑

---

① 上海知识产权法院(2016)沪73民终242号民事判决书。

造市场竞争机制中的作用更大和更突出。

任何市场上都存在公认的商业道德是不现实的,尤其是对于一些新兴市场,更不可能迅速形成公认的商业道德。但是,这些领域的市场竞争秩序仍需要及时维护。因此,法院审时度势地创制商业道德的功能不可或缺,也异常重要。

因此,商业道德有公认的商业道德与创制的商业道德之分。在有公认的商业道德可资依据时,应当优先依据公认的商业道德判断竞争行为的正当性。在新市场和新产业等缺乏公认商业道德的领域,法官需要根据法律精神、市场需求等,尤其是根据反不正当竞争的价值取向,确定可资遵循的市场道德准则,再据此判断竞争行为的正当性。就前者而言,公认的商业道德可以发挥对市场行为的规制作用;对于后者而言,通过创制商业道德准则,可以发挥对市场行为的塑造作用。而且,商业道德的公认与非公认之分经常没有明晰的和绝对的界限,很可能存在兼而有之的模糊区域,即在"既有"加"创制"的两种元素叠加之下形成所谓的公认商业道德或者商业道德。所有这些都是认定商业道德的正常现象。

市场经济毕竟是复杂多变的,涉及创制特定市场赖以遵循的商业伦理的情形,法官应当高度谨慎采取谦抑的态度,避免判断失误而过度干预市场竞争。

(四) 商业道德的市场化与效率化

反不正当竞争的目标是维护市场竞争不受扭曲,通过评估市场行为对竞争的负面或者正面影响程度而实现,[1]且效率是其保

---

[1] 参见〔德〕佛诺克·亨宁·博德维希主编:《全球反不正当竞争法指引》,黄武双等译,法律出版社 2015 年版,第 6 页。

护目标,①因而其判断标准必然是一种市场目标导向性的。商业道德标准的内容是以经济效率为内容进行塑造的。② 效率因素的引入,更加突出其功利性或者效用性,更加重视利益衡量和比例原则,传统意义上的"高贵商人""良好商业风尚"之类的道德判断趋于淡薄。

例如,反不正当竞争法"与反垄断法的经济分析越来越接近,越来越考量经济效率与经济效果的利弊得失。反不正当竞争法是一个不那么时髦但同样有歧义的现象:它在国际层面首先体现在1803年《保护工业产权巴黎公约》第10条之二,其历来被视为在竞争中保护'伦理'或者'商业伦理',依靠'尊贵商人'的理想模式。现代学界通过运用功能经济学的维度来构建反不正当竞争法,其假定与反垄断法的最终互补性,并将保护竞争作为一项制度的中心目标"。③

我国司法已通过引入效率观念和经济分析,考虑社会总福利等市场竞争价值,依此重塑商业道德的内涵。例如,鱼趣公司诉炫魔、脉淼等不正当竞争案二审判决曾经以经济效率诠释商业道德,即"反不正当竞争法不是追求一般社会意义上的公平,而是效率基础上的公平,因此,商业伦理标准可以实际的行业背景下的

---

① 反不正当竞争法与反垄断法的共同目标是确保市场经济有效运行。*Protection Against Unfair Competition: Analysis of the Present World Situation*, presented by the International Bureau of WIPO, WIPO publication No. 725, Geneva 1994, at 12.

② "经济效率诉求被引入伦理的和道德的法律规则,成为伦理道德规则的塑造路径,并塑造了反不正当竞争法的发展方向。"Anselm Kamperman Sanders,"Unfair Competition and Ethics", in Lionel Bently and Spyros Maniatis ed., *Intellectual Property and Ethics*, Sweet and Maxwell(1998), p. 227.

③ 斯蒂芬·舒勒:"人工智能与不正当竞争——揭开人工智能监管领域一个被低估的基石",黄军、鞠金琪译,载《竞争政策研究》2022年第3期。

商业惯常做法为依据,它必须以市场效率为基础和目标,并符合行业的竞争环境及特点";"若竞争行为虽损害了其他竞争者利益,但符合商业实际,促进了商业模式的创新,提升了行业效率,增进了消费者福利,则应摒弃完全诉诸主观的道德判断,认可竞争的正当性;反之,若竞争行为既损害了其他竞争者利益,又无法促进市场效率,反而扰乱了公平竞争市场秩序,有损行业发展,则应归于可责性的不正当竞争行列。"

在腾讯公司与世界星辉公司不正当竞争案的二审程序中,二审法院要求腾讯公司及世界星辉公司提交相关经济学分析报告。二审判决特别提出,"因反不正当竞争法保护的是健康的社会经济秩序,而健康的社会经济秩序通常有利于社会总福利,因此,在判断某类行为是否违反反不正当竞争法第二条时,亦可通过其是否有利于社会总福利进行量化分析"。二审判决在判决理由中特别论述了"被诉行为的长期存在是否有利于社会总福利",认为符合公认商业道德的竞争行为通常应有利于社会总福利,因此在具体案件中可以通过分析被诉行为对社会总福利的影响从而对其是否违反公认商业道德进行验证。[①] 对于该案经济分析报告是否妥当及二审法院的相关经济分析是否恰当,此处不作评论也不好评论,只是以此说明经济分析及社会总福利的考量等经济因素在不正当竞争裁判中的体现,已开始显现。

再如,北京百度网讯科技有限公司与深圳市我爱网络技术有限公司不正当竞争纠纷案二审判决认为,被诉行为的实质为运营针对搜索引擎进行人工制造虚假点击量数据的交易平台,以收费

---

① 北京知识产权法院(2018)京 73 民终 558 号民事判决书。

方式为发任务用户的网站进行付费推广。我爱网络公司所提供的这种服务"寄生"于百度公司搜索引擎产品和服务中,通过干扰百度搜索引擎算法的方式,获取商业利益,该种经营模式不仅直接损害了百度公司的合法权益,对于社会福利和消费者福祉亦无增益,且容易被如涉案目标网站这类存在违法性的网站所利用,不利于营造健康、安全的网络环境。从长远来看,如不对被诉行为进行规制,将使得网站经营者不再通过提升网站本身内容和质量来提升搜索引擎排名,而是通过被诉行为这种作弊手段快速实现,导致市场激励机制失灵,扰乱了正常的网络经营活动和健康有序的竞争秩序。故我爱网络公司运营针对搜索引擎进行人工制造虚假点击量数据的交易平台,干扰搜索引擎算法,违背了诚信原则和商业道德,损害了百度公司的合法权益及消费者利益,破坏了互联网搜索引擎行业的竞争秩序,构成不正当竞争。[1]

(五) 如何对待经济学分析

对于竞争行为正当性的经济学分析应当有清晰恰当的定位。如:"经济分析不是灵丹妙药。它并不必然告知竞争执法机构任何特定协议或者行为会有什么效果。经济学本身运用假定,经济学家对任何特定问题均可能得出不同的结论,经济学也并不能为所有问题提供答案。"[2]"对传统经济学批评的一个永恒主题是,认为经济学对现实世界的复杂性作了过多的假设,这使得它们在反

---

[1] 北京知识产权法院(2022)京 73 民终 1148 号民事判决书。
[2] Alison Jones and Brenda Sufrin, *EU Competition Law: Text, Cases, and materials (fifth edition)*, Oxford University Press (2011), p.58.

托拉斯民事诉讼中无法对这种复杂性进行合理解释。"[1] 经济分析的两面性,决定了在竞争行为正当性的判断中既要重视其作用,又要保持必要的谨慎谦抑。

一是,不简单采纳某种理论学说。

司法毕竟有司法的逻辑,可以受理论影响和接受理论工具,但并不刻意追求理论,不简单地采纳特定学说。[2] 我国反不正当竞争法执行中较少采用经济分析,通常只发生于特殊的竞争行为正当性判断,与相关的经济学理论支撑有磨合的过程。必要时可以发挥经济学说的支撑作用,但毕竟执法司法有独特的使命,经济学说只能作为达到法律施行目的的工具,以其是否适合使用为根本判断标准,而不能在适用中迷失方向,简单地选择和采纳哪一种经济学说。

二是,经济分析的局限性与替代方式。

无论是定性还是定量,经济分析都有独特的优势。比如,用数学方法研究事物之间的内在联系,定量方法具有不可替代的优势,它不仅可以通过各种统计数字描述和揭示一个社会或众多社会现象间的关系,也可以通过推断局部以知道总体的状况。同时,定量研究还具有逻辑上的严密性和科学性,在结论的呈现上也具有高度的精确性和简洁性。但是,经济学方法具有局限性。比如,"定量霸权"的形成却有可能蚕食一个学术界的重要共

---

[1] Christopher L. Sagers, *Antitrust*, Kluwer Law International(2011), p.22.
[2] 孔祥俊:"论互联网平台反垄断的宏观定位——基于政治、政策和法律的分析",载《比较法研究》2021年第2期。

识——方法的多样性。① 诺贝尔经济学奖得主克鲁格曼认为,经济学过于依赖数学。"经济学专业之所以误入歧途,是因为经济学家作为一个群体,误将披着令人印象深刻的数学外衣的美感当成真理。"经济学家过多依赖基于数理推导的模型,带来了对现实的曲解,许多重要的经济问题并不符合"约束性优化"条件,如民主体制的脆弱性及其对不平等问题的敏感性。②

美国和欧盟竞争法采取的新古典经济学方法是以成熟稳定的市场环境为基础,且有丰富的竞争执法经验和学术积淀为支撑,并服务于单一的消费者福利目标。我国市场经济运行的基础条件有重大差异。我国有特殊的市场结构、发展阶段和发展需求以及其他国情条件,因而要有适合我国国情和实际的经济分析方法。这些方法的形成需要经过深入的研究探索,需要达成基本共识。尽管司法需要尝试和积累,但司法毕竟由当事人承担裁判后果,在司法中运用经济分析方法总体上要保持谨慎,特别要注意运用能够达成基本共识、具有可重复性和比较成熟的方法,而不能轻率地进行尝试性使用。目前我国有关这方面的智识和学术准备似乎还相对不足,还需要在实践中逐步形成和探索,还不能过于依赖经济分析,而应当多种方法并用,重视替代性方法的使用。所涉及的经济和技术市场复杂、市场化程度较高领域的反不正当竞争问题,可以考虑更多地运用经济分析方法,特别是注意经济分析方法的探索和总结;对于明显可以用经济学常识和经验

---

① 葛传红:"西方政治学界对于'定量霸权'的反思与批判",载《国际政治研究》2019年第1期。

② 〔德〕约翰·考姆勒斯:"过时的新古典经济学范式该改变了",载《中国社会科学评价》2021年第2期。

判断的反不正当竞争问题,可以使用常识和经验的判断方法;对于市场与其他因素交织的反不正当竞争问题,可以根据情况采取多种方法或者相应的方法。

三是,事实与事实认定的经济分析。

执法需要依靠事实和判断,司法权更是一种判断权,事实和判断经常涉及时过境迁问题或者带有较大不可知性,经常不能完全获得或者认知,需要借助一定的分析认定工具,寻找最为接近或者最能接近事实的方法。由于经济学与竞争法的特殊关系,经济分析方法天然地成为探寻事实或者帮助进行事实认定的重要路径。我国执法司法尤其是疑难案件的处理,将来可能会较多地运用经济学工具。但是,经济分析毕竟是探寻事实的路径,它本身并不是客观事实本身。尤其是,经济学分析具有较强的迷惑性,容易使人迷信其结论,对于经济分析的定位和把握容易产生偏差。[①] 因此,需要摆正事实与事实的探寻路径之间的关系。

经济分析涉及竞争状况、效果和损害等的定性和定量,但经济分析结论的妥当性取决于多种条件,且在不确定事实的判断上出现误差亦属正常,本来也易于产生分歧。例如,竞争法应当实现消费者福利是共识,但如何在分配效率、生产效率和动态效率之间进行权衡,某些行为的福利的含义是什么,以及短期内保护竞争者对于保护竞争和消费者的长期福利是否必要,则存在分

---

① 例如,"绝对不要因为经济学分析部分像模像样的,就盲目地认为个案实践就一定是严谨的、科学的、诚实的"。刘旭:"反垄断执法运用经济分析应警惕四个误区",载"市监公社"(微信公众号)2021年4月18日。

歧。这些争论体现于不同案件的裁判中。① 经济分析涉及基于事实的判断与基于理论的判断之分,基于经济学理论和工具。其中,确定性在市场决策中无处不在,但在主流经济学理论中,却被轻描淡写地简化为概率计算,这是不合理的。因为在大多数重要决策中,各种经济状态的概率分布完全未知,需要加以判断。卡尼曼(D. Kahneman)已经证明,人们估算概率的难度有多大,而基于经验的判断力,则是分析经济必须掌握的一项重要技能。② 经济理论和模型基于并围绕假定,其好处是能够依据多种元素形成特定结论或者前景预测。但是,这些假定又不能覆盖现实生活的真实图景,且如果假定发生改变,就可能有截然不同的模型结果。由此决定了经济理论的运用不能总会给出清晰和确定的答案。③ 因此,经济分析具有固有的局限性。最佳的结果是,经济学原理只是提供融贯的分析框架、相关的推理路径、识别能够依据特定竞争损害理论进行审查的主要问题以及排除特定后果的可能性。也即,"经济学有助于讲出貌似可信的最佳故事"。个案中,经济学需要首先发现最为符合个案实际市场条件的概念和模型,并对实际的或者潜在的竞争后果进行分析。经济预测还可以帮助政策规则的形成,指出在何种条件下反竞争后果非常不可能、非常可能或者比较可能,并有助于设计安全港。④

---

① Alison Jones and Brenda Sufrin, *EU Competition Law: Text, Cases, and materials (fifth edition)*, Oxford University Press (2011), p. 58.
② 〔德〕约翰·考姆勒斯:"过时的新古典经济学范式该改变了",中译文载《中国社会科学评价》2021年第2期。
③ J. Faull and A. Nikpay(eds), *The EC Law of Competition*, 2nd edition., Oxford University Press, 2007, 4.
④ Ibid.

鉴此，在执法司法中纳入经济分析，需要通过尽可能完善的制度防止误判和偏差。首先，要注重审查基础数据和事实的可靠性。司法中运用经济学分析方法是相对的。"除了让论证显得高大上的装饰作用之外，经济学方法在实务中更多是起到辅助作用，而且往往需要建立在所需数据可获得、足够充分、真实且可校验的前提下才可以更稳健地开展。"这使得在很多情况下经济学分析可能难以开展，或者容易出现错误，或者经常可能基于不同模型得出不同结论。① 因此，执法司法对于经济分析应当着重对此进行审查判断。同时，要立足于个案，高度重视审查在个案场景下的妥当性。② 其次，可以区分基础性经济分析与复杂性高阶经济分析。反垄断经济学并不都是高深莫测的。即便如美国的实践所显示的，"在绝大多数反垄断案件中，都可以在无需运用大量经济学原理的情况下，给出大致合理的粗略的答案，而不需要太多的经济学理论"。这些基础性的原理被称为"反垄断经济学基础规则"（Ground Rules of Antitrust Economics）。③ 这些基础性原理可以成为判断案件事实的共识，也易于为执法者所掌握，据此判断的案件事实具有较强的认知稳定性和可采性。还有一些涉及复杂经济学分析的情形，对于用于分析的经济学理论易于

---

① 刘旭："反垄断执法运用经济分析应警惕四个误区"，载"市监公社"（微信公众号）2021年4月18日。

② "不应脱离对相关市场竞争环境的综合分析，无视经营者自身的特征，孤立地关注相关市场界定本身，以及惯常用于相关市场界定的经济学方法。因为这样非常容易本末倒置、削足适履，最终带来滑天下之大稽的谬误。"科学地界定相关市场，需要经济学分析在个案每个分析环节的适用，尤其是在市场支配地位的理解和认定上。刘旭："反垄断执法运用经济分析应警惕四个误区"，载"市监公社"（微信公众号）2021年4月18日。

③ Christopher L. Sagers, *Antitrust*, Kluwer Law International (2011), p. 20.

产生争议,此时应当兼听则明和谨慎对待,依据相关经济分析不足以认定特定主张的,应当不予认定。反不正当竞争执法同样如此。再次,要强调执法司法者的主导地位。经济分析是认定事实的路径和方法,执法司法者居于审查判断的主导地位,应当加强对于经济分析妥当性的积极主动审查,防止轻率地盲从经济学分析而致使执法司法权旁落。再其次,完善程序设计。比如,注重通过多渠道和复合性的质证对抗程序,并发挥经济分析报告、专家证人和日常经验等的综合作用,尽可能确保经济分析的妥当性。①

四是,引入经济分析的执法司法克制。

在反不正当竞争执法中引入和强化经济分析,是为了使法律适用更符合经济实际和市场规律,但是,经济理论对于市场的判断未必尽皆准确,且很可能众说不一和难辨真伪。况且,法律执行与经济分析并非一回事,法律执行毕竟只是有限度引入经济分析,且保持必要的界限。如美国反垄断法学者希尔顿所说,"在试图获得有关经济合理性的时候,经济理论显然是非常有用的,也可能是非常必要的,我并不认为存在着太过抽象以至于无法发挥作用的经济分析"。但是,"反垄断原则是否应当反映或者应当考虑经济学家的所有关注,答案显然是否定的"。② 正如布雷耶大法官在巴里·怀特(Barry Wright)案中所说:"尽管技术性的经济分

---

① "在很多情况下,即便没有经济学分析也可以基于已有的法律事实,通过严谨的逻辑分析和构成要件分析,对个案做出令人信服的定性结论。"刘旭:"反垄断执法运用经济分析应警惕四个误区",载"市监公社"(微信公众号)2021年4月18日。

② 〔美〕基斯·N.希尔顿:《反垄断法:经济学原理和普通法演进》,赵玲译,北京大学出版社2009年版,第6页。

析有助于阐释反垄断法,但这些法律无法精确地复制经济学家的(有时是冲突的)观点。因为,与经济学不同,法律是一个执行制度,其作用只有当规则和先例被法官和陪审团所适用、被律师用作向其客户提供建议的时候,才能显现。那种通过执行中的奇思妙想,寻求体现各种经济学复杂性和限定性的规则,被证明是徒劳的,反而会削弱他们试图寻求的经济学目的。"[1]这些论述可以为反不正当竞争法施行借鉴。

总之,与反垄断法类似,反不正当竞争法运用经济分析要保持必要的克制,保持对于市场机制和市场竞争的必要敬畏,有所用有所不用。对于外国的经验和做法可以适当借鉴,但不能迷信和盲从。[2]

(六) 商业道德的要义是应然的行业规范

反不正当竞争法上的"商业道德"可以界定为特定生产经营领域普遍认可或者应当遵循的商业道德规范。普遍认可的商业规范是公认的商业道德,而应当遵守的商业道德规范可以包括虽未公认但为法院所确立的商业道德规范。商业道德的要义是可被相关市场领域公认的竞争行为规范。特定市场领域通行的诚实商业做法或者被广泛认可的行为规范,经常被作为据以判断竞争行为正当性的标准,也即先发现有无此类公认的做法和标准,

---

[1] Barry Wright v. ITT Grinnell Corp., 724 F. 2d 227, 234(1st Cir. 1983).
[2] "不应脱离本国实际,盲目照搬照抄外国竞争法实践中的经济学分析模型或思路。"因为国内的很多因素是外国不存在的,尤其是一些政策影响,以及特有的权力运行、社会传统、国有企业与民营企业与政府的关系等因素。否则同样非常容易在适用经济学方法中出错,同样可能让分析结果与实际情况显得格格不入。刘旭:"反垄断执法运用经济分析应警惕四个误区",载"市监公社"(微信公众号)2021年4月18日。

再判断被诉行为与其是否符合。所谓的不正当竞争行为,就是与公认的市场行为标准有悖的竞争行为。只是在新兴市场缺乏公认行为标准时,才需要执法者先创制行为标准,再据以认定不正当竞争行为。

如腾讯公司与星辉公司不正当竞争案[①]一审法院认为,竞争行为的正当性应按照公认的商业道德标准进行衡量和判断。其认定,要从行业的惯例和公认的行为标准予以把握。合乎商业道德的判断所依据的是商业活动中实际的或者客观的做法或者惯例。行业经营者在其所属领域内的实际做法,是判断商业惯例标准的依据;而该实际做法,决定了"诚实"方法的现实性。因此,"诚实""公平"必须在实际的、客观的商业惯例的框架下判断认定。从查证的事实:下载并安装腾讯公司运营的QQ浏览器,点击该浏览器右上角"≡"按钮,进入浏览器"设置"页面,点击"广告过滤"选项,显示可选择是否"开启广告过滤"按钮。勾选该功能后,在新打开的网页中输入网址 http://v.ifeng.com/video_9579867.shtml,显示名为《生生不息》:李玉刚呼吁'每周一素'保护生态"的视频,该页面直接播放视频内容,未显示片头广告;拖动进度条随机暂停播放,亦未显示广告弹窗。返回浏览器"设置"页面中的"广告过滤"功能,取消已勾选的"开启广告过滤"按钮,重新播放上述视频,显示有15秒倒计时的片头广告;点击暂停按钮,显示广告弹窗……。可以看出腾讯公司自己运营的浏览器也具有广告过滤功能以及"广告过滤"与"不过滤广告"的选择和使用。这同时也说明了腾讯公司自己的浏览器也是与其所诉

[①] 北京市朝阳区人民法院(2017)京0105民初70786号民事判决书。

世界星辉公司运营的浏览器一样的具有广告过滤功能,并且能够选择、使用,达到过滤广告的效果。由此看出,无论是世界星辉公司运营的浏览器,还是腾讯公司自己运营的浏览器,都具有广告过滤功能的选择、使用,都可达到屏蔽广告的效果、目的。事实上,视频网站均采取会员可以不看或关闭广告的方式,也是在其使用观看视频的浏览器从技术上做到过滤、屏蔽广告的效果、目的。这说明,浏览器具有广告过滤功能是行业的惯例、共同的经营模式,是一种通用的功能、具有一定的普遍性,达到了行业通行的程度。这种普遍性,在其具有的"过滤广告"的选项下,运营商的地位平等、需求平等,获取利益的"干扰"也是均等机会。尽管惯例并不必然地等同于合法,但应当看到此时的惯例,具有多种选项,重要的是具有"过滤广告"的选项,在该功能不针对任何主体的前提下,从而不能当然地认定其行为具有不当性的结论。

腾讯科技(成都)有限公司、深圳市腾讯计算机系统有限公司与江苏爱代网络科技有限公司(简称爱代公司)不正当竞争纠纷案[1]二审判决对于"爱代公司的行为违反了业内行为规范及商业道德"的论述:

网络安全法第 24 条规定,网络运营者在与用户签订协议或者确认提供服务时,应当要求用户提供真实身份信息。未成年人保护法第 75 条规定,网络游戏服务提供者应当要求未成年人以真实身份信息注册并登录网络游戏。网络游戏服务提供者不得在每日 22 时至次日 8 时向未成年人提供网络游戏服务。国家新闻出版署《进一步防沉迷通知》以及游戏出版工作委员会协同游

---

[1] 江苏省高级人民法院(2023)苏民终 280 号民事判决书。

戏企业制订的《防沉迷自律公约》等,均要求严格限制向未成年人提供网络游戏服务的时间以及落实网络游戏用户账号实名注册和登录的要求,不得向未成年人提供账号租赁交易及代练等服务。网易游戏、360游戏、美国暴雪等众多国内外网络游戏服务企业也均在用户协议中明确禁止基于商业目的出借网络游戏账号及代练行为。腾讯公司亦明确要求用户实名注册《王者荣耀》游戏账号,明确禁止将账号以代打、代练等方式转借他人,并通过限制未成年人账号登录时段、时长等防止未成年人沉迷网络游戏,同时对代练行为规定了明确的处罚措施。由此可知,网络游戏实名注册账号、不得将账号私自转借他人、禁止代练、防沉迷等已然成为网络游戏业内公认的、应当遵守的行业规范、行为规则和商业道德。

爱代公司通过涉案APP平台提供《王者荣耀》游戏代练机会,撮合代练交易,并推动包括未成年人在内的"打手"以他人注册的账号实施代练游戏行为,导致游戏的实际参与者与注册人真实信息不符,使得未成年人可以使用成年游戏用户的账号参与《王者荣耀》游戏,从而未成年人可以超出法律规定的时间无限制地进行游戏。爱代公司的行为公然挑战上述业内行为规范、行为规则与商业道德,一审判决适用网络安全法、未成年人保护法以及公认的业内行为规范、商业道德等认定爱代公司的行为具有不法性和可归责性,并无不当。

微海联合公司与杜树楷不正当竞争纠纷案[①],二审判决对于"电商平台投诉行为是否具有不正当性或可责性的认定"分析如

---

① 北京知识产权法院(2021)京73民终4303号民事判决书。

下：本案系发生在电子商务平台内的知识产权民事案件，因此在考虑涉案投诉行为是否违反商业道德时，可参考适用《电子商务法》及《最高人民法院关于审理涉电子商务平台知识产权民事案件的指导意见》相关规定。根据《电子商务法》第42条规定："知识产权权利人认为其知识产权受到侵害的，有权通知电子商务平台经营者采取删除、屏蔽、断开链接、终止交易和服务等必要措施。通知应当包括构成侵权的初步证据。"《最高人民法院关于审理涉电子商务平台知识产权民事案件的指导意见》第6条规定："人民法院认定通知人是否具有电子商务法第四十二条第三款所称的'恶意'，可以考量下列因素：提交伪造、变造的权利证明；提交虚假侵权对比的鉴定意见、专家意见；明知权利状态不稳定仍发出通知；明知通知错误仍不及时撤回或者更正；反复提交错误通知等。"

具体到本案。首先，微海联合公司是第26254981号"黄金视力"商标权利人及"黄金视力眼贴"商品的生产者，当其发现涉案店铺商品与自身生产商品外包装存在差异时，其有权向淘宝公司提起投诉。因此微海联合公司提起涉案投诉属于正当行使自己权利的行为。其次，微海联合公司于2018年10月26日提起涉案投诉并提交了产品对比图片作为初步证据，并且指出了二者产品外包装的不同之处；淘宝公司审核通过投诉后，将处理结果通知杜树楷，杜树楷针对投诉提交了申诉材料，微海联合公司针对申诉材料又补充提交了《司法鉴定意见书》，后淘宝公司根据微海联合公司提交的材料认定杜树楷的申诉不成立。由此可见，微海联合公司提起涉案投诉程序符合淘宝公司制定的投诉流程及规范。第三，根据本院二审查明事实，杜树楷于一审中提交的投诉记录没有显示投诉人,因此一审判决认定上诉人及关联公司多次反复提交投诉具有恶意没有事实根据。此外,微海联合公司于涉案投诉全流程中不存在提交伪造的司法文书作为投诉材料的情形,故一审查明关于伪造司法文书的在先判例与本案缺乏关联性。

综上,《反不正当竞争法》旨在保护公平竞争的市场秩序及经营者、消费者的合法权益,因此认定构成不正当竞争行为的前提一定是违反了该行业领域普遍遵循和认可的行为规范,进而扰乱了公平竞争的市场秩序。本案中,微海联合公司根据电商平台规则及流程提起涉案投诉,杜树楷在接到投诉处置通知后亦积极多次进行申诉,淘宝公司作为电商平台根据平台规则及相关法律规定作出了判定并采取相应措施,各方主体均积极的采取措施维护自身合法权益,未违反诚实信用原则或公认的商业道德,扰乱公平竞争的市场秩序,因此涉案投诉行为不具有不正当性或可责性。

第八章　反不正当竞争法的二元法益保护谱系

第一节　独特的二元法益保护

一、二元法益保护格局

当今新经济、新业态、新模式和新技术迅猛发展,既不断产生商业成果保护的新客体,又经常提出维护市场竞争秩序的新要求。一些难以或者暂时无法归入其他专门法保护和调整的商业成果或者市场行为,经常被纳入反不正当竞争法的调整范围。近年来反不正当竞争法的施行持续扩展外延和走向纵深,在保护新法益和维护竞争秩序上经常呈现新动态和发挥独特功能,同时也带来了保护正当性、保护边界以及保护方法的困惑和疑虑。每当在解决现实问题产生困惑时,总归要回归其本源和来路,据此为新难问题寻求答案。

反不正当竞争法既保护特定商业成果,又保护一般性竞争法益,呈现出两位一体的二元法益保护格局,并具有略显差异的竞争行为正当性判断范式。反不正当竞争法既进行补充性法益保护,又进行"孵化性"法益保护。"孵化性"法益保护使反不正当竞争法成为权利保护的"孵化器"、探索者和试验田,可以在新业态新模式新商业成果的法益保护中发挥独特功能。一般性法益保护既沿袭保护商人与客户关系的传统,又被赋予新的时代内涵,使反不正当竞争法能够具有开阔的保护视野和调整弹性,在竞争优势、商业模式和竞争生态系统等领域不断拓展调整空间。

近代反不正当竞争法诞生于第一次工业革命完成之时,历经二百余年的发展和积淀而持续地被赋予新内涵新使命,但至今仍保持其原始基因,且又活跃在当今信息网络智能时代,展现出惊人的涵盖力和包容度,不断焕发新活力,但仍一以贯之地发挥维护正当竞争秩序的调整功能;虽然其具体的调整元素不断变换,但整体上仍保持其有生以来延续至今的基本的线条、理念和思路。这些原始基因使其历经发展而仍保持其反不正当竞争法的本性,并未发生本质性的变异,使得旧制度在新时代不断被发扬光大。当今时代反不正当竞争法呈现出法益保护和秩序维持的强劲势头,尤其在数据权益保护和互联网竞争秩序的维护上,充分展示了反不正当竞争法的独特功能。这种生机活力既有禁止滥用竞争自由不正当获利等理念层面的支撑,又有二元法益保护架构的制度支撑,理念与制度定义了反不正当竞争法的基本规定性,构成反不正当竞争法的根基和基因,决定了其独特的涵摄范围和调整方式,使其具有自己的本色并得以万变不离其宗。二元法益谱系则是维系反不正当竞争法基本性格的基本线条,是认识和把握反不正当竞争法精髓的技术性核心进路。

总之,反不正当竞争法历经发展而保持本色,归根结底是因为其基因和谱系未变,即其自始即保持以固有方式进行商业成果保护与竞争秩序维护的二元谱系格局。

二、二元法益保护谱系的由来与发展

(一) 具体商业成果与一般性竞争法益区分的由来

反不正当竞争法肇始于法国,自始即架构了具体商业成果与一般竞争法益(商人与客户的一般关系)的二元法益保护的观念和制度格局,形成欧陆国家反不正当竞争法传统,而《保护工业产权巴黎公约》(简称巴黎公约)只是强化了反不正当竞争法的工业产权补充保护功能和角色。因此,反不正当竞争法从其诞生时起,就保护两种法益,即未注册商标、商业秘密等具体商业成果性法益,以及不体现为具体商业成果的一般性市场竞争利益,尤其是以竞争优势等术语进行称谓的竞争利益。

巴黎公约于1900年始有反不正当竞争条款,将其纳入工业产权保护范围[①]。但是,将反不正当竞争归入工业产权保护并非该公约首创,而是基于当时欧陆国家已经确立的工业产权的通行观念。缔结巴黎条约的主要推手是英国和法国。英国素无反不正当竞争法传统,其国内除有商业标识等仿冒行为的判例法以外,并无反不正当竞争的一般性观念,但当时的英国却积极推动在巴黎公约中引入反不正当竞争条款,其目的并非将其国内制度向条约延伸,而是为了保护其国内商标等在国外不被假冒。法国则是反不正当竞争法的策源地,巴黎公约的反不正当竞争条款与法国反不正当竞争实践有直接的关系。

---

① 1967年缔结的《设立世界知识产权组织的公约》(the Convention Establishing the WIPO)第2条又将"反不正当竞争保护"规定为知识产权的一种类型。

法国反不正当竞争法几乎肇始于法国大革命结束之际,且与1791年一项著名的法律有关。该法不仅废除所有吉尔特和商人公司,而且广泛地宣布"每个人均得根据其所好,进行经营活动,或者从事其职业、艺术或者贸易"的原则。该法的主要目的是宣布废止吉尔特主导经济和政府干预生产。该法因鼓励所有经营领域的自由竞争,而在一定意义上成为法国经济的大宪章。法国民法典没有干涉这种新创设的经营自由的任何条款,也没有明确确定任何反不正当竞争规则。但是,法国民法典施行以后,法国法院即开始依据第1382条和第1383条侵权行为一般条款制止不正当竞争行为(即 concurrence déloyale),法院的不正当竞争判例涉及面广泛,以至于几乎对其无从界定。至19世纪中叶,经判例与学术互动,从法国开始牢固确立了大陆法系工业产权和反不正当竞争的两大理论基石,即一个是工业产权概念,它不仅包括基于专门法的所有工业产权,如专利、商标、工业设计等,而且还包括保护商人与其客户之间的整体关系(the entire relationship between a merchant and his clientele)的更为宽泛的概念;另一个并行的观念是,法国大革命之后新获得的经济自由和自由竞争特权(privilege of economic freedom and free competition),仅止于通过劳动和贡献获得成果的自由,而不能扩展到不正当夺取竞争者的成果的自由。不得滥用竞争自由获取或者利用竞争对手的商业成果,就被确立为基本原则,法院据此仅依据民法典第1382条和第1383条,即可禁止范围广泛的不正当竞争行为。也可以说,从法国法的原理看,反不正当竞争法原则根植于始终存在的一般私法基础,而自法国民法典生效之后,工业设计、商标、专利、版权的专门法陆续制定,并增加了一些新的更为严厉的民事和刑事救济。因此,大致说来,甚至在商标侵权、专利侵权以及其他不正当行为确立之前,反不正当竞争法的原则已被承认和实施[①]。

在19世纪的反不正当竞争法发展中,法国法院聚焦于"achalandage"(招徕顾客)概念,按照早期的界定,它是"商人与客户之间创设的所有关系的概称"。在保护商人与客户之间所有关系的观念之下,从早期开始法国法院不仅制止商标侵权和仿冒行为,而且制止所有模仿营业所(establishment)外部特征而意图混淆的行为,以及虽无混淆但意图拐走竞争者客户的行为,如诋毁竞争者的产品。稍后又扩展到制止商业贿赂、泄露商业秘密以及其他类似行为。19世纪末叶以后,这些不正当竞争行为已非常之广,以至于当时的教科书作者甚至不再寻求穷尽所有不正当行为[②]。经过逐渐演化,大多数欧陆国家的不正当竞争行为已扩展到各种干涉他人商誉、客户或者营业的行为[③]。

反不正当竞争法是具有浓厚大陆法系色彩,英美法因有独特的市场和法律观念,对于不正当竞争的态度比较保守。1909年之

[①] Walter J. Derenberg, "The Influence of the French Code Civil on the Modern Law of Unfair Competition", 4 *Am. J. Comp. L.* 1(1955), pp. 2-4.

[②] 如20初叶权威学者普耶(Pouillet)在其反不正当竞争法教科书(1912年第六版)中写道:"我们无意也不希望指出不正当竞争行为的所有形式。我们仅能说出最为重要和最为常见的形式。我们感到,在任何情况下,我们的法院作为商业诚信的监护者,即使在缺乏具体规则的情况下,也能够认定和惩罚违反公平竞争原则的任何行为。"他提出了不正当竞争行为的如下定义:"恶意实施的旨在在两个制造商的产品之间或者两个商人之间产生混淆,或者虽不产生混淆但损害竞争对手信誉的行为。"Walter J. Derenberg, "The Influence of the French Code Civil on the Modern Law of Unfair Competition", 4 *Am. J. Comp. L.* 1(1955), p. 4, note 8.

[③] Ibid., p. 8.

前英语国家甚至不承认不正当竞争法。其原因如论者所说,在普通法国家,"法官们传统上一直不愿意对于市场行为作出决定。在法院看来,此类决定依赖的是政策考量(policy considerations),而这正是议会的特权"[1]。英国法官们不愿意管制不公平贸易行为,不愿意参与经济政策的塑造[2]。英国担心在普通法侵权行为中引入"模糊而宽泛的概念",会导致对于自由市场的不适当干预。"不公平"(unfair)概念是采纳反不正当竞争一般原则的主要障碍,即特定行为是否构成不正当竞争,取决于何为"不公平"的个人观念,该标准会导致不确定性。这与英国普通法传统不合[3]。但是,美国的情况有所不同,其早期不正当竞争法不过是商标法的一个分支,1909年《尼默论不正当竞争和商标法》的出版是一个转折点,该著作提出不正当竞争形式多样,包括诋毁竞争对手、干涉竞争对手的营业及其他类似行为。但是,只至1916年,美国法院在 Hanover Milling Co. v. Metcalf 案[4]中首次提出,不正当竞争是"属"而不是"种","商标普通法不过是广义的不正

---

[1] Anselm Kamperman Sanders, *Unfair Competition Law: The Protection of Intellectual and Industrial Creativity*, Clarendon Press(1997), p. 2.

[2] 如戴维(Davey)勋爵所说([1902]AC 484, p. 500):"对于法律判决而言,公共政策总是一个不安全和暗藏危险的理由。"See Rogier W. de Very, *Towards a European Unfair Competition Law: A Clash Between Legal Families*, Martinus Nijhoff Publishers(2006), p. 205.

[3] 当然,英国不承认"不正当竞争"的一般原则还有其他原因,如其传统上不愿意使权利扩大范围的一般化,承认"不正当竞争"之类的宽泛原则与其谨慎的传统格格不入;英国法院高层级的法官数量很少,这种特殊的法院结构使其因担心案件多而不愿意承认不正当竞争之类的一般诉因。See Rogier W. de Vrey, *Towards a European Unfair Competition Law: A Clash Between Legal Families*, Martius Nijhoff Publishers(2006), pp. 205, 307.

[4] 240 U.S. 403(1916).

当竞争法的一部分"。美国不正当竞争法的真正起源是美国最高法院对于"International News v. Associated Press"案(简称 INS 案或者 INS v. AP 案)的判决。该判决使不正当竞争超出仿冒行为的局限,并将不劳而获的侵占行为确立为正当性基础。此后判例对不正当竞争法仍见解不一。总之,美国的不正当竞争法远没达到欧陆国家涵盖各种干涉他人商誉、客户或者营业之行为的广度[①]。

20世纪初期以后,巴黎公约将反不正当竞争作为工业产权的组成部分,显然是基于接受源于法国的上述大陆法系工业产权观念的结果,并吸收了公认的部分不正当竞争行为,其渊源关系非常清晰[②]。

综上,从起源于法国的欧陆国家反不正当竞争法历史发展看,首先,反不正当竞争被纳入工业产权的范围。工业产权是包括专门法保护的各类工业产权以及反不正当竞争的宽泛概念,即工业产权既包括保护专利商标等专门性权利,还包括保护经营者

[①] Walter J. Derenberg, "The influence of the French Code Civil on the Modern Law of Unfair Competition", 4 *Am. J. Comp. L.* 1(1955), p. 8.

[②] 1958年巴黎公约里斯本修订之前,仅使用法文作为条约文本,里斯本修订文本首次规定国际局将公约翻译成包括英文在内的官方译本,1968年斯德哥尔摩修订时正式将这些译本上升为官方文本。里斯本文本之前不正当竞争的条约表达只有法文"concurrence déloyale",此后才有"unfair competition"的英译。而且,条约的解释存在歧义时,以法文为准,并参考条约缔结的相关法文文献,而立法史文件等均是以法文撰写。可见,巴黎公约之前对于不正当竞争条款的规定采用的"concurrence déloyale"及其代表的法国法上的含义。"不仅法文是巴黎公约本身的唯一语言,而且法国在先形成反不正当竞争法,19世纪末叶之前"concurrence déloyale"即已成为广泛接受的专业术语,而领先于英国法中的相应术语和概念。"See Christopher Wadlow, *The Law of Passing-off : Unfair Competition by Misrepresentation*, Sweet & Maxwell (2011), p. 56.

与客户之间的一般关系的反不正当竞争法。不正当竞争行为包含任何干扰竞争者的客户关系的行为,不论采取了什么样的干预形式。而且,即使依照保护专利、外观设计、商标或者艺术作品的专门法不能获得充分救济时,也可以援用不正当竞争进行救济[①]。这是不正当竞争补充保护功能的端倪。其次,不正当竞争是竞争自由和滥用竞争自由的产物。滥用竞争自由损害竞争者客户关系的行为被广泛地纳入不正当竞争范围。特别是,禁止滥用竞争自由获取或者利用竞争对手的商业成果,成为反不正当竞争法的基本原则。反不正当竞争法派生于经营自由,源于对经营自由关系的维护,但经营自由只是通过劳动和贡献获得成果的自由,不包括不正当夺取竞争者成果的自由。该原则尤其成为反不正当竞争法保护商业成果和制止不正当竞争的正当性依据。比如,美国最高法院在 INS 案[②]中援引"不播种而收获"(to reap where it has not sown/reaping without sowing),依据侵权法的侵占原则,保护不受版权保护的新闻报道信息。欧陆国家的许多法院采取同样的态度。德国法院曾有"用别人的牛耕田"(ploughing with

---

[①] Walter J. Derenberg,"The Influence of the French Code Civil on the Modern Law of Unfair Competition",4 *Am. J. Comp. L.* 1(1955),p. 5.

[②] 248 US 215,239-40(1918)。INS 案所涉侵占行为的突出特征是当事人之间不存在合同关系或者信任关系,也不涉及防止公众对于识别商品的混淆或者非公开信息的披露,该侵权行为只是获取他人通过投资、付出时间和智力努力而获得的成果。这种侵占行为是可以视为是由原来的侵占地产的有体物侵权观念变换而来,也即将已经成熟的地产侵占观念适用于无体价值,而这种无体价值能否成立所有权仍有争议。随着时间的流逝,这种争议发生激变,即侵占法蕴含的高度个人主义的劳动财产论为社会效用论所替代,此即只是基于授予或者否定权利对于总体公共利益的好坏,决定是否授予一种私权利。Charles R. McMants,*Unfair Trade Practices in a Nutshell*,West Publishing CO. (1993),p. 9.

someone else's calf)的说法①。我国当前反不正当竞争法理论和不正当竞争案件裁判经常援用不劳而获、搭便车、食人而肥等理由认定不正当竞争行为,也具有异曲同工的意蕴②。再次,源于法国法的欧陆反不正当竞争法,自始即具有保护商业成果和保护商人与客户之间关系的两种不同取向。换言之,反不正当竞争法既保护商业标识等特定商业成果,又保护体现为经营者与客户关系的一般性竞争法益,也即具有二元法益体系。

(二) 反不正当竞争法的补充保护功能

19世纪后期,随着知识产权保护的发展以及后工业革命时期为适应跨国保护的需求,1883年英法等一些工业化国家缔结巴黎公约,对于商标、专利等专有权利进行保护。1883年缔结巴黎公约之时,并无不正当竞争条款,在1883年至1900年之间的条约修订中,虽有引入不正当竞争的一般性禁止规定的努力,但因缺乏普遍支持而未能成功。根据法国代表团的提议,1900年的条约修订增加第10条之二,将国民待遇原则首次适用于反不正当竞争法。该规定只解决了禁止在国内适用反不正当竞争法的歧视问题,并未要求任何特别的反不正当竞争保护水平和保护类型。

---

① Lobe, A., "Der Hinweis auf fremde gewerbliche Leistung als Mittel zur Reklame", MuW XVI(1916-17), 129. See *The Structure of Intellectual Property Law: Can One Size Fit All*, edited by Annette Kur Vytautas Mizaras, Edward Elgar(2011), p.98.

② 我国不正当竞争案件裁判以此为由认定不正当竞争,尤其是按照一般条款认定不正当竞争。如大众点评诉百度抓取用户点评信息案一审判决认为:"百度公司并未对于大众点评网中的点评信息作出贡献,却在百度地图和百度知道中大量使用了这些点评信息,其行为具有明显的'搭便车''不劳而获'的特点……具有不正当性。"见上海市浦东新区人民法院(2015)浦民三(知)初字第528号民事判决书。

巴黎公约经1911年华盛顿会议以及以后的几次修订,形成了第10条之二这种一般界定加列举性规定的结构,其中列举了混淆、诋毁竞争和误导性宣传行为。

巴黎公约增加不正当竞争条款明显是以法国反不正当竞争法为制度背景。1900年开始引入反不正当竞争条款之前,巴黎公约仅保护注册商标、专利等各类工业产权,后感到如不制止不正当竞争,专有权保护即大打折扣,工业产权的保护会被仿冒等不正当竞争行为抵消和削弱,使专门工业产权的保护会在很大程度上落空,需要以不正当竞争条款堵塞专门保护的漏洞,使不正当竞争条款与工业产权保护相衔接,更为周全地保护工业产权,即在没有专有权可以保护,而又需要制止一些削弱工业产权保护的行为时,通过制止不正当竞争进行保护。因此,条约的本意是以制止不正当竞争行为的方式辅助工业产权专有权保护,而不是采取专有权或者类专有权的保护方式,且是在工业产权专有权之外再对其进行辅助和强化保护。后来世界知识产权组织"反不正当竞争示范条款"及其对反不正当竞争的学理阐释,乃至Trips修订有关不正当竞争的内容,都是以巴黎公约不正当竞争条款为基础,立足于与工业产权保护有关的内容[①]。

综上,源于法国法的欧陆反不正当竞争法被纳入工业产权法框架之内,即有在专门性工业产权之外进行补充保护之意[②]。反不正当竞争条款纳入巴黎公约,强化了其对工业产权的补充保护角色。显然,与国内法宽泛的反不正当竞争法范围相比,巴黎公

[①] *Model Provision on Protection Against Unfair Competition: Articles and Notes*, presented by the International Bureau of WIPO, Geneva 1994, p.14.

[②] Ibid., p.10.

约只取其补充保护工业产权的一端，而不是全部和全貌。不能因为反不正当竞争条款纳入巴黎公约，即认为反不正当竞争法只保护工业产权，或者仅为工业产权法。国内法中的反不正当竞争法完全可以不限于保护工业产权的内容。理解国内法中的反不正当竞争法，应当不限于其补充保护工业产权的功能，但此种补充保护显然又极其重要。

（三）我国反不正当竞争法法益保护的二位一体

我国《反不正当竞争法》承袭了欧陆国家反不正当竞争法的架构和基因，既保护商业成果又保护经营者与客户的一般性关系，在法益保护上明显是两位一体，即仿冒混淆、商业秘密、商业诋毁等归属于具体法益保护；误导性宣传、商业贿赂、不正当有奖销售等归属于一般法益性保护。而且，两类情形均开放性地适用于未列举的不正当竞争行为，即无论是未列举的具体法益（如特定数据权益），还是未列举的一般性法益（如互联网平台生态系统），均可以依照《反不正当竞争法》第 2 条的一般条款进行开放性保护。此外，补充保护知识产权是我国《反不正当竞争法》的重要内容，但其内容又不以此为限。

区分两种不同的法益保护具有重要的理论意义和实践价值。它可以使反不正当竞争法的理论构造更为清晰，且可以使两种法益保护各得其所和各安天命，有针对性地认识和定位其保护的正当性。在具体保护实践中可以灵活把握反不正当竞争法的适用条件，增强调整上的包容性和涵盖力。尤其是在一些法益确有保护的必要，又一时难以找到专门化的保护渠道时，可以先纳入反不正当竞争保护。而且，法益保护的差异，也决定了竞争行为正当性判断的不同。例如,涉及具体商业成果的不正当竞争行为,更侧重于特定商业成果的可保护性以及被诉竞争行为是否落入侵害范围,判断思路接近于专有权保护。当然,仍可能涉及竞争利益的衡量。涉及一般性竞争法益的不正当竞争行为,则更多地考量其对于竞争秩序、经营者和消费者利益的损害,行为正当性判断范式的色彩更为浓厚。

我们惯常认为反不正当竞争法是行为法,即便保护特定的商业成果,也是以制止不正当竞争行为的方式进行保护,并以此区别于专有权保护。但是,反不正当竞争法所保护的法益毕竟有具体法益与一般法益之别,且二者在不正当竞争的据以判断范式上往往存在差别,如具体法益保护类不正当竞争的判断,多少有点更接近于权利保护范式,而一般法益保护类的不正当竞争判断,在行为法上的特点更为突出。在如此情形之下,是否一定强调两者范式的统一性,还是承认其客观上的真实区别,确实令人困惑和发人深思。笔者以前也是笼统地强调涉及两类法益保护的不正当竞争均属于行为法判断范式,但一直有一种犹豫和隐忧,两者情形一定是没有实质性差别吗?将这种疑惑置于反不正当竞争法益保护二元性之下,或许能够迎刃而解和消除困惑,即承认两者之间的具体差异,并以此区别对待和各得其所,实现逻辑上的严谨和融洽。

第二节 具体的法益保护结构

反不正当竞争法保护的具体法益是以特定的或者可以特定化的客体为保护对象,其中既有稳定性的法益,又有不稳定性的

"孵化性"法益,后者又使反不正当竞争保护具有独特的功能和价值,构成反不正当竞争保护的一大特色。两类具体法益保护均体现着反不正当竞争法补充保护知识产权或者保护其他商业成果的传统功能,但鉴于两种法益保护在稳定性等方面的差异,尤其为阐释"孵化性"法益保护的独特功能,因而在此特意作如此划分。

一、"补充保护性"与"孵化性"具体法益

反不正当竞争法对于知识产权的补充保护是其保护补充性法益的主要领域,对于专利、商标和著作权等专有权都有补充保护功能。例如,专利法保护经授权的专利技术,而反不正当竞争法则保护商业秘密;商标法主要是保护注册商标权利,反不正当竞争法则保护未注册商标;著作权法保护作品,反不正当竞争法则在一定条件下保护作品不能单独构成作品的特有标题名称等作品元素。反不正当竞争法对于知识产权的补充保护已存在共识,在此不作过多阐述[1]。除补充保护知识产权外,反不正当竞争法还可能保护除此之外的其他商业成果。

反不正当竞争法可以作为知识产权或者其他商业成果类新权利的"孵化器"(unfair competition as an "incubator" for new rights),即在特定的智力成果或者商业成果将来可能成为权利之前,先纳入反不正当竞争法进行尝试性、试验性或者过渡性的保护,一旦具备权利的保护条件或者就纳入权利保护形成共识,即

---

[1] Protection Against Unfair Competition: Analysis of the Present World Situation, presented by the International Bureau of WIPO, Geneva 1994, p.10.

脱离反不正当竞争法的保护轨道而进入权利保护之中。就此类法益的反不正当竞争保护而言,旅途并非目的地,充其量只是过路的"旅馆"。当然,经过渡性保护而未能上升为权利,且有继续保护必要的,仍可以进入稳定的补充性法益保护之列。

权利的"孵化器"功能是反不正当竞争法的独特功能。有些具体法益成为法定化或者自成一格的权利[a codified intellectual property(or sui generis)right]之前,先经历按反不正当竞争法进行保护的过渡性或者"孵化"的阶段,包括用于将现有知识产权扩展到新的保护领域或者保护客体。[①] 由此,反不正当竞争保护有时成为一些新权利自立门户之前的法理先驱和暂居之地。在知识产权和反不正当竞争历史发展中,反不正当竞争法的"孵化"性保护不乏其例。例如,1965年德国版权法始将录像制品纳入版权法保护范围,此前是作为拟制的"改编权",以反不正当竞争法一般条款进行保护[②]。

"孵化器"阶段的法益保护,通常是新的商业成果有保护的必要性,即构成一种合法的民事利益,但已有制度(如商业秘密、著作权等)包容不了,暂时不能或者不宜进行归类保护,即不能或者不宜归入既有的法益类型,所以先纳入反不正当竞争法进行孵化性或者过渡性保护,待时机成熟时再进行确定新的权利分类和归类。因此,"孵化器"功能旨在进行商业成果的过渡性和试验性保

[①] Annette Kur, "What to protect, and how? Unfair Competition, intellectual property, or protection sui generis", *Intellectual Property, Unfair Competition and Publicity:Convergences and Development*, edited by Nari Lee, Guido Westkamp, Annette Kur and Ansgar Ohly, Edward Elgar(2014), p. 19.

[②] Ibid.

护。尤其是在特定商业成果有整体上的保护必要性，但将来的保护方向和归位还看不清晰、存有争议和有待观察，可以将反不正当竞争保护作为权宜之计。既然"孵化性"保护具体法益是在现有权利和法益之外开辟一个全新的法益类别或者保护空间，需要打破现有法益的门槛和既有政策。例如，数据权益之所以需要寻求单独的保护，除其有保护的必要性之外，还因为商业秘密、著作权等现有权利类型已不足以对其进行保护，因而需要另辟蹊径。商业秘密保护有保密措施等门槛性条件，在数据权益因具有足够的重要性而需要单独保护时，即便与商业秘密保护有所重合，但为充分保护数据权益，就不再受像商业秘密保护门槛那样的拘束和局限，而先按照反不正当竞争法确定其自身的保护条件，进行针对性保护。同样，数据的价值通常在于其内容，数据权益通常是为了保护思想而非表达，因而与著作权保护作品区别开来。因此，"孵化性"保护能否在现有权利格局中另起炉灶，主要是看其单独保护的必要性，而不拘泥于是否与现有权利保护的立法政策是否冲突[①]。

当然，"孵化性"保护具有类似于"类权利"的保护特性，尤其是经常援引保护劳动成果、遏制"搭便车"和不劳而获等作为正当性依据。反不正当竞争法具有遏制搭便车、不劳而获的传统基因，易于找到"孵化性"保护接口，这是容易将新出现的法益或者劳动成果纳入反不正当竞争法保护的内在原因所在。在当今信

[①] 在现有知识产权之外进行补充保护，即属于特定知识产权保护的范围而又不符合其保护条件，通常不宜再给予反不正当竞争法的补充保护，否则会抵触知识产权保护政策，如将本应该属于公有领域的客体又以补充保护为名纳入保护范围。"孵化性"法益保护可以不受这种原则的限制。

息智能时代,新技术、新业态和新商业模式迭代更新层出不穷,使得新商业成果的过渡性和孵化性保护需求更加强烈,反不正当竞争法的"孵化"保护功能更为彰显。

例如,我国体育赛事节目保护问题,经历了由不保护,到通过反不正当竞争进行试探性保护,再到与著作权进行交错性保护,目前基本上已形成纳入著作权保护的共识。大体上讲,2010年之前,我国学界和司法界通常认为体育赛事节目不可能构成作品,充其量作为录像制品进行保护。2010年前后个别法院(如广州市中级人民法院)鉴于当时普遍认为不能进行著作权保护的背景,尝试绕开著作权问题而通过反不正当竞争法进行保护[①]。当时的产业背景是,我国体育产业已有所发展,但还没有产生太大的国内产业保护需求,而以美国为代表的产业利益集团因在我国具有巨大体育产业利益,曾一直在国内展开积极游说和推动通过著作权进行保护。后来我国体育产业逐渐有较大发展,体育赛事节目保护的需求日益增长和受到较大关注,保护体育赛事节目的呼声逐渐高涨,但对于能否按照作品进行保护仍有分歧,一时不能形成共识,在实践中出现了各有按照反不正当竞争法和著作权法进行保护的法律路径交错现象,即有的法院按照反不正当竞争法保护体育赛事节目,有的则按照作品进行著作权法保护。再后来逐渐对体育赛事节目可以构成作品和按照作品保护达成共识,进入按照著作权进行保护的当前阶段。从整个演变过程看,产业保护

[①] 笔者记得当时广州中院曾经报送率先以反不正当竞争法保护体育赛事节目的案例,拟在《最高人民法院公报》刊载,但在审批环节笔者认为此种裁判毕竟还具有尝试性,还不能足以达到最终定论而成为示范指导性案例的程度,不适宜在公报刊载,故建议不予刊载。只是迄今尚未查到该判决,特加以说明。

需求是推动体育赛事节目是否及如何保护的决定性力量,法律标准需要应时而变和与时俱进。

广受关注的新浪中超赛事著作权及不正当竞争案,即为转向以著作权保护体育赛事节目的标志性案件。该案一审判决认定体育赛事节目构成类电影作品,且"在认定被诉行为为构成侵犯著作权行为的情况下,被上诉人所受侵害无需再以反不正当竞争法进行规制"。二审判决认为,"体育赛事公用信号所承载的连续画面并不构成电影作品,从而被诉行为不会构成对他人著作权的侵犯"。且上诉人对一审法院未审理不正当竞争问题未提出上诉,故对该诉由无法进行审理。[①]再审判决则认为,"涉案赛事节目构成我国著作权法保护的电影类作品,而不属于录像制品",且无需再依据不正当竞争进行保护[②]。该案表明,至此我国法院对于以作品和著作权保护体育赛事节目已大致形成共识。纵观整个保护的演变过程,同一法律问题先后有不同的法律认识和保护态度,曾经以不正当竞争进行的保护阶段,也不过是为走向作品保护的"孵化"过程。一旦形成共识,即在著作权保护的定位上进行归位。

[①] 二审判决并且认为:"因不正当竞争行为的认定强调行为人的主观恶意,即便对于表现形式完全相同的两个行为,案件其他因素的不同完全可能影响主观恶意的认定,因此,本院亦无法仅凭被诉行为表现形式这一因素便对其是否具有正当性给出在各个案件中均可适用的明确意见。"参见北京知识产权法院(2015)京知民终字第1818号民事判决书。二审判决的言外之意,似乎并不排斥反不正当竞争的保护路径。

[②] 北京新浪互联信息服务有限公司(新浪公司)与北京天盈九州网络技术有限公司(天盈九州公司)、第三人乐视网信息技术(北京)股份有限公司(乐视公司)侵犯著作权及不正当竞争纠纷案,北京知识产权法院(2015)京知民终字第1818号民事判决书;北京市高级人民法院(2020)京民再128号民事判决书。

近年来游戏产业空前活跃,游戏保护成为热点。如在"换皮游戏"案件中,在著作权保护未能达成共识之前,对于游戏元素先由反不正当竞争法进行过渡性保护,然后逐渐归入著作权保护。

电子游戏的保护领域的著作权与反不正当竞争的交织,也是反不正当竞争保护发挥"孵化"功能的重要领域。电子游戏作为一个整体或者其构成要素是否受保护及如何进行保护,特别是玩法规则是否应当受保护,通过什么路径进行保护,以及是否属于游戏画面著作权的保护范围,在司法实践和学界中存在较大的争议。有学者将其保护历程和趋向归纳为:第一,从保护计算机软件过渡到保护游戏画面;第二,从对画面内各组成要素的拆分保护过渡到对画面的整体保护;第三,从动态画面的相似性比对过渡到规则设计层面的相似性比对;第四,从将游戏画面认定为类电/视听作品,到探索将电子游戏作为"其他智力成果"。当前各地司法机关对于游戏的整体保护模式已达成共识,但对于新《著作权法》下游戏归于何种作品类型以及游戏的侵权比对内容与方法,仍存有分歧。[①] 20世纪末开始的网络游戏产业发展早期,网络游戏曾按照计算机软件进行保护。后来游戏产业发展迅猛,涉游戏的保护问题引起高度关注并成为业内热点。法律争议的焦点集中于以反不正当竞争还是以著作权进行保护,其中反不正当竞争保护事实上又发挥了过渡性保护的"孵化"作用,最终会归到游戏作品和著作权的保护主流。

[①] 陶乾:"电子游戏抄袭,以何比对?"北京市文化娱乐法学会2023年6月7日发布。

"游戏换皮"是指游戏开发者抄袭他人在先游戏作品的玩法规则、数值体系、技能体系、操作界面布局等对游戏操作体验最关键的元素,而仅更换游戏故事背景设定等文学元素、角色形象、动画特效、图标、按钮等美术元素,以及音效、配乐等音乐元素,而达到与在先游戏作品在外观上既有明显区别又似曾相识,同时互动性、操作体验实质性相似的效果。在纳入作品保护之前,法院对于游戏的玩法规则、数值体系、技能体系、操作界面等元素是否构成作品持谨慎态度,于是反不正当竞争法成为针对"游戏换皮"的主要的维权和保护路径。

如"炉石传说案"[1]涉及被诉游戏全面抄袭和使用了与原告暴雪公司《炉石传说》特有游戏界面极其近似的装潢设计及其他游戏元素(包括但不限于《炉石传说》核心元素即游戏规则)。法院认为,《炉石传说》游戏规则没有独创性,仅是抽象的思想,没有具体的表达形式,尚不能获得著作权法的保护。两原告请求保护《炉石传说》特有装潢(包括《炉石传说》游戏标识)、单个战斗场面、382张卡牌及套牌组合三项。法院认为,虽然可以认定《炉石传说》具有一定的知名度,游戏中的炉石标识、单个战斗场地界面、382张卡牌及套牌组合有一定的独特性,但《炉石传说》游戏向中国公众开放的时间距离被告首次发布《卧龙传说》仅隔两天,被告即便使用了与《炉石传说》相近似的装潢,也不会造成相关公众的混淆与误认。但是,被告整体抄袭了其游戏的指控成立,被告"搭便车"的目的和行为非常明显。游戏的开发和设计要满足娱

---

[1] 暴雪娱乐有限公司、上海网之易网络科技发展有限公司与上海游易网络科技有限公司擅自使用知名商品特有装潢纠纷、虚假宣传纠纷、其他不正当竞争纠纷案,上海市第一中级人民法院(2014)沪一中民五(知)初字第22号民事判决书。

乐性并获得市场竞争的优势,其实现方式并不是众所周知的事实,而需要极大的创造性劳动。同时,现代的大型网络游戏,通常需要投入大量的人力、物力、财力进行研发,如果将游戏规则作为抽象思想一概不予保护,将不利于激励创新,为游戏产业营造公平合理的竞争环境。据此,法院判决被告整体抄袭原告游戏的行为违反了《反不正当竞争法》第 2 条的相关规定,构成不正当竞争。

在上述案件中,法院因囿于当时对于思想与表达等问题的认识,未将诉争行为纳入侵犯著作权的范围。同时又感到不予保护不公平,遂选择了以反不正当竞争法一般条款认定构成不正当竞争的保护路径。但是,随着我国游戏产业的不断发展,针对游戏的知识产权侵权层出不穷,仅通过《反不正当竞争法》提供兜底保护显然不足以适应新兴产业的发展需求。法院开始"运用著作权利的兜底性规定和独创性裁量标准","根据最相类似的作品类型或者运用兜底性权利"对游戏提供保护。

例如,在成都天象互动科技有限公司、北京爱奇艺科技有限公司与苏州蜗牛数字科技股份有限公司著作权权属、侵权纠纷案[1]中,法院在重新阐释思想与表达的关系的基础上,认定"游戏换皮"构成著作权侵权。法院认为,涉案游戏以游戏界面设计体现的详细游戏规则构成类电影作品。除了游戏整体运行画面之外,游戏玩法规则具体到了一定程度,足以产生感知特定作品来源的特有玩赏体验,足以达到思想与表达的临界点之下,可作为表达。《太极熊猫》游戏整体画面中游戏玩法规则的特定呈现方

---

[1] 江苏省高级人民法院 2018 苏民终 1054 号民事判决书。

式构成著作权法保护的客体。涉案《太极熊猫》游戏玩法系统设计中包括对战、成长、扩展和投放系统四个部分,各部分之下又有各子系统。对于涉案游戏玩法系统的上层划分,在对每个系统进行描述时均可使用该系统主要实现何种玩法功能这样的方式,至此,前述内容都应属于游戏玩法规则的思想部分,不应由作品作者垄断独享。对于具体到前述系统中每一个具体游戏玩法设置及其所依托的游戏界面设计,游戏设计师通过游戏连续动态图像中的游戏界面,将单个游戏系统的具体玩法规则或通过界面内直白的文字形式或通过连续游戏操作界面对外叙述表达,使玩家在操作游戏过程中清晰感知并据此开展交互操作,具有表达性。并且涉案《太极熊猫》游戏玩法规则的特定呈现方式绝大部分具有独创性。这种以游戏界面设计体现的详细游戏规则,构成了对游戏玩法规则的特定呈现方式,是一种被充分描述的结构,构成作品的表达。法院对比《花千骨》与《太极熊猫》后认定,《花千骨》对《太极熊猫》实施了"换皮"抄袭行为,构成著作权侵权。

当然,对于电子游戏的玩法规则能否纳入著作权保护,还是应当通过反不正当竞争进行保护,迄今仍未完全消弭争议。

例如,在迷你世界与我的世界案[①]中,《我的世界》(Minecraft)是一款由瑞典 Mojang 公司于 2009 年开发的风靡全球的沙盒类游戏。2016 年 5 月,网易公司宣布获得该游戏在中国区域的独家运营权,有权针对任何知识产权侵权行为和不正当竞争行为进行维权。同月,深圳迷你玩公司在手机安卓端上线《迷你世界》,其

---

① 广州网易计算机系统有限公司、上海网之易吾世界网络科技有限公司与深圳市迷你玩科技有限公司著作权侵权及不正当竞争纠纷案,广东省高级人民法院(2021)粤民终 1035 号民事判决书。

后又陆续上线手机 iOS 版及电脑版。2019 年,网易公司向深圳市中级人民法院提起诉讼,指控《迷你世界》多个游戏核心基本元素抄袭《我的世界》,两者游戏整体画面高度相似,构成著作权侵权及不正当竞争。深圳中院一审认定《迷你世界》构成著作权侵权。

广东高院审理查明,涉案两款游戏属于沙盒类游戏,这类游戏中只设定有基本的游戏目标和规则,并提供给玩家基础的木材、食物、生物等游戏资源或元素,让玩家在虚拟世界中自由探索、交互。玩家可利用游戏预设的基础游戏资源,通过破坏、合成、搭建等方式创造出虚拟的物件、建筑、景观乃至游戏世界。《迷你世界》主要通过用户充值获利。广东高院审理认为,两款游戏整体画面构成类电作品,即新著作权法的"视听作品",但两者的相似之处在于游戏元素设计而非游戏画面,因此驳回网易公司关于著作权侵权的诉请。同时法院认为,《迷你世界》与《我的世界》在玩法规则上高度相似,在游戏元素细节上诸多重合,已经超出合理借鉴的界限。迷你玩公司通过抄袭游戏元素设计的方式,直接攫取了他人智力成果中关键、核心的个性化商业价值,以不当获取他人经营利益为手段来抢夺商业机会,构成不正当竞争。

本案中,虽然《我的世界》游戏整体画面构成著作权法第 3 条规定的类电作品,但其著作权保护范围不包括玩法规则层面的游戏元素设计,不能以游戏元素的相似性直接推定游戏画面构成实质性相似。经比对,两款游戏在视听表达上有较大差异,故法院未支持网易公司有关游戏画面著作权侵权的诉请。网易公司针对迷你玩公司整体抄袭游戏元素及相关行为提起不正当竞争纠纷之诉,对该部分纠纷的审理并非扩展著作权保护范围,而是基于另外的法律价值和目标,考察其是否能给经营者带来独立的可保护利益,该法益是否因其他经营者竞争行为受损,以及评判被诉竞争行为是否具有不正当性,进而综合认定迷你玩公司相关行为构成不正当竞争。

有人认为,广东省高院《我的世界》与《迷你世界》纠纷案二审判决,明确认定游戏玩法规则等非视听画面内容不属于游戏画面著作权的保护范围,《迷你世界》游戏整体画面与《我的世界》不构成实质性相似,最终还是选择了不正当竞争保护路径,体现了司法裁判思路的理性回归。正如《迷你世界》案二审判决所指出的:"将游戏整体画面认定为类电作品是对游戏提供整体保护的'权宜之计',但若试图一并通过游戏画面著作权来保护玩法规则,则难免'鞭长莫及'。游戏玩法规则作为一种智力成果,在一定条件下具有在法律上保护的价值,但并非只能在著作权法视野下寻求保护。我国著作权法在作品类型、权利边界、侵权比对等方面设定了体系化的基本规范,视听作品只能在自身逻辑运行框架内发挥调节功能,不能指望由其'包打一切'。若任意将内容要素替代画面表达进行比对,系以视听作品之名,行其他作品之实,可能破坏司法裁判的逻辑自洽性,实不可取。"

该案值得研究的是,"视听作品"是否应当如此解释?游戏玩法和元素是否一定不能纳入视听作品保护?反不正当竞争保护的替代性保护是否合适?2020年修订的《著作权法》在电影和类电作品基础上,规定了"视听作品",包括电影、类电及其他视听作品。修改的原因是"充分考虑我国新技术新媒体尤其是互联网发展的现实需要,借鉴有关国际条约","事实上扩大了调整范围"。①倘若电子游戏能够整体性纳入视听作品的保护范围,只能依据《著作权法》进行保护;否则,可以考虑纳入《反不正当竞争法》调整。本案适用法律是否妥当,取决于电子游戏纳入《著作权》保护范围是否达成共识;如果尚未达成共识,以著作权或者不正当竞争进行处理,均无可厚非。

从目前法院仍有不同裁判看,对于电子游戏(玩法、规则等)是否纳入著作权保护范围仍有不同认识,尚未达成共识。

如,广州互联网法院在"率土之滨诉三国志案"中,再次指出"电子游戏规则在一定条件下可以构成著作权法意义上的表达",并将其整体作为作品类型兜底条款中的"其他智力成果"。②

综上,通常而言,如果特殊情况下平行保护不导致利益衡量的混乱和抵触专门法立法政策,如特殊情况下商品独特包装装潢与实用艺术作品的平行保护,可能存在专门法与反不正当竞争法的平行保护;对于一些现有的特定权益,起初不予保护而随着发展产生保护需求(如体育赛事画面),在采取专门法还是反不正当竞争保护尚未达成共识时,两种路径都有选择,待达成共识之后通常会归入专门法保护,过渡保护期间可能存在平行保护的现象。这些情形均无可厚非。

上述事例表明,在特定的智力成果或者商业成果是否纳入专有权利尚未达成共识或者未被认识到位时,反不正当竞争法经常

---

① 黄薇、王雷鸣:《中华人民共和国著作权法导读与释义》,中国民主法制出版社2021年版,第56页。
② 参见杭州网易雷火科技有限公司诉广州简悦信息科技有限公司著作权侵权及不正当竞争纠纷案,广州互联网法院(2021)粤0192民初7434号民事判决书。

充当过渡性或者尝试性保护角色,使得法律保护能够及时回应保护需求,而不至于因噎废食。但是,过路的旅馆终非行程的目的地,在专有权保护更为适当时,一旦对于纳入专有权达成共识,自然要走向专有权保护。纵观此类保护过程,反不正当竞争法成为智力成果或者商业成果保护的探路者、试验田和权利孵化器。

二、知识产权类具体法益与非知识产权类具体法益

反不正当竞争法因被作为工业产权法的一个分支,而被作为知识产权的补充保护法,即对于知识产权专门法保护的专有权进行补充性或者辅助性的保护,受保护的具体法益是知识产权类的法益。未注册商标和商业秘密[1]等均属于此种类型。

知识产权是《民法典》第123条规定的一种民事权利,但该条仅规定了专有权属性的知识产权,即权利人对特定客体享有专有权类的权利,但这不是知识产权的全部。知识产权法是由知识产权专门法与反不正当竞争法构成的保护体系,前者规定了专有权性的知识产权,后者主要对于非专有权性的法益给予附加保护,因而知识产权既包括专有权又包括法益。反不正当竞争法毕竟具有两重性,既具有知识产权保护的属性,又是维护竞争秩序的竞争法。尤其是反不正当竞争法在当代更为明显地向竞争法方向演化。鉴此,反不正当竞争法还可以保护非知识产权性的竞争性资产(如数据权益),此即非知识产权类具体竞争法益。即便像商业诋毁之类的不正当竞争行为所损害的商誉,也并非典型的知

---

[1] 我国《民法典》第123条将商业秘密规定为民事权利,但多数国家只将其作为利益。

识产权类法益,将其归入非知识产权类法益也无不可,甚至可以认为其兼有两者的属性。

区分知识产权类具体法益与非知识产权类具体法益,可以拓展反不正当竞争法保护具体法益的范围和视野,并使其不囿于知识产权补充法的传统认识,在新产业新业态新模式之下,更好地发挥竞争法功能和权利"孵化器"作用,更易于进行新商业成果保护。

三、具体法益保护的适格性

(一) 具体法益保护适格性的两个维度

具体法益是一种受保护的民事利益即法益,其适格性具有在民法与反不正当竞争法上进行衡量的两个维度。当然,两个维度在衡量"补充保护性"具体法益与"孵化保护性"具体法益的适格性上的具体权重又有差异,即前者更多是经由或者依据反不正当竞争法进行界定,而后者在界定上更为重视民法基础。

涉具体法益保护的不正当竞争行为,尤其是"补充保护性"具体法益,在保护之时首先要界定具体法益的可保护性,即要求具体法益在受保护上的适格性,适格的条件通常由反不正当竞争法加以规定,有时也需要借助民法原理进行认定。我国《反不正当竞争法》关于一定影响的商品名称等商业标识、商业秘密等规定,均界定了受保护具体法益的具体条件。此类不正当竞争行为的认定更接近于权利侵害性的侵权行为认定。

"孵化保护性"具体法益通常首先要符合民法上受保护的合法利益的条件,同时又可以纳入反不正当竞争法的调整范围,即具有市场竞争的属性。

首先,"孵化保护性"具体法益要符合民法法益的一般保护条件。《民法典》第 3 条规定"合法权益"受法律保护,表明其既保护权利,又保护法益(即受保护的利益)。《民法典》对于民事权利采取了列举加概括式的规定,在列举了各类典型权利(有名权利)以外,又以概括方式保护未列举的权利和利益,即"民事主体享有法律规定的其他民事权利和利益"(第 126 条)。据此,民法对于权利不采取穷尽列举式的法定主义,未列举的法益也属于其保护范围。"孵化保护性"法益需要符合民事利益的保护条件,属于可保护的民事利益。《民法典》及民法原理为法益保护提供了基础性支撑。例如,互联网平台的评论类数据信息通常都是基于用户自行制作和提供,作为集成数据信息的持有人能否享有法益,首先取决于该数据信息对持有人是否具有经济价值,以及持有人是否通过集成、管理等措施付出成本和努力。

其次,受保护的法益必须能够纳入反不正当竞争法的调整范围。通常而言,反不正当竞争法益是一种竞争性财产。对于反不正当竞争法没有列举性明文规定的具体法益,需要根据反不正当竞争法一般规定(如第 2 条)进行认定。例如,当前数据权益保护经常被纳入反不正当竞争法范畴,数据权益类不正当竞争案件的共同特点是通过认定被诉获取(收集)或者使用他人数据信息的行为构成不正当竞争,据此保护特定数据信息。无论数据的具体类型有何差别,都是由特定平台经营者集合或者加工,并由该经营者所控制,并能够给其市场利益或者竞争优势,构成竞争性财产。这是反不正当竞争法能够将其纳入调整的基础。

(二)"孵化性"具体法益的适格与保护：以数据权益保护为例

当前数据权益保护备受关注，反不正当竞争法则成为数据权益保护的先行者和重镇。数据权益保护为研究和认识反不正当竞争法"孵化性"具体法益保护，提供一个典型的蓝本和例证。

《民法总则》开始关注数据财产保护，《民法典》延续了相关规定。《民法典》第127条规定："法律对数据、网络虚拟财产的保护有规定的，依照其规定。"显然，《民法典》并未直接规定数据财产的具体权能，对于数据的法益属性亦未正面规定，而是留给其他法律进行规定。此类规范可以称为规划性规范，即本身只是作一种宣示，而不是操作性规定，将操作性法律保护留给其他法律去规定。其原因应当是数据权益保护较为复杂，其边界尚不清晰，理论和实务上均没有形成共识，不适宜作出明确的定性和具体规定，更无法规定为权利。但是，实践中又有保护需求，在无法律特别规定或者未达成专门性保护共识的情况下，反不正当竞争法承担起"孵化性"保护职责[①]。这是近年来大数据背景下的数据权益率先纳入反不正当竞争法保护的直接原因。随着实践的积累，有

[①] 2010年至今法院裁判了一系列数据不正当竞争案件。例如，大众点评诉爱帮网系列案（2010年海淀法院），钢联诉纵横、拓迪不正当获取商业数据案（2012年上海第二中级法院），百度诉360违反Robots协议案（2013年北京第一中级法院），新浪诉脉脉非法抓取微博用户数据案（2015年北京知识产权法院），大众点评诉百度抓取用户点评信息案（2016年上海浦东法院），酷米客诉车来了破坏加密措施、不正当爬取APP数据案（2017年深圳南山法院），奋韩网诉"58同城"不正当获取分类信息案（2017年北京海淀法院），淘宝诉美景案（2018年杭州互联网法院），微博诉"饭友"数据抓取案（2019年北京海淀法院）。参见刁云芸："涉数据不正当竞争行为的法律规制"，载《知识产权》2019年第12期。

关数据权益保护的界限和路径会越来越清晰,不排除有些情形纳入民事权利进行保护的可能。

当前纳入反不正当竞争法保护的数据权益的具体情形多种多样。大体上说,大数据背景下的数据信息是特定数据信息的集合或者衍生品。集合性数据包括用户留存性信息数据和网络平台自采信息数据。用户留存性信息数据包括平台内的用户个人信息或者用户使用网络产品和服务时发布的信息所形成的,由平台经营者进行控制的信息集合体。前者为用户使用平台内的网络产品或者服务时主动上传的用户姓名、性别、头像、职业、教育背景等个人信息集合而成的数据,如新浪诉脉脉非法抓取微博用户数据案①中的微博用户个人信息;后者为用户使用平台产品或者服务时留下的评论信息、浏览记录、搜索记录等痕迹信息集成的数据,如汉涛公司诉百度抓取用户点评信息案②中的用户点评信息数据。自采信息数据是网络平台自行采集的搜索记录、出行记录、地理位置等数据信息,如年酷米客诉车来了破坏加密措施、不正当爬取 APP 数据案③中的数据信息。衍生性数据即数据产品,是运用算法等对集成性数据信息进行加工处理后形成的可读取数据,如消费者偏好数据、金融信用数据、运动轨迹数据等。如

---

① 北京淘友天下技术有限公司(原告、上诉人)、北京淘友天下科技发展有限公司(原告、上诉人)与北京微梦创科网络技术有限公司(被告、被上诉人)不正当竞争纠纷案,北京市海淀区人民法院 2015 年海民(知)初字第 12602 号民事判决书;北京知识产权法院(2016)京 73 民终 588 号民事判决书。

② 上海市浦东新区人民法院(2015)浦民三(知)初字第 528 号民事判决书;上海知识产权法院(2016)沪 73 民终字 242 号民事判决书。

③ 广东省深圳市中级人民法院粤 03 民初 822 号民事判决书。

淘宝诉美景案[1]中"生意参谋"数据产品。[2]

数据权益类不正当竞争行为具有多样性和差异性,竞争行为正当性的构成不尽一致。就数据权益的适格性而言,通常涉及以下情形:(1)反不正当竞争法保护的数据信息属于商业成果类的竞争性财产。此类数据信息具有商业价值,可用以进行市场竞争,能够带来竞争利益或者竞争优势,是一种竞争性资产。(2)数据信息的合法性。受保护数据信息的获取行为必须具有合法性。有关数据信息获取或者使用的法律规范或者协议约定等,都可以成为认定数据信息合法性的依据。(3)数据信息具有特定性和可识别性。数据权益通常是互联网平台经营者对其控制的特定数据信息的法益,不同于一般的竞争性利益(如平台生态系统或者竞争优势)。通常而言,受数据权益保护的数据信息必须能够特定化,能够被他人识别出来,而管理数据信息的技术性或者法律性的措施,通常是使其能够特定化的依据和方式。换言之,受保护数据信息必须具有可控制性和可识别性,包括由实际控制者采取适当的管理措施,如通过用户注册登录等规则限制非用户访问涉案数据。对于数据信息的管理性要求不宜过高,甚至对于数据信息的整理、编排等就即可认定为采取管理措施,其目的在于据此认定数据信息已经特定化及具有享有利益的意愿。(4)数据权益保护中的利益平衡。数据信息通常并非无条件和当然地受保护,是否保护取决于相关的利益平衡,是利益平衡的结果。尤其

---

[1] 浙江省杭州市中级人民法院(2018)浙 01 民终 7312 号民事判决书。
[2] 参见刁云芸:"涉数据不正当竞争行为的法律规制",载《知识产权》2019 年第 12 期。

是，对于数据权益保护中涉及的利益冲突，更需要进行利益平衡。

当前数据权益类不正当竞争裁判在确定数据权益可保护性上虽各有侧重，但数据权益的可保护性即适格性，通常都是裁判的中心和重点。值得注意的是，当前涉及数据权益不正当竞争的司法裁判在利益衡量上经常过于复杂，增加了数据权益保护上的不确定性。或者说，尽管在裁判中确定是否保护数据权益时往往罗列多种考量因素，最终结果都是保护数据权益的。这就提出一个问题，即在能够认定数据信息构成具体的合法权益的前提下，竞争行为正当性的认定是否可以适当简化。如果从具体权益保护的角度考量，应该可以适当简化考量因素和判断范式，没必要一概以复杂的竞争行为正当性判断方式确定数据权益的可保护性。

例如，在淘宝诉美景案中，一审法院认定涉案行为采取了如下逻辑步骤，即"淘宝公司收集并使用网络用户信息的行为是否正当、淘宝公司对于'生意参谋'数据产品是否享有法定权益以及被诉行为是否构成不正当竞争"。并认为，"淘宝公司收集、使用网络用户信息以及'生意参谋'数据产品公开使用网络用户信息的行为符合法律规定，具有正当性"；"淘宝公司对于'生意参谋'数据产品享有竞争性财产权益"[①]，以及"美景公司以'咕咕互助平台'实质性替代了'生意参谋'数据产品，截取了原本属于淘宝公

---

① "本案中，'生意参谋'数据产品中的数据内容系淘宝公司付出了人力、物力、财力，经过长期经营积累而形成，具有显著的即时性、实用性，能够为商户店铺运营提供系统的大数据分析服务，帮助商户提高经营水平，进而改善广大消费者的福祉，同时也为淘宝公司带来了可观的商业利益与市场竞争优势。'生意参谋'数据产品系淘宝公司的劳动成果，其所带来的权益，应当归淘宝公司所享有。"见杭州铁路运输法院（2017）浙 8601 民初 4034 号民事判决书。

司的客户,导致了淘宝公司的交易机会严重流失,损害了淘宝公司的商业利益。同时,美景公司的行为破坏了淘宝公司的商业模式,削弱了淘宝公司的市场竞争优势,损害了淘宝公司的核心竞争力,扰乱了大数据行业的竞争秩序","被诉行为违反了诚信原则和公认的商业道德,这种'不劳而获'的搭便车行为损害了同行业竞争者淘宝公司的合法利益,具有明显的不正当性,已构成不正当竞争"[1]。二审判决首先认为:"不正当竞争的成立以经营者存在经营上的合法权益为前提。该合法权益可以是法定的有名权益,如企业字号、商业秘密等;也可以是不违反法律法规规定的无名权益,只要其可以给经营者带来营业收入,或者属于带来潜在营业收入的交易机会或竞争优势。""淘宝公司'生意参谋'大数据产品的表现形式是对于产品购买者开展商业活动而言具有相当参考意义的趋势图、排行榜、占比图等,具体包括如行业、产品、属性、品牌粒度下的热销商品榜、热销店铺榜、流量商品榜、流量店铺榜等流量指数、交易指数与搜索人气的排行数据,各类商品关键词的搜索人气与点击率排行数据及趋势图,各类商品交易数、流量数、搜索人气排行数据,各类商品的卖家数、卖家星级、占比数;商品人群的性别、年龄、职业、支付习惯的占比数等数据。""上述数据分析被作为'生意参谋'数据产品的主要内容进行了商业销售,可以为淘宝公司带来直接经营收入,无疑属于竞争法意义上的财产性权益;同时基于其大数据决策参考的独特价值,构成淘宝公司的竞争优势;其性质应当受到反不正当竞争法的保护。"其次,"美景公司在经营活动中有违诚信原则和商业道德,引诱淘

---

[1] 杭州铁路运输法院(2017)浙 8601 民初 4034 号民事判决书。

宝公司生意参谋用户违约分享账户,由此不正当获取淘宝公司投入大量人力物力获取研发的大数据后分销牟利,其行为扰乱了市场竞争秩序,对淘宝公司合法权益造成了损害,构成不正当竞争"。

显然,该案一、二审判决确定获取数据及数据产品的合法性以及由其市场竞争价值带来的利益保护的正当性,均旨在确定诉争数据产品法律保护上的适格性,且因从市场竞争的角度衡量其价值,其具有竞争法益的属性,能够纳入反不正当竞争法调整。在涉案数据信息构成具体性权益时,被告擅自使用本身即大致上能够构成不正当竞争。

在微梦诉淘友不正当竞争案中,微梦公司主张被告非法抓取、非法使用新浪微博用户信息。一审法院认为:"用户信息是互联网经营者重要的经营资源,如何展现这些用户信息也是经营活动的重要内容。同时兼具社交媒体网络平台和向第三方应用软件提供接口的开放平台身份的微梦公司,其在多年经营活动中,已经积累了数以亿计的新浪微博用户,这些用户根据自身需要及微梦公司提供的设置条件,公开、向特定人公开或不公开自己的基本信息、职业、教育、喜好等特色信息。这些用户信息不仅是支撑微梦公司作为庞大社交媒体平台开展经营活动的基础,也是其向不同第三方应用软件提供平台资源的重要内容。规范、有序、安全地使用这些用户信息,是微梦公司维持并提升用户活跃度、开展正常经营活动、保持竞争优势的必要条件。本案中,淘友技术公司、淘友科技公司的行为违反了诚实信用的原则,违背了公认的商业道德,危害到新浪微博平台用户信息安全,损害了微梦公司的合法竞争利益,对微梦公司构成不正当竞争。"二审判决认为:"认定竞争行为是否违背诚信或者商业道德,往往需要综合考虑经营者、消费者和社会公众的利益,需要在各种利益之间进行平衡。商业上的诚信是最大的商业道德。在判断商业交易中的'诚信'时,需要综合考虑经营者、消费者和社会公众的不同利益,判断一种行为是否构成不正当竞争需要进行利益平衡。在认定一种行为是'正当'或者'不正当'时,对经营者、消费者和社会公众三者利益的不同强调将直接影响着对行为的定性。""在我国市场竞争行为中判断某一行为是否正当需要综合考虑经营者和消费者的合法权益。不正当性不仅仅只是针对竞争者,不当地侵犯消费者利益或者侵害了公众利益的行为都有可能被认定为行为不正当。在具体案件中认定不正当竞争行为,要从诚实信用标准出发,综合考虑涉案行为对竞争者、消费者和社会公众的影响。"该案中,新浪微博中用户信息的获取和使用受相关合作方协议约定保护,也受《关于加强网络信息保护的决定》等法律的约束。二审法院根据协议约定、法律规范及商业惯例,提出了"三重授权"原则,即"'用户授权'+'平台授权'+'用户授权'的三重授权原则"。这些授权性要求既是权利人合法获取法益的基础,又是认定他人擅自获取和使用行为不正当的依据。二审法院首先澄清依据《反不正当竞争法》第 2 条认定涉数据类不正当竞争行为的具体条件[①],据此对涉案获取和使用新浪微博信息行为进行了多

---

① 该二审判决认为,最高人民法院在(2009)民申字第 1065 号山东省食品进出口公司等与青岛圣克达诚贸易有限公司等不正当竞争纠纷再审案中提出,适用《反不正当竞争法》第 2 条认定构成不正当竞争应当同时具备以下条件:1.法律对该种竞争行为未作出特别规定。2.其他经营者的合法权益确因该竞争行为而受到了实际损害。3.该种竞争行为因确属违反诚实信用原则和公认的商业道德而具有不正当性。基于互联网行业中技术形态和市场竞争模式与传统行业存在显著差别, (接下页注释)

角度多层次的复杂利益衡量，最后得出构成不正当竞争的判断。

值得研究的是，在构成合法权益且协议和法律规范对于获取和使用信息又有要求的情况下，对于获取和使用行为正当性的判断是否还需要如此高深复杂。在新浪微博用户信息的获取和使用受协议约束和法律保护的前提下，即已构成一种特定的法益，即便微梦公司在采取反爬虫等行为的技术措施上有瑕疵，也不妨碍该类信息的受保护性。只要被诉行为是以不符合此类信息保护要求的方式进行获取和使用，就可以构成不正当竞争行为。换言之，在此类信息构成合法权益，并成为竞争性财产时，对于被诉获取和使用信息行为的不正当性的认定，不一定非要援引令人眼花缭乱和具有高度不确定性的多种弹性理由，反而可以以获取和使用方式不符合约定和法律规范要求，直接认定构成不正当竞争，尽量简化不正当竞争认定的利益衡量。这也说明，此类具体权益保护类不正当竞争行为，在构成合法权益的前提下，对于竞争行为正当性的认定未必非要非常复杂。

对于未采取管理措施的开放性数据，如何认定其数据权益或者如何认定构成不正当竞争，仍是值得研究的问题。进而言之，数据权益是否应当成为认定此类不正当竞争的基础，还是因禁止

（接上页注释） 为保障新技术和市场竞争模式的发展空间，在互联网行业中适用《反不正当竞争法》第 2 条更应秉持谦抑的司法态度，在满足上述三个条件外还需满足以下三个条件才可适用：4.该竞争行为所采用的技术手段确实损害了消费者的利益，例如：限制消费者的自主选择权、未保障消费者的知情权、损害消费者的隐私权等。5.该竞争行为破坏了互联网环境中的公开、公平、公正的市场竞争秩序，从而引发恶性竞争或者具备这样的可能性。6.对于互联网中利用新技术手段或新商业模式的竞争行为，应首先推定具有正当性，不正当性需要证据加以证明。见北京知识产权法院(2016)京73 民终 588 号民事判决书。

不正当行为而反射性地保护数据权益,值得研究。

例如,汉涛公司诉百度抓取用户点评信息案[①]涉及的大众点评信息(用户评论信息),当事人未采取爬虫协议等技术措施,他人能否自由抓取或者应否设定抓取的数量限度,包括适用"实质性替代"标准认定不正当竞争是否妥当,涉及商业伦理、互联互通等多重价值的取舍和平衡,仍值得研究。

本案二审判决认为,随着信息技术产业和互联网产业的发展,尤其是在"大数据"时代的背景下,信息所具有的价值超越以往任何时期,愈来愈多的市场主体投入巨资收集、整理和挖掘信息,如果不加节制地允许市场主体任意地使用或利用他人通过巨大投入所获取的信息,将不利于鼓励商业投入、产业创新和诚实经营,最终损害健康的竞争机制。因此,市场主体在使用他人所获取的信息时,仍然要遵循公认的商业道德,在相对合理的范围内使用。一方面,需要考虑产业发展和互联网环境所具有信息共享、互联互通的特点;另一方面,要兼顾信息获取者、信息使用者和社会公众三方的利益,既要考虑信息获取者的财产投入,还要考虑信息使用者自由竞争的权利,以及公众自由获取信息的利益;在利益平衡的基础上划定行为的边界。本案汉涛公司对涉案信息的获取付出了巨大的劳动,具有可获得法律保护的权益,而百度公司的竞争行为亦具有一定的积极效果,此时应当对两者的利益进行一定平衡。百度公司在使用来自大众点评网的评论信息时,理想状态下应当遵循"最少、必要"的原则,即采取对汉涛公司损害最小的措施。但是要求百度公司在进行商业决策时,逐一

---

① 上海知识产权法院(2016)沪73民终242号民事判决书。

考察各种可能的行为并选择对汉涛公司损害最小的方式,在商业实践中是难以操作的。但如果存在明显有对汉涛公司损害方式更小的方式而未采取,或者其欲实现的积极效果会严重损害汉涛公司利益的情况下,则可认定为使用方式已超过必要的限度。百度公司通过搜索技术抓取并大量全文展示来自大众点评网的信息,本院认为其已经超过必要的限度。首先,这种行为已经实质替代了大众点评网的相关服务,其欲实现的积极效果与给大众点评网所造成的损失并不符合利益平衡的原则。其次,百度公司明显可以采取对汉涛公司损害更小,并能在一定程度上实现积极效果的措施。事实上,百度地图在早期版本中所使用的来自大众点评网信息数量有限,且点评信息未全文显示,这种使用行为尚不足以替代大众点评网提供用户点评信息服务,也能在一定程度上提升用户体验,丰富消费者选择。百度公司超出必要限度使用涉案信息,这种行为不仅损害了汉涛公司的利益,也可能使得其他市场主体不愿再就信息的收集进行投入,破坏正常的产业生态,并对竞争秩序产生一定的负面影响。同时,这种超越边界的使用行为也可能会损害未来消费者的利益。消费者利益的根本提高来自于经济发展,而经济的持续发展必然依赖于公平竞争的市场秩序。就本案而言,如果获取信息投入者的利益不能得到有效保护,则必然使得进入这一领域的市场主体减少,消费者未来所能获知信息的渠道和数量亦将减少。而且,无论是垂直搜索技术还是一般的搜索技术,都应当遵循搜索引擎服务的基本准则,即不应通过提供网络搜索服务而实质性替代被搜索方的内容提供服务,本案中百度公司使用涉案信息的方式和范围已明显超出了提供网络搜索服务的范围。

该案涉及的大众点评信息,如果当事人未采取爬虫协议①等行业公认的技术措施进行管理,在互联网环境下通常都属于完全公开信息,且通常都是其权衡利弊之后的取舍决断,最好允许他人自由抓取,或者说允许自由抓取更为符合互联网精神。况且,数据信息所有者具有是否采取管理性措施的主动权,不论是否采取措施都是其进行趋利避害的衡量判断的结果,由其对自己的行为负责才更为符合商业伦理,而不能将未采取管理性措施的数据抓取数量是否妥当的风险分配给他人。况且,司法毕竟是事后裁判,不论是以"最少、必要"还是以"实质性替代"标准认定抓取行为是否妥当,都存在在商业活动中难以进行准确判断的问题,难免会产生理想丰满而操作骨感的窘境,事实上会将"事后诸葛亮"的不利后果转嫁给抓取方,有失公平。

再如,在新浪微博诉超级星饭团 APP 不正当竞争纠纷案②中,法院判决认为:"对于平台中的公开数据,基于网络环境中数据的可集成、可交互之特点,平台经营者应当在一定程度上容忍他人合法收集或利用其平台中已公开的数据,否则将可能阻碍以公益研究或其他有益用途为目的的数据运用有违互联网互联互通之精神。且无论是通过用户个人浏览或网络爬虫等技术手段获取数据,只要其遵守通用的技术规则,则其行为本质均相同,网

---

① 即 Robots 协议(全称为 Robots Exclusion Protocol),直译为机器人排除协议,又可称为爬虫协议、机器人协议,是指网站所有者通过一个置于网站根目录下的文本文件,是由 robots.txt,告知搜索引擎的网络机器人(或称网络爬虫、网络蜘蛛)哪些网页不应被抓取,哪些网页可以抓取,本质上是受访网站与搜索引擎之间的一种交互方式。参见百度在线网络技术(北京)有限公司等与北京奇虎科技有限公司不正当竞争案,北京市高级人民法院(2017)京民终 487 号民事判决书(2020 年 7 月 3 日)。

② 原告北京微梦创科网络技术有限公司与被告云智联网络科技(北京)有限公司不正当竞争纠纷案,北京市海淀区人民法院(2017)京 0108 民初 24512 号民事判决书。

络平台在无合理理由的情形下,不应对通过用户浏览和网络爬虫等自动化程序获取此类公开数据的行为进行区别性对待。当然,如果他人抓取网络平台中的公开数据之行为手段并非正当,则其抓取行为本身及后续使用行为亦难谓正当;如果他人抓取网络平台中的公开数据之行为手段系正当,则需要结合涉案数据数量是否足够多、规模是否足够大进而具有数据价值,以及被控侵权人后续使用行为是否造成对被抓取数据的平台的实质性替代等其他因素,对抓取公开数据的行为正当性做进一步判断。""本院认定云智联公司抓取的涉案数据包括微梦公司已设置了访问权限的非公开数据,该部分数据包括新浪微博用户登录账号后才可访问或分享的部分涉案数据,以及因明星自身所做限制使得用户即便登录新浪微博账号亦无法从新浪微博产品前端获取的部分涉案数据。在云智联公司与微梦公司不存在合作且云智联公司自认其未获得明星许可使用其在新浪微博上的涉案数据的情形下,云智联公司要获取该些非公开数据,仅能利用技术手段破坏或绕开微梦公司所设定的访问权限,此种行为显然具有不当性。"云智联公司抓取的涉案数据中包括新浪微博公开数据。根据微梦公司提交的新浪微博 Robots 协议,以及双方均认可 Robots 协议可以约束包括网络爬虫在内的机器人之事实,云智联公司在明知微梦公司限制除白名单以外的机器人抓取涉案数据的情况下仍然实施抓取涉案数据中的公开数据,显然亦具有明显的主观恶意。

对于网络平台上完全公开且不限制抓取的数据,相当于当事人对于该数据放弃了权益,可以认定其已经进入公有领域,他人如何抓取或者抓取多少,通常不能作为认定构成不正当竞争的理由。数据虽然公开而又限制抓取的范围或者方式,如上述案件中微梦公司限制除白名单以外的机器人抓取涉案数据,此种公开数据不属于完全公开,而仍属于受管理的特定化数据,受合法权益的保护①。对于完全公开且不明确限制他人获取或者使用的数据,再以"替代性"等标准认定构成不正当竞争,则与数据本身的属性相悖,妨碍数据的自由流通。

综上,疑问是"孵化性"法益通常都是有逼人的正义感驱使着要对特定法益进行保护,也即法益的可保护性往往显而易见,此时是否还需要以烦琐复杂和高度不确定的利益平衡方式(所谓"行为评价模式"),进行可保护性论证?涉"孵化性"法益的反不正当竞争旨在保护该法益,其认定必须适合"孵化性保护"及拟保护具体法益的特殊需求,通常以着重考量拟保护法益的适格性为核心,可以适当采取接近于权利保护的方式。在具体法益适格时,竞争行为正当性判断可以适当灵活把握,尽可能不使利益衡量问题过于复杂化②。

---

① 当然,也有本已属应被公开自由抓取的信息,因不正当设置白名单限制特定抓取,同样妨碍信息自由流动,而被认定为不正当竞争的情形。如在百度公司的Robots协议已经允许当时国内外主流搜索引擎抓取内容的情况下,百度公司针对360搜索引擎采取的阻断行为。见百度在线网络技术(北京)有限公司等与北京奇虎科技有限公司不正当竞争案,北京市高级人民法院(2017)京民终487号民事判决书。

② 最近有的裁判已有如此趋向。例如,"刷宝抓取视频评论案"一审判决认为:"现有证据能够证明创锐公司系采用技术手段或人工方式获取来源于抖音APP中的视频文件、评论内容并通过刷宝APP向公众提供,创锐公司未通过正常运营刷宝APP产品,吸引用户,培育市场,建立竞争优势,并以此获得相应的合法权益,而是直接采取技术手段或人工方式获取微播公司赖以经营和获利的视频资源、评论内容,创锐公司在未投入相应成本的情况下,直接获取上述资源,掠夺微播公司的经营成果,并以此与微播公司争夺流量和用户,削弱了微播公司的竞争优势,损害了微播公司的合法权益,此种行为违反诚实信用原则和公认的商业道德,构成不正当竞争。"见北京海淀区法院(2019)京0108民初35902号民事判决书。该对于数据权益的保护,未进行复杂的利益衡量。

第三节 一般性法益保护

《反不正当竞争法》第 2 条第 2 款规定了多元化利益考量的不正当竞争行为一般性判断范式,但因适用法益的不同,在其适用中考量的重点要素有所差异。这种多元因素考量模式,更适宜于一般法益保护类不正当竞争行为,或者说在一般法益性保护类不正当竞争行为中更能充分体现和展现。

一、一般法益的界定

与具体法益相比,一般性法益不具有特定化的客体,且通常不具有单独的可诉性,即虽然能够为掌控者带来利益,但不是一般性地或者当然地受保护,只具有保护上的中性,甚至只是因制止不正当竞争行为而受到反射性保护。换言之,一般性法益不是当然受保护,其保护通常取决于是否需要制止特定的行为,且一般性法益不一定是认定行为不正当和制止行为的前提,而可以是制止行为的结果,更接近反射利益。当前司法实践中,最常见的一般性法益是商业模式、竞争优势和平台生态。当然,这些法益也各有差别,但总体上都属于经营者与客户关系意义上的竞争利益。

例如,在"马达庆案"[①]中,一审判决认为,依据反不正当竞争法制止其未列举的行为,首先要求"正当经营者通过自身的努力

[①] 山东省食品进出口公司等诉青岛圣克达诚贸易有限公司、马达庆不正当竞争纠纷案,见最高人民法院(2009)民申字第 1065 号民事裁定书。

获得了某种竞争优势",而"其他经营者通过不正当手段获取了该竞争优势并给正当经营者造成了损失"。本案原告请求保护的是对日出口海带的贸易机会,即"国内出口企业通过中粮集团分配而获得的可以就相关区域产特定数量海带对日出口的资格"[①]。对日出口海带贸易机会是一种商业机会,一种在市场竞争中获得的优势地位,其享有乃是基于享有者在所属区域内经营海带出口业务的优势以及对日出口海带贸易中的良好企业信用。从2001年开始,山东食品公司是稳定享有该贸易机会的四家单位之一。马达庆利用其在山东食品公司任职期间掌握的经验知识和人脉,在其离职以后与山东食品公司争夺了该交易机会,属于将日本客户对自己基于履行职务行为所产生信赖的滥用,严重违背了诚实信用原则和公认的商业道德,构成不正当竞争。二审判决认为,"竞争本身是经营者之间互相争夺交易机会的行为,在交易机会的得失之间,往往会给竞争对手造成损害。这种损害虽然是构成不正当竞争行为的必要条件,但不是充分条件,仅仅造成损害并不必然构成不正当竞争,是否构成不正当竞争还必须认定相关竞争行为是否具有不正当性"。最高法院驳回再审申请裁定认为,涉案对日出口海带配额是日本国政府设定的我国对日出口海带

[①] 北海道渔联委托中粮集团对海带配额、质量、数量统一进行管理;中粮集团采取每年下达通知的方式告知被选定的企业对日出口海带数量,获得了海带数量配额的企业按照被分配的配额数量向日本企业出口海带,未获海带数量配额分配的企业不能向日本企业出口海带。在确定获得对日出口海带配额企业的过程中,日本北海道渔联起着主导作用;从中粮集团历年下达海带出口数量配额的通知以及其在2007年对山东食品公司、圣克达诚公司对日出口海带计划进行调查来看,中粮集团属于确定国内企业对日出口海带配额的直接执行单位。见最高人民法院(2009)民申字第1065号民事裁定书。

产品的被动配额。获得该配额的国内企业可以就相关区域产特定数量海带对日出口，获得该配额就获得了对日出口海带的商业机会或交易机会。本案对日出口海带的配额由日本北海道渔联主导，通过中粮集团作为日方在华海带贸易的唯一窗口来选择有关企业进行分配。一方面，对日出口海带配额长期以来只分配给国内有限的几个企业，具有相对的稳定性和一定的可预期性。对于长期稳定获得该配额的企业如本案中的山东食品公司而言，获得对日出口海带配额是一种在一般情况下可以合理预期获得的商业机会，可以成为法律特别是反不正当竞争法所保护的法益。另一方面，尽管总体来讲对日出口海带配额的发放长期保持相对稳定，但仍然是一种可以争夺的商业机会，因而也具有竞争性和开放性。有关涉案对日出口海带配额的交易性质属于一种商业交易机会，且该交易机会并非知识产权保护客体但可以受到反不正当竞争保护的认定正确。在反不正当竞争法上，一种利益应受保护并不构成该利益的受损方获得民事救济的充分条件。商业机会虽然作为一种可以受到反不正当竞争法所保护的法益，但并非一种法定权利，而且交易的达成并非完全取决于单方意愿而需要交易双方的合意，因此他人可以自由参与竞争来争夺交易机会。竞争对手之间彼此进行商业机会的争夺是竞争的常态，竞争对手间一方有所得另一方即有所失。利益受损方要获得民事救济，还必须证明竞争对手的行为具有不正当性。只有竞争对手在争夺商业机会时不遵循诚实信用的原则，违反公认的商业道德，通过不正当的手段攫取他人可以合理预期获得的商业机会，才为反不正当竞争法所禁止。

在该案中，山东食品公司曾经拥有并被马达庆等争夺的对日出口海带贸易机会(出口资格),显然是一种利益,得到时带来好处,失去时带来损失,但这种利益不专属于山东省食品公司,具有竞争性,且分配权不在需求方,因而它只是一种客户关系意义上的一般性竞争利益,其得与失都是竞争的结果,不具有像具体法益那样的可诉性,也不具有对构成不正当竞争行为的强烈影响。该利益可以是被诉行为是否构成不正当竞争的考虑因素,但不是决定性因素,决定性因素是根据行为方式等因素确定的被诉行为是否悖于诚实信用和商业道德。可见,这种作为竞争结果的利益充其量只是中性的一般性竞争利益,是一种可竞争和可争夺的利益,因而"在反不正当竞争法上,一种利益应受保护并不构成该利益的受损方获得民事救济的充分条件"[1],即充其量只是作为构成不正当竞争的一种考量因素。

深圳、杭州等有关法院裁判的保护互联网平台生态的不正当竞争案件,是在互联网平台新业态中出现的保护一般性法益即互联网平台生态的新动态,展现了反不正当竞争保护的独到性。

例如,在腾讯诉科贝案中,原告经营微信公众号、小程序等产品。两被告通过批量注册内容相似的微信公众号,违规从事网络贷款中介信息业务等活动。原告认为被告行为破坏了微信平台的经营生态,构成不正当竞争。法院判决认为微信生态系统可以构成商业利益和竞争优势,两原告对微信生态系统具有竞争性权益,被告破坏微信生态系统的行为构成不正当竞争[2]。该案中被告是原告的平台用户,被诉行为扰乱平台生态而可能损害原告与

---

[1] 最高人民法院(2009)民申字第 1065 号民事裁定书。
[2] 杭州铁路运输法院(2018)浙 8601 民初 1020 号民事判决书。

其他普通客户之间的良好秩序。

在腾讯诉微时空公司刷机流量案[①]中,一审判决为:"微信软件涉案数据包括阅读数、评论量、点赞量、粉丝量、投票数等数据。真实、清洁、可靠的涉案数据,是原告运营微信软件获得用户流量和用户黏性的重要基础。微信平台所提供的产品或服务的好坏在很大程度上决定了微信平台对用户的吸引力,也决定了用户对微信平台的忠诚度与使用频率等。真实、清洁、可靠的信息共享和互动,是微信平台的核心价值所在。就原告而言,有必要维护微信软件平台整体声誉,有必要维护微信软件平台使用者(包括微信用户、微信公众号运营者、微信小程序运营者、广告主等。下同)对微信软件平台的信任度,有必要维护微信软件平台使用者的整体利益和长远利益。""原告作为微信软件运营商,对真实、清洁、可靠的微信软件涉案数据所产生的衍生性商业价值,享有正当合法权益。"该案被告不是原告平台的用户,但其为平台用户提供的刷机流量服务,干扰了平台生态秩序,损害了原告的竞争利益。

在"微信群控不正当竞争案"[②]中,法院认为:"腾讯公司为研发、推广微信服务付出了巨大的人力、物力和财力,目前腾讯公司的微信即时通信服务具有较高的市场知名度,形成了拥有庞大用户群的微信生态系统,具有良好的商业信誉。基于庞大的用户群,微信的其他增值服务得到了快速发展。'免费+增值服务收

[①] 原告深圳市腾讯计算机系统有限公司、腾讯科技(深圳)有限公司诉被告深圳微时空信息技术有限公司、被告赵某不正当竞争纠纷案,广东省深圳市中级人民法院(2019)粤03民初594号民事判决书。

[②] 深圳市中级人民法院(2019)粤03民初1912号民事判决书。

费和广告收入'等双边市场商业模式,给微信带来巨大商业利益。腾讯公司通过经营投入获得的网络用户注意力和与此相关的正当商业利益及竞争优势应当受到法律保护。""涉案群控系统基于腾讯公司已经拥有庞大用户群的微信生态系统,利用群控技术争夺微信用户的注意力,为自己或者他人争取交易机会,获取竞争优势。腾讯公司的合法权益因该竞争行为受到了实际损害。"该案被诉行为扰乱了平台正常运作的秩序。

显然,上述案件涉及的互联网平台生态不是一种特定化的具体利益,而是一种一般性的竞争优势。这是将其纳入反不正当竞争法法益保护范围的独特依据。保护平台生态系统归根结底是为了维护平台经营者与客户之间的良好关系。

二、一般法益保护与竞争法走向

20世纪以来,尤其是近几十年,反不正当竞争法在保护商业成果和维护一般竞争秩序的两个方向上,都有重大的发展,包括消费者运动兴起以后反不正当竞争法的现代化变革,以及与反垄断法在目标、政策和理念上的日趋融合与趋同。在保护一般性竞争法益上的突出发展,则使得反不正当竞争法的竞争法属性更为增强。

首先,引进消费者保护和公共利益之后的现代化变革。20世纪60—70年代之后,随着消费者运动的兴起,消费者保护成为反不正当竞争法的重要目标,该法管制市场和促进竞争的竞争法色彩更为浓厚,甚至在欧洲一些国家转变为一般性的市场行为法或者贸易行为法。① 受消费者运动影响,发达国家反不正当竞争法

---

① 参见孔祥俊:"论反不正当竞争法的现代化",载《比较法研究》2017年第3期。

纳入消费者元素,并由此受到深刻改造,①其范围得到拓展和边界变得模糊,另外增加了新内容和被赋予新使命。一些国家因为引入消费者和公共利益保护目标,而扩充和改造了反不正当竞争法,使其典型的不正当竞争行为既包括误导广告、对消费者的不正当影响行为,又包括诋毁竞争对手、不正当干预竞争者的业务或者侵占商业秘密。②

其次,反不正当竞争法与反垄断法的日趋结合。近几十年来反不正当竞争与反垄断的法律标准更趋统一,无论是在内容上还是在形式上都实现了竞争法意义上的深度融合。例如,1914年制定的美国《联邦贸易委员会法》第5条属于一般条款,③被司法判例拓展为三个领域,即保护竞争的效率、保护企业免受不正当竞争的危害,以及保护消费者免受不正当竞争或者误导性做法的危害。该条既是反垄断(反托拉斯)的依据,又是联邦反不正当竞争的重要法源。但是,该条规定并未明确区分反垄断与反不正当竞争之间的界限,致使对其解读并不明确和统一。一百多年来,美国的立法机构、执法机关、法官和学者,均做了大量的探索。联邦贸易委员会以前的执法实践经常将不正当竞争行为与垄断行为

---

① "过去几十年,消费者保护法的发展推动了反不正当竞争法由纯粹的竞争者取向的法律,转变为保护经营者、消费者和公共利益的法律。(欧盟)大多数成员国适应消费者运动需要,修改其国内公平交易法。过去几十年,消费者保护的地位异常突出。" Rogier W. de Vrey, *Towards a European Unfair Competition Law*, Martinus Nijhoff Publishers(2006), p. 76.

② Nari Lee, Guido Westkamp, Annette Kur & Ansgar Ohly(ed), *Intellectual Property, Unfair Competition and Publicity: Convergences and Development*, Edward Elgar (2014), pp. 34-35.

③ 该条禁止商业中或者影响商业的"不正当的竞争方法",以及"不正当或者欺骗性的行为或做法"。

的认定割裂开来。2015年发布的联邦贸易委员会《关于〈联邦贸易委员会法〉第5条的执法原则声明》明确规定,依据该条规定进行执法或者解读时会依照传统的反垄断分析原则进行,将考虑对消费者福利的影响,评估对竞争过程造成的正负效应。该规定结束了百余年来关于不正当竞争行为是否应受反垄断基本原则约束的争议,且明确了对消费者利益和竞争过程影响的考量。[①]

我国2017年修订的《反不正当竞争法》第2条将"扰乱竞争秩序"置于首位,并增加消费者利益保护,使得不正当竞争的构成更注重考量维护竞争秩序和保护竞争,与反垄断法的理念和范式更为趋同,如均强调保护竞争而不是简单地保护竞争者,也使其能够更易于保护一般性竞争利益,并使其更易于开辟新的调整空间。

三、小结

反不正当竞争法从历史中走来,携带传统基因,但又常用常新和不断焕发新活力,能够不断地注入新元素,这与其调整对象、保护法益、调整方法和规范特点密切相关。尤其是,反不正当竞争法具有独特的保护哲学。它具有保护上的宽范围、开放性和低门槛等特性,能够灵活而便利地涵摄新的保护对象和纳入新的竞

[①] 这是在长期执法经验的基础上总结出来的。首先,将"不正当"分析从反垄断基本原则中脱离出来很有可能会导致对消费者的不利后果。其次,有利于规制那些不属于反垄断法范畴但却损害竞争的行为。再次,对不正当竞争行为的规制应当与反垄断法的基本原则结合起来,确保对不正当竞争行为的规制与反垄断法的基本经济原则保持一致。针对不正当竞争行为的执法重点在于竞争损害评估,同时也应当考虑可能存在的效率及商业抗辩。约夏·D.怀特(Joshua D. Wright):"反垄断与反不正当竞争的关系",载《竞争政策研究》2016年第3期。

争行为。它又奉行鲜明的实用主义，可以先做后说、只做不说，或者先"问题"而后"主义"，可以先搁置争议而解决问题。这是其能够发挥独具一格的"孵化性"保护功能的根基。而且，反不正当竞争法调整的各类行为差异很大，受保护的法益不尽相同，背后的保护机理不尽一致，甚至在具体的保护法理上不具有一以贯之的"融贯性"，有一定的"杂烩性"。但是，各类行为之所以能够纳入反不正当竞争法调整，恰恰又是因为有深层的基因和纽带，使各类行为可以"疏"而不"离"及"貌离"而"神合"。法益保护的二元性构成了反不正当竞争法的基础基因和纽带。二元法益和不同保护路径，塑造了反不正当竞争法的独特气质，既使得在两种法益的保护上各行其道，又使两者统合于维护正当竞争的总架构之下。

反不正当竞争法的二元法益保护架构，使其能够在法律调整上自成一体和左右逢源。首先，具体法益与一般性竞争利益在具体行为构成和判断理念上必然各有特色，不能强求一律，否则会与受保护法益的本性相背离。其中，商业成果性法益保护更接近于专有权保护，只不过并未达到专有权保护程度和缺乏专有权在权利边界上的清晰性；一般竞争性法益保护更倾向于维护竞争秩序和公共利益，与反垄断法的理念和范式比较接近，但毕竟又是针对不正当竞争行为，有别于反垄断法。二元法益保护，使反不正当竞争法的调整找到了安身立命的定位。其次，无论是否将两类法益的保护统合在工业产权概念之下，反不正当竞争法对于两类法益及其对应的两类行为的调整，总体上都以维护正当竞争为目标，是在总目标相同之下进行的细分，而不是机械的拼合。即便是以保护商业成果为目标的行为，其保护也不同于专有权保护,仍具有竞争行为正当性判断色彩,只是在具体判断模式上与专有权保护更为接近,也与一般法益性保护明显不同。因此,对于两种法益的保护,既要看到其历史的延续性,更要看重其现实特征,既不能无视两者具体保护范式的差异,又不能将其视为水火不容,而应当始终以反不正当竞争法的总体目标为统领。

第九章 由竞争关系到竞争行为

第一节 竞争关系的两个层面

一、我国对竞争关系的认识

实践中通常首先从竞争关系的角度界定竞争和不正当竞争行为,即将存在竞争关系作为构成竞争和不正当竞争的前提。而且,是否存在竞争关系被作为不正当竞争行为与一般侵权行为的分界线,作为不正当竞争行为的构成要件。

如有的法院在著述中指出:"原告与被告之间是否能形成市场竞争关系,是否属于竞争对手,这是发生不正当竞争关系的前提。"[①]例如,猎豹浏览器屏蔽优酷网视频广告案二审判决指出:"由《反不正当竞争法》的具体规定可以看出,《反不正当竞争法》的目的在于通过保护经营者的正当经营活动不受损害,从而维护合法有序的竞争秩序。因只有具有竞争关系的经营者的竞争行为才可能会对其他经营者经营活动造成损害,并最终损害竞争秩

---

① 北京市第一中级人民法院知识产权庭编著:《知识产权审判实务》,法律出版社 2000 年版,第 337 页。

序,因此,竞争关系的存在是判断不正当竞争行为的前提条件。"①这里将竞争关系作为构成不正当竞争行为的前提条件。一些裁判进一步将竞争关系作为适用《反不正当竞争法》的前提条件,也即不具有竞争关系就不能适用该法调整②。在这种观念引导下,无论是传统案件还是新类型案件,是否存在竞争关系成为多数不正当竞争案件当事人首当其冲提出的诉辩主张,也成为法院判决首先回应的诉讼争点问题。

前些年最高人民法院的司法文件曾经指出,要"准确理解反不正当竞争法所调整的竞争关系。竞争关系是取得经营资格的平等市场主体之间在竞争过程中形成的社会关系。认定不正当竞争,除了要具备一般民事侵权行为的构成要件以外,还要注意审查是否存在竞争关系。存在竞争关系是认定构成不正当竞争的条件之一"。"所谓竞争关系一般是指经营者经营同类商品或服务,经营业务虽不相同,但其行为违背了《反不正当竞争法》第2条规定的竞争原则,也可以认定具有竞争关系。"而且,"有权提起不正当竞争诉讼的人须与被告之间存在特定、具体的竞争关系。有的不正当竞争行为可能导致不特定的经营者受到损害,但只要侵权人、侵权行为和损害后果是特定、具体的,在不特定的受损害的经营者与特定侵权人之间形成的竞争关系就是特定、具体的,任何受损害的不特定的经营者原则上都可以主张权利"。③ 这是当时最高司法机关对于竞争关系定位的权威性表达。

---

① 北京市第一中级人民法院(2014)一中民终字第3283号民事判决书。
② 如"极路由"屏蔽视频广告不正当竞争纠纷案,见北京知识产权法院(2014)京知民终字第79号民事判决书。
③ 2004年11月11日全国法院知识产权审判工作座谈会上的讲话。

早期对竞争关系的理解通常是指,行为人与受害人经营相同或者类似的商品,不同行业的经营者之间不存在竞争关系,从而不会发生不正当竞争行为。

二、实践中竞争关系的突破与抛弃

严格拘泥于同业竞争意义上的竞争关系,会使《反不正当竞争法》的调整范围过于狭窄,不符合调整实际。司法实践遂以各种方式变通解释,扩张竞争关系的含义,甚至走向抛弃竞争关系的地步。①

同业竞争只是市场竞争的一部分,反不正当竞争法应当规范全部不正当竞争行为。为恰当地实现反不正当竞争法的调整功能和目的,需要打破同业竞争关系的限制。② 近年来的司法实践顺应遏制不正当竞争的需要,以各种方式和理由冲破同业竞争关系的限制,扩展竞争关系。当前实践中对于竞争关系的争论,通常都是因突破同业竞争关系所引起。

出于实践的需求,有的法院开始明确抛弃同业竞争关系的传统认识。例如,在判决中指出:"认定是否构成竞争关系以及判定是否存在不正当竞争行为不应以经营范围是否相同为限";"《反

---

① 如有的裁判指出:"如果仅将竞争关系限于同业竞争者之间的关系过于狭窄,不能规范许多事实上的竞争行为,不利于规制市场的竞争行为。事实上,竞争行为除直接使同业竞争者受到损害外,还会使其他参与市场竞争的经营者受到损害。从《反不正当竞争法》对不正当竞争行为的界定看,并未要求严格的竞争关系。"见腾讯公司与世界星辉公司不正当竞争案,北京市朝阳区人民法院(2017)京0105民初70786号民事判决书。

② 参见孔祥俊:《反不正当竞争法新论》,人民法院出版社2001年版,第五章;《反不正当竞争法原理》,知识产权出版社2005年版,第二章第三节。

不正当竞争法》并未限定仅同业竞争者才构成不正当竞争";"双方当事人的经营范围是否相同,并不影响判定不正当竞争行为的构成"。① "判断一项行为是否构成不正当竞争,并不以损害特定竞争者且其相互之间具有竞争关系为必要,而应根据其是否违反竞争原则或者其他具体法律标准而进行认定。换言之,竞争关系既不应作为不正当竞争行为的构成要件,亦不是反不正当竞争法的适用条件,但其仍具有原告资格意义,在本案中同样作为确定两原告资格的考量因素加以分析。"②这说明,在竞争关系的定位上已渐行渐远。

就适用《反不正当竞争法》而言,在不正当竞争行为认定中,司法实践中的广义理解虽然并未抛弃竞争关系的外衣,但实质上已达到了不再要求竞争关系的效果。例如,最高人民法院将竞争关系界定为,"一般是指经营者经营同类商品或服务,经营业务虽不相同,但其行为违背了《反不正当竞争法》第 2 条规定的竞争原则,也可以认定具有竞争关系"。③ 这种界定本质上已立足于行为的性质即违背竞争原则的属性,据此认定其是否构成不正当竞争行为,也即在定性上自觉或不自觉地回归了行为本身,而并不在构成同业竞争关系的前提下认定行为属性。再如,猎豹浏览器屏蔽优酷网视频广告案二审判决指出:"竞争关系的构成不取决于经营者之间是否属于同业竞争,亦不取决于是否属于现实存在的

---

① 见江苏省高级人民法院(2003)苏民三终字第 89 号民事判决书。
② 深圳市腾讯计算机系统有限公司、腾讯科技(深圳)有限公司诉被告杭州某网络科技有限公司、杭州某某网络科技有限公司不正当竞争案,杭州铁路运输法院(2018)浙 8601 民初 1020 号民事判决书。
③ 曹建明(时任最高人民法院副院长):《加大知识产权司法保护力度,依法规范市场竞争秩序——在全国知识产权审判工作座谈会上的讲话》(2004 年 11 月 11 日)。

竞争,而应取决于经营者的经营行为是否具有'损人利己的可能性'。具体而言,取决于以下两个条件:该经营者的行为是否具有损害其他经营者经营利益的可能性;该经营者是否会基于这一行为而获得现实或潜在的经营利益(即是否具有利己的可能性)。也就是说,如果经营者的行为不仅具有对其他经营者利益造成损害的可能性,且该经营者同时会基于该行为获得现实或潜在的经济利益,则可以认定二者具有竞争关系。"①经营者在市场竞争中获取市场利益的行为就是竞争行为,该行为是否构成不正当竞争需按反不正当竞争法规定的正当性标准进行衡量。至于是否损害特定的经营者,则涉及该经营者是否具有原告资格等问题,实际上与是否构成竞争和不正当竞争属于不同层面的问题。也即竞争关系常常可以作为认定是否具有损害或者损害可能性的要素,或者说原告资格中的利害关系通常根据竞争关系进行认定,但却不是是否构成竞争或者不正当竞争行为的要件,更不是适用反不正当竞争法的前提条件,司法实践中恰恰发生了张冠李戴的错位。但是,该裁判理由本质上显然以是否属于竞争行为作为认定是否构成不正当竞争的前提,就此而言实质上抛弃了原来意义上的竞争关系而转向行为属性。

2018年最高人民法院提出:"正确认识竞争关系的法律定位,竞争关系并非认定不正当竞争或者提起不正当竞争之诉的条件。"②此处明确否定了竞争关系的不正当竞争行为要件的定位,

---

① 北京市第一中级人民法院(2014)一中民终字第3283号民事判决书(2014年9月12日)。

② 2018年7月9日第四次全国法院知识产权审判工作会议最高人民法院主管领导讲话。

甚至认为不是"提起不正当竞争之诉的条件"。

综上,对于竞争关系至少有如下四种说法:存在同业或者替代性业务的竞争关系;除同业竞争外,还有因违反竞争原则形成的非同业竞争关系;民事诉讼中原被告之间存在的特定、具体的竞争关系;竞争利益上的损害与被损害关系。对于竞争关系是否为不正当竞争行为或者适用反不正当竞争法的条件,也有肯定与否定的不同态度。

三、界定竞争关系的两个层面

司法实践中之所以以各种理由和说法扩张竞争关系的解释,实质上已使竞争关系成为虚置,且扩张的理由越来越牵强,其实际目的无非是为了摆脱竞争关系在认定不正当竞争中的传统束缚,也说明竞争关系确已成为不必要的束缚和障碍。界定竞争行为时对于竞争关系的依赖更多是历史形成的路径依赖,也即基尔特及后基尔特时代的竞争都是同业竞争,传统的狭义竞争关系是后基尔特的工业经济时代的产物,反不正当竞争法也是由此而命名的,但后来在其不适应现代社会新需求之时又未被抛弃,而是旧瓶装了新酒。因此,也就形成了名实不副和形同虚设的不协调状态。在当代反不正当竞争法背景下,在不正当竞争行为的构成要件中抛掉竞争关系的旧瓶,而在行为界定上改弦更张的时候到了。

但是,在大多数民事诉讼中仍有是否存在竞争关系的诉辩及裁判上的回应,而且原被告之所以能够产生民事诉讼,都是因为存在某种竞争上的关系。这是出现了一方面认定不正当竞争行为不需要竞争关系,另一方面又存在原被告之间需要具有特定的竞争关系。因此,竞争关系需要从两个层面加以界定,即一般意义上的是否构成不正当竞争行为,并不需要以竞争关系为要件;在民事诉讼中因损害与被损害的利害关系要求,需要以竞争关系界定损害与被损害的关系。

四、竞争关系的国际观察

(一) 同业竞争关系的缘起

从狭义的角度界定竞争关系,就是将其限于同业竞争者即竞争对手之间的关系,也即行为人与受害人经营相同或者类似(具有替代性)的商品,不同行业的经营者之间不存在竞争关系,从而不会发生不正当竞争行为。

同业竞争关系的说法和由来与反不正当竞争法的起源直接相关。追溯其历史源头,吉尔特(欧洲中世纪行会)解体之后,市场竞争过度自由导致无序,遂以反不正当竞争进行干预。吉尔特管制的是同业经营者之间的行为,制止不正当竞争是以竞争的法律管制替代行会的管制,是行会管制的替代物,因而不正当竞争行为都是发生于同业经营者之间,最初的反不正当竞争法遂成为调整同业竞争者之间的关系的法律。这是竞争关系始于同业竞争的历史。如有的学者所说:"就其起源而言,反不正当竞争法通过确保所有市场参与者以公平和有序的方式争夺和竞争,以及遵守竞争领域的'游戏'规则,而旨在保护各个竞争者。"[①]"(反不正

---

① Kirkbride,"The Law of Unfair Competition: Is There an E. C. Approach", *Company Lawyer* 2000,21(8),p. 230.

当竞争法）最初立足于保护诚实经营者免受其竞争对手之害。后来这种立足点转变为同时保护因经营者的不公平贸易行为受害的消费者。"[1]

例如，反不正当竞争法的概念大致在1850年前后出现在法国。当时对于不诚实的商业行为并无特别禁止，法国法院在《法国民法典》第1382条侵权行为一般条款的基础上发展出全面而有效的反不正当竞争法。当时的立足点就是保护竞争对手（竞争者），反不正当竞争法定位于保护竞争者的法律，因而不诚实商业行为的行为人与受损害的对方之间的竞争关系，是此类行为的构成要素[2]。这种起源造就了在不正当竞争构成中纳入竞争关系要素的传统。巴黎公约最早引入反不正当竞争条款，就是基于1897年法国在布鲁塞尔会议上的提案[3]。

(二) 扩张或抛弃竞争关系的趋向

德国在反不正当竞争法适用中有要求存在竞争关系的传统。1909年反不正当竞争法调整的行为必须是以竞争为目的的行为，德国法理认为竞争目的包括客观方面和主观方面。客观方面是指以他人为代价增加销售或者收益，而主观方面则是有实现该目的的意图。为此，要求所涉市场主体必须有竞争关系。这些要求限制了反不正当竞争法的适用范围，使其主要适用于竞争者之间

---

[1] Rogier W. de Vrey, *Towards a European Unfair Competition Law: A Clash Between Legal Families*, Martinus Nijhpff Publishers (2006), p. 3.

[2] *Protection Against Unfair Competition: Analysis of the Present World Situation*, presented by International Bureau of WIPO, Geneva, p. 15.

[3] Sam Ricketson, *The Paris Convntion for the Protection of Industrial Property: A Commentary*, Oxford University Press(2015), pp. 688-689.

的行为。这根源于1909年反不正当竞争法旨在保护单个竞争者的初衷。后来要求具有竞争关系的做法逐渐遭受较多的批评，尤其是在该法第1条和第3条的适用中①。

《保护工业产权巴黎公约》(以下简称巴黎公约)反不正当竞争条款反映了早期欧洲国家反不正当竞争实践和共识，但对于不正当竞争行为的一般界定并未严格限定同业竞争关系，而对于具体行为的例示性规定中有损害竞争对手的要求。巴黎公约第10条之二第(2)项规定了不正当竞争行为的定义，第(3)项列举了三类典型(仿冒混淆、商业诋毁和误导性宣传)的行为。其中第(2)项规定："在工商业活动中违反诚实做法的任何竞争行为，构成不正当竞争行为。"②该规定只要求不正当竞争行为是一种违反诚实工商业做法的竞争行为，并未以损害竞争对手为要件。对于巴黎公约是否要求同业竞争关系，则存在不同的解读。例如，博登浩森在其广受关注的《保护工业产权巴黎公约指南》中指出，"对于'竞争'的解读由各个成员国根据其自己的观念决定：成员国可以将不正当竞争行为的概念扩展到不限于同属同一工商业领域的狭义竞争(competitive in a narrow sense)，而从其他工商业领域已有声誉中不正当获利并由此弱化此种声誉的行为"③。有的著

---

① Rogier W. de Vrey, *Towards a European Unfair Competition Law: A Clash Between Legal Families*, Martinus Nijhpff Publishers(2006), p.159.

② 另一种流行的译文为："凡在工商业事务中违反诚实的习惯做法的竞争行为构成不正当竞争的行为。"参见〔奥地利〕博登浩森：《保护工业产权巴黎公约指南》，汤宗舜、段瑞林译，中国人民大学出版社2003年版，第95页。

③ 例如，驰名商标被他人擅自使用在完全不同的商品上，使用者并非商标所有人的竞争对手，但该使用使得使用者获得了相当于不使用的竞争对手的竞争优势，如获得销售的优势，因而该使用行为与竞争有关。〔奥地利〕博登浩森：《保护工业产权巴黎公约指南》，汤宗舜、段瑞林译，中国人民大学出版社2003年版，第144页。

作认为,巴黎公约并未要求当事人具有竞争关系,只要求被指控的不正当竞争行为应当与经营有关(trade-related)(一种"竞争行为")以及能够扭曲自由竞争[1]。有的在界定"竞争行为"的适用范围时认为,受不正当竞争指控的个人或者企业必须与其他个人或者企业具有一种竞争关系。至于竞争关系的范围如何,以及是否要求诸如行为人具有竞争意图之类的主观因素,巴黎公约有意采取了开放态度,由成员国自主决定如何解读"竞争行为"。[2] 有的著作认为,巴黎公约第 10 条之二的适用限制关键取决于"竞争行为"的界定。无论是该条第(2)项的一般界定,还是第(2)项列举性规定中的仿冒、混淆和商业诋毁规定,竞争者是关键。如果需要弱化竞争对手的要求,可以将不同工商业领域的经营者之间的竞争关系甚至间接的竞争关系,视为满足竞争关系的要求。巴黎公约第 10 条之二第(2)项和第(3)项并未排除将行为人与受害人之间的竞争关系作严格的解释[3]。根据《巴黎公约》反不正当竞争条款的制定背景和规范目标,它是用于保护竞争者和调整竞争者之间的关系,并未立足于消费者保护等目标[4]。当然,这只是该公约的目标定位,公约只是为其目标而设定规范,并不意味着反不正当竞争法不能涉及其他调整目标。巴黎公约第 10

---

[1] Rogier W. de Vrey, *Towards a European Unfair Competition Law: A Clash Between Legal Families*, Martinus Nijhoff Publishers(2006), p. 13.

[2] *International Handbook on Unfair Competition*, edited by Frauke Henning-Bodewig, C. H. Beck • Hart • Nomos(2013), p. 22.

[3] Reto M. Hilty, Frauke Henning-Bodewig(editors), *Law Against Unfair Competition: Towards a New Paradigm in Europe*, Springer(2007), p. 65.

[4] 巴黎公约等反不正当竞争国际规则的共同点是"聚焦于竞争者之间的竞争行为"。参见 Rogier W. de Vrey, *Towards a European Unfair Competition Law: A Clash Between Legal Families*, Martinus Nijhoff Publishers(2006), p. 278。

条之二蕴含了竞争关系的要求,只是这种竞争关系可以严格或者宽松地解释,而严格或者宽松的解释直接决定着不正当竞争的范围。

从字面规定看,巴黎公约第 10 条之二第(2)项的一般规定只是将不正当竞争行为定位于竞争行为上,并未明确要求行为人与受害者之间具有竞争关系[①]。但根据当时的大背景,之所以在不正当竞争行为界定中绕不开竞争关系,是因为巴黎公约反不正当竞争条款经常被解读为以保护竞争者为目的,竞争关系则被用于界定是否为竞争者。由此,竞争行为的界定又会提出是否蕴含竞争关系的问题。例如,(巴黎公约规定的)"'任何竞争行为'一词提出来'与谁竞争'的问题。它是否限于同一领域的竞争的当事人之间,还是延伸到无关领域的活动,如(严格意义上的)非竞争者试图通过附加某种联系而利用其他领域竞争者的声誉"[②]。巴黎公约第 10 条之二第(3)项中列举的仿冒混淆和商业诋毁,尤其明确地要求行为人与受损害者之间互为竞争对手。但是,所列举的误导性宣传行为未明确提出损害竞争对手问题,这或许是由于巴黎公约 1958 年引入误导宣传行为时反不正当竞争法已纳入消费者保护因素的结果。

扩展和废弃竞争关系的国际实践又反映在世界知识产权组

[①] 例如,有的论者指出:"巴黎公约第 10 条之二(2)并未要求当事人之间具有竞争关系,但所涉不正当行为应当与贸易有关(竞争行为,an act of competition),以及容易扭曲自由竞争。"Rogier W. de Vrey, *Towards a European Unfair Competition Law: A Clash Between Legal Families*, Martinus Nijhpff Publishers(2006), p. 13(footnote 11)。

[②] Sam Rlcketson, *The Paris Convention for the Protection of Industrial Property: A Commentary*, Oxford University Press(2015), p. 695.

织推动反不正当竞争法国际发展的实践中。例如,世界知识产权组织国际局1996年组织编写的《反不正当竞争示范条款》,在对不正当竞争行为的界定中特意以"工商业活动中"的"任何行为或者做法"的表述,替代了巴黎公约第10条之二第(2)项界定中的"任何竞争行为",即将不正当竞争行为界定为"在工商业活动中违反诚实信用的任何行为或者做法,均构成不正当竞争行为"。WIPO国际局在其注释中特别强调,如此替换措辞意味着,"示范条款也适用于行为人与利益受行为影响的人之间没有直接竞争的情形。即便行为并不指向行为人的竞争对手,也可以因增强行为人相对于其竞争对手的竞争力,而影响市场竞争。"而且,"忽略其行为应当为竞争行为的要求,清楚地表明消费者也受保护"[①]。该解释在某种意义上是对巴黎公约不正当竞争行为的诠释,也反映了各国对反不正当竞争法上的竞争关系的普遍认识和发展趋向。这种解释显然顺应了现代反不正当竞争法向一般性市场管理法方向发展的趋向。

(三)竞争关系认识变化的原因

竞争关系的认识与实践的变革,是反不正当竞争法保护对象、调整范围和功能定位逐渐变革的结果,反映了反不正当竞争法不断发展的历程。打破竞争关系传统局限与反不正当竞争法由传统的保护竞争者的纯粹竞争者取向,向同时保护经营者、消费者和公共利益多元取向的转变直接相关。这种转变是20世纪

[①] *Model Provisions on Protection Against Unfair Competition*, *Articles and Notes*, presented by the International Bureau of WIPO, pp. 7-8.

中叶欧陆国家消费者运动的结果[1]。具体而言,强调直接或者间接损害竞争对手的反不正当竞争法,可以归入"以竞争者保护为取向"的传统反不正当竞争法,而且,更多是私法意义上的反不正当竞争法。但是,反不正当竞争法发展到现代,其保护利益多元,保护范围大大扩张,已与传统反不正当竞争法有根本性的差异。比如,消费者运动之后消费者利益与公共利益的引入,使得不正当竞争行为的构成不再仅仅考虑竞争对手的利益,也不再将法律的适用范围限定于竞争者之间的关系。反不正当竞争法也由此完成了现代化转型[2]。当时许多欧洲国家在反不正当竞争法中引入消费者保护,成为"市场行为法"(law on market practices)[3]。反不正当竞争法不再限于竞争者取向,使得不正当竞争行为的范围得到拓宽。

第二节 基于竞争行为的不正当竞争[4]

一、不正当竞争基于竞争行为

认定不正当竞争的基本前提和基础是竞争行为,而不是竞争

---

[1] "将消费者保护引入反不正当竞争法领域,大体上可以归结为欧共体政策领域出现了消费主义。"Rogier W. de Vrey, *Towards a European Unfair Competition Law: A Clash Between Legal Families*, Martinus Nijhpff Publishers(2006), p. 3.

[2] 孔祥俊:《反不正当竞争法新原理·原论》,法律出版社2019年版,第132—155页。

[3] Rogier W. de Vrey, *Towards a European Unfair Competition Law: A Clash Between Legal Families*, Martinus Nijhpff Publishers(2006), p. 61.

[4] 参见王艳芳:"反不正当竞争法中竞争关系的解构与重塑",载《政法论丛》2021年第2期。

关系。尤其是,《反不正当竞争法》对于不正当竞争行为的界定立足于竞争行为,而未设竞争关系的限制。《反不正当竞争法》第 2 条第 2 款对于不正当竞争行为采取的界定方式,就是符合经营者、生产经营活动中、损害三种法益的行为,其基点是行为,即符合这些构成元素的竞争行为。

具体而言,《反不正当竞争法》第 2 条第 2 款:"本法所称的不正当竞争行为,是指经营者在生产经营活动中,违反本法规定,扰乱市场竞争秩序,损害其他经营者或者消费者的合法权益的行为。"从上述规定看,首先《反不正当竞争法》定位于"行为",即不正当竞争行为首先是一种竞争行为;其次是一种应当给予否定性评价的行为,即"违反本法规定,扰乱市场竞争秩序,损害其他经营者或者消费者的合法权益的"行为。换言之,"扰乱市场竞争秩序,损害其他经营者或者消费者合法权益的行为"蕴含了事实与评价两类内容,即首先是一种行为,该行为当然是竞争行为,否则无从扰乱市场竞争秩序;"扰乱市场竞争秩序,损害其他经营者或者消费者合法权益"是基于对市场竞争的损害而设定的否定性评价标准。不正当竞争行为就是符合否定性评价标准的市场竞争行为。当然,该条规定的"违反本法"旨在将本法与其他法律调整的市场竞争行为区别开来,如与反垄断法制止的反竞争行为即垄断行为区分开。

例如,在 1993 年《反不正当竞争法》施行时期,其第 5 条第 2 项禁止擅自使用他人知名商品特有名称等行为。该规定未像商标法那样将一般商标侵权限定于在相同类似商品上的使用行为。这种差异体现了商标法对于注册商标采取的是专用权保护,其范围应当明确,而反不正当竞争法需要为维持市场秩序而保持适度的灵活性的精神。如,针对在洗发水产品上逼真模仿他人"大湖"饮料特有包装装潢、导致市场混淆误认的行为,《国家工商行政管理局关于在非相同非类似商品上擅自将他人知名商品特有的名称、包装、装潢作相同或者近似使用的定性处理问题的答复》(1998年11月20日)指出:"仿冒知名商品特有的名称、包装、装潢的不正当竞争行为一般发生在相同或类似商品上,但经营者在非相同、非类似商品上,擅自将他人知名商品特有的名称、包装、装潢作相同或者近似的使用,造成或者足以造成混淆或者误认的,亦违反《反不正当竞争法》第二条规定的市场竞争原则,可以按照《反不正当竞争法》第五条第(二)项的规定认定为不正当竞争行为,并按《反不正当竞争法》及国家工商行政管理局《关于禁止仿冒知名商品特有的名称、包装、装潢的不正当竞争行为的若干规定》的有关规定查处。"认可非在相同类似商品上使用他人知名商品特有名称等也可以构成不正当竞争,未再严格拘泥于狭义的竞争关系。只要此类行为足以产生市场混淆,即会扰乱市场竞争秩序,可以纳入反不正当竞争的范围。

二、目的和效果意义上的竞争行为

反不正当竞争法意义上的竞争行为通常根据目的和效果进行认定,包括以竞争为目的参与市场竞争、谋求交易机会等竞争利益的行为,以及损害他人竞争利益的行为。不正当竞争行为乃是不适当地造成竞争性损害的行为,包括不正当谋求竞争利益或者其他破坏竞争秩序的行为。狭义的市场竞争行为是经营者积极获取市场利益的行为,广义的市场竞争行为还包括与市场竞争相关的其他参与行为。与此相适应,不正当竞争行为是广义的,不仅包括经营者在市场竞争中实施的行为，还包括其他参与市场竞争破坏竞争秩序的行为。例如，不正当竞争行为的行为人不限于通常意义上的经营者，还可以包括其他参与市场竞争和破坏竞争秩序的人，如企业员工侵犯商业秘密的行为。不正当竞争的被损害方不限于竞争对手和经营者，如使用非经营性组织的名称，可以纳入《反不正当竞争法》第 6 条第（2）项规定的非经营者名称[①]。不正当竞争行为围绕竞争（竞争利益的获取或者破坏）而进行，竞争是一个轴心。不能纳入竞争行为的，即便造成损害，也只能纳入一般侵权行为调整。

当然，有的特殊的不正当竞争行为，法律明确要求以竞争对手为损害对象，仍应该将当事人之间的经营领域的相同或者相关性，作为判断是否为竞争对手的依据。例如，现行《反不正当竞争法》第 11 条将事业诋毁行为定位于"损害竞争对手的商业信誉、商品声誉"，这表明立法者将商业诋毁行为定位于竞争者之间的行为，即以竞争为目的损害竞争对手商誉的行为[②]。

[①] 《反不正当竞争法》第 6 条第（2）项规定了擅自使用"社会组织名称（包括简称）"。最高人民法院有关司法政策曾言："从有关法理精神和立法本质出发，反不正当竞争法所调整的竞争关系的主体应当限于市场经营者之间，非市场经营者之间不存在竞争关系。这种经营者是在竞争市场上从事提供商品或服务的法人、其他组织和自然人，其行为具有直接或间接的营利目的，即为了获得有利的市场条件和尽量多的经济利益。"[曹建明：《知识产权司法保护力度，依法规范市场竞争秩序——在全国法院知识产权审判工作座谈会上的讲话》（2004 年 11 月 11 日）]但是，至少在现行反不正当竞争法语境之下，不正当竞争行为仅限于提供商品或者服务的经营者之间，这只是通常情况。在特殊情况下其他主体如社会组织也可以纳入反不正当竞争法的调整。

[②] 如参与立法者的解释，商业诋毁的对象是竞争对手，"传统上，一般仅将生产、销售相同或相似商品或服务的经营者认定为竞争对手，对此类竞争对手进行商业诋毁最为典型，也最为多发"。随着实践发展，有必要根据个案情况，对竞争对手作更加广义的理解，包括：经营者生产、销售的商品或者服务不相同不相近似，但可以相互替代；经营者之间存在争夺消费者注意力、购买力等商业利益冲突。参见王瑞贺主编：《中华人民共和国反不正当竞争法释义》，法律出版社 2018 年版，第 39—40 页。

三、竞争性损害与不正当竞争行为

不正当竞争行为归根结底是一种造成竞争性损害的行为，也即特定行为因为参与市场竞争并造成竞争性损害，而被法律评价为不正当竞争。竞争性损害是区分不正当竞争与其他侵权行为的关键和基准。

不正当竞争行为首先是市场竞争行为，只是因为其符合法律规定的否定性评价标准而被认定为不正当。不正当竞争行为以扰乱市场竞争秩序为根本规定性，但扰乱市场竞争秩序的情形复杂，既可以是不正当获取竞争利益，包括为取得市场竞争利益而擅自使用非经营性社会组织的名称的行为，又可以是实施与市场竞争有关而不正当排斥或者破坏他人竞争利益的行为，如企业职工不正当获取或者披露企业商业秘密行为。所有这些行为都必须是造成竞争利益损害的行为，包括经营者和消费者的市场利益，而竞争利益最终归结为竞争秩序，根本意义上的竞争性损害即扰乱市场竞争秩序。竞争利益的损害可以是因为损害特定经营者或者消费者利益而产生，如仿冒混淆、侵犯商业秘密、商业诋毁等行为；又可以是因为扰乱市场竞争秩序而损害其他经营者或者消费者利益，如非经营性社会组织因不从事经营活动，擅自使用其名称未必直接损害该组织的竞争利益，但擅自使用者不正当获取了相较于其他经营者的竞争优势，损害其他经营者和消费者的市场竞争利益，由此扰乱竞争秩序，可以构成不正当竞争。

竞争性损害是不正当竞争行为的根基和核心要素，也是将损害行为纳入反不正当竞争法调整的标准和依据。例如，在原告腾讯计算机公司、腾讯科技公司诉被告杭州科贝公司等四家公司不正当竞争纠纷案中,原告经营微信公众号、小程序等产品。两被告通过批量注册内容相似的微信公众号,违规从事网络贷款中介信息业务等活动。原告认为被告行为破坏了微信平台的经营生态,构成不正当竞争。被告认为原被告之间的经营模式不同,不存在竞争。一审判决认为微信生态系统可以构成商业利益和竞争优势,两原告对微信生态系统具有竞争性权益,被告破坏微信生态系统的行为构成不正当竞争[1]。该案中微信经营的平台生态构成原告的竞争优势,可以成为其竞争利益。被告行为破坏微信平台经营生态秩序的,可以认为给原告造成了竞争性损害,据此可以纳入反不正当竞争的范围。被告是否造成竞争性损害,是能否适用反不正当竞争法调整的识别依据。

四、法律调整定位与行为定性

我国1993年《反不正当竞争法》第2条第2款将不正当竞争行为界定为"损害其他经营者合法权益,扰乱社会经济秩序的行为",其定位更为传统,即聚焦于对于经营者利益的侵害,甚至可以将"扰乱社会经济秩序"解读为损害其他经营者利益的当然结果。事实上,司法实践中一度多以一般侵权行为的思路认定不正当竞争行为,将经营者利益特定化和权利化,先找出一个受保护的特定利益(如商业机会或者商业模式),在其受到损害时即认为构成不正当竞争,而对于扰乱社会经济秩序的要素不做实质性考察,简单地认为损害该特定权益即构成扰乱社会经济秩序,使扰

---

[1] 杭州铁路运输法院(2018)浙8601民初1020号民事判决书。

乱秩序的要素和实际认定形同虚设[①]。2018年《反不正当竞争法》第2条第2款则将不正当竞争行为界定为"扰乱市场竞争秩序,损害其他经营者或者消费者利益的行为"。该界定显然充满了现代元素,如保护目标和考虑要素多元化,消费者利益和市场竞争秩序与经营者利益三元并存,且将竞争秩序放在优先位置。如果再遵循经营者之间的竞争关系的思路限定和界定不正当竞争及反不正当竞争法的适用范围,显然已不符合立法实际和现实需要。

以经营者或者竞争对手为保护基点的传统反不正当竞争法,更多是立足于私法和保护私益。现代反不正当竞争法立足于多元保护,这在我国立法语境下的反不正当竞争法有着更为充分的体现。首先,我国《反不正当竞争法》采取了一般条款与列举性规定相结合的立法模式,所列举的行为可以归入"自身违法"行为,即其构成要素清晰,符合其构成要素就是不正当竞争行为。立法者在设计这些类型化行为时,通常已进行了实质性利益考量,执法者无需再于具体构成要素外进一步考量各种利益。例如,《反不正当竞争法》第8条第1款规定了误导性宣传行为的构成要素,如"虚假或者引人误解的商品宣传""欺骗、误导消费者",只要符合法律规定的要件,就无需再对是否扰乱竞争秩序、损害经营者或者消费者利益进行另外的一般性考量。此时经营者之间是否存在直接或者间接的竞争关系,显然不是不正当竞争行为的构成要素。其次,市场竞争秩序和消费者利益的引入,使得《反不正

[①] 孔祥俊:《反不正当竞争法新原理·原论》,法律出版社2019年版,第177—178页。

当竞争法》保护公共利益的色彩或者公法色彩显著增强,经营者之间的竞争关系相应地淡化和弱化。特别是,在一些不正当竞争行为的构成中,必然不再涉及或考虑经营者之间的竞争关系问题。例如,在相关市场上独家经营的经营者进行误导性宣传,虽然并无直接的竞争者可以损害,但同样误导消费者和扰乱市场竞争秩序,仍可构成不正当竞争。至于可否引发民事诉讼,与不正当竞争行为的构成无关。再次,直接以非经营者为损害对象,而损害相关经营领域的其他经营者、消费者,而扰乱市场竞争秩序的行为,涉及更为复杂的市场关系和利益相关方。如《反不正当竞争法》第6条第(2)项擅自使用非经营性社会组织名称的行为,虽然以非经营者为损害对象,与非经营者之间不可能有竞争关系,但行为人以冒用名称行为谋取竞争优势,相应地必然会损害相关经营领域的其他经营者和消费者,同样可以构成竞争行为和不正当竞争[1]。

在反不正当竞争法保护多元利益等背景下,不管如何从直接或者间接意义上解释竞争者和竞争关系,总会遇到不再从损害竞争者角度定性不正当竞争行为的情形,也即对于全部不正当竞争行为而言,竞争者和竞争关系不再是一以贯之的考量因素,因而需要一种适用于所有不正当竞争行为的更为融贯的构成要素和调整基础。于是,以竞争行为替代竞争关系,作为不正当竞争行

---

[1] 世界知识产权组织《反不正当竞争示范条款》注释指出,"如果一个行为并不针对行为人的竞争对手,但因增强行为人相对于其竞争对手的竞争能力而可能影响市场竞争。例如,在完全不同的商品上使用他人驰名商标,使用者与驰名商标所有人不存在通常意义上的竞争,但该使用行为仍与竞争相关。因为,使用者获得了相对于不使用该商标的竞争对手的竞争优势"。*Model Provisions on Protection Against Unfair Competition*, *Articles and Notes*, presented by the International Bureau of WIPO, p. 10.

为的首要的和基础的构成要素,就成为必然的选择。

五、基于竞争行为界定不正当竞争的国际观察

不正当竞争行为是由客观事实与法律评价两部分构成的,其中客观事实是竞争行为,法律评价则是判断标准。不正当竞争行为首先是一种市场竞争行为,而在其符合法律规定的否定性评价标准,即不正当标准时构成不正当竞争行为。竞争行为是反不正当竞争法的规范对象,而不诚实、不正当则是对于这类行为的法律评价。换言之,就反不正当竞争法的调整对象而言,竞争行为是行为的客观属性,不诚实和不正当是法律的否定性评价,两者构成反不正当竞争法规制对象的事实基础和价值基础。

反不正当竞争法是为制止不正当、不诚实的商业行为的需要而确立,即规制的对象是商业行为,这些行为因为违背诚实做法而被认定为不正当。反不正当竞争法最初的目的是保护诚实商人,该法最初被作为保护诚实商人的专门法,商人标准被作为出发点和衡量标准。被所有商人认为不正当的行为,很难符合正当竞争的要求[1]。竞争行为既然是反不正当竞争法所规范的行为,该行为本身当然对反不正当竞争法的规制对象有限定作用,即所规制的对象是竞争行为,而不是其他行为。当然,随着反不正当竞争法的发展,欧洲一些国家甚至放弃了竞争行为的要求,使反不正当竞争法演化为市场行为法。

例如,巴黎公约第10条之二(2)将不正当竞争行为界定为

---

[1] *Protection Against Unfair Competition*, presented by the International Bureau of WIPO, Geneva(1994), p. 24, p. 25.

"在工商业事务中违反诚实的习惯做法的任何竞争行为",显然是一种由竞争行为与评价标准两要素构成的规范结构。首先,巴黎公约明确规定了所适用的对象是"(任何)竞争行为",且特别以"工商业活动"[第10条之二(2)]和"贸易过程中"[第10条之二(3)]的明确指向,进一步强化这种限制。因此,构成不正当竞争的行为必须是"工商业性的",并且旨在为竞争的目的参与贸易。仅为私人的、社会的或者政治的任何行为,均不纳入巴黎公约该规定的保护范围。例如,涉及商品宣传的竞争行为应当区分商业言论(commercial speech)和自由言论(free speech),巴黎公约第10条之二只适用于商业言论。媒体和消费者团体由此而经常对其非商业性言论不承担责任[①]。

当然,为提供更有效的保护,"竞争行为"的解释不宜过于狭窄。一般而言,"trade practices"(经营行为)、"商业行为"(commercial practices)和"市场行为"(market practices)等,均包含在内[②]。其次,"违反诚实的习惯做法"是法律评价,也即诚实的习惯做法是竞争行为正当性的评判标准。反不正当竞争的核心在于遏制不诚实的(not honest practices)商业行为[③]。"不诚实的商业

---

① 例如,独占经营者的销售活动,虽无现实的市场竞争,但存有潜在的市场竞争,而可以纳入竞争行为之列;虽然不属于同一工商业领域,但行为人的行为损害其他行业经营者的竞争优势,也可以纳入反不正当竞争调整。*International Handbook on Unfair Competition*, edited by Frauke Henning-Bodewig, C. H. Beck • Hart • Nomos (2013), p. 21.

② *International Handbook on Unfair Competition*, edited by Frauke Henning-Bodewig, C. H. Beck • Hart • Nomos (2013), p. 22.

③ 如世界知识产权组织《反不正当竞争示范条款》注释所说,在巴黎公约对于不正当竞争行为的界定中,"核心标准是行为'违反诚实做法'"。*Model Provisions on Protection Against Unfair Competition, Articles and Notes*, presented by the International Bureau of WIPO, p. 16.

行为"概念最初受法国法的影响,可以追溯到法国法院将不正当竞争引入《法国民法典》第1382条的解释,即最初据此认定不正当竞争时,法国法院提出了商业上的诚实习惯标准[①]。该标准成为判断不正当竞争行为的固有标准。

第三节 民事诉讼中的损害关系

一、竞争关系与民事关系

传统意义上的竞争关系(直接或者间接的竞争对手之间的关系)与不正当竞争行为的关系,强调的是由关系而行为,即将竞争关系作为不正当竞争行为的构成要素和前提条件,先认定构成竞争关系,再认定构成不正当竞争行为。与此相对应,反不正当竞争法调整具有直接或者间接竞争关系的竞争者之间的行为。是否具有竞争关系,乃是根据经营者所属经营领域的相关性进行确定,只有相同或者相关领域(先是相同而后来扩展到相关领域)的经营者才能构成竞争对手和具有竞争关系,才可以发生不正当竞争行为和受反不正当竞争法调整。在这种思路之下,竞争关系决定竞争和不正当竞争行为的定性,且最初将竞争行为限于同业竞争,后来需要调整不属于同一经营领域的市场竞争时,以经营领域相关为由扩展竞争关系的内涵外延,甚至最终干脆抛弃经营领域的外壳。

---

① *International Handbook on Unfair Competition*, edited by Frauke Henning-Bodewig, C. H. Beck・Hart・Nomos(2013), p. 23.

竞争关系还可以是由行为而关系,即由竞争行为产生的关系,竞争行为是因,竞争关系是果;竞争行为的界定不以竞争关系为前提和要素,竞争关系恰恰由竞争行为而产生。竞争行为具有独立的构成要素和认定标准,反不正当竞争法只是调整和规范竞争行为,基于竞争行为而确定不正当竞争行为,也即不正当竞争行为只是对于一些竞争行为的否定性评价,首先构成竞争行为之后,再以法律规定的不正当标准进行衡量。竞争行为首先是根据目的和效果进行认定的单方行为,它并不以竞争关系为在先条件,但由竞争行为而引起的特定法律主体之间的关系仍具有一定的法律意义,特别是可以据此赋予因竞争行为而受到损害的特定经营者救济权利。因此,此时的竞争行为与由其引起的法律关系是逻辑上的先后关系和因果关系。这种竞争关系性质上属于竞争法律关系。

反不正当竞争法直接规范的是竞争行为,即便是"由关系而行为",最终仍然落实到行为上,只是将关系作为限定行为构成的要素。如果竞争行为具有独立的构成要素,其界定无需依赖以经营领域为基础的竞争关系,则竞争关系恰恰成为界定行为和确定法律调整范围的羁绊,所以应当抛弃由关系而行为的传统思路,转向由行为而关系的模式。但是,民事诉讼的原被告之间必须有特定的具体的法律关系,即基于不正当竞争行为产生的损害与被损害的关系。如果将这种关系称为竞争关系,其含义不再是不正当竞争行为一般性构成要件意义上的竞争关系,而是特定的当事人之间构成不正当竞争行为的关系,即由不正当竞争行为所产生的侵权法律关系。

二、原告资格与竞争性损害关系

（一）司法实践的做法

民事诉讼中原被告经常以存在或者不存在竞争关系进行诉辩，是否存在竞争关系经常成为裁判理由首先澄清的问题。如司法政策所言，"有权提起不正当竞争诉讼的人须与被告之间存在特定、具体的竞争关系"。（2004 年 11 月 11 日《全国法院知识产权审判工作座谈会上的讲话》）

"2022 年不正当竞争司法解释"第 2 条规定："与经营者在生产经营活动中存在可能的争夺交易机会、损害竞争优势等关系的市场主体，人民法院可以认定为反不正当竞争法第二条规定的'其他经营者'。"此处提出了"可能的争夺交易机会、损害竞争优势等关系"，更主要是针对民事诉讼而言的，显然是以解释"其他经营者"的方式界定了损害与被损害意义上的竞争关系。

司法实践中早已按照市场竞争过程中损害与被损害的关系确定原被告之间不正当竞争诉讼的适格性。例如，正午阳光公司与太平人寿公司不正当竞争纠纷案[①]法院判决指出，从《反不正当竞争法》第 1—2 条规定可以看出："《反不正当竞争法》旨在通过制止不正当竞争行为从而维护公平有序的社会经济秩序，保护经营者和消费者的合法权益，也即《反不正当竞争法》主要是从竞争行为是否违背诚实信用原则和公认的商业道德等竞争原则的角度界定是否构成不正当竞争，从而决定是否可以在具体案件中适

[①] 北京市朝阳区法院(2017)京 0105 民初 10025 号民事判决书。

用该法。因此,只要一种竞争行为违背了诚实信用原则和公认的商业道德,可能扰乱正常的社会经济秩序,给其他经营者和消费者造成损害,就有可能构成不正当竞争行为,需要适用《反不正当竞争法》进行评价和调整。故,是否构成不正当竞争行为并适用《反不正当竞争法》,应当主要从被诉具体竞争行为本身的属性上进行判断,而非要求经营者之间必须属于同业竞争者或者其提供的商品或服务具有可替代性。"

腾讯科技(成都)有限公司、深圳市腾讯计算机系统有限公司与江苏爱代网络科技有限公司不正当竞争纠纷案[1]二审判决对于"爱代公司与腾讯公司具有竞争关系"的论述如下:

> 本案中,爱代公司与腾讯公司均系互联网游戏服务行业的经营者。爱代公司提供网络游戏代练交易服务,腾讯公司提供网络游戏运营服务。虽然从形式上看两者不存在直接竞争关系,但爱代公司提供的服务建立在《王者荣耀》游戏服务基础之上,两公司基于相同游戏用户开展经营活动。爱代公司提供代练交易机会直接针对腾讯公司《王者荣耀》游戏产品,影响用户对腾讯公司运营游戏的真实体验,进而影响其游戏运营业务及竞争权益,爱代公司也从商业化提供该游戏代练交易机会、撮合交易完成而获取收益,由此破坏游戏业的公平竞争生态。故两者业务相互关联,存在事实上的竞争关系。

---

[1] 江苏省高级人民法院(2023)苏民终280号民事判决书。

湖南蚁坊软件股份有限公司与北京微梦创科网络技术有限公司不正当竞争纠纷案①中,对于"蚁坊公司与微梦公司之间是否存在反不正当竞争法意义上的竞争关系",北京高院再审裁定指出:"蚁坊公司与微梦公司虽经营或运营的系统或平台并不相同,但均与数据的分析和应用有关,且从被诉行为来看,蚁坊公司利用微博数据能够提高自身的交易能力,可能剥夺或降低微梦公司在相同市场的交易机会,进而影响微梦公司基于微博平台数据的合法授权使用而可能获得的利益,故蚁坊公司与微梦公司之间具有竞争关系。"

北京百度网讯科技有限公司与深圳市我爱网络技术有限公司不正当竞争纠纷案中,二审判决指出,反不正当竞争法的适用并未限制竞争关系的主体必须是同业竞争者或以直接、狭义的竞争关系为前提,只要具体行为损害了其他经营者包括用户、交易机会等市场资源在内的竞争利益,损害了市场竞争秩序和消费者的相关利益,即应受到反不正当竞争法的调整。本案中,百度公司是百度网的运营主体,我爱网络公司是被诉网站的运营主体,双方均从事互联网行业,且我爱网络公司提供的被诉服务依附于百度网的搜索服务,故可认定双方具有竞争关系。同时,我爱网络公司的被诉行为服务效果与百度公司的付费推广相似,一定程度上可替代百度公司所提供的付费推广业务,会影响到百度公司的竞争利益,故被诉行为应当受到反不正当竞争法的规制。②

---

① 北京知识产权法院(2019)京73民终3789号民事判决书。
② 北京知识产权法院(2022)京73民终1148号民事判决书。

相反,只要原被告之间不存在竞争上的损害与被损害关系,就不属于民事诉讼范围的不正当竞争。例如,"金山安全软件案"[1]二审判决认为,关于二三四五公司的上述第三种行为,即二三四五公司在"捆绑"时将相关选项均设置为默认勾选状态,相关内容的字号小于界面中其他提示信息的字号。由于该行为只涉及终端用户消费者的知情权、自主选择权等利益,不涉及金山公司、猎豹公司的利益,故不构成对金山公司、猎豹公司的不正当竞争,不属于1993年《反不正当竞争法》第2条第2款规定的"损害其他经营者合法权益"的不正当竞争行为。至于该行为是否属于第2条第2款规定的"扰乱社会经济秩序"的不正当竞争行为,是否符合《规范互联网信息服务市场秩序若干规定》的有关规定,是否存在欺骗、误导或者强迫用户的情形,是否尊重了用户的知情权、自主选择权等,以及二三四五公司是否应承担公法上的法律责任,均不属于本案的审理范围。

(二) 竞争关系与原告资格

不正当竞争行为的一般构成并不需要以经营领域相关性意义上的竞争关系为要素,只需关注特定的市场竞争行为是否符合竞争行为正当性的评价标准。但是,在民事诉讼中,被告被诉行为是否构成对原告的不正当竞争,则需要确定被诉行为是否不正当损害原告的竞争利益,也即需要确定原被告之间是否存在竞争利益上的损害与被损害关系,该关系是民事侵权产生的民事关系

---

[1] 北京金山安全软件有限公司、北京猎豹移动科技有限公司与上海二三四五网络科技有限公司侵害计算机软件著作权及不正当竞争案,最高人民法院(2020)最高法知民终1567号民事判决书。

在反不正当竞争法中的具体化,即为由不正当竞争行为所产生的民事关系[①],可以称其为竞争法律关系。

首先,竞争关系与竞争法律关系的性质和功能定位之差异。

竞争关系反映的是由经营领域相关性产生的客观的市场争夺和排斥关系,是一种客观存在的市场状态,本身不带有法律评价性。如果将竞争关系作为不正当竞争行为的构成要素,经营领域的相同或者相关性即限定了不正当竞争行为的范围。但是,如果将经营领域的相关性解释太宽,必然使竞争关系的界定脱离其本意,再称其为竞争关系就变得无意义。即便如此,仍有一些特殊情况无法涵盖其中。如擅自使用非经营性社会组织名称、职工侵犯商业秘密等情形,非经营性社会组织和职工并不从事经营活动,将此种情形纳入经营领域的相关性之列,过于牵强附会。相反,以竞争行为为基础,将不正当竞争行为定性为扰乱市场竞争秩序行为,就克服了竞争关系的局限性。

竞争法律关系则是由法律事实引起的法律上的权利义务关系,即不正当竞争行为是一种引起竞争法律关系的法律事实,该法律事实产生了法律上的权利义务关系。法律事实是法律关系的产生事由和依据,法律事实决定法律关系,而不是相反。法律事实的范围有多大,所产生的法律关系的范围相应地有多宽。就竞争法律关系而言,不正当竞争行为是一种侵权行为属性的法律事实,竞争法律关系则是由竞争行为所引起、上升为法律调整并具有相应的权利义务内容的社会关系。不正当竞争行为是产生竞争法律关系的原因,决定着竞争法律关系的范围。

[①] 《民法典》第1164条规定:"本编调整因侵害民事权益产生的民事关系。"

其次,竞争法律关系是法律主体之间竞争利益的损害与被损害关系。

不正当竞争行为因损害特定的市场竞争利益而在特定法律主体之间产生竞争法律关系。竞争法律关系既在于确定原告能否向被告主张实体上的救济权利,又在于确定是否具有程序权利即起诉权,而程序权利则以实体权利为基础。在反不正当竞争法保护利益多元化的情况下,竞争行为是以市场竞争利益的获取或者排斥为目的的行为,不正当竞争行为则最终以损害竞争秩序为根本判断标准,既可以因为损害经营者而危害竞争秩序,也可以因损害消费者而危害竞争秩序,更可能是兼而有之。但是,民事法律关系意义上的竞争法律关系应当是特定法律主体之间因为竞争利益的损害性(或者获取性)所产生的。特定经营者只有在其特定的竞争利益被损害时,才可以对竞争利益的损害者提起诉讼。如果原告不是特定竞争利益的受害者,原告就不能对该不正当竞争行为主张权利。

因此,在不正当竞争民事诉讼中,原被告之间的竞争利益损害关系是关键,原告向被告主张权利的关键是被诉行为构成不正当竞争,而使原告因该行为受到损害。否则,如果没有受到具体损害而允许其提起诉讼,那就属于公益诉讼问题,我国《反不正当竞争法》尚未确立不正当竞争公益诉讼制度。

再次,民事诉讼中被告遭受的竞争性损害必须是特定化或者能够特定化的竞争利益。

不正当竞争民事诉讼必然涉及被诉行为是否成立、原告是否受到具体损害以及如何承担责任等三要素和争议焦点。三者既相互独立又相互关联。不正当竞争行为的构成涉及损害因素,包括扰乱竞争秩序以及损害其他经营者或者消费者合法权益,其中包括对于经营者的损害,但不正当竞争损害是多元的和有选择性的,经营者损害毕竟只是损害的一部分,况且有些情况下并不需要经营者损害,或者损害经营者并不影响不正当竞争行为的构成,决定不正当竞争行为构成的根本因素是损害竞争。而且,不正当竞争损害可以是现实的或者潜在的损害,可以是特定的或者不特定的损害,也并不需要均符合民事诉讼条件。但是,民事诉讼原告必须以受到具体损害为起诉条件,使被告具有原告资格的损害必须是能够具体化和确定化的。原告的损害与不正当竞争行为构成中的损害有关联,但具有不同的法律意义,属于不正当竞争民事诉讼中两个独立的争点。正是由于原告受到了不正当竞争行为的损害,原被告之间才产生竞争法律关系,成立民事诉讼资格中直接利害关系[1]。

不正当竞争行为的损害既可以直接针对特定对象(如仿冒混淆、侵犯商业秘密和商业诋毁行为),也可以指向不特定对象,但能够提起民事诉讼的原告必须是直接和特定的受害者。正如最高人民法院司法政策所言:"有权提起不正当竞争诉讼的人须与被告之间存在特定、具体的竞争关系。有的不正当竞争行为可能导致不特定的经营者受到损害,但只要侵权人、侵权行为和损害后果是特定、具体的,在不特定的受损害的经营者与特定侵权人之间形成的竞争关系就是特定、具体的,任何受损害的不特定的

---

[1] 《民事诉讼法》第119条规定:"起诉必须符合下列条件:(一)原告是与本案有直接利害关系的公民、法人和其他组织;(二)有明确的被告;(三)有具体的诉讼请求和事实、理由;(四)属于人民法院受理民事诉讼的范围和受诉人民法院管辖。"

经营者原则上都可以主张权利。"①此处的竞争关系更像是竞争法律关系,首先解决的是有权提起民事诉讼的原告资格。不论不正当竞争行为的损害对象多么不特定,民事侵权意义上的不正当竞争行为必须是发生于特定的经营者之间的侵害与被侵害的关系。即便看似没有特定指向的行为,如虚假宣传,原告必须证明其受到特定的和具体的损害,即当事人之间的损害关系能够特定化,才可以提起民事诉讼。此时原被告经营领域的相近或者相关性在民事诉讼中仍可作为证明原告利益受损的事实,但其意义仅限于此②。

总之,在不正当竞争民事诉讼中,是否存在竞争法律关系仍可以是当事人诉辩和判决需要回应的争议焦点,但已由传统的根据经营领域的相同相关性确定的竞争对手关系,转换为不正当竞争行为所引起的损害与被损害关系;已由不正当竞争行为的构成要件,转换为外在于不正当竞争行为构成的法律后果和原告资格条件。

综上,对于竞争关系可以从如下层面理解:(1)通常不是不正当竞争行为的一般性构成要件,除非法律对于竞争关系有明确规定,如第11条商业诋毁要求"损害竞争对手的商业信誉、商品声誉"③;

---

① 曹建明:《知识产权司法保护力度,依法规范市场竞争秩序——在全国法院知识产权审判工作座谈会上的讲话》(2004年11月11日)。

② 例如,北京高级人民法院《关于涉及网络知识产权案件的审理指南》(2016年4月13日发布)第31条规定:"经营者之间具有下列关系之一,可能损害原告合法权益,造成交易机会和竞争优势变化的,可以认定具有竞争关系:(1)经营的商品或者服务具有直接或者间接的替代关系;(2)经营活动存在相互交叉、依存或者其他关联的关系。"此处规定竞争关系的本意应该是将其作为不正当竞争行为的要件。但是,所列举的两类情形倒是可用以证明当事人之间的损害与被损害的关系。

③ 商业诋毁中的竞争对手也是作广义的解读,即除相同类似商品服务经营者外,还可以包括生产经营具有替代性商品服务的经营者,以及"经营者之间存在争夺消费者注意力、购买力等利益冲突的"经营者。王瑞贺主编:《中华人民共和国反不正当竞争法释义》,法律出版社2018年版,第39—40页。

(2)在民事诉讼中应当是被诉行为在原告与被告之间产生特定的损害与被损害关系的表现形式,也即原被告之间构成不正当竞争的要件。即便是对于针对不同的对象行为(如误导性宣传),提起民事诉讼需要证明其属于受到特定损害的经营者;(3)竞争关系是原告资格条件,据以认定原告有诉的利益,这是公法与私法保护的重要区别。

第十章 "搭便车"的反不正当竞争法定位

第一节 "搭便车"的反不正当竞争法界定

一、"搭便车"的两种法律定位

反不正当竞争法中的"搭便车"适用涉及两种定位：一种是将其作为不正当竞争行为的一种类型；另一种是将其作为竞争行为正当性的判断标准或者论理基础（可以统称裁判标准）。

"搭便车"是不当得利（unjust enrichment）的一种具体表达或者具体应用场景。不当得利是罗马法学家普罗普纽斯（Promponius）基于自然正义而提出的原则，意指任何人不得以他人为代价而获益。普罗普纽斯提出的不当得利原则并非创设一种新的诉讼形式，而旨在将其作为一般的正义原则。[1]"搭便车"或者不当得利在反不正当竞争法中得到广泛的应用，既有被作为不正当竞争行为类型的情形，又有将其作为裁判标准的情形。

---

[1] Anselm Kamperman Sanders, "Unfair Competition and Ethics", in Lionel Bently and Spyros Maniatis eds., *Intellectual Property and Ethics*, Sweet and Maxwell (1998), p.231.

世界知识产权组织编写的《反不正当竞争保护》,①将"不正当利用他人成果",即"搭便车"[taking undue advantage of another's achievement("free riding")]列为未被《保护工业产权巴黎公约》(以下简称巴黎公约)保护的一类行为。这本由世界知识产权组织国际局组织权威专家撰写并以国际局名义发表的反不正当竞争法读本(或者称为"研究报告"),除列举研究巴黎公约的三类不正当竞争行为②外,还列举了未纳入巴黎公约列举性规定,而又被承认的几类不正当竞争行为,其中即包括"不正当竞争利用他人成果"(即"搭便车")行为。③ 一些国家明确地将其作为不正当竞争行为类型。如瑞士、西班牙都有"搭便车"不正当竞争行为的

---

① Protection Against Unfair Competition: Analysis of the Present World Situation, presented by the International Bureau of WIPO, WIPO publication No.725, Geneva 1994. 该研究报告初稿委托德国马普所两位研究人员撰写,并在听取来自12个成员国的12位专家的意见以后而予以发布。该报告对于1990年代世界范围内的反不正当竞争状况进行了比较分析。1967年之后巴黎公约反不正当竞争条款未再变动,但世界知识产权组织仍在努力发展和统一反不正当竞争标准。1990年代世界知识产权组织组织专家对世界反不正当竞争的发展状况进行了研究,于1994年提出"反不正当竞争保护:当今世界状况"专题报告,着重分析了有关成员国反不正当竞争立法现代化的做法,并旨在进一步推动反不正当竞争国际协调发展。在此基础上,世界知识产权组织于1996年提出"反不正当竞争示范条款"。示范条款是为了实施反不正当竞争领域的国际义务而提供指南。这些文件反映了1960年代以后世界反不正当竞争法的新发展。

② 巴黎公约第10条之二列举了市场混淆、误导性宣传和商业诋毁等三类不正当竞争行为。这些行为不是穷尽式列举,除此之外仍由成员国自行规定其他不正当竞争行为。

③ 其他还涉及侵犯商业秘密、比较广告等行为。Protection Against Unfair Competition: Analysis of the Present World Situation, presented by the International Bureau of WIPO, WIPO publication No.725, Geneva 1994, pp. 48-68.

规定。①

　　法国是近现代反不正当竞争法的策源地,引领了早期欧陆国家反不正当竞争法,并塑造了大陆法国家的一些反不正当竞争传统。② 法国是"搭便车"不正当竞争理论和行为类型的重要发源地,形成了独特的"搭便车"学说和判例系统。特别是,20世纪50年代中期伊韦·圣特考(Yves Saint Cal)教授提出"搭便车"为一种不正当竞争行为类型,将其定位为利用他人投入或者努力所产生的成果或者知名度的行为,并划分为竞争者之间的搭便车竞争和非竞争者之间的搭便车行为,后者将反不正当竞争扩展到非竞争关系的市场主体之间。③ 该理论提出后即被法院在大量裁判中引用。如法国巴黎上诉法院在2015年的一个判决中指出,上诉人通过模仿被上诉人的产品包装侵占了其个性化的经济价值,谋得竞争优势,而这是被上诉人专门的研发和构思工作的成果,该行为因此属于具有过错的搭便车行为,破坏了不同市场主体之间的平等关系,扭曲了正常的市场竞争规则,造成竞争的紊乱。④ 莱·图尔尼(Le Tourneau)教授结合司法裁判和理论学说,将搭便车界定为:任何人以营利为目的并没有正当理由,以相同或者

---

① 瑞士反不正当竞争法第5条第(3)项规定,通过技术复制工艺以及未经相应的努力,利用他人的市场成果的任何行为,都属于不正当竞争行为。西班牙反不正当竞争法第11条第(2)项规定,不正当利用他人商誉或者努力的行为,属于不正当模仿他人成果的行为。
② Walter J. Derenberg,"The influence of the French Code Civil on the Modern Law of Unfair Competition",4 Am. J. Comp. L. 1(1955).
③ 冯术杰:"'搭便车'的竞争法规制",载《清华法学》2019年第1期。
④ 同上。

很近似的方式使用他人个性化的经济价值，获得竞争优势，而这种经济价值是他人技术、智力劳动或者投资的成果。当然，法国法院都是综合个案的具体情形，认定被告利用原告的经济价值是否具有不正当性。①

美国最高法院在著名的 INS 案②中，将"不播种而收获"作为不正当盗用行为的法律依据，而同时期的欧陆国家法院和学说采取同样的态度。如 INS 案判决的前一年，德国法官和学者阿道夫·鲁伯(Adolf Lobe)将"用别人的牛耕地"，认定为不正当。③欧洲国家尤其是法国，则是承认"寄生竞争"的广泛适用。其他许多国家以反不正当竞争法禁止"逼真模仿"或者盗用行为。④ 这些都属于将"搭便车"作为竞争行为正当性的判断标准或者论理依据。这种观点是基于"从他人的投资中获取竞争优势构成不正当"的信念。⑤ 当然，后来这些观念受到了挑战。

如前引案例所示，我国反不正当竞争法理论和不正当竞争案件裁判经常援用不劳而获、搭便车、食人而肥等理由认定不正当竞争行为，但并非作为一种不正当竞争行为类型，而是作为认定标准和裁判理由。

---

① 冯术杰："'搭便车'的竞争法规制"，载《清华法学》2019 年第 1 期。
② INS v AP,248 US 215,239-240(1918).
③ *The Structure of Intellectual Property Law:Can One Size Fit All*,Edward Elgar(2011),p.98.
④ Ibid.,pp.98-99.
⑤ Ibid.

二、"搭便车"的一般界定

"搭便车"具有日常生活的、经济学的以及法律上的多种含义。日常生活中的"搭便车"经常是在否定意义上使用,如界定为"不付成本而坐享他人之利的投机行为","在一个共同利益体中,某人自觉或不自觉地,假装或不道德地像南郭先生一样'滥竽充数'的行为与动机"。"搭便车"的理论首先由美国经济学家曼柯·奥尔逊于 1965 年发表的《集体行动的逻辑:公共利益和团体理论》(The Logic of Collective Action: Public Goods and the Theory of Groups)一书所提出。经济学上的"搭便车现象"是指某种事情产生了正外部性,即某个经济行为个体的活动使他人或社会受益,而受益者无须花费代价。[1] 这是一种中性的含义。反不正当竞争法中的"搭便车"又有独特意境。

"搭便车"不是一个精确的法律概念,[2]且只是部分国家(主要是法国等欧陆国家)承认其作为独立的不正当竞争行为类型。因此,对"搭便车"给予精确界定比较困难,只能给出大致的界定或者描述。例如,"搭便车"是利用他人商业标识等知名度或者商誉,或者获取或者利用他人特定商业成果的行为。[3]

---

[1] 〔美〕曼昆:《经济学原理:微观经济学分册》,梁小民等译,北京大学出版社 2015 年版,第 215 页。

[2] 例如,"'搭便车'不是一个严格的法律概念,而是对一类行为的事实性描述,对于符合该描述的行为还是要进行法律评价以认定其是否不正当"。冯术杰:"'搭便车'的竞争法规制",载《清华法学》2019 年第 1 期。

[3] 例如,搭便车的常见形态是,一个经营者获得商业成功之后,另一个经营者以相同或者很相似的方式利用其成功的因素来获得竞争优势,后者免去了在经营、创新或者推广方面的投入。冯术杰:"'搭便车'的竞争法规制",载《清华法学》2019 年第 1 期。

仅从否定意义上定义"搭便车"并不全面。反不正当竞争法语境下的"搭便车"可以在正反两种意义上使用。正面的或者积极意义上的"搭便车"大体上可以与模仿自由和竞争由相对应,可以指称对于他人商誉或者商业成果的利用,这是一种中性的表述和界定,不带有价值判断色彩。搭便车是最为广义的模仿性竞争。根据自由市场原则,利用或者获取他人的商业成果符合自由市场原则,只是在特殊情况下构成不正当竞争。例如,导致混淆误导的行为通常意味着搭他人成果的便车,而被认为构成不正当竞争行为。[1] 因此,正面意义上的"搭便车"是一个中性词,可以归入模仿自由和竞争自由的范畴,反不正当竞争法只否定其中部分极端的或者特定的"搭便车"行为。

负面或者消极意义上的"搭便车"则蕴含不正当利用他人的商誉或者商业成果之意,这是一种否定评价之后的表述和界定,或者说是一个当然违法而自带否定含义的概念。如世界知识产权组织的界定:"搭便车"是不正当利用为消费者及经营者所承认的商业成果,包括特定标识或者产品,也可以是纯粹的技术特点。[2] 负面意义上的"搭便车"涉及未付出适当的努力,而明显利用他人(竞争者)标识的商誉或者知名度、产品的商业成功或者技术成果。作为最低限度的要求,被利用的标识或者产品必须具有

---

[1] *Protection Against Unfair Competition:Analysis of the Present World Situation*, presented by the International Bureau of WIPO, WIPO publication No. 725, Geneva 1994, p. 55.

[2] Ibid., p. 54.

某种特有性,而这种特有性不足以达到特别法保护的门槛。① 因此,无论是将"搭便车"作为一种不正当竞争行为的类型,还是将其作为构成不正当竞争的法理支撑,都是在负面意义上使用"搭便车"概念,赋予其否定的价值判断。

虽然我国司法裁判多有涉及"搭便车"论理,但现有文献对于知识产权和反不正当竞争领域"搭便车"问题的专题研究还比较少,基本上没有形成通识的法律概念界定。而且前述司法裁判表明,我国不正当竞争司法裁判对于"搭便车"都是从否定意义上进行使用,即以属于搭便车为由,认定涉案行为构成不正当竞争,"搭便车"成为不正当竞争行为的判断标准和论理依据。就不正当竞争裁判所涉及的法益类型而言,"搭便车"大体上可以界定为不劳而获地占用他人的商誉或者其他商业成果,而获取竞争优势的行为。

"搭便车"的特征或者要素可以归纳为三项:(1)"搭便车"有不劳而获的特征,即他人的商誉或者其他商业成果是付出人力、物力等资源获取的,行为人未经许可和未付出代价擅自加以利用或者占有。(2)"搭便车"的行为特征是利用或者获取他人的商誉或者其他商业成果,如对于他人商业标识商誉的利用,对于他人作品元素、数据等商业成果的获取和利用。(3)行为人旨在获得竞争优势,即他人的商誉或者商业成果对于行为人具有竞争优势意义。

---

① *Protection Against Unfair Competition: Analysis of the Present World Situation*, presented by the International Bureau of WIPO, WIPO publication No. 725, Geneva 1994, p. 54.

三、"搭便车"的两种类型

就"搭便车"的对象或者客体而言,利用他人商誉和其他商业成果的"搭便车",通常涉及两种具体情形,即利用他人商业标识的商誉以及利用他人的商业成果。

例如,法国法将"搭便车"所利用的能够带来竞争优势的经济价值,区分为知名度与创新或者投入产生的成果,前者大体上对应于商标法和反假冒制度的保护客体;后者则是著作权、专利权等保护的成果。"利用他人知名度的搭便车"涉及利用他人商标、商号、公司名称、商品形状和包装、广告语等的名声或者元素,提升自己商品的档次或者声誉等情形,甚至涉及保护到期以后的外观设计产品。法国在搭便车竞争方面对于"利用他人投入或者创新的成果"有着相对宽泛的适用。如香水销售商称自己的产品与竞争者的相关产品相对应,构成利用后者为调配和推广该产品的投入成果的搭便车;建筑企业将竞争对手完成的需要一定技术的吊顶工程拍成照片,作为自己工程样品提供给客户的行为,构成搭便车。此外,还经常适用于涉及软件著作权和专利权保护模式在保护效果上有局限性的领域。[①]

当前我国反不正当竞争司法裁判中的"搭便车",涉及利用他人商业标识的情形(如下例1、2、3),以及利用他人作品元素(例4)、数据等智力成果或者商业成果(例6)的类型。[②] 前者是以"搭便

[①] 比较详细的介绍可参见冯术杰:"'搭便车'的竞争法规制",载《清华法学》2019年第1期。

[②] 鉴于利用作品元素等智力成果,也都是将其作为具有经济价值的商业元素进行利用,因而可以将此种场景下的智力成果视为商业成果。

车"为据扩张商业标识的保护范围,在不构成商标侵权的情况下,又以"搭便车"为由制止对于他人商业标识商誉的利用,起到了扩张商业标识保护的实际效果;后者涉及在作品元素不受著作权保护的情况下,依照"搭便车"保护作品元素,或者以"搭便车"保护数据等新出现的商业成果(商业权益)。前后两种类型的"搭便车"可能涉及对于其他知识产权边界的实质性扩张,以及"搭便车"的适用边界,因而引发了"搭便车"的适用定位和适用限度的讨论和争论。

四、实践中定位"搭便车"的疑问

中外反不正当竞争理论与实务中的"搭便车""食人而肥""用别人的牛耕地""不播种而收获""寄生行为"之类的表达,大体上都是同义语。有些国家将"搭便车"作为不正当竞争行为的一种类型,更多是将其作为构成不正当竞争的重要法理标准和裁判理由。

我国反不正当竞争法未将"搭便车"规定为一种不正当竞争行为类型,但司法裁判经常将其作为不正当竞争行为的判断标准和论理基础,尤其作为以《反不正当竞争法》第2条开放性认定未列举行为的判断依据,在反不正当竞争裁判中具有广泛的适用领域。而且,"搭便车"通常被贴上负面标签,当然地给予法律上的否定评价,将其"污名化"和视为自身违法。尤其是,"搭便车"的宽泛适用,大大地扩张了反不正当竞争法的适用范围,甚至模糊了反不正当竞争法与知识产权专门法之间的适用边界,使反不正当竞争法过多甚至无序地侵入专门法的特别调整,模糊甚至扰乱了法律之间的调整秩序。将"搭便车"作为判断标准和论理基础的相关裁判俯拾即是,可以信手拈来,在此略举几例,参见表 10-1。

表 10-1 与"搭便车"相关的案例(上)

序号	案由/案号	法院观点
1	杭州宜格化妆品有限公司与深圳市龙华区赫海本彩妆贸易商行、杭州阿里巴巴广告有限公司不正当竞争纠纷案/杭州市钱塘区人民法院(2022)浙 0114 民初 2357 号	法院认为,赫海本商行在 1688 网站上销售商品时,将"花""西子"文字与其商品描述文字共同使用于产品标题中,未突出使用"花西子"文字;点击赫海本商行的产品链接,产品介绍和详情页中未出现原告的商标,系其他品牌的商品内容;赫海本商行所销售的产品价格远低于"花西子"系列产品销售价格,"花西子"品牌商品采用线上销售方式,消费群体为网络用户,消费者只要施以一般注意力就不会产生误认。因此,被诉侵权行为不能发挥识别商品来源的作用,不构成对于"花西子"商标的侵权。但是,将"花""西子"文字添加至其产品标题上,用户在搜索引擎搜索栏中输入"花西子"时,被告的产品链接就会出现在搜索结果中,被告主观上具有利用"花西子"商标、商誉吸引相关网络用户的注意力进而增加其产品点击率的意图,客观上分散了用户对注册商标"花西子"所涉产品及相关服务的注意力,减轻用户访问涉案商标权利人产品及服务的兴趣,损害了原告的商业利益。同时节省了其本应付出的广告宣传成本,是一种不劳而获的搭便车行为,违反了诚实信用原则,构成不正当竞争。

(续表)

序号	案由/案号	法院观点
2	原告路易威登马利蒂公司("LV"公司)与被告上海鑫贵房地产开发有限公司等商标侵权和不正当竞争案/上海市第二中级人民法院(2004)沪二中民五(知)初字第242号	一审法院认为,被告明知"LV"手提包有较高知名度,还在巨幅楼盘户外广告中以近1/3的比例和夺目的橙色突出模特和模特手中的"LV"包,吸引受众视线,进而通过"LV"手提包的知名度提升其广告楼盘的品位,意在宣传出入其楼盘的是时尚高贵人士,该楼盘同样时尚、高档,故其将宣传行为建立在原告商品之上,未付出正当努力而故意利用他人经营成果,通过搭便车故意利用原告资源,获取优于其他竞争者的不正当获取利益,损害原告的合法权利,虽因"LV"图案对被告的楼盘没有商业标识识别作用、消费者不会产生混淆而不构成商标侵权,但构成不正当竞争。
3	五常市大米协会与沈阳谷堆坡电子商务有限公司"五常大米"商标侵权及不正当竞争案/福建省高级人民法院(2021)闽民终900号	二审法院认为,谷堆坡公司在争议商品标题中虽然使用的是"非五常大米"字样,但以"五常"为关键词搜索时可搜到该商品。而且,从商品评论中可看出,该行为已造成部分消费者混淆误认,损害了消费者的知情权和选择权。同时,谷堆坡公司的上述行为客观上实现了"关键词引流",不合理获取了商品点击、浏览及交易机会,切实增加了其商业机会而减少他人商业机会,实质上是一种搭便车的攀附行为,即表面上以"非五常大米"进行区别,实则进行"区别式攀附",构成不正当竞争。

(续表)

序号	案由/案号	法院观点
4	查良镛（笔名金庸）诉杨治（笔名江南）、北京联合出版有限责任公司、北京精典博维文化传媒有限公司、广州购书中心有限公司著作权侵权及不正当竞争案/广东省广州市天河区人民法院（2016）粤0106民初12068号	一审法院认为，原告作品中的人物名称、人物关系等元素虽然不构成具有独创性的表达，不能作为著作权的客体进行保护，但并不意味着他人对上述元素可以自由、无偿、无限度地使用。原告作品及作品元素凝结了原告高度的智力劳动，具有极高的知名度和影响力，在读者群体中这些元素与作品之间已经建立了稳定的联系，具备了特定的指代和识别功能，具有较高的商业市场价值。原告作品元素在不受著作权法保护的情况下，在整体上仍可受反不正当竞争法调整。杨治未经原告许可在其作品《此间的少年》中使用原告作品人物名称、人物关系等作品元素并予以出版发行，构成不正当竞争。
5	广州网易公司、上海网之易公司与深圳迷你玩公司著作权侵权及不正当竞争案/广东省高级人民法院（2019）粤03民初2157号	二审法院认为，两款游戏整体画面构成类电作品，即新著作权法的"视听作品"，但两者的相似之处在于游戏元素设计而非游戏画面，故驳回网易公司关于著作权侵权的诉请。《迷你世界》与《我的世界》在玩法规则上高度相似，在游戏元素细节上诸多重合，已经超出合理借鉴的界限。迷你玩公司通过抄袭游戏元素设计的方式，直接攫取了他人智力成果中关键、核心的个性化商业价值，以不当获取他人经营利益为手段来抢夺商业机会，构成不正当竞争。

(续表)

序号	案由/案号	法院观点
6	深圳市腾讯计算机系统有限公司、腾讯科技(深圳)有限公司、腾讯数码(天津)有限公司与广州菲柔网络科技有限公司不正当竞争纠纷案/天津市第三中级人民法院(2021)津03民初2119号	一审法院认为,菲柔公司经营的"人人体育"网站及APP未经授权向公众免费提供"腾讯视频"中的NBA比赛直播画面,原本需要付费观看的比赛无须付费即可观看,亦未对NBA比赛直播投入任何成本即可实质性替代原告提供的NBA比赛直播。本质上是攫取腾讯公司投入巨额成本而形成的比赛直播内容和围绕比赛直播内容打造的特色直播方式等核心经营资源,来从事自身"主播直播"的商业经营活动。上述行为必然导致原本需要登录"腾讯视频"网站或客户端观看比赛的用户转而选择通过"人人体育"网站及APP进行观看,直接造成原属于"腾讯视频"的用户的减少和流量的降低。因此,菲柔公司利用免费提供腾讯公司投入巨额成本形成的比赛直播资源和特色比赛直播方式进行商业经营的行为构成违反《反不正当竞争法》第2条的不正当竞争。
7	大众点评诉百度数据不正当竞争案/上海市浦东新区人民法院(2015)浦民三(知)初字第528号	一审法院认为,在靠自身用户无法获取足够点评信息的情况下,百度公司通过技术手段,从大众点评网等网站获取点评信息,用于充实自己的百度地图和百度知道。百度公司此种使用方式,实质替代大众点评网向用户提供信息,对大众点评网的汉涛公司造成损害。百度公司并未对大众点评网中的点评信息作出贡献,却在百度地图和百度知道中大量使用了这些点评信息,其行为具有明显的"搭便车""不劳而获"的特点。正是基于上述综合考虑,法院认为,百度公司大量、全文使用涉案点评信息的行为违反了公认的商业道德和诚实信用原则,具有不正当性。

（续表）

序号	案由/案号	法院观点
8	无锡双象橡塑机械有限公司与无锡腾羽环保科技有限公司不正当竞争纠纷案/江苏省无锡市中级人民法院(2022)苏02民终4616号	一审法院认为,一个公司的竞争力主要体现在技术水平、管理水平、市场开拓能力和市场占有率、资本与规模效益、人才储备及新产品开发、管理能力等方面,腾羽公司作为一家成立时间较短的企业,其在竞争力方面明显弱于已经多年取得良好市场商誉的双象公司,腾羽公司通过"搭便车"的方式借用双象公司在市场的影响力,消除其与双象公司在竞争力方面的劣势。在生产经营活动中,经营者应当通过自身努力,提高自己商品的质量、增加影响力和美誉度,从而提高市场竞争力。腾羽公司构成故意实施混淆行为,扰乱了市场竞争秩序,应当承担相应的责任。

上述裁判涉及以反不正当竞争法扩张商标权的保护（例1、2、3）、保护不受著作权保护的作品构成元素（例4）、替代著作权保护（例5、6）、保护数据之类的新权益（例7）以及作为构成类型化不正当竞争行为的论理（例8）等不同情形,足见其适用范围的广泛性。值得研究的是,"搭便车"的适用边界毕竟模糊宽泛,究竟在什么条件下或者多大程度和限度内成为不正当竞争行为的判断标准？尤其是,"搭便车"究竟是自带否定性评价而当然被认定为不正当竞争,还是仅限于特殊情形的适用？"搭便车"究竟在多大范围内可用作以反不正当竞争法补充知识产权保护的正当性依据？凡此种种,均涉及法益保护与竞争自由和公有领域的必要平衡,涉及自由市场原则的贯彻,涉及相关法律之间的调整秩序,亟

须深入研究。

21世纪初《反不正当竞争法新论》一书首次在国内将"禁止食人而肥或者搭便车"置于反不正当竞争法的理念层面，作为首要的反不正当竞争法规制单独加以阐释。这种阐述在一定程度上影响了国内司法实务中对于"搭便车"标准的采用。[①] 但是，随着近年来《反不正当竞争法》第2条一般条款适用的广泛，及其与知识产权专门法交织关系的日益加深，"搭便车"的裁判标准意义日益凸显，深感对于"搭便车"问题的认识不能浮在浅层和表面，而涉及《反不正当竞争法》适用的深层理念、政策和机制的研究刻不容缓。

总体而言，"搭便车"具有多种含义，反不正当竞争法中的"搭便车"具有特殊的法律语境，其适用定位涉及反不正当竞争法的底层观念、原则和价值。制止"搭便车"高度契合自然正义及其衍生的不当得利原则，具有与生俱来的道德感召力。但是，"搭便车"又经常是模仿自由和竞争自由的应有之义，有其积极的和正面的含义，在通常意义上体现的是"搭便车"中立。我国司法裁判过多地赋予其自身违法的负面否定意义，将其作为构成不正当竞争的裁判标准，并广泛地用于竞争行为正当性的判断。"搭便车"的宽泛适用易于扰乱相关法律之间的调整秩序，破坏法益保护与竞争自由和公有领域的必要平衡，有悖于自由市场原则。"搭便车"可以成为裁判标准，但应当限定其适用范围和压缩适用空间，其适用不能抵触相关法律的立法政策。

[①] 孔祥俊：《反不正当竞争法新论》，人民法院出版社2001年版，第2—3页。

第二节 竞争观与"搭便车"的适用定位

一、竞争观对于"搭便车"的定位作用

竞争观涉及竞争和不正当竞争的总体观念和基本取向。"搭便车"的适用定位,归根结底取决于所秉持的竞争观,即是伦理上的公平竞争观,还是经济上的效率竞争观。竞争观的不同取向,决定了"搭便车"的不同适用态度,以及决定着竞争行为正当性的不同裁判标准。

笼统地说,大陆法系国家采取伦理的和公平的竞争观,将公平目标置于竞争目标之上,由此又被批评为是反竞争的。如主要基于更为一般性的、没有确切界定的竞争者"公平和诚实"行为概念,讨论不正当竞争,甚至有时近乎引入道德权利的方式宽泛地保护商业标识等。普通法系国家将竞争作为主要目标,只对竞争者的极端行为予以公平考量,如对于误导和混淆消费者的行为给予禁止,消费者被置于突出位置。两种竞争观直接影响对待竞争行为的宽严态度,因而对于"搭便车"的适用产生相应的影响。[①]如英美国家更多地将"搭便车"视为竞争自由的范畴,限制其适用;欧陆国家则更多地通过制止"搭便车",维护市场竞争的公平。当然,这只是一种笼统的说法,具体细节仍非常复杂。如美国司法裁判越来越多地将"搭便车"视为不正当,并以此扩张知识产权

[①] Mary LaFrance,"Passing off and Unfair Competition:Conflict and Converence in Competition Law",2011 *Michigan State Law Review* 1413(2011).

之类的保护。[1] 我国学界较少从竞争观的角度研究竞争行为正当性判断标准,因而对于"搭便车"的适用缺乏竞争观上的深层考量。

二、伦理性的公平竞争观与经济性的效率竞争观

反不正当竞争是一个特殊的法律领域。一方面,《保护工业产权巴黎公约》将"反不正当竞争保护"作为工业产权的一种类型,并构建了一般性界定与典型行为列举相结合的反不正当竞争规则体系,为成员国采取最低限度的反不正当竞争保护奠定基础。此后"Trips 协定"第 39 条"未披露信息"条款,又推动了商业秘密保护规则的统一。另一方面,世界范围内的反不正当竞争法又极为不统一,各国之间在反不正当竞争的理念和制度上差别甚大,以至于欧盟成员内部的反不正当竞争观念和制度差别太大。[2] 这就形成重要规则的全球统一性与国别之间的反不正当竞争制度差异极大的悖论和奇特局面。但是,全球化规则毕竟具有较大的局限性,各国之间的理念和制度差异是主流。尽管如此,在观念传统和基本制度定位上,美国与欧陆国家大体上形成了两大基本流派和传统,且大体上可以基于对公平与效率的不同取向,对

---

[1] Mark A. Lemley,"Property,Intellectual Property,And Free Riding",83 *Tex. L. Rev.* 1031.

[2] 参见斯蒂芬·舒勒(Stefan Scheuerer):"人工智能与不正当竞争——揭开人工智能监管领域一个被低估的基石",黄军、鞠金琪译,载《竞争政策研究》2022 年第 3 期。Reto M Hilty,"The Law Against Unfair Competition and its Interfaces",in Reto M Hilty and Frauke Henning-Bodewig (eds), *Law Against Unfair Competition-Towards a New Paradigm in Europe?* Springer(2007) p. 1; Rupprecht Podszun,"Der 'more economic approach' im Lauterkeitsrecht" [2009] WRP 509.

两种流派进行定义。

"搭便车"适用的严格与宽松以及积极与谦抑,首先涉及竞争观问题,即是采取伦理性的公平竞争观,还是采取经济性的效率竞争观。反不正当竞争法起源于商业道德意义上的公平竞争,采取伦理性的公平竞争观,旨在维护商业道德意义上的公平,保护既有的秩序安定和既得利益,但近几十年来逐渐转向经济意义上的效率,即越来越多地采取经济性的效率竞争观,尊重市场的激烈竞争,以及强调和相信经营者和消费者的自我保护。

渊源于自然正义的"搭便车",显然以遏制不当得利为要义,自始即具有强烈的伦理价值。[1] 法国早期不正当竞争概念笼统模糊,被定义为诚实的生产者或者商人所不会从事的活动或者行为,这也是巴黎公约将不正当竞争界定为违反诚实工商业做法的由来,也即衡量竞争行为的公平标准是按照诚实进行界定的。[2] 其核心是限制非通过劳动和贡献获得成果的自由,禁止滥用竞争自由获取或者利用竞争对手的商业成果。这是伦理性的公平竞争观的由来。美国 INS 案的多数意见判决,也被学者称为将基于不当得利原则的商业行为伦理观念引入法律之中。[3]

随着时代的发展,不正当竞争的衡量标准逐渐被赋予经济的或者效率的含义,并让位于效率标准。即便仍以公平为名,支撑

---

[1] Anselm Kamperman Sanders, "Unfair Competition and Ethics", in Lionel Bently and Spyros Maniatis eds., *Intellectual Property and Ehics*, Sweet and Maxwell (1998), p.231.

[2] 参见《亚洲地区反不正当竞争研讨会》,世界知识产权组织出版物第 679 号(EC)(1990 日内瓦),第 48 页。

[3] Callmann, "He who Reaps Where He Has Not Sown: Unjust Enrichment in the Law of Unfair Competition", 55 *Harv. L. R.* 595, at 597(1942).

伦理标准的主要是经济效率,经济效率转化为正当商业行为规范或者善良风俗,以此达成社会政策目标。① 如德国学者指出,反不正当竞争法是一个不那么时髦但同样有歧义的现象:它在国际层面首先体现在巴黎公约第 10 条之二,其历来被视为在竞争中保护"伦理"或者"商业伦理",依靠"尊贵商人"的理想模式。现代学界通过运用功能经济学的维度来构建反不正当竞争法,其假定与反垄断法的最终互补性,并将保护竞争作为一项制度的中心目标。② 这也正是反不正当竞争判断范式发生转变,且与反垄断的判断范式趋于一致的原因和表现。③

---

① Anselm Kamperman Sanders,"Unfair Competition and Ethics", in Lionel Bently and Spyros Maniatis eds., *Intellectual Property and Ethics*, Sweet and Maxwell (1998), pp. 225-233.〔比〕保罗·纽尔:《竞争与法律:权力机构、企业和消费者所处的地位》,刘利译,法律出版社 2004 年版,第 2 页、第 5—8 页。

② 斯蒂芬·舒勒:"人工智能与不正当竞争——揭开人工智能监管领域一个被低估的基石",黄军、鞠金琪译,载《竞争政策研究》2022 年第 3 期。

③ 参见同上。另参见 Reto M Hilty,"The Law Against Unfair Competition and its Interfaces" in Reto M Hilty and Frauke Henning-Bodewig (eds), *Law Against Unfair Competition—Towards a New Paradigm in Europe?* Springer(2007) p.1; Rupprecht Podszun,"Der 'more economic approach' im Lauterkeitsrecht"[2009] WRP 509。一百多年来,美国的立法机构、执法机关、法官和学者,均做了大量的探索。联邦贸易委员会以前的执法实践经常将不正当竞争行为与垄断行为的认定割裂开来。2015 年发布的联邦贸易委员会《关于〈联邦贸易委员会法〉第 5 条的执法原则声明》明确规定,依据该条规定进行执法或者解读时会依照传统的反垄断分析原则进行,将考虑对消费者福利的影响,评估对竞争过程造成的正负效应。该规定结束了百余年来关于不正当竞争行为是否应受反垄断基本原则约束的争议,且明确了对消费者利益和竞争过程影响的考量。这是在长期执法经验的基础上总结出来的。首先,将"不正当"分析从反垄断基本原则中脱离出来很有可能会导致对消费者的不利后果。其次,有利于规制那些不属于反垄断法范畴但却损害竞争的行为。再次,对不正当竞争行为的规制应当与反垄断法的基本原则结合起来,确保对不正当竞争行为的规制与反垄断法的基本经济原则保持一致。针对不正当竞争行为的执法重点在于竞争损害评估,同时也应当考虑可能存在的效率及商业抗辩。约夏·D. 怀特(Joshua D. Wright):"反垄断与反不正当竞争的关系",载《竞争政策研究》2016 年 5 月号。

美国反不正当竞争裁判自始即存在公平取向与效率取向的分歧,只不过效率取向逐渐成为主流。分歧的源流恰恰是 INS 案美国最高法院判决的多数意见与分歧意见(异议),即多数意见采纳了以制止"搭便车"为取向的公平观,而异议则主张限制"搭便车"的适用。①

INS 案美国最高法院将"不播种而收获"作为不正当盗用行为的法律依据,认定占有他人付出劳动、技术和金钱的成果的行为构成不正当竞争。如,"原告在组织收集新闻材料中付出了劳动、技术和金钱,被告改写这些新闻之后再以自己的名义发表,并出售谋利,其行为对于他人的成果构成了不播种而收获,且将其分发给属于原告成员的竞争对手的报纸,构成占有他人播种而来的收成。剥去这些外衣,收获他人耕耘的利润,而分走本应由他人赚取的利润,该行为相当于擅自干预原告合法业务的正常经营,且因未负担采集新闻的任何费用而获取了竞争优势。该交易不言自明,衡平法院应当毫不犹豫地认定其构成商业中的不正当竞争"。②

但是,INS 案判决的多数意见并未成为被广泛遵从的美国普通法主流观点,因而被称为是孤岛而不是里程碑。③ 布兰代斯大法官在异议中警告多数意见会干预自由竞争,即:"即使从竞争对手的付出中获益,也不能仅因不劳而获而认定构成法律上的不正

---

① INS v. AP,248 US 215,239-240(1918).
② Ibid.
③ High Court of Australia,Moorgate Tobacco v. Philip Morris[1985] RPC 219,237-8 per Deane J,quoting Morison,W. L. ,"Unfair Competition at Common Law",(1951-53)2 *University of Western Australia Law Review* 34,37.

当竞争。这已为除本案以外的许多案件所表明。追随先行者进入新市场,或者跟随他人先引入的新产品进行制造,都在于从先行者的劳动和付出中获取利益,但法律却鼓励这种行为。"[1]通过模仿进行的竞争,降低了市场价格。因为消费者"期望获得他们所需要的最好交易",至少在没有欺诈的前提下,有活力的竞争符合其最大利益。[2]据此,此类模仿不仅不予反对,反而是"竞争经济的命脉"。[3]如,美国最高法院 Stiffel 案[4]和 Bonito Boats 案[5]均强调了复制模仿的自由,如不受专利和版权之类的知识产权保护的创新性设计,他人有"复制的权利"。

当然,在美国,反不正当竞争法被认为总是变幻莫测,对其适用始终争议不休。例如,美国联邦商标法第 43 条(a)属于联邦反不正当竞争条款,但自 20 世纪 40 年代通过之日起,其适用范围始终模糊不清。狭义界说者认为,反不正当竞争法应当限于来源混淆、误导性宣传之类的有限行为;广义界说者则认为它是一个伞状的众多不正当竞争行为的总称,范围广泛,涵盖违背商业道德的任何不公平竞争行为。广义界说者是以不公平作为不正当竞争行为的衡量标准。如有的判例指出,"反不正当竞争法是一个'广义的和灵活的原则',被广泛地表述为包括违背商业道德或

---

[1] INS v. AP,248 US 215,248,259(1918).
[2] *The Structure of Intellectual Property Law:Can One Size Fit All*,Edward Elgar(2011),p.99.
[3] US Supreme Court,Bonito Boats,Inc. v. Thunder Craft Boats,Inc.,489 US 141,146(1989).
[4] Sears,Roebuck & Co. v. Stiffel Co. 376 U.S. 225,239(1964).
[5] Bonito Boats,Inc. v. Thunder Craft Boats,Inc. 109 S. Ct. 971(1989).

者只是不播种而收获的任何行为"。① 因此,道德意义上的公平是广义反不正当竞争行为的裁判标准。②

英国是自由模仿的更为极端的支持者。英国法院主张,司法无从判断市场竞争是否公平,这属于立法机关的立法权限,英国法官甚至认为英国并不存在不正当竞争。③ 英国法官早就指出:"划分公平竞争与不公平竞争以及何为合理与何为不合理之间的界限,超越了法院的权力。"④这种观念被英国法官一脉相承。如雅各布法官所言:"有人认为复制不道德,有人则否。今天的复制者经常是明天的创新者。有些人认为复制是竞争的命脉,是打破不受专利和注册设计之类的特定垄断保护的商品事实上的市场垄断和维持商品低价的工具。也有人说复制是对于创新者的寄生行为。这些都没关系。法律当然并未规定此类复制非法;普通法反对垄断。这被称为'骑在罗霍的背上'(riding on the back of Roho),或者'占领罗霍的市场'(taking Roho's market)。本案证据表明,'Ward'的销售商说过,'为实现其坐垫的更好销售,Ward 骑在 Raymar 的背上'。即使如此说,也并不意味什么。你可以通过欺骗顾客或者诚实竞争而骑在竞争者的背上,前者合法,后者

---

① Telecom Int'l Am. Ltd. v. AT &T, 289 F. 3d 185, 198(2d Cir. 2001), quoting Roy Export Co. Establishment v. CBS, Inc., 672 F. 2d 1095, 1105(2d Cir. 1982).

② Christine Haight Farley, "The Lost Unfair Competition Law", *The Trademark Reporter*, vol. 110.

③ Anselm Kamperman Sanders, *Unfair Competition Law: The Protection of Intellectual and Industrial Creativity*, Clarendon Press Oxford(2004), p. 78.

④ Mogul Steamship Co. v. McGregor Gow & Co. (1889), 23 Q. B. D. 598, per Fry L. J. at 615.

则否。"[1]可见,英国法中"搭便车"不具有否定含义,可以是诚实竞争的一部分。

19世纪中叶,经判例与学术互动,从法国开始牢固确立了大陆法系工业产权和反不正当竞争的两大理论基石,即一个是工业产权概念,它不仅包括基于专门法的所有工业产权,如专利、商标、工业设计等,而且还包括保护商人与其客户之间的整体关系的更为宽泛的概念。另一个并行的观念是,法国大革命之后新获得的经济自由和自由竞争特权(privilege of economic freedom and free competition),仅止于通过劳动和贡献获得成果的自由,而不能扩展到不正当夺取竞争者的成果的自由。不得滥用竞争自由获取或者利用竞争对手的商业成果,就被确立为基本原则,法院据此仅依据民法典第1382条和第1383条,即可禁止范围广泛的不正当竞争行为。从起源于法国的欧陆国家反不正当竞争法历史发展看,不正当竞争是竞争自由和滥用竞争自由的产物。滥用竞争自由损害竞争者客户关系的行为被广泛地纳入不正当竞争范围。特别是,禁止滥用竞争自由获取或者利用竞争对手的商业成果,成为反不正当竞争法的基本原则。反不正当竞争法派生于经营自由,源于对经营自由关系的维护,但经营自由只是通过劳动和贡献获得成果的自由,不包括不正当夺取竞争者成果的自由。该原则尤其成为反不正当竞争法保护商业成果和制止不正当竞争的正当性依据。[2] 法国显然有宽泛适用"搭便车"认定不

---

[1] Hodgkinson & Corby Ltd and Another v. Wards Mobility Services Ltd, (1995)F. S. R. 169,per Jacob J.

[2] Walter J. Derenberg,"The influence of the French Code Civil on the Modern Law of Unfair Competition",4 Am. J. Comp. L. 1(1955).

正当竞争行为的深厚传统。

有些欧陆国家采取稍微折中的观点。例如,西班牙反不正当竞争法典明确强调模仿自由,但特定情形下的模仿属于不正当竞争,特别是模仿导致与其他经营者的产品产生联系,或者盗用其商誉。德国法承认在知识产权法的范围以外,模仿自由是原则,但下列情况构成不正当竞争:(1)欺骗消费者;(2)商品的商誉被损害或者过度利用;(3)违反信任而进行模仿。根据意大利民法典,产品的逼真模仿在产生混淆时构成不正当竞争,而单纯的盗用商誉可以根据反不正当竞争一般条款进行认定,但此种保护不能抵触知识产权的限制。荷兰最高法院承认贸易自由是原则,但在例外情况下禁止对技术和劳动成果的逼真模仿。有些国家存在论理与实践的差异,尽管在理论上承认模仿自由,但法官经常基于直觉,认定未付出自己的合理努力而模仿他人的产品,具有不正当性。[①]

总体而言,反不正当竞争法是在自由竞争的基础上产生的,是对自由竞争负面效应的弥补和完善。例如,欧陆国家随着产业革命的兴起和资产阶级革命的胜利,个人自由和权利得到张扬,契约自由、取得和处置财产的权利以及个人和企业的"经济自由",构成了当时的时代特征。但随后发现,完全无限制的自由导致滥用,即经济力量被用于损害市场全体成员的利益,且日益猖獗。因而先是由法国法院通过判例规制不正当竞争,后由德国通过专门立法规制不正当竞争,由此逐渐形成了大陆法反不正当竞

---

① *The Structure of Intellectual Property Law:Can One Size Fit All*,Edward Elgar(2011),p.99.

争传统。[①] 属于竞争自由范畴的模仿自由是市场制度的根基,也决定了模仿自由是原则,而干预模仿自由是例外。而且,无论是英美国家还是欧陆国家,都奉行自由市场原则,以不正当竞争干预市场为例外。因此,禁止"搭便车"和限制模仿自由都只是具体范围和情形的差异,而且在诸多观念上有趋同之势。[②]

三、两种竞争观的显著差异

英美国家与欧陆国家虽然都奉行自由市场经济的基础制度,反不正当竞争都是有限的干预,但因历史传统和制度设计上的差异,两者之间在理念和制度上仍各有特色。例如,欧陆国家的传统观念是赋予社会凝聚力以基本地位,强调社会共同体的凝聚力。[③] 凝聚力首先要求调和竞争者之间的关系,尤其是禁止使用非法手段获取经营利益;其次是要求对消费者给予一定的保护,希望避免消费者因竞争者的对立而受到损害。这种观念下的反不正当竞争,是避免过度竞争对一个社会可能产生的负面效应(紧张、暴力),因而对于集中的干预面相对较宽,包括在模仿自由和"搭便车"上有更多的限制。有学者将此种竞争观念称为正当的竞争观念,即更多地体现了对企业行为正当性的期待,也即更

[①] 参见《亚洲地区反不正当竞争研讨会》,世界知识产权组织出版物第679号(EC)(1990日内瓦),第47—48页。

[②] Mary LaFrance,"Passing off and Unfair Competition: Conflict and Convergence In Competition Law",2011 *Michigan State Law Review* 1413(2011).

[③] "在欧洲大陆人们似乎并不那么强调竞争。在有关国家,权力机构所操心的是社会凝聚力的问题。人们希望避免那些引起或者加剧社会分化、嫌隙或者分裂的事情。"〔比〕保罗·纽尔:《竞争与法律:权力机构、企业和消费者所处的地位》,刘利译,法律出版社2004年版,第14页。

多强调竞争的公平和正义。正当的竞争观念是以怀疑的眼光看待竞争,觉得竞争的对抗可能会威胁群体的凝聚力,破坏机体团结和引起各种形式的冲突,因而通过规定不正当竞争行为维护正当竞争,对于竞争的干预相对较多。①

与此相应的另一种竞争观念是经济的观念,即把效率置于突出地位,甚至宁愿有损于正义也要鼓励效率。经济的竞争观念仍在某种程度上重视社会凝聚力,但更为主张通过提高效率、做大蛋糕和丰富物资的方式促进竞争,相当于相信发展中的问题依靠发展的方式加以解决,以此增强社会凝聚力。如欧共体法院在1993年的伊芙·罗歇(Yves Rocher)案的判决中即坚持经济的竞争观念,认为消费者不需要被特别保护,他们本身拥有自我保护方法;如果消费者对产品不满意,可以转向其他经营者;消费者只要谨慎行事,可以避免受比较广告等损害。经济的竞争观念又称为经济分析的观念,集中体现为:(1)不再特别寻求对消费者的保护,消费者被认为根据理性行事,根据其利益得失独立做出选择;(2)没必要过多保护竞争者,即不能满足市场需求的竞争者应当被淘汰,更应该强化优胜劣汰机制。总之,信奉行为者了解其利益所在,并按照合乎其利益的方式行为,相信竞争能够实现各方满意的均衡,因而崇尚竞争的激烈和自由,尽量减少对竞争的干预。②

综上,英美法系的反不正当竞争法更倾向于效率观念,注重

---

① "在欧洲大陆人们似乎并不那么强调竞争。在有关国家,权力机构所操心的是社会凝聚力的问题。人们希望避免那些引起或者加剧社会分化、嫌隙或者分裂的事情。"〔比〕保罗·纽尔:《竞争与法律:权力机构、企业和消费者所处的地位》,刘利译,法律出版社2004年版,第2—3页。

② 〔比〕保罗·纽尔:《竞争与法律:权力机构、企业和消费者所处的地位》,刘利译,法律出版社2004年版,第2页,第5—8页。

防止以反不正当竞争突破知识产权的界限,不像欧陆国家那样强调反不正当竞争法的补充保护,尤其将市场混淆作为反不正当竞争的重要基础,突出强调模仿自由和竞争自由。欧陆国家传统上坚持正当的观念,强调反不正当竞争对于知识产权的补充保护,特别是在商业标识保护和制止模仿行为上,承认以不正当利用声誉等标准扩张保护范围。① 但是,20世纪后期以来欧陆国家逐渐向经济的即效率的竞争观念转变。② 当然,这是一种竞争观念和反不正当竞争法发展趋向的总体描述,各个国家的具体情况仍有差异。竞争观差异的基本影响是,效率观倾向于限制不正当竞争的范围,突出竞争自由和模仿自由的价值;公平观则对禁止"搭便车"等有更宽泛的适用,更多地限制竞争自由和模仿自由。

四、我国"搭便车"裁判观点:对立与效率观的端倪

在不正当竞争行为的规定上,我国《反不正当竞争法》采取一般界定(第2条)与具体行为列举相结合的立法体例。③ 而且,1993年《反不正当竞争法》的立法初衷是只限于依据第二章规定的不正当竞争行为类型认定不正当竞争,不允许依据第2条一般规定认定没有列举的行为,目的是防止对于市场竞争的过多干预。④ 后来法院适应司法实践的需要,一直依据《反不正当竞争

---

① *The Structure of Intellectual Property Law:Can One Size Fit All*,Edward Elgar(2011),pp.103-117.

② 〔比〕保罗·纽尔:《竞争与法律:权力机构、企业和消费者所处的地位》,刘利译,法律出版社2004年版,第4页。

③ 《巴黎公约》第10条之二反不正当竞争条款采取了一般界定与具体行为列举相结合的立法体例。

④ 参见《反不正当竞争法实用全书》(《中国法律年鉴》1993年分册),中国法律年鉴出版社1993年版,第26—27页。

法》第 2 条开放性认定不正当竞争行为。[①] 2017 年修订《反不正当竞争法》采取了允许法院依照第 2 条认定不正当竞争行为的态度,[②]且在修订过程中曾经讨论是否允许行政执法机关认定法律未列举的行为,但最终未被采纳。[③] 鉴于 1993 年《反不正当竞争法》的初衷及司法实践中始终注意对于第 2 条的严格适用,可以看出立法者和法院总体上维护竞争自由的态度,只是在总体态度之下,又在依据第 2 条一般条款干预市场竞争的具体范围和态度上不尽相同。以"搭便车"调整和扩张法律未列举的不正当竞争行为范围,其具体适用确实因竞争观的差异而在范围和标准的把握上产生具体分歧。

司法实践对于"搭便车"存在宽泛的积极适用与限制性的谦抑适用两种不同态度。如前文所述裁判,相对宽松地援引"搭便车"标准,以其扩张商业标识和其他商业成果的保护,即不属于专门法和专有权保护的商业标识和商业成果,可以"搭便车"为据继续以反不正当竞争法进行保护,使反不正当竞争保护变相成为扩张专有权的路径或者达此效果。或者,以"搭便车"为由绕开专有权的规定,对于专有权实现反不正当竞争的替代性或者平行的保护。如例 5 所示,可能涉嫌以反不正当竞争保护替代和绕开"视听作品"的著作权保护,即二审判决认定涉案游戏的玩法规则和

[①] 孔祥俊:《反不正当竞争法新论》,人民法院出版社 2001 年版,第 202—211 页。

[②] 王瑞贺、杨洪灿主编:《中华人民共和国反不正当竞争法释义》,中国民主法制出版社 2017 年版,第 26 页。

[③] 《反不正当竞争法(修订草案公开征求意见)》(2016 年 2 月 25 日)第 14 条规定:"经营者不得实施其他损害他人合法权益,扰乱市场秩序的不正当竞争行为。""前款规定的其他不正当竞争行为,由国务院工商行政管理部门认定。"

游戏元素不属于"视听作品"的保护范围,其本身仍值得商榷和研究,因为仅将视听作品的保护范围限于游戏画面,在视听作品的界定上未必准确,且鉴于游戏元素中思想和表达的界限未必如此截然分明,将其纳入视听作品更为符合视听作品保护的本意,而如果可以纳入视听作品,则此案即涉及以反不正当竞争保护替代视听作品保护的情形。如例6所示,涉案体育赛事直播画面可以纳入信息网络传播权的保护,而该案则以反不正当竞争保护另辟蹊径,替代了信息网络传播权保护。谦抑适用的态度认为,属于专门法和专有权保护范围的客体,不论是否符合专门法和专有权的保护条件,原则上不宜再寻求反不正当竞争保护。司法实践中不少裁判强调对于竞争自由或者模仿自由的严格限制,在"搭便车"的适用上持谨慎和严格的态度。

当前已形成两种适用态度的明显对立。一方面,有些裁判以"搭便车"宽泛地保护或者替代保护商业标识和商业成果,且经常符合法益保护的直觉和朴素的正义感。另一方面,有些裁判秉持鲜明的竞争自由和市场效率的观念,在法无明文而干预市场竞争时,采取清醒和鲜明的谦抑态度。如,触手主播圣光跳槽至虎牙案浙江省高级人民法院二审判决认为,市场竞争以自由竞争为原则,以《反不正当竞争法》的规制为例外。在市场竞争机制并未受到明显扭曲的情况下,法院不应泛化《反不正当竞争法》的适用,随意干涉市场运行和过度干预市场竞争,而应尊重经济运行规律,充分保障市场在资源配置中的基础作用,促进竞争效果的有效实现。[①] "微梦案"二审判决甚至明确提出竞争行为正当性推

[①] 浙江省高级人民法院(2020)浙民终515号民事判决书。

定,即"对于互联网中利用新技术手段或新商业模式的竞争行为,应首先推定具有正当性,不正当性需要证据加以证明"。[1]

最高人民法院在有些裁判中曾经阐述过模仿自由与不正当竞争的关系和界限,如在"费列罗巧克力不正当竞争案"中,最高人民法院再审判决认为,对商品包装、装潢的设计,不同经营者之间可以相互学习、借鉴,并在此基础上进行创新设计,形成能够明显区别各自商品的包装、装潢。这种做法是市场经营和竞争的必然要求。就本案而言,蒙特莎公司可以充分利用巧克力包装、装潢设计中的通用要素,自由设计与他人在先使用的特有包装、装潢具有明显区别的包装、装潢。但是,对他人具有识别商品来源意义的特有包装、装潢,则不能作足以引起市场混淆、误认的全面模仿,否则就会构成不正当的市场竞争。由于费列罗巧克力使用的包装、装潢的整体形象具有区别商品来源的显著特征,蒙特莎公司在其巧克力商品上使用的包装、装潢与费列罗巧克力特有包装、装潢又达到在视觉上非常近似的程度,即使双方商品存在价格、质量、口味、消费层次等方面的差异和厂商名称、商标不同等因素,仍不免使相关公众易于误认金莎(TRESOR DORE)巧克力与费列罗巧克力存在某种经济上的联系。[2]

近年来随着依据《反不正当竞争法》第 2 条扩展不正当竞争行为的作用更加凸显,严格其适用标准和限制其适用范围在有些裁判中得到特别强调,且通常都是基于与自由竞争的关系之类的

---

[1] 北京知识产权法院(2016)京 73 民终 588 号民事判决书。
[2] 蒙特莎(张家港)食品有限公司与意大利费列罗公司(FERRERO S. p. A)、天津经济技术开发区正元行销有限公司不正当竞争纠纷案,最高人民法院(2006)民三提字第 3 号民事判决书。

深层价值考量。如,正午阳光公司与太平人寿公司不正当竞争案,[①]法院判决认为,鉴于一般条款具有较大的不确定性,因此在具体案件中适用时应当特别慎重,要立足于市场竞争的环境,结合案件具体情况,重点考察被诉竞争行为的正当性,并对竞争秩序、经营者的利益和消费者的利益进行综合考量,既要防止失之过宽从而造成对公有领域的不当侵蚀、对竞争自由的过分抑制,也要防止失之过严从而不利于对竞争者合法利益的保护、对竞争秩序的维护。对经营者竞争利益的判断,应当从维护竞争自由、效率和公平的价值出发,在特定商业领域中,结合案件具体情况,对公共利益、消费者利益和经营者利益进行综合衡量。涉案电视剧是正午阳光公司制作并出品的影视作品,正午阳光公司对其享有的著作权及市场利益受法律保护,但该市场利益并不是无限的,并非该电视剧所及之处都是正午阳光公司的竞争利益,其竞争利益的边界应当顾及公共利益、消费者利益和竞争自由。任何作品除了是权利人的私人财产外,其同时也具有公共属性。如果他人对该作品中相关元素的使用有利于消费者利益,又不会给权利人造成损害或者损害过于轻微,也不至于损害到竞争秩序,那么就应当允许该种使用行为,充分发挥该作品的公共属性功能,促进市场竞争自由。涉案电视剧尽管是正午阳光公司的作品,但一旦将其投放市场,其同时也成为公共文化生活的一部分,正午阳光公司不能一概禁止他人所有触及该作品的行为。涉案电视剧人物角色在涉案文章中仅仅起到划分职场人群类型、容易让消费者感同身受地理解、容易使信息更简便高效地传递的作

---

① 北京市朝阳区法院(2017)京 0105 民初 10025 号民事判决书。

用,这正是利用了涉案电视剧的公共文化功能。如果对这种使用方式都加以禁止,就会过度限制公共资源的利用,抑制竞争自由。

梦幻西游诉神武案一审判决认为,禁止对于他人知识上的投资和所创造的劳动成果的"搭便车",是反不正当竞争法立法的重要初衷。但在市场经济下,竞争和竞争自由是市场经济的根本机制,竞争自由是一项最基本的竞争政策。市场竞争中的相互争夺性损害是允许的和常态的竞争损害,对于竞争行为的干预是例外。"搭便车"行为并不必然构成不正当竞争,不能将搭便车行为等同于违反诚实信用原则和公认的商业道德。禁止"搭便车"尽管具有强烈的道德感召力,但不能简单地以此作为操作标准适用,仍然应根据法律所规定的行为正当性的判断标准进行认定。对反不正当竞争法一般条款的适用,更应当秉持谦抑的司法态度,对竞争行为保持有限干预和司法克制理念,否则就会不适当的扩张不正当竞争的范围,侵占公有领域,损害自由竞争。严格把握一般条款的适用条件,以避免不适当干预而阻碍市场的自由竞争。一审判决未认定构成不正当竞争。[①]

可见,我国《反不正当竞争法》并未笼统地规定和承认"搭便车"行为,"搭便车"是司法在具体认定不正当竞争行为时,作为裁判理由和判断标准引入裁判之中。特别是,"搭便车"事实上被作为依据反不正当竞争一般条款(第 2 条)扩张商业标识保护以及扩张或者给予商业成果保护的重要支撑,且虽然在总体上已广泛承认一般条款的适用应当谦抑,但具体的适用态度又出现明显的

[①] 广州网易计算机系统有限公司与广州多益网络股份有限公司、第三人徐波著作权侵权及不正当竞争案,广州知识产权法院(2018)粤 73 民初 684 号民事判决书。

分歧。有些裁判是以"搭便车"为由通过反不正当竞争变相扩张知识产权专有权保护,搅乱了知识产权专门法与反不正当竞争法的调整界限;有些则更为尊重竞争自由而恪守一般条款的适用边界,慎用"搭便车"法理。这种差异反映了竞争观的不同。

五、竞争观对"搭便车"的应然态度

从国际总体趋势以及促进竞争和激励创新的现实需求看,效率的竞争观更具有时代性和合理性。特别是,市场具有强大的资源优化配置和自我修复能力,针对市场失灵的国家干预毕竟需要严格限制,[1]且创新需要广泛的公有领域,因而限缩反不正当竞争的补充保护更利于激发市场竞争和促进创新。

第一,从产权经济学的解读看,对知识创造物赋予知识产权,本质上是为降低交易成本而将"搭便车""公地悲剧"之类的外部性进行内化,此类财产权的创设或者改变取决于内化外部性的收益是否超过其成本。[2] 知识产权的主体领域是专有权,专有权是经成本收益权衡之后对于外部性的内化选择,于此之外再以反不正当竞争补充保护,仍是以继续内化外部性的方式给予财产性保护,其补充保护显然必须保持必要的限度。否则,专有权之外的过宽保护,相当于将专有权之外的公有领域过多地转化为财产,

---

[1] "市场通常是组织经济活动的一种好方法","政府有时可以改善市场结果"。参见〔美〕曼昆:《经济学原理:微观经济学分册》,梁小民等译,北京大学出版社2015年版,第10—14页。

[2] "内化外部性的收益大于成本时,财产权即可用以内化外部性。"See Harold Demsez, "Toward a Theory of Property Rights", 57 *Am. Econ. Rev.* Papers & Proc. 350. 另参见〔美〕曼昆:《经济学原理:微观经济学分册》,梁小民等译,北京大学出版社2015年版,第217—218页。

容易导致外部性的过度内化,走向激励创新和促进竞争的反面,导致过度内化外部性的效率损失。如例1所示,作品元素的可版权性取决于是否符合著作权法的保护条件,也即著作权法只是就符合著作权保护条件的作品元素给予保护,那些达不到保护要求的作品元素(如金庸先生武打小说中的人物姓名)在著作权法意义上已进入公有领域,但仍可以使他人使用和社会受益,也即法律有意将其受益效应转化为正外部性,[①]他人可以无偿使用和受益。如果再以反不正当竞争进行延伸保护,势必破坏著作权法设定的权利保护与公有领域的利益平衡,背离著作权法的立法精神。

第二,基于创新政策的考量。权利保护与公有领域的协调是构建创新政策的核心要素,知识产权制度设计是以暂时的赋权为激励,最终使创新成果归入公有领域,为创新提供更大的激励。"健康的创新需要两个最为重要的前提条件:一是存在一个庞大的公有思想领域,二是保护持续丰富我们知识存量的那些重大的增量创新。""保护公有领域至关重要。创新步伐最快的社会都为创新者在前人成果基础上继续前行提供了可观的自由。"[②]公有领域的规模与知识产权的保护范围呈现此消彼长的关系。每授予一项知识产权就会缩减公有领域的规模,知识产权的范围越大公有领域的缩减程度也越大。"知识产权政策必须努力找到一个平衡点,将排他权的增加扣除公有领域缩减造成的社会价值

[①] H.登姆塞茨:"关于产权的理论",载〔美〕R.科斯等:《财产权利与制度变迁——产权学派与新制度学派译文集》,上海三联书店1991年版,第97页。

[②] 〔美〕克里斯蒂娜·博翰楠、赫伯特·霍温坎普:《创造无羁限——促进创新中的自由和竞争》,兰磊译,法律出版社2016年版,第3页。

损失所得的净收益最大化。"[1]限缩"搭便车"的反不正当竞争法适用,目的是保持必要的和有益的公有领域,防止其被轻易地侵占。

第三,知识产权之类的财产权保护并不使权利人内化和获取其付出投资和创造所产生成果的全部价值。制止"搭便车"容易成为内化和获取此类全部价值的正当性理由,但这不应该是知识产权的应有之义,且应当受制于激励创新等目标的实现。无论是有体财产还是无体财产,都不能通过财产权收割全部利益,不能将所有外部性均内部化。而且,这恰是市场经济的必然要求。[2]出于促进创新的需要,此类权利保护必须平衡好"通过创新新事物参与竞争的权利"与"获取创新成果部分价值的权利",且"受保护产品必须在还有一定剩余经济生命的时候进入公有领域才会有意义"。[3]"搭便车"的反不正当竞争适用必然受制于此种平衡关系。

第四,专有权扩张与反不正当竞争保护扩张的利弊权衡。知识产权有效保护与自由竞争之间的平衡,是知识产权的基本价值之一。知识产权历史贯穿了知识产权保护与公有领域自由模仿的恰当平衡史。[4] 近几十年来,国际和国内的知识产权均呈现持续扩张的趋势,如版权的保护期延长、受保护的客体增多和保护

---

[1] 〔美〕克里斯蒂娜·博翰楠、赫伯特·霍温坎普:《创造无羁限——促进创新中的自由与竞争》,兰磊译,法律出版社2016年版,第3页。

[2] Mark A. Lemley,"Property, Intellectual Property, and Free Riding", 83 *Tex. L. Rev.* 1031.

[3] 〔美〕克里斯蒂娜·博翰楠、赫伯特·霍温坎普:《创造无羁限——促进创新中的自由与竞争》,兰磊译,法律出版社2016年版,第3页。

[4] *Intellectual Property in the New Millennium*, edited by David Vaver and Lionel Bently, Cambridge University(2004), p. 193.

门槛降低；商标权的保护不限于消费者混淆，而广泛地及于对商标声誉的利用；专利权的保护范围和强度同样有所增加。知识产权的扩张恰恰经常以禁止"搭便车"为名，如可以容易地认定利用他人知识产权的任何获利都具有不正当性。[①] 当然，这些扩张仍是以专有权之名和在专有权范围之内，是在专有权范围内进行相对确定性的利益平衡，仍具有专有权的确定性，因而相对于反不正当竞争保护而言具有更为确定的边界。专有权的扩张必然相应地减少反不正当竞争的兜底、补充或者替代保护需求，防止反不正当竞争保护的过度扩张。

第五，模仿自由具有独特的价值。首先，模仿自由的政策支撑。尽管知识产权的经济分析表明，限制模仿性竞争有利于促进革新性竞争，但这种限制本身不是目的，必须限于确保市场功能的有效限度之内。模仿仍是竞争经济的命脉，存在强力的政策支撑。尤其是，模仿是产品创新的必要步骤。即便是非创新和非创造性的模仿，也可以促进竞争和降低价格，并具有核心的市场功能。其次，制度的支撑。知识产权的期限、保护门槛及例外等制度设计，均为模仿自由而设，留下来模仿自由的制度空间。知识产权和反不正当竞争法的适用必须尊重这些制度设计。[②] 鉴此，"搭便车"与模仿具有高度的重合性，其定位应与模仿自由相适应。

[①] Mark A. Lemley, "Property, Intellectual Property, and Free Riding", 83 *Tex. L. Rev.* 1031. 另见 *The Structure of Intellectual Property Law: Can One Size Fit All*, Edward Elgar(2011), p. 101.

[②] *The Structure of Intellectual Property Law: Can One Size Fit All*, Edward Elgar(2011), p. 102.

基于上述理由,我国原则上应当奉行效率的竞争观,且在专门法之外以反不正当竞争补充保护创新成果,必须严格限定其条件和范围,不能以"搭便车"为由过于宽泛地变相强化权利保护。

六、由伦理标准到效率标准转变的实现路径

《反不正当竞争法》第 2 条第 1 款将诚信和商业道德规定为市场竞争原则,司法裁判将两者作为判断竞争行为正当性的"基本判断标准",且认为诚信原则更多的是以商业道德的形式体现出来。[1] 因此,竞争行为正当性判断是通过解读商业道德的内涵而实现,如何解读直接决定了如何确定具体的裁判标准。司法裁判在不断解读商业道德内涵的过程中,逐渐地赋予其经济内涵。如最高人民法院在"马达庆案"民事裁定[2]中将商业道德定位于商业伦理,以区别于世俗道德和高尚道德。此后,有些判决进一步将效率观念引入商业道德。如斗鱼 TV 诉全民 TV 及跳槽主播案二审判决曾经以经济效率诠释商业道德。[3] 快快乐动公司与友

---

[1] 最高人民法院(2009)民申字第 1065 号民事裁定书。
[2] "商业道德,要按照特定商业领域中市场交易参与者即经济人的伦理标准来加以评判,它既不同于个人品德,也不能等同于一般的社会公德,所体现的是一种商业伦理。经济人追名逐利符合商业道德的基本要求,但不一定合于个人品德的高尚标准;企业勤于慈善和公益合于社会公德,但怠于公益事业也并不违反商业道德。"最高人民法院(2009)民申字第 1065 号民事裁定书。"正确把握诚实信用原则和公认的商业道德的评判标准,以特定商业领域普遍认同和接受的经济人伦理标准为尺度,避免把诚实信用原则和公认的商业道德简单等同于个人道德或者社会公德。"见《最高人民法院关于充分发挥知识产权审判职能作用推动社会主义文化大发展大繁荣和促进经济自主协调发展若干问题的意见》(2011 年 12 月 16 日印发,法发〔2011〕18 号)。
[3] 武汉市中级人民法院(2017)鄂 01 民终 4950 号民事判决书。

加友公司、梅姗不正当竞争纠纷案二审判决认为[①],商业伦理不同于一般的道德伦理,其在经济效益的基础上更加突出优胜劣汰法则,强调其商业模式、产品能够赢得市场和消费者,推崇通过激烈竞争实现市场资源、消费者及经营者之间的利益均衡。在市场竞争中,要以市场效率原则来定义诚实信用原则和公认的商业道德标准,将其与日常生活区分开来。

七、裁判标准的交织融合性

尽管大致可以区分经济的和伦理的竞争观,但这只是一种大致的竞争取向,竞争行为正当性的裁判标准通常都不是单纯的经济效率或者伦理公平的标准,而通常是经济效率、公共政策和社会共同体的一般正义价值的交织和融合。例如,市场混淆和误导行为干扰消费者的信息获取和市场决策,减少市场透明度,从而增加了交易成本,损害市场效率。允许此类行为必然导致竞争过度和消费者不受保障,损害市场竞争所能够带来的福利增长。因此,禁止此类行为显然是以保障效率为基础。但是,经济效率的需求通常转化进入正当商业行为或者公序良俗的规范,并以此实现促进公共福利的社会政策目标。经济效率、商业伦理和公共政策交叉融合,形成商业行为的共同伦理规范,实现多种价值目标。即便如此,经济效率显然是基础目标,商业伦理和公共政策只是对于追求经济效率的必要校正。[②] 鉴此,禁止

[①] 武汉市中级人民法院(2020)鄂 01 民终 636 号民事判决书。

[②] Anselm Kamperman Sanders,"Unfair Competition and Ethics", in Lionel Bently and Spyros Maniatis eds.,*Intellectual Property and Ehics*,Sweet and Maxwell (1998),pp. 225-233.

"搭便车"固然符合公平正义的道德直觉,但其适用应当加以节制,不宜过于宽泛。

综上,我国以前的司法裁判更多基于伦理性的公平竞争观,使得"搭便车"的宽泛适用更多地立足于伦理性公平正义的道德直觉,近年来随着竞争意识的增强,出现了重新诠释商业道德内涵,赋予更多的效率价值,正在向经济的竞争观转变,因而以效率的观念衡量"搭便车"的可适用性,限制"搭便车"裁判适用范围,防止过于宽泛的适用,更具有正当性。

第三节 相关法律的协调性与"搭便车"的定位

"搭便车"作为竞争行为正当性的裁判标准,其适用主要涉及对于一般条款的适用态度、与知识产权专门法的适用关系以及对竞争观的定位等问题。这些问题均关乎相关法律调整的协调性,而协调性需求又决定了"搭便车"的定位。

一、一般条款适用的总体态度与具体路径

"搭便车"主要适用于《反不正当竞争法》第 2 条,作为开放性认定不正当竞争行为的裁判标准。尽管当前的总体司法态度是强调第 2 条的谦抑性适用和慎重适用,但这毕竟是一种政策性或者倡导性的观念,不是一种精确的衡量标准,在具体运用中仍会宽严不一。为确保第 2 条的准确适用,应当在强化观念导向的同时,尽可能确立具体实现路径。首先,为应对层出不穷的反不正当竞争需求,第 2 条可以转为反不正当竞争的"普通法",以判例的方式累积操作性标准和形成共识,明晰"搭便车"的适用边界,

确保其确定性。其次,强化竞争自由和模仿自由的观念,以模仿自由为原则,限制模仿为例外,在观念上为"搭便车"正名,强化"搭便车"中立观念,破除"搭便车"的污名化和自身违法。再次,尽可能划出相对客观性的操作标准和法律界限。尤其是涉及与专门法的关系等领域,划出一些相对明晰的操作性界限。

二、"搭便车"与知识产权专门法的适用边界

"搭便车"的适用经常涉及如何妥当处理反不正当竞争法与知识产权专门法的划界,本质上涉及权利保护与公有领域、公平竞争与自由竞争的基础关系。这是一个持续争议的问题,既涉及相关法律调整的总体定位,又涉及具体情形下的法律适用选择。

国际范围内通常认为,在评估是否可以适用反不正当竞争法保护商业成果时,如果并不构成混淆,那么纯粹利用他人成果的行为符合自由市场原则。在无法达到工业产权专门法的保护要求时,反不正当竞争法的保护不能简单地被认为是获得此类保护的替代途径。立法者在专利、工业外观设计、商标等各项法律制度的设计中分别确定了在相关市场中的利益平衡,在进行反不正当竞争保护时也必须体现此种利益平衡。作为一般规则,如果商业成果的复制或盗用属于特定工业产权法的保护范围,且诉诸反不正当竞争法也是寻求同类保护,基于专门法优先原则,至少工业产权专门法保护的特定期限内,不能主张反不正当竞争法保护(优先适用原则)。[①] 以"搭便车"等补充保护知识产

[①] *Protection Against Unfair Competition: Analysis of the Present World Situation*, presented by the International Bureau of WIPO, WIPO publication No. 725, Geneva 1994, p. 55.

权,"不能扰乱竞争(及模仿)自由与赋予专有权之间的精细平衡";"在不能得到知识产权法的特别保护,而又存在保护漏洞的情况下,反不正当竞争法才会不断'介入'";[1]必须对它进行融贯的整体性看待。[2]

我国学界和实务界对于反不正当竞争法与知识产权法的适用关系,有平行说、兜底说和有限补充说。

平行说主张对于同一客体可以在反不正当竞争法与知识产权专门法之间选择适用。如例5虽以不构成作品保护为由,选择了反不正当竞争保护,但若涉案游戏要素可以纳入"视听作品"的范围,则其裁判即替代了著作权保护。例6实质上以反不正当竞争保护了信息网络传播权,也即法院未考虑信息网络传播权保护的优先性,相当于允许权利人进行任意选择,以"搭便车"作为法理支撑。

兜底说泛泛地认为,不属于专门法保护的商业标识或者商业成果,可以通过反不正当竞争法进行兜底性保护。在兜底说之下,反不正当竞争补充保护易于演变为后续的替代性保护,即专门法不能保护的商业标识和商业成果,只要有搭便车、不劳而获等情形,就可以轻易地给予反不正当竞争保护。同样,"搭便车"是支撑兜底保护与变相扩张专有权范围的法律依据(如例1—5)。

有限补充保护说强调在不抵触专门法立法政策的前提下,以

---

[1] *Unfair Competition Law European Union and Member States*, by Frauke Henning-Bodewig, Kluwer Law International(2006), p. 4, p. 5.
[2] *The Structure of Intellectual Property Law: Can One Size Fit All*, Edward Elgar(2011), p. 102.

"搭便车"等为依据发挥反不正当竞争的有限补充作用。① 有限补充保护是法律协调的要求,更具合理性。

具体而言,确定反不正当竞争有限补充保护的边界主要涉及如下情形:(1)专门法的划界功能与法律之间的协调性。考虑立法政策的协调性,专门法的调整范围必然是反不正当竞争法的边界。这是两者关系的具体界限,特别是,一经落入专门法调整范围并符合其保护条件,不宜再考虑反不正当竞争法的选择性或者平行保护;落入其调整范围而不符合其保护条件的,一般不宜再以反不正当竞争法进行补充性的后续保护,否则会抵触专门法立法政策和破坏利益平衡。(2)对于专门法未覆盖的商业标识和商业成果,可以通过反不正当竞争法进行保护。(3)对于一些经济科技发展出现的新法益,如大数据背景下的数据集合保护(如例7)②,如果专门法不能覆盖或者归入专门法导致调整不适当的,可以基于全新的利益衡量,通过反不正当竞争法进行过渡性或者"孵化性"保护。这是反不正当竞争法保护新类型商业成果的一种独特功能,通常都基于对新法益具有可保护性的总体判断,且不受理论界是否达成共识的影响。条件成熟和达成共识时,才会进入专门法或者反不正当竞争保护的稳固轨道。③ (4)特殊情形下的平行保护。通常而言,如果特殊情况下平行保护不导致利益

---

① 例如,最高人民法院《关于当前经济形势下知识产权审判服务大局若干问题的意见》(2009年4月21日印发,法发〔2009〕23号)第11条,《最高人民法院关于充分发挥知识产权审判职能作用推动社会主义文化大发展大繁荣和促进经济自主协调发展若干问题的意见》(2011年12月16日印发,法发〔2011〕18号)第24条。
② 参见时诚:"企业数据权益保护的行为规制模式研究",载《大连理工大学学报(社会科学版)》2022年第6期。
③ 参见孔祥俊:"论反不正当竞争法的二元法益保护谱系",载《政法论丛》2021年第2期。

衡量的混乱和抵触专门法立法政策,如商品独特包装装潢与实用艺术作品的平行保护;对于一些现有的特定权益,起初不予保护而随着发展产生保护需求(如体育赛事画面),在采取专门法还是反不正当竞争保护尚未达成共识时,两种路径都有选择,待达成共识之后通常会归入专门法保护,过度保护期间可能存在平行保护的现象。这些都属于非常规的特殊情形。[①]

综上,鉴于专门法在利益平衡的基础上对于权利要件和权利范围有专门的立法平衡,作为平衡结果的专有权必然成为反不正当竞争法的客观界限,因而是否抵触专门法立法政策是确定反不正当竞争保护是否适当的基本标准。特别是,属于专门法保护范围而不符合其保护条件的,通常不宜因有"搭便车"而以反不正当竞争保护变相扩展专有权,此时的"搭便车"原则上归入由专门法留下的竞争自由、模仿自由和公有领域。如果再以反不正当竞争进行保护,必须有特别的正当性,而不仅仅是因为"搭便车",且这种特殊性应该有严格限制。而且,虽然保护静态利益更符合朴素的公平观念,但反不正当竞争法毕竟是促进竞争的法律,应该更多关注以自由和效率为取向的动态竞争。

三、"搭便车"、既得利益与动态竞争

我国反不正当竞争法遵循静态竞争还是动态竞争的观念,从判例看存在着分歧。我国前些年更为关注静态竞争,近年来似乎关注动态竞争的越来越多。但是,观点截然对立的情况时有所见,参见表10-2。

[①] 参见孔祥俊:"论反不正当竞争法的二元法益保护谱系",载《政法论丛》2021年第2期。

表 10-2　与"搭便车"相关的案例(下)

序号	案由/案号	法院观点
9	爱奇艺公司与搜狗公司不正当竞争案/上海知识产权法院（2018）沪 73 民终 420 号	法院认为，搜狗输入法同时具备"搜索候选"和"输入候选"两种功能，是一种在技术上的创新之处，具有一定的正面市场效应。虽然在爱奇艺网站界面使用搜狗输入法，可能导致爱奇艺网站失去一定的流量；或者说搜狗输入法借助爱奇艺网站为自身带来一定流量，但这种看似介入爱奇艺网站产品的行为本身并不足以说明其具有不正当性。
10	百度诉搜狗下拉搜索关键词案/北京市海淀区人民法院（2015）海民（知）初字第 4135 号	法院认为，搜狗公司主观上明知或应知百度搜索引擎下拉提示词的显示方式却不加避免，采取了与之相似的搜索候选呈现形式，主观上具有过错；客观上搜狗输入法在用户事先选定百度搜索的情况下，先于百度公司以类似搜索下拉列表的方式提供搜索候选，借助用户已经形成的百度搜索使用习惯，诱导用户在不知情的情况下点击候选词进入搜狗搜索结果页面，造成用户对搜索服务来源产生混淆的可能，不当争夺、减少了百度搜索引擎的商业机会，该行为构成不正当竞争。
11	迪火公司与三快公司不正当竞争案/杭州市中级人民法院（2018）浙 01 民初 3166 号	法院认为，"美团收款"并未主动、强行在二维火收银系统中插入链接，强制进行目标跳转，去影响用户的选择；反之，其只是向用户提供了选项，由有相应需求的用户自行进行选择，并无不当。"美团收款"APP 可以安装到二维火收银机中的事实，以及安装后可实现的功能，或是基于迪火公司公开的信息，或是基于二维火收银机所使用的安卓系统本身具有的功能与特性并获得用户的授权，或是基于迪火公司及其"二维火收银"APP 所允许的范围，或是以上数项的组合，均属合法合理范畴之内，难谓已经违反诚实信用原则或公认的商业道德，故不具有违法性或不正当性。

(续表)

序号	案由/案号	法院观点
12	迪火公司与三快公司不正当竞争案/北京知识产权法院（2018）京 73 民初 960 号	法院认为,被告的"美团小白盒"插件在监控到用户执行"结账"操作时自动启动,并在用户点击美团悬浮窗或原告收银系统的特定按钮时强制跳转到美团支付操作页面,中断了原告二维火收银系统的运行,已构成 2018 年反不正当竞争法第 12 条第 2 款第（一）（四）项规定的妨碍、破坏其他经营者合法提供的网络产品或者服务正常运行的行为。

这些案件均涉及"搭便车"问题。上述裁判分歧的原因,恰在于选择保护静态的既得利益,还是倾向于维护动态的竞争机制,即例 9 和例 11 秉持动态竞争的观念,对于"搭便车"采取了宽容的态度;例 10 和例 12 秉持静态竞争的观念,更多地维护静态竞争秩序和保护静态利益。"搭便车"的积极适用论强调反不正当竞争法的强补充保护性,强调保护既得利益和静态公平;谦抑适用论强调反不正当竞争的有限补充保护,强调保护动态竞争和自由竞争,更为强调公有领域的重要。其论本质在于如何保护法定权利以外的利益,即保护静态的既得利益,还是维护竞争机制。静态竞争强调保护静态的既得利益,强调静态取予意义上的公平,对于市场竞争的干预范围相对较宽,较多地限制竞争自由;动态竞争更强调市场竞争的动态激烈程度,强调颠覆性创新,强调竞争自由和市场效率。保护静态利益更符合朴素的公平观念,但是反不正当竞争法毕竟是促进竞争的法律,应该更多关注以自由和效率为取向的动态竞争。

第四节 "搭便车"构成不正当竞争的例外性

一、模仿自由与"搭便车"的正当性

我国裁判经常以"搭便车"为由认定构成不正当竞争,但反不正当竞争法并不一般性禁止"搭便车"。"搭便车"虽利用他人商业标识等获取利益,但是不能将其污名化,是否构成不正当竞争必须考量具体情况,符合法定的要件。

例如,在费列罗巧克力案中,最高人民法院再审判决指出,对商品包装、装潢的设计,不同经营者之间可以相互学习、借鉴,并在此基础上进行创新设计,形成有明显区别各自商品的包装、装潢。这种做法是市场经营和竞争的必然要求。就本案而言,蒙特莎公司可以充分利用巧克力包装、装潢设计中的通用要素,自由设计与他人在先使用的特有包装、装潢具有明显区别的包装、装潢。但是,对他人具有识别商品来源意义的特有包装、装潢,则不能作出足以引起市场混淆、误认的全面模仿,否则就会构成不正当的市场竞争。① 据此,对于他人包装装潢的设计元素可以借鉴模仿,但以不足以产生市场混淆为界限。

在梦幻西游与神武案中,原告主张,《神武》端游及手游在门派、技能、法术、装备、特技、玩法、阵法、宠物、宠物技能等游戏元素的选取、编排、优化和设定与《梦幻西游》《梦幻西游 2》高度近似,《梦幻西游》《梦幻西游 2》中的门派、技能、法术、装备、特技、玩

---

① 最高人民法院(2006)民三提字第 3 号民事判决书。

法、阵法、宠物、宠物技能等游戏元素的选取、编排、优化和设定是原告及其关联公司投入大量人力、物力、财力进行研发、推广和运营的结果,被告不正当的抄袭、模仿是搭便车行为,构成《反不正当竞争法》第2条规定的不正当竞争。一审判决认为,禁止对于他人知识上的投资和所创造的劳动成果的搭便车,是反不正当竞争法立法的重要初衷。在市场经济下,竞争和竞争自由是市场经济的根本机制,竞争自由是一项最基本的竞争政策。市场竞争中的相互争夺性损害是允许的和常态的竞争损害,对于竞争行为的干预是例外。搭便车行为并不必然构成不正当竞争,不能将搭便车行为等同于违反诚实信用原则和公认的商业道德。禁止搭便车尽管具有强烈的道德感召力,但不能简单地以此作为操作标准适用,仍然应根据法律所规定的行为正当性的判断标准进行认定。对反不正当竞争法一般条款的适用,更应当秉持谦抑的司法态度,对竞争行为保持有限干预和司法克制理念,否则就会不适当的扩张不正当竞争的范围,侵占公有领域,损害自由竞争。严格把握一般条款的适用条件,以避免不适当干预而阻碍市场的自由竞争。一审判决未认定构成不正当竞争。该判决比较准确地阐述了对于"搭便车"的反不正当竞争法定位。[1]

二、构成不正当竞争的例外性

社会的进步和创新取决于模仿学习,且经常需要借助于周边的环境因素,因而对于从他人之处获益的模仿学习和借鉴借助,

---

[1] 广州网易计算机系统有限公司与广州多益网络股份有限公司、第三人徐波著作权侵权及不正当竞争案,广州知识产权法院(2018)粤73民初684号民事判决书。

原则上属于竞争自由的范围,例外情况下才能构成不正当竞争。所谓的"占便宜""搭便车"通常构成不正当竞争的意识和观点,并不符合市场竞争和反不正当竞争的场景。

例如,在"马达庆案"中,应当说一审法院认为马达庆作为企业职工,在履行单位交办工作过程中形成了竞争优势,即实质上是指马达庆所获得的知识、经验和技能等个人能力和客户对其个人能力的信赖。企业职工在履行单位交办工作过程中所形成的竞争优势,如同在履行单位工作中产生的发明创造一样,其权利享有者是公司而非职工,因此,马达庆将本属于山东食品公司的竞争优势转为圣克达诚公司所有,属于将日本客户对自己基于履行职务行为所产生信赖的滥用,严重违背了诚实信用的原则,也违背了公认的商业道德的认定。再审判决指出,作为具有学习能力的劳动者,职工在企业工作的过程中必然会掌握和积累与其所从事的工作有关的知识、经验和技能。除属于单位的商业秘密的情形外,这些知识、经验和技能构成职工人格的组成部分,是其生存能力和劳动能力的基础。职工离职后有自主利用其自身的知识、经验和技能的自由,因利用其自身的知识、经验和技能而赢得客户信赖并形成竞争优势的,除侵犯原企业的商业秘密的情况外,并不违背诚实信用的原则和公认的商业道德。[①] 在此,职工任职期间掌握的知识和能力虽然得益于工作经历和环境,但基于保护生存能力和劳动能力的公共政策,以及促进知识经验的扩散和最近社会总福利,除有竞业限制等合法事由外,即便职工在离职以后利用其获得的知识和能力与原企业竞争,仍属于竞争自由的范畴,并不具有不正当性。而一

[①] 最高人民法院(2009)民申字第1065号民事裁定书。

审判决的认定不当恰恰在于简单地认定利用原单位获取的知识、经验和能力进行竞争，即属于不正当利用。

再如，关键词搜索隐形使用他人商标，是否因为搭便车而构成攫取他人商业机会，而构成不正当竞争？"海亮案"再审承办人认为，荣怀方未经许可擅自使用同业竞争者海亮方的企业名称作为关键词，不具有任何正当理由，在明知海亮方的"海亮"商标及字号在教育培训行业具有较高知名度的情况下，在竞价排名过程中，不但没有避让，反而还将其设置为关键词进行竞价排名，主观上具有攀附他人商誉的故意。虽然被推广链接的标题及该链接目标网站所展示的内容均不含有与关键词相关的标识或宣传内容，似不易导致消费者的混淆、误认，但由于在搜索引擎设置了多个包含有海亮方企业名称、字号的关键词，当网络用户搜索相应搜索词时，就会触发荣怀方的推广链接，使得该推广链接出现在搜索结果较为靠前的位置，将原属于海亮方的流量引致荣怀方的网站，致使海亮方丧失了潜在商机等损害后果。[①] 首先，在并不产生市场混淆误认的情况下隐形使用关键词，本身就已对他人商业标志进行了避让。而且，在不足以产生市场混淆的情况下，借用他人商业标志的知名度，不需要另外的正当理由，因为竞争自由就是最大的正当性理由。其次，仅仅因为由此获取交易机会而认定构成不正当竞争，显然就过于简单化和表层化。

如"马达庆案"再审裁定所言，"在交易机会领域，由于竞争的开放性、复杂性和多变性，影响获得交易机会的因素是极其复杂和难以准确预期的。竞争者在某些方面的竞争优势只是影响其

---

① 晏景等："竞价排名行为的司法认定"，载《人民司法》2023年第11期。

获得交易机会的可能因素之一,竞争优势本身并不能预定其必然就应当获得特定的交易机会"。① 商业机会不构成现实的市场利益和法益,只是一种需要通过竞争和努力才能获取的商业可能性。"海亮案"所涉商业机会的得失取决于多种因素,且被诉行为并未主张涉案商业标识的正常展示,未实质性妨碍其获取交易机会的机会,因隐形使用方的呈现而使其处于与被使用方进行直接竞争的状态,至多只是使双方直接同台面对消费者的选择,增加了双方之间直接竞争的机会和加剧双方之间的竞争,这恰恰是竞争的应有之义。由此导致的优胜劣汰,都属于竞争带来的正常商业风险。正如"马达庆案"再审裁定所言,"因他人正常争夺商业机会而导致的投资损失或者竞争失败属于正常的商业风险,不能仅因有历史积淀和前期投入即推定商业机会应归属于己"。②

综上所述,当前我国司法裁判中对于"搭便车"适用标准的宽严不一,折射了不同的竞争观和市场价值观,反映了反不正当竞争法与知识产权专门法的调整界限,涉及专有权、竞争性法益与公有领域之间的底层关系,最终涉及反不正当竞争法的调整定位和调整范围等基础问题。"搭便车"可以作为竞争行为正当性的判断标准和论理依据,但对其适用应当保持必要的谦抑和限制,不能成为随意扩张专有权保护的工具,更不能轻易地妨害竞争自由和损害公有领域。"搭便车"本身应该有中性的含义和定位,不应该自带否定意义,更不宜将其污名化,而应当还其维护竞争自由的本意。

---

① 最高人民法院(2009)民申字第 1065 号民事裁定书。
② 同上。

第十一章　商业数据的"孵化性"保护

第一节　商业数据保护的反不正当竞争法路径

一、商业数据的由来

十九届中共中央全面深化改革委员会第二十六次会议将企业数据与公共数据和个人数据相对称,企业数据亦属当前业界最为流行的商业数据称谓。国外文献有"数据集合"(data set)、"商业数据"[①]或者"工业数据"(industrial data)等称谓。[②] 此处所称的商业数据大体对应于企业数据,但之所以称其为商业数据,旨在强调其市场意义和竞争价值,使其更为契合《反不正当竞争法》的保护场景,并与商业标识、商业秘密等称谓更为协调。而且,商业数据的持有人可以是自然人、法人和非法人组织,可能不限于通常意义上的企业。如《重庆市数据条例》第33条第1款规定,"自然人、法人和非法人组织可以通过合法、正当的方式依法收集

[①] 孔祥俊:"商业数据产权:数字时代的新型工业产权——工业产权的归入与权属界定三原则",载《比较法研究》2022年第2期。

[②] Jeffrey Ritter and Anna Mayer, "Regulating Data As Property: A New Construct for Moving Forward", *Duke Law & Technology Review* Vol. 16, p. 224.

数据"。使用商业数据称谓更能准确反映其收集主体、对象和目的,可以涵盖所有用于商业用途和市场竞争的数据。为此,本章将企业数据称为商业数据,即指那些用于商业目的或者市场竞争的数据集合。

二、商业数据权益保护须寻求操作性路径

由于《民法典》对于数据未作民事权益属性上的明确定性[①],我国学界对于数据界权(赋权)进行热烈探讨,对其财产属性进行了多种界定,比较有代表性的观点如,将其比照物权思路进行描摹,或者按照知识产权或者类知识产权无体财产进路进行定性,还有其他各种各样的界说。这些界说无非是围绕数据集合(数据集)的权利属性以及数据集合与其个人信息等信息来源的关系等问题展开。[②] 这些基础性学理探讨多是对于数据界权进行法学和法经济学上的理论建构,其中不乏宏大叙事,对于厘清数据保护正当性以及保护机制至关重要。

当前数据交易和保护成为突出的实践问题,无需太多的保护正当性论证,当务之急是寻求操作性方案和解决实际问题。尽管学术探讨在宏大叙事上各显其能并异彩纷呈,但在关切操作性问

[①] 《民法典》第127条规定:"法律对数据、网络虚拟财产的保护有规定的,依照其规定。"

[②] 此类文章已不胜枚举。例如,申卫星:"论数据用益权",载《中国社会科学》2020年第11期;崔国斌:"大数据有限排他权的基础理论",载《法学研究》2019年第5期;龙卫球:"数据新型财产权构建及其体系研究",载《政法论坛》2017年第4期;许可:"数据权属:经济学与法学的双重视角",载《电子知识产权》2018年第11期。有些学者进行过比较全面的综述,如许可:"数据权利:范式统合与规范分殊",载《政法论坛》2021年第4期。

题上还有所缺位,缺乏对于建设性操作方案的系统设计。数据权益保护的正当性已毋庸置疑,问题是如何通过具体制度设计构建可操作的数据产权制度。

三、在保护上宜区别各类数据

将数据区分为公共数据与企业数据(商业数据)大体已形成共识,并为地方性法规等所普遍采纳。深圳、上海、重庆等地方性立法已开始区分公共数据与市场数据。例如,《深圳经济特区数据条例》将数据区分为"个人数据"[1]和"公共数据"[2],并规定了市场主体的数据,即在"数据要素市场"的专章规定中指出,"市场主体对合法处理数据形成的数据产品和服务,可以依法自主使用,取得收益,进行处分"(第58条)。《上海数据条例》规定了"公共数据"[3]和"数据要素市场",后者涉及市场主体拥有和交易的数据。《重庆市数据条例》第33规定,自然人、法人和非法人组织可以通过合法、正当的方式依法收集数据;对合法取得的数据,可以依法使用、加工;对依法加工形成的数据产品和服务,可以依法获取收益。这些地方性法规等文件并未正式提出与公共数据对称的企业数据概念,只是在数据要素市场的规定中暗含了与公共数

---

[1] 《深圳经济特区数据条例》第2条第(2)项规定:"个人数据,是指载有可识别特定自然人信息的数据,不包括匿名化处理后的数据。"

[2] 《深圳经济特区数据条例》第2条第(5)项规定:"公共数据,是指公共管理和服务机构在依法履行公共管理职责或者提供公共服务过程中产生、处理的数据。"

[3] 《上海市数据条例》第2条第(4)项:"公共数据,是指本市国家机关、事业单位,经依法授权具有管理公共事务职能的组织,以及供水、供电、供气、公共交通等提供公共服务的组织(以下统称公共管理和服务机构),在履行公共管理和服务职责过程中收集和产生的数据。"

据对称的市场性数据类型。中央顶层设计正式使用企业数据概念,并将其与公共数据相对称。公共数据和企业数据具有不同的收集主体、收集对象和收集目的,其界限能够清楚地划分,在产权界定上没必要混为一体,需要分别单独界定,并构建不同的法律规则。两类数据的区分又是独立界定商业数据产权和构建其保护制度的事实和法理基础。《反不正当竞争法》只是保护以企业数据为核心的商业数据。

鉴此,将数据区分为公共数据与企业(商业)数据,并在《反不正当竞争法》场景下正式采用"商业数据"的对应称谓,是必要和可行的。商业数据包括公共数据以外的自然人、法人和非法人组织依法收集获取的数据。

四、数据权益保护的反不正当竞争法选项

当前的数据权益保护已有比较丰富的实践,且除个别涉及著作权和商业秘密保护以外,主要纳入《反不正当竞争法》进行保护。[1] 实践的选择是不可辩驳的活生生现实,又有其必然的选择逻辑和保护的正当性,并不是纯粹的巧合和偶然。保护实践已积累了诸多经验和形成系列共识,可以进行制度化的总结升华。在设计数据权益保护制度时如果罔顾现实和实践逻辑,就流于自说自话和纸上谈兵。现实实践至少能够提供深化研究的重要逻辑起点。

《反不正当竞争法》不可能触及所有的数据权益保护,而只就

---

[1] 参见浙江省高级人民法院联合课题组:"关于企业数据权益知识产权保护的调研报告",载《人民司法》2022年第6期。

具有商业价值或者市场竞争意义的商业数据给予保护,且需要限定保护条件和保护范围,平衡多种利益。这就是数据权益保护的反不正当竞争法选项。

第二节 数据权益保护的国内实践与域外借鉴

一、数据权益反不正当竞争保护实践的利弊分析

当前商业数据权益的反不正当竞争保护,已进行较多的实践积累,并形成系列标杆性判例,[1]如涉及用户信息数据集合[2]的新浪微博诉脉脉案[3]、涉及用户发布数据[4]的大众点评诉百度案[5]、涉及平台自采数据[6]的谷米诉元光案[7]、涉及衍生数据产品保护[8]

---

[1] 参见浙江省高级人民法院联合课题组:"关于企业数据权益知识产权保护的调研报告",载《人民司法》2022年第6期。祝建军:"数据的知识产权司法保护",载《人民司法》2022年第6期。

[2] 用户信息数据是用户在使用相关网络产品或者服务时主动上传的包含有用户姓名、性别、头像、名称、职业、教育背景等个人信息生成的数据。

[3] 见北京微梦创科网络技术有限公司诉北京淘友天下技术有限公司、北京淘友天下科技发展有限公司不正当竞争纠纷案,北京知识产权法院(2016)京73民终588号民事判决书。

[4] 用户发布的数据,即用户在使用相关网络产品或者服务时留下的评论信息、浏览记录、搜索记录等痕迹信息生成的数据。

[5] 上海汉涛信息咨询有限公司诉北京百度网讯科技有限公司、上海杰图软件技术有限公司不正当竞争纠纷案,上海知识产权法院(2016)沪73民终242号民事判决书。

[6] 即网络平台通过特定装置或者技术自行采集的搜索记录、出行记录、地理位置等数据信息。

[7] 深圳市谷米科技有限公司诉武汉元光科技有限公司等不正当竞争纠纷案,广东省深圳市中级人民法院(2017)粤03民初822号民事判决书。

[8] 即使用算法对用户发布的点评信息、行为日志等内容进行加工、处理和分析所形成的可读取数据。

的淘宝诉美景案①,以及近来裁判的涉数据保护之争奇虎诉百度案②、新浪微博诉今日头条案③等。法院已大致形成具有一定趋势性的裁判范式,即首先确定原告是否有受保护的数据权益,然后确定被诉行为是否正当,据此决定是否给予数据保护。决定数据是否保护及被诉行为是否正当,通常考量以下三方面的要素:

一是原告是否享有可保护的法益。这涉及数据产生的合法性、原告对于数据形成的付出(贡献)以及由此给原告带来的竞争利益(竞争优势)。④ 原告能够证明对于数据的收集或者生成付出了一定的人力和物力等,即具有可保护法益。具体而言,当前裁判认定原告是否具有合法权益主要考量原告是否为涉案数据的合法运营主体;对数据是否投入了运营成本、提供了经营服务,包括但不限于收集、存储、编排、管理、传播等经营活动;为维护数据安全付出成本;其他对数据进行衍生性利用和开发的行为;与用户签订的协议中是否有关于数据权属、使用的约定;是否因此可获得商业利益,取得竞争优势。⑤ 对于涉个人信息的企业数据,个

---

① 淘宝(中国)软件有限公司诉安徽美景信息科技有限公司不正当竞争纠纷案,浙江省杭州市中级人民法院(2018)浙 01 民 终 7312 号民事判决书。
② 北京市高级人民法院(2017)京民终 487 号案民事判决书。业界俗称的"3B"大战,而对应的是 2013 年最高人民法院裁判的"3Q"大战(腾讯诉奇虎 360 不正当竞争案)。前者涉及数据的争夺,而后者涉及流量的争夺,两案由此被认为标志着互联网平台企业由流量争夺到数据争夺的发展变化。
③ 北京市高级人民法院(2021)京民终 281 号案民事判决书。
④ "请求保护数据利益的一方对其所主张的数据的范围、数量、来源、采集、存储、分析、获利方式以及公认的商业道德、行业惯例等负有举证证明责任。"见《北京市高级人民法院关于加强知识产权审判促进创新发展的若干意见》。
⑤ 参见王洁:"企业数据权益保护及竞争边界——基于 45 件典型案例的实证分析",载"网络法实务圈"(微信公众号)2021 年 12 月 6 日。

人信息的收集获得用户同意即具有合法性。基于以上考虑,无论是原始数据还是经合法收集并深度加工后形成的数据,一般承认互联网平台享有数据权益。例如,微博诉脉脉案法院保护的是由原始个人信息集合而成的数据。淘宝诉美景案法院保护的是衍生数据产品。[1] 在许多案件中法院并未进行细化区分,认为即使是用户发布的原始数据、公开数据,仍具有可以为平台带来现实或者潜在、当下或者将来的经济利益的属性,属于平台可主张的反不正当竞争法益。当然,有些法院对这类数据流通、使用的利益平衡问题进行了特别关注。[2]

当然,当前裁判对于可保护性数据也存有一定的分歧。对于合法收集并深度加工后的数据,普遍认为应由平台享有数据权益。但是,对于来源于用户、平台未进行深度加工的数据以及公开数据的权益确定和归属问题,法院在区分标准和认定思路上不尽一致。如淘宝诉美景案二审判决认为,应当区分平台对数据的投入度因素,即简单的对用户信息的转换、记录不足以使平台获得独立的权益,网络运营者对于原始网络数据仍应受制于网络用户对于其所提供的用户信息的控制,网络运营者只能依其与网络用户的约定享有对原始网络数据的使用权。[3] 微信诉群控软件案二审判决认为,应当区分数据资源整体和单一用户数据,网络平台方对于数据资源整体与单一数据个体所享有的是不同的数据

---

[1] 淘宝(中国)软件有限公司诉安徽美景信息科技有限公司不正当竞争案,浙江省杭州市中级人民法院(2018)浙01民终7312号民事判决书。
[2] 参见浙江省高级人民法院联合课题组:"关于企业数据权益知识产权保护的调研报告",载《人民司法》2022年第6期。
[3] 浙江省杭州中级人民法院(2018)浙01民终7312号民事判决书。

权益。"就平台数据资源整体而言,系平台投入了大量人力、物力,经过长期经营积累聚集而成的,该数据资源能够给平台带来商业利益与竞争优势,平台对于整体数据资源应当享有竞争权益。""就平台单一数据个体而言,例如用户发布的内容数据、用户的头像昵称等。该部分数据只是平台的原始数据,并非其所产生的衍生数据。由于网络资源具有'共享'的特质,单一用户数据权益的归属并非谁控制谁享有,使用他人控制的用户数据只要不违反'合法、正当、必要、不过度、征得用户同意'的原则,一般不应被认定为侵权行为。"①

二是被诉行为是否对原告法益造成损害以及损害竞争秩序。获取或者使用原告的数据,就是对原告法益的损害。当前裁判主要涉及是否对市场竞争秩序造成损害;是否对消费者的合法权益造成损害(如侵犯消费者的知情权、选择权或隐私权等);是否对原告权益造成损害,如是否构成实质性替代,减少原告流量或预期利益,导致原告投入更多成本对抗数据抓取,妨碍原告产品运行,危害原告数据安全等。② 特别是对于使用而言,最为典型的判断方式是,原告需证明被告与原告的数据使用或者商业模式存在实质性替代关系,使用上的替代即是否达到可替代的程度,由此还发展出判断对他人数据的使用是否适当的"合法、正当、必要"标准。③

---

① 浙江省杭州中级人民法院(2020)浙01民终5889号民事判决书。
② 参见王洁:"企业数据权益保护及竞争边界——基于45件典型案例的实证分析",载"网络法实务圈"(微信公众号)2021年12月6日。
③ 参见苏志甫等:"司法裁判视角下企业数据权益保护的路径、门槛与边界——基于涉企业数据权益典型案例的分析",载"天同诉讼圈"(微信公众号)2021年12月8日。

如，大众点评诉爱帮网案、[1]大众点评诉百度地图案[2]和阿里巴巴诉码注公司案[3]等均进行了数据使用程度的判断。淘宝诉美景案法院判决认为，被告的商业模式实质性替代了原告的商业模式，损害了原告的合法权益。[4] 在一部分企业数据不正当竞争纠纷案件中，法院针对被告商业模式实质性替代原告商业模式不明显的情形，则进一步作出定性判断。例如，在新浪微博诉脉脉不正当竞争纠纷案中，法院认为，被告通过技术手段任意获取原告事实控制的数据，破坏了互联网竞争秩序，对诚实遵守原告《开发者协议》的其他经营者和作为数据开放平台的原告而言，其合法权益确因"该竞争行为而受到实际损害"。[5]

三是被诉行为是否具有不正当性。主要依据是否违反诚实信用或者商业道德进行衡量，并经常涉及或简或繁的利益平衡。当前被评价具有不正当性的行为主要有：违反"爬虫协议"抓取与利用，超出约定范围访问与利用，以获得用户同意之名获取与利

---

[1] 该案法院判决认为："爱帮网对大众点评网的点评内容使用，已达到了网络用户无需进入大众点评网即可获得足够信息的程度，超过了适当引用的合理限度，事实上造成爱帮网向网络用户提供的涉案点评内容对大众点评网的相应内容的市场替代，对汉涛公司的合法利益产生实质性损害。"北京市第一中级人民法院（2011）一中民终字第7512号案民事判决书。

[2] 该案法院判决认为被诉行为构成实质性替代，据此认定其构成不正当竞争。上海知识产权法院（2016）沪73民终242号案民事判决书。

[3] 该案法院判决认为："码注公司计算企业活性值可以参考1688平台公开的数据，但其将1688平台的公布的商家数据直接用于其网站，甚至可以直接替代1688平台的部分功能，显然超过合理限度。"浙江省杭州市滨州区人民法院（2019）浙0108民初5049号案民事判决书。

[4] 浙江省杭州市中级人民法院（2018）浙01民终7312号案民事判决书。

[5] 北京微梦创科网络技术有限公司与北京淘友天下科技发展有限公司、北京淘友天下技术有限公司不正当竞争案，北京知识产权法院（2016）京73民终588号民事判决书。

用,以及以其他方式获取数据与利用。①

学界尤其是实务界对于涉数据保护不正当竞争裁判已进行详细梳理和深入总结研究。总体上看,当前数据的反不正当竞争保护有突出特征和明显优势。首先,典型的实用主义和务实保护态度。除个别数据裁判援引《反不正当竞争法》第 12 条兜底条款外,大多数裁判均援引第 2 条一般条款保护数据权益,②均系在肯定数据权益受保护的基础上,通过竞争行为正当性判断进行数据权益保护。这种保护可以搁置数据权益法律属性及具体权利边界等争议,通过灵活机智的保护标准运用,使数据权益得到其应该得到的保护。这种典型的实用主义态度,在较大程度上暂时满足了数据权益保护需求。其次,具有保护上的高度弹性,避免过于刚性的数据排他权保护。尤其是,部分法院对数据流通、使用的利益平衡问题进行了特别关注。如大众点评诉百度地图案二审判决指出,即使平台可以对用户发布的公开内容数据进行权益主张,但是考虑产业发展和互联网环境所具有信息共享、互联互通的特点,需要兼顾信息获取者、信息使用者和社会公众三方的利益。③ 微信诉群控软件案二审判决强调网络资源具有"共享"的特质,使用他人控制的用户数据不超过一定限度并不必然构成侵权行为。④

当然,当前数据权益反不正当竞争保护是一种事后保护,没

---

① 参见浙江省高级人民法院联合课题组:"关于企业数据权益知识产权保护的调研报告",载《人民司法》2022 年第 6 期。
② 同上。
③ 上海知识产权法院(2016)沪 73 民终 242 号民事判决书。
④ 浙江省杭州中级人民法院(2020)浙 01 民终 5889 号民事判决书。

有预定的具体法益模式,而通过个案裁量进行个案保护,其保护存在明显的不足,注定其只能是一种过渡性选择,而不是一种终极性办法。

其一,通过《反不正当竞争法》一般条款进行的保护只是一种消极的不确定性保护。以一般条款保护数据,"需要在不正当竞争法的分析框架下进行,从一般条款的适用要件入手,综合分析数据类型、对数据持有方的损害程度、获取和使用方式是否违背商业道德以及个人信息保护等因素,判断竞争秩序是否受到损害、被诉行为是否构成不正当竞争"。[①] 例如,以一般条款认定侵害数据的行为是否构成不正当竞争,通常需要根据是否符合商业道德进行判断。许多数据权益类案件的判决都是基于是否符合商业道德进行论证说理。但是,在一些新兴的或快速迭代更新的网络领域,行业秩序尚未成形,并不存在已被广泛认可的商业道德,此时只能由法官来创设和定义所谓的商业道德。此时法官据以裁判的最根本的不正当性判断标准在于被诉行为是否损及竞争机制或者竞争秩序,是否产生了扭曲竞争的后果。被诉行为对竞争机制的影响较为抽象,但是一旦竞争机制受到损害,竞争机制内相关主体的利益必然也会受到影响,因而分析被诉行为对经营者利益、消费者利益以及社会公共利益的影响,成为一种更具象化的评价方法。从当前的裁判思路看,不正当竞争认定仍有一定侵权判断范式的色彩,即将原告的合法权益、涉诉行为对原告的损害、被告的主观过错作为判断行为正当性的重要因素。但越

[①] 浙江省高级人民法院联合课题组:"关于企业数据权益知识产权保护的调研报告",载《人民司法》2022年第6期。

来越多的案件开始采取行为正当性的判断范式,将涉诉行为放置于公共利益、经营者利益与消费者利益的"三元叠加"利益衡量格局下,对多元法益进行统筹兼顾和综合考量。不过,个案中不同利益之间的序位、权重和内在联系非常考验原被告双方的举证能力和裁判者的裁判水平。①

这种利益衡量的论证思路体现在众多数据权益类案件中。②如在大众点评诉百度地图案中,法院认为,对于擅自使用他人收集信息的行为是否违反公认商业道德的判断上,一方面,需要考虑产业发展和互联网环境所具有的信息共享、互联互通的特点,另一方面,要兼顾信息获取者、信息使用者和社会公众三方的利益,既要考虑信息获取者的财产投入,又要考虑信息使用者自由竞争的权利,以及公众自由获取信息的利益,在利益平衡的基础上划定行为的边界。在此基础上,法院认为被诉行为虽然在商业模式上进行了一定程度的创新,但仍然会产生替代性后果,而且百度本可用对大众点评损害更小的方式达到其创新目的,却未采取,因此,其使用方式已超过必要的限度,构成不正当竞争。③ 这种保护只是基于个案裁量,未能预先确定特定的保护客体、保护条件和保护范围,裁量余地大,裁判标准具有不确定性,因而在具体保护上具有较大变数。

其二,不适宜大量、重复和反复的数据权益保护需求。以一

---

① 参见王洁:"企业数据权益保护及竞争边界——基于45件典型案例的实证分析",载"网络法实务圈"(微信公众号)2021年12月6日。
② 参见浙江省高级人民法院联合课题组:"关于企业数据权益知识产权保护的调研报告",载《人民司法》2022年第6期。
③ 上海知识产权法院(2016)沪73民终242号案民事判决书。

般条款保护新法益,通常应对的是偶发性、难以类型化的法益,一般条款对此可以不断地应一时之需。但是,大数据背景下的数据权益保护已成为大量、反复出现和前后一致的保护需求,可以且必须给予类型化保护。以一般条款进行不确定性和变动不居的个案保护,只能是过渡性选择、权宜之计和应急之策,目前已有足够的经验积累和迫切的保护需求,应该尽快提升保护层次。

其三,应景式个案保护不利于事先建立系统、明晰和稳定的保护标准。当前对于数据权益保护的个案裁判虽已形成诸多共识,但个案裁判色彩浓厚,保护标准把握不尽一致。[1] 特别是,依据一般条款进行裁判的裁量余地太大,裁量因素考量不一,缺乏稳定性、一致性和系统性,不适合大数据法益保护的现实需求。根据大数据权益保护需求,应当尽快建构明确的保护客体、保护条件以及将侵权行为类型化,由此构建客体明确、边界清晰和标准一致的数据权益保护制度,不再需要进行复杂和不确定的个案裁量。

其四,将数据权益类型化为反不正当竞争法具体法益的条件已经具备。鉴于公共数据与企业(商业)数据的区分已达成共识,商业数据又是重要的市场竞争资产,以《反不正当竞争法》类型化

---

[1] 例如,数据抓取行为的不正当性判定标准不一。数据不正当竞争案件需要判断数据抓取、使用行为是否正当,但不同判决在针对个案从不同角度论述行为正当与否时,所持标准并不明晰、一致。如对于数据行业商业道德的理解,有的从促进数据流通的角度解读,有的从促进数据创新的角度理解。数据产业作为新兴产业,该领域内的相关商业规则整体上还处于探索当中,市场主体的权益边界尚不清晰,对某一行为的外部性认识还不全面,诸多新型的竞争行为是否违反公认商业道德,在市场共同体中并没有形成共识。见浙江省高级人民法院联合课题组:"关于企业数据权益知识产权保护的调研报告",载《人民司法》2022年第6期。

地保护商业数据权益的条件已经成熟。《反不正当竞争法》本来具有保护具体法益与维护一般市场竞争秩序的二元保护体系,①商业标识、商业秘密等都是类权利或者权利式的具体法益保护,而将数据权益纳入保护范围,规定其保护条件和固化侵权行为类型,可以实现数据权益保护的稳定性,因而同样具有《反不正当竞争法》保护既能赋予一定排他权,又保持应有灵活性的高度契合性。

总之,当前的丰富实践已展现了商业数据权益及其保护的诸多面向,同时也显示了事后保护和个案裁判的固有缺陷,表明已不适于应对日趋重要的大面积的数据权益保护需求。数据的重要性及其广阔的发展前景,均要求确立有明确保护客体、保护边界和保护标准的保护制度,实现一定程度的预先赋权性保护。

二、数据反不正当竞争保护的国外经验

近年来大数据保护问题引起全球关注和热议,但美欧国家就大数据保护进行专门的直接立法还未多见。例如,美国法院裁判了一些与数据保护有关的案件,②欧盟更为关注个人数据和数字市场之类的立法,也更为关注公共数据,对于公司数据并未进行专门性赋权,而散见于多种保护,更多是有限的事实"占有"(a de facto possession)保护,而不是承认所有权(ownership)。这些保

---

① Walter J. Derenberg,"The influence of the French Code Civil on the Modern Law of Unfair Competition",4 *Am. J. Comp. L.* 1(1955),pp. 2-4. 另参见孔祥俊:"论反不正当竞争法的二元法益保护谱系——基于新业态新模式新成果的观察",载《政法论丛》2021年第2期。

② 如2022年4月美国联邦第九巡回上诉法院经重审裁判的"HiQ v. LinkedIn"案。

护涉及数据库权、商业秘密、反不正当竞争以及合同保护。欧盟"一般数据保护条例"(GDPR)准予处理个人数据的数据控制人对数据进行商业利用,但仍属事实控制,并未赋予控制人直接的排他权或者针对第三人的救济。这种通过合同等进行的事实控制以及相应的法律保护,被认为已构成强有力的保护机制。当然,欧盟也在研究对于机器生成的非个人数据和匿名化的数据是否赋予生产者权(data producer's right)。[1] 对于是否赋予专门权利的讨论,涉及如何设定赋权条件、数据专门赋权是否打破现有的权利格局、如何对待复杂的信息情形和众多参与方利益分配等特殊问题,以及专门赋权是激励还是阻碍创新等。[2] 日本迅速通过反不正当竞争法修订引入数据保护条款,[3]韩国又紧随其后。

为适应物联网、大数据、人工智能等信息技术进步和第四次工业革命背景下数据越来越成为高价值市场竞争力的保护需求,营造激励数据创建者、收集者、分析者和控制者付出努力的环境,并回应日益高涨的打击侵害数据权益行为的业界呼声,日本有关方面在认真研究论证的基础上,于2018年通过修订《反不正当竞争法》引入保护"限定提供数据"的制度,作为日本在数据保护方

---

[1] Tatiana-Eleni Synodinou, Philippe Jougleux, Christiana Markou, Thalia Prastitou: "EU Internet Law in the Digital Era: Regulation and Enforcement", Springer (2020), 205-224. Herbert Zech, "Building a European Data Economy—The European Commission's Proposal for a Data Producer's Right", 9ZGE 317(2017).

[2] Andreas Wiebe, "Protection of industial data—A new Property Right for the Digital Economy?", *Journal of Intellectual Property Law & Practice*, 2016, Vol. 12, Iss. 7(2017), pp. 62-71.

[3] Tatsuhiro Ueno, "BIG data in Japan: Copyright, trade secret and new regime in 2018", *Research Handbook in Data Science and Law* 133 (Vanessa Mak, Eric Tjong Tjin Tai & Anna Berlee eds., Edward Elgar Publishing 2018), 119.

面作出的迅速的立法应对。① 韩国步其后尘,于2021年11月11日通过《不正当竞争防止法》(《不正当竞争防止以及商业秘密保护相关法律》)修订案,采取大致相同的数据保护制度。

日本对于如何保护数据曾经进行了审慎论证。2016年5月,日本知识产权战略本部开始讨论大数据保护问题,并于10月设立新型信息财产检讨委员会,讨论人工智能和大数据议题。考虑到赋予数据所有者排他性权利即赋权路径,可能会阻碍他人灵活利用数据,最后倾向于通过类型化不正当利用数据行为加以保护,即采取行为规制的路径。2017年5月日本知识产权战略本部发布的《2017年知识产权推进计划》,以及2017年6月日本内阁会议通过的《2017年未来投资战略》均提及,为构建一个产业界各方可以安心进行数据交易的制度环境,决定修订现行《反不正当竞争法》。2017年12月起,日本经济产业省下设的产业构造审议会知识产权分科会即开始审议第四次工业革命中反法相关议题,包括:(1)将不正当获取数据等作为新的反不正当竞争行为;(2)适应需求修改技术限制手段的保护对象的方向性。②

具体而言,2017年7月日本经济产业省设置不正当竞争防止小委员会,正式讨论反法修订的具体方案。鉴于无论是立法技术

---

① 参见日本通产省于2019年1月23日发布的《受保护数据指南》(Guidelines on Protected Data)。另参见刘影、睦纪纲:"日本大数据立法增设'限定提供数据'条款及其对我国的启示",载《知识产权》2019年第4期;李扬:"日本保护数据的不正当竞争法模式及其检视",载《政法论丛》2021年第8期;邓韬:"日本'限定提供数据'保护制度综述",载"清华大学智能法治研究院"(微信公众号)2022年6月3日。

② Tatsuhiro Ueno, "BIG data in Japan: Copyright, Trade Secret and New Regime in 2018", *Research Handbook in Data Science and Law* 133 (Vanessa Mak, Eric Tjong Tjin Tai & Anna Berlee eds. ,Edward Elgar Publishing 2018), pp. 113-114.

还是立法效果都不能将赋权路径作为最佳选择,而现行法中商业秘密立法的行为规制路径可资参照,在确定行为规制路径后,小委员会听取了各界有关大数据的制度诉求,并表示出对过度保护的担忧,即如果将广泛的数据利用行为认定为不正当竞争行为,可能造成阻碍数据后续灵活利用的不良后果,因此,行为规制路径的制度设计,需要考虑数据提供者与利用者之间的利益平衡,且以最小范围规制作为基本方针。根据该方针,新法保护客体应采取 ID、外部控制等管理措施,且这些数据对于特定对象人群具有商业价值;行为类型限定在无访问权限者的侵害行为、数据交易中明显违反诚实信用原则的行为、明知不正当获取转送给数据所有者以外的第三人和性质恶劣的行为等。小委员会还考虑到今后对数据加密后再进行交易的情况将逐渐增多,因此决定扩大加密技术等技术保护手段,增加将技术限制手段无效的服务和符号提供行为。[①] 鉴此,最后修订的日本《反不正当竞争法》将所保护的数据限定为"受保护数据",[②]即商业秘密以外的,以营业为目的向特定人提供,采用电磁方法积累了相当数量,并进行了电磁管理的技术信息或者经营信息。并且,该法规定了所禁止的几类侵权行为,即未经许可的获取、使用和披露"受保护数据"。鉴于

[①] 参见刘影、眭纪纲:"日本大数据立法增设'限定提供数据'条款及其对我国的启示",载《知识产权》2019 年第 4 期。

[②] 日文为"限定提供数据",英译为"limited provision data"(限定提供数据)、"limited shared data"(限定分享数据)、"access-limited data"(限制接入数据)和"data for limitetd provision"(限定提供的数据)。但是,日本官方译文使用了"Protected Data"(受保护数据)。Tatsuhiro Ueno,"BIG Data in Japan:Copyright,Trade Secret and New Regime in 2018",*Research Handbook in Data Science and Law* 133(Vanessa Mak,Eric Tjong Tjin Tai & Anna Berlee eds.,Edward Elgar Publishing 2018),p.114.

数据保护制度的初创背景，考虑数据保护和利用的平衡，新修订法律只引进必要的最小限度的民事救济措施。①

而且，2018年日本国会修订《反不正当竞争法》之初，即要求应以该法施行三年后（即2022年7月）为目标，从促进数据流通和利用的视角出发，参考数据商业的发展、技术革新的动向等，对修订后《反不正当竞争法》的实施状况进行调研，讨论所需采取的措施。为此，日本通产省产业构造审议会知识产权分科会反不正当竞争小委员会在限定提供数据保护制度研究项目上考虑了制度创设以来实务的进步、政府在推进数字化上的进展等，有意从运用和制度两个层面推进限定提供数据保护制度的完善。例如，小委员会认为，仍不需要采取更多的额外救济措施，因为限定提供数据保护制度正在逐步实施，在本阶段重新考虑上述措施可能会造成实务上的混乱。但是，考虑保障经济安全等，若行为伴随在日本以外使用的目的，可能受到刑事处罚。此外，还对"作为秘密管理的数据除外"要件的适当性，"涉善意取得的适用除外"规定中"善意"的判断基准时刻等进行了研究。小委员会还总结了今后限定提供数据保护制度的研究方向，即在运用层面修订《关

---

① 这种民事措施以基于合同的自由交易为前提，在不阻碍正当经营活动的范围内，作为对恶性较高的不正当利用行为之救济。虽然也讨论了侵犯限定提供数据行为的刑事处罚化、限制侵权物转让、转得型中重大过失的规制、转恶意后使用行为的规制等，但最终搁置了这些措施。该法规定的救济措施包括，不正当获取、使用和披露限定提供数据的，可以适用差止请求权（《反不正当竞争法》第3条）、损害赔偿请求权（同法第4条）等民事救济措施。在讨论过程中，有意见指出应该导入刑事措施，但就现阶段看，日本数据交易并不十分充分。如果引入刑事处罚，可能导致数据交易缓滞。权衡之下，日本2018年版《反不正当竞争法》并未在限定提供数据相关条款中引入刑事措施。这一点与《反不正当竞争法》对商业秘密的保护不同。邓韬："日本'限定提供数据'保护制度综述"，载"清华大学智能法治研究院"（微信公众号）2022年6月3日。

于限定提供数据的指针》;在制度层面继续研究创设制度时搁置的措施,密切关注实际业务的发展;就"作为秘密管理的数据除外"要件之适当性,首先考虑修订《指针》,再研究进一步的制度准备;就"涉善意取得的适用除外"规定中"善意"的判断基准时刻,未来需要在处理好限定提供数据转得者交易安全和原来限定提供数据持有者利益平衡的基础上,结合实施该制度的经营者需求和个别案件等,推进研究。[①]

综上,日本根据数据权益保护的阶段性需求,基于利益平衡的审慎考量,没有采取赋予排他性权利的赋权路径保护数据,而采取了反不正当竞争的有限保护,且鉴于保护初期的实际,在救济措施等方面保持了谦抑和适度,避免过度保护。日本的成文法保护思维以及在现有法律框架下寻求反不正当竞争法保护,极为契合数据保护实际。日本立法的专门化法条模式、平衡思维和审慎态度,较有借鉴价值。

三、我国数据反不正当竞争保护的"赋权"模式

《民法典》第 127 条"法律对数据……保护有规定的,依照其规定"的留白性规定,将数据的保护留给法律进行具体规定,但迄今尚无法律对于数据权益作出正面回应的保护性规定。结合数据权本身的特性、既有的保护实践以及借鉴国外经验,目前在《反不正当竞争法》中增设数据权益保护条款,既有必要又契合实际。

[①] 邓韬:"日本'限定提供数据'保护制度综述",载"清华大学智能法治研究院"(微信公众号)2022 年 6 月 3 日。

（一）反不正当竞争法的保护是否可行

有学者指出，《反不正当竞争法》用于解决数据争议的做法，不仅于法理不通，实践上也未必可行。首先，《反不正当竞争法》旨在保护竞争秩序，而非解决权利归属问题。其次，将《反正不正当竞争法》适用于数据争议要以确权为前提，即只有先明确"侵了什么权"才能再考虑如何解决争议。再次，《反不正当竞争法》只能解决具有竞争关系的经营者之间的纠纷，但数据争议中的一方却未必是经营者。

这种观点对于《反不正当竞争法》存在误解。首先，《反不正当竞争法》提供权利式或者类权利的具体法益保护。《反不正当竞争法》既保护具体法益，又保护一般性竞争法益（竞争秩序）。对于具体法益的保护已接近权利，如对于商业标识（未注册商标等）、商业秘密等的保护。我国《民法典》已明确地将商业秘密规定为知识产权的一种类型。《反不正当竞争法》对于商业秘密保护的条件、侵权行为类型等进行规定，由此实现了赋权性保护。商业数据保护可以采取类似于商业秘密保护的模式，具有"赋权性"保护的条件。其次，维护竞争秩序与"赋权性"保护并不矛盾。法益保护既是维护竞争秩序的手段，又是维护竞争秩序的目标，两者之间是兼容的。至于其仅解决经营者之间的纠纷问题，《反不正当竞争法》确实只用于保护商业数据，不能解决全部数据保护。但至少在目前情况下，将商业数据统归于一部法律之内进行保护的条件并不具备，不可能毕其功于一"法"，而由多部法律加以完成。在条件已经成熟的背景下，先以《反不正当竞争法》保护商业数据，具有可行性。

因此,《反不正当竞争法》具有保护商业数据的现实逻辑,与商业数据权益保护具有内在的法理契合性,可以构建符合商业数据特性、兼顾涉商业数据各方利益以及促进数据流通和利用的弱权利格局。我国第三次修订《反不正当竞争法》在即,应当将商业数据保护纳入其重点修订范围,专设数据权益保护的"商业数据专条",作为我国构建健全数据要素权益保护制度的重要内容。这是在《反不正当竞争法》框架内,以采取类权利而又是弱权利的方式,进行商业数据保护,即明确受保护数据的构成要件、类型化侵害行为及其其例外。

(二) 定位于"赋权性"保护

公开性商业数据保护应当采取一种"赋权性"保护模式,即固化和上升为一种特定化的权利,围绕权利保护进行制度建构,包括设定可保护数据权益的构成要件;权利主体和权利范围;侵权行为与侵权责任;侵权豁免和例外。这种保护显然具有"赋权性"保护的属性,即通过设定受保护数据的构成要件,确立受保护数据的适格性;通过确定类型化的侵权行为,界定受保护的数据的权利范围;通过设定侵权例外(豁免)条款,确保数据的开放流通。

数据权益不是所有权或者类所有权,不具有物权的排他性。商业数据可以纳入知识产权或者类知识产权,或者单独成立一种权利类型,即就是一种自成一体的数据权。反不正当竞争法保护的数据应当是商业秘密之外的公开数据,且独立于著作权和商业秘密进行另起炉灶的单独保护条件。

《反不正当竞争法》有权利的"孵化"功能。条件成熟时,对于数据可以单独立法加以保护(像欧美对于商业秘密保护进行单独立法那样)。

(三) 与一般条款保护的差异

"赋权性"保护模式迥异于一般条款保护,即纳入商业数据保护范围的数据,只需要按照法律设定的条件衡量其是否属于可保护的数据,再根据类型化的侵权行为判断其是否落入保护范围,不再需要在个案中具体论证数据权益保护的正当性及根据灵活多变的要素评判竞争行为的正当性,以此既加大数据权益保护力度,确保法律保护的确定性,又在保护范围和强度上兼顾适度,维护数据的流通和利用。

首先,《反不正当竞争法》采取限定性数据权益保护。《反不正当竞争法》只就商业数据提供保护,并定位于符合特定条件的数据,即权利人对其数据采取管理措施并限定提供条件的数据,将现有数据保护实践升华为可公开性限定提供数据权益保护,以此区别于非限定提供性的公开性商业数据,以及用于公共用途的公共数据以及属于商业秘密的非公开数据。此类数据是一种竞争性资产,纳入反不正当竞争保护契合其财产属性,并确保保护上的灵活性。

其次,商业数据保护定位于弱权利保护。总体上说,商业数据构成内容的多元性、流动性以及价值不确定性,其权利定位应当是弱权利,即排他性较弱,且通过列举侵权行为的方式限定保护范围、保护方式和保护强度。例如,《反不正当竞争法》对于商业秘密的保护属于弱权利保护,即《民法典》虽然将商业秘密定位于知识产权的类型之一，[①]但商业秘密同样因不具有绝对的排他性等而属于弱权利。商业数据可以定位为类似于商业秘密权的商业数据权，归入弱民事权利之列。特别是，数据集合的特性与《反不正当竞争法》弱权利保护极为契合。因为，数据集合具有构成内容的整体确定性与构成要素的变动（流动）性。数据作为各种信息的规模性集合，既有模糊性又有确定性，是一种模糊基础上的准确即"模糊的准确"[②]，也即数据集合的边界或者范围能够确定，即使构成数据的个体信息变动不居，但数据的整体边界和范围应该是确定的，至少能够按照一定的标准或者方式加以确定，或者可以大而化之地进行概称和保护，构成元素的流动性不影响数据整体的保护。因此，完全可以出现整体上的清晰性与个体信息上的变动性的有机结合。数据整体的确定性与构成内容的可变性，不但不影响数据作为权利客体，恰恰体现了数据权的特性，也使得数据权具有独特的根基和保护必要性。这主要是因为，数据的价值在于规模性整体，个体信息的局部变化不影响数据集合的整体价值，只要整体上是可以确定的，就可以作为固定的权利客体。而且，数据集与单个信息具有分合性。数据是单个信息的规模性集合，单个信息是数据的构成成分，两者之间既可以分离，又结合为一体。规模性数据集合不影响单个信息的权利存在，也即单个信息（如个人信息）可以成为单独的权利客体，且

[①] 《民法典》第123条第2款规定："知识产权是权利人依法就下列客体享有的专有的权利：……（五）商业秘密……"

[②] "大数据是来自多源异构的资料，所以'乱'是其特性。""体量巨大、来源广泛的数据，看起来往往是一团乱麻。"车品觉：《数据的本质》，北京联合出版公司2017年版，第79页。"允许不精确的出现已成为一个新的亮点，而不是缺点。"〔英〕舍恩伯克、库克耶：《大数据时代》，周涛等译，浙江人民出版社2013年版，第47页。

个人信息等权利可以构成对商业数据权的行使限制。但是,商业数据的权利与个人信息权利指向不同的对象,有关联、有制约但更有可分性。《反不正当竞争法》通过界定受保护数据的条件和侵害行为类型,使得数据持有人得到相应的权益,但不影响其权利客体构成的变动和复合,能够兼顾各方利益,实现利益平衡,便利数据利用、共享和流通。①

最后,商业数据的有限赋权和权利定位可以为构建数据交易制度和开展经营活动奠定基础。当前我国数据交易活动方兴未艾,政府推进的数据交易所已有多家,强化数据交易乃大势所趋。数据交易必须以明确数据产权为前提,《反不正当竞争法》确认商业数据的权利定位并界定其边界,不仅使其具有消极权能,还可以具有积极权能,成为可以积极行使的权利,从而为市场交易提供条件。

第三节 数据权益反不正当竞争保护的模式构建

一、受保护数据的构成

商业数据有合法性、集合性、管理性、可公开性和商业价值性等构成要素。② 日本《不正当竞争防止法》第 2 条第 7 款将受保护

---

① 参见孔祥俊:"商业数据权:数字时代的新型工业产权——工业产权的归入与权属界定三原则",载《比较法研究》2022 年第 1 期。

② 同上。

第十一章 商业数据的"孵化性"保护

数据的构成要件规定为限定提供性(limited provision)、[①]电磁管理(electromagnetic management)、[②]规模性积累(significant accumulation)[③],以及商业秘密以外的技术和经营信息。[④] 反不正当竞争司法解释草稿[⑤]曾经在总结审判经验的基础上,设定了可保护数据的基本条件,即"征得用户同意、依法收集且具有商业价值的数据,并足以实质性替代其他经营者提供的相关产品或服务,损害公平竞争的市场秩序"。鉴于此,纳入反不正当竞争保护

[①] 日本反不正当竞争法只保护在一定条件下向特定相对人提供的数据,此即要符合两个要求,即以营利为目的和向特定人提供。参见通产省于2019年1月23日发布的《受保护数据指南》(Guidelines on Protected Data)。刘影、睦纪纲:"日本大数据立法增设'限定提供数据'条款及其对我国的启示",载《知识产权》2019年第4期;李扬:"日本保护数据的不正当竞争法模式及其检视",载《政法论丛》2021年第8期;邓韬:"日本'限定提供数据'保护制度综述",载"清华大学智能法治研究院"(微信公众号)2022年6月3日。

[②] 受保护的数据必须是通过电磁方法进行管理的数据。电磁管理要求数据持有者具有将数据作为仅向特定人提供的数据进行管理的意思,该意思明确具体,能够使第三人认识到。李扬:"日本保护数据的不正当竞争法模式及其检视",载《政法论丛》2021年第8期。

[③] 即达到相当规模的数量,也即通过电磁方法积累到能够产生价值的规模数量。相当数量根据各类数据的性质判断,可参考积累数据所产生的附加价值、利用可能性、交易价格,以及创建、收集、解析和管理数据所投入的劳力、时间、费用等。参见日本通产省于2019年1月23日发布的《受保护数据指南》。刘影、睦纪纲:"日本大数据立法增设'限定提供数据'条款及其对我国的启示",载《知识产权》2019年第4期;李扬:"日本保护数据的不正当竞争法模式及其检视",载《政法论丛》2021年第8期;邓韬:"日本'限定提供数据'保护制度综述",载"清华大学智能法治研究院"(微信公众号)2022年6月3日。

[④] Tatsuhiro Ueno,"BIG data in Japan:Copyright,trade secret and new regime in 2018",*Research Handbook in Data Science and Law* 133 (Vanessa Mak,Eric Tjong Tjin Tai & Anna Berlee eds.,Edward Elgar Publishing 2018),pp.115-116.

[⑤] 2021年8月19日最高人民法院公开征求意见的《关于适用〈中华人民共和国反不正当竞争法〉若干问题的解释(征求意见稿)》。

的数据应当具有合法性、规模性、管理性、公开性和商业价值,[1]即商业秘密以外的以经营为目的向特定人提供,采用电磁方法积累了相当数量(达到相当规模),并进行电磁管理的技术信息或者经营信息。

首先,受保护数据基于大数据背景。受保护数据不同于传统意义上的数据库等数据,而是大数据意义上的规模性数据,且其存在形态还必须有大数据特征,如电磁存储。大数据背景下的数据集合,是指具有较强经济价值、能够提升具体场景中商业决策效率的可公开性数据,比如大众点评网站的用户评论、百度地图的地理信息、天猫的商品展示页面中的信息、微博平台中的用户评论。不论是简单对用户信息转换、记录所形成的规模性数据信息,还是经复杂处理和深度加工形成的数据产品,均可在保护之列。

其次,受保护的数据应当区别于可以自由获取的公开数据,而应当是持有人有保护意愿和采取保护措施的数据。不论是未经编排处理和不具有创造性的原始数据集合,还是依照特定意图加工处理形成的数据产品;不论是积极收集获取的数据,还是作为电子商务等网络经营活动副产品的数据,均可以纳入受保护范围。

再次,价值性是数据保护之本。数据必须有商业价值,无论获取数据的投入程度如何,也不论是否为电子商务等经营活动的副产品,只要其具有价值即可受数据权益保护。之所以保护未经

---

[1] 参见孔祥俊:"商业数据权:数字时代的新型工业产权——工业产权的归入与权属界定三原则",载《比较法研究》2022年第1期。

加工处理的原始数据,也是因为其具有价值性。当前裁判为了论证保护的正当性而对数据投入等的考量,也不再作为数据保护的要素。归根结底,价值考量才是保护必要性和正当性之根本所在。

二、受保护数据的保护措施

(一) 数据裁判中的保护措施

数据获取行为通常是因破坏保护措施而引起,当前的裁判通常将破坏数据保护措施的行为认定为不正当。破坏保护措施通常有三种情形:第一,破坏技术措施。拥有大量数据资源的平台往往会采用特定技术措施防止他人获取,因技术措施的强度和有效性不同,破坏不同技术措施的不正当性程度也有差异。例如,通过破坏用户身份认证系统,如"账号+密码"、数字签名、指纹识别等保护措施,获取他人数据,通常会被认为具有很强的不正当性。更为常见的是反爬虫技术,如通过检测 UA 来控制访问、限制 IP 及访问次数、设置验证码或滑动条等。对于数据持有人而言,投入多少成本、设置何种强度的反爬虫措施,是其根据自身经营情况和公开意愿作出的选择。数据持有人通过技术措施对数据抓取行为作出限制,体现了其积极保护自身权益的诉求和努力,也体现了私法自治和自决权的珍贵价值,因此破解、规避、绕开反爬虫技术的限制抓取数据,被作为评价竞争行为是否具有不正当性的重要因素。[①] 第二,违反双方约定。此即违反约定的范

---

① 参见浙江省高级人民法院联合课题组:"关于企业数据权益知识产权保护的调研报告",载《人民司法》2022年第6期。数据权益的保护措施应该达不到商业秘密保密措施的要求和程度。

围和条件抓取数据,如新浪微博诉脉脉案涉及的数据抓取行为。①第三,违反 Robots 协议抓取。违反 Robots 协议一般被初步认定为违反商业道德,但在特殊情况下,确实也存在 Robots 协议不当设置的情况,此时被告可以提出抗辩并提供相关证据予以证明。

(二) 作为商业数据构成要件的保护措施之定位

当前的裁判是以破坏保护措施作为是否具有不正当性的判断因素,但数据权利化保护则是将保护措施作为受保护的商业数据的构成要件,以此衡量数据是否可保护。数据权益保护中的保护措施是为了宣示权利意思,并足以让当事人识别出来。此种保护措施相当于日本反不正当竞争法所规定的电磁管理措施。数据持有者采取管理措施的具体内容和管理程度可因企业的形态和规模、数据的性质等不同而不同,但应当达到第三人容易且能够认识的程度。比如,数据持有人采取限制特定人以外的第三人访问其管理的数据的技术措施,通常包括认证技术、通过专用传输线路提供。认证技术多种多样,如 ID 和密码,IC 卡、特定终端机和令牌,面部特征或者表情、指纹等生理信息认证,电子证明书,IP 地址,激活方式,将数据暗号化,等等。采用专用传输线路向特定的人提供数据,也可以起到限制第三人访问、干扰和利用数据的作用。

就受保护数据的保护措施而言,首先,权利人具有主张权利的意思,在于宣示权利人主张权利的意愿,这是赋予其权利的主观条件。其次,保护措施是权利人主张权利意思的客观表达,第

---

① 参见北京知识产权法院(2016)京 73 民终 588 号民事判决书。

三人据此知悉其权利的存在并感知其权利的边界,可用以划定数据权的边界,以维护交易安全和公众行动自由。再次,保护措施是与公有领域数据相区分的标尺。如果对数据不采取保护措施而任由第三人获取和使用,此类数据可以构成公有领域的数据,或者应该将其归入公有领域,避免采取诸如实质性替代之类的标准事后判断侵权的不确定性,以降低公众自由利用的过度风险。鉴此,对于受保护数据的保护措施的要求不宜太高,以达到足以表达权利意思和能够加以识别的程度为已足。

(三) 与其他数据信息保护措施的不同

与数据信息有关的保护措施有多种情形,且有不同的保护定位和要求。作为数据权益构成要件的保护措施与这些保护措施各不相同。第一,不同于网络著作权保护的技术措施。根据我国《著作权法》《信息网络传播权保护条例》规定网络环境下著作权保护的技术措施是用于防止、限制未经权利人许可浏览、欣赏作品或者通过信息网络向公众提供作品的有效技术、装置或者部件,"有效"的要求表明其不是宣示性措施。[1] 数据权益的保护措施只要达到能够宣示权利的最低程度即可,不要求达到防止数据信息被获取的程度。第二,不同于网络信息保护措施。《民法典》《个人信息保护法》规定了个人信息保护措施。[2] 这些技术等措施

---

[1] 张建华主编:《信息网络传播权保护条例释义》,中国法制出版社2006年版,第94—96页。

[2] 如《民法典》第1038条规定,"信息处理者应当采取技术措施和其他必要措施,确保其收集、存储的个人信息安全,防止信息泄露、篡改、丢失"。《个人信息保护法》第51条规定,个人信息处理者应当根据个人信息的处理目的、处理方式、个人信息的种类以及对个人权益的影响、可能存在的安全风险等,采取有关措施,确保个人信息处理活动符合法律、行政法规的规定,并防止未经授权的访问以及个人信息泄露、篡改、丢失,如"相应的加密、去标识化等安全技术措施"。

属于防止未经授权的访问以及个人信息泄露、篡改、丢失的必要措施,是法律为保护个人信息而对个人信息处理者施加的保护义务,显然不是为权利宣示而产生,有别于数据管理措施。第三,不同于网络安全措施。《网络安全法》第 21 条规定,网络运营者应当按照网络安全等级保护制度的要求,履行安全保护义务,保障网络免受干扰、破坏或者未经授权的访问,防止网络数据泄露或者被窃取、篡改。其中包括"采取防范计算机病毒和网络攻击、网络侵入等危害网络安全行为的技术措施","采取监测、记录网络运行状态、网络安全事件的技术措施",以及"采取数据分类、重要数据备份和加密等措施"。网络安全技术等措施需要达到足以确保网络安全的程度,显然不同于数据权益的保护措施。第四,不同于商业秘密的保密措施。我国《反不正当竞争法》第 9 条第 4 款将"经权利人采取相应保密措施"规定为商业秘密的构成要件。司法解释则将保密措施定位为"在正常情况下足以防止商业秘密泄露"的合理保密措施。① 鉴于商业秘密是因保密而享有的权利,保密措施必须达到通常情况下足以防止泄密的程度。商业秘密的保密措施在初衷和定位上不同于数据保护的保护措施。

(四) Robots 协议可否作为保护措施

伴随搜索引擎而产生的 Robots 协议,② 是一种对抗搜索引擎

---

① 《最高人民法院关于审理侵犯商业秘密民事案件适用法律若干问题的规定》(法释〔2020〕7 号)第 5 条和第 6 条。

② 参见宁立志等:"'爬虫协议'的定性及其竞争法分析",载《江西社会科学》2016 年第 1 期;杨华权:"论'爬虫协议'对互联网竞争关系的影响",载《知识产权》2014 年第 1 期。

第十一章 商业数据的"孵化性"保护

过度抓取信息的行业惯例性措施,也是平衡相关利益的公认机制。网络环境下的数据信息是海量的,搜索引擎、网络机器人等技术手段使得网络信息的自由抓取成为可能。为确保网络信息的自由流通,置于网络环境下的数据信息原则上都是可以自由抓取和自由流通的,除非被访问网站采取 Robots 协议等网络信息保护措施。虽然 Robots 协议最先是网络用户对抗搜索引擎网络机器人的反抓取措施,但后来被拓展运用范围,成为防止抓取的数据保护措施。

当前司法实践已将是否遵守 Robots 协议作为认定不正当竞争行为的重要标准。对于他人采取 Robots 协议的网络信息,擅自通过爬虫等方式进行抓取,通常被认定构成不正当竞争。也即是否采取公认的反抓取措施,成为认定构成不正当竞争的判断依据。例如,在腾讯公司与斯氏公司不正当竞争案[1]中,被告系"极致了"产品的经营者,其未经腾讯公司许可,利用爬虫技术,从微信服务器爬取了微信公众平台上几类数据。法院认为,"极致了"网站擅自使用其他经营者征得用户同意,依法汇集且具有商业价值的数据,并足以实质性替代其他经营者提供的部分产品或服务,损害公平竞争的市场秩序的,构成不正当竞争。显然,在此"极致了"网站不是从未采取保护措施,而是被突破限制措施而抓取了受保护的数据信息,因而被认定为构成不正当竞争。但是,有些裁判涉及认定 Robots 协议是否不合理限制竞争对手发展问题。如奇虎诉百度案因百度对 Robots 协议的歧视性设置方式,导致 360 搜索引擎无法抓取其相关网页内容,法院认为,Robots

---

[1] 杭州铁路运输法院(2021)浙 8601 民初 309 号民事判决书。

协议的初衷是为了指引搜索引擎的网络机器人更有效地抓取对网络用户有用的信息，更好地促进信息共享，而不应将 Robots 协议作为限制信息流通的工具。百度在缺乏合理、正当理由的情况下，以对网络搜索引擎经营主体区别对待的方式，限制奇虎抓取其相关网站网页内容，影响该通用搜索引擎的正常运行，构成不正当竞争。① 但是，微梦与字节跳动不正当竞争案二审判决认为，非搜索引擎场景应用的网络机器人，已经不像搜索引擎那样当然地对公众利益以及互联网的互联、互通、共享、开放的精神产生影响，因此在对这些网络机器人通过 Robots 协议进行限制时，不宜当然地借用对于搜索引擎进行限制的规则。被诉行为应属于微梦创科公司企业自主经营权范畴内的正当行为，不构成不正当竞争行为。② 这些裁判提出了 Robots 协议的设置是否合理问题。

采取有限赋权的数据权保护之后，鉴于 Robots 协议已为互联网领域所公认，能够用以表达数据权益保护意愿并足以为他人识别，因而可以成为数据权益保护措施。而且，在将保护措施固化为数据权益的构成要件时，是否采取保护措施成为是否保护数据权益的先决条件，且在法律类型化侵权行为之后，在数据权益保护上应该不再涉及 Robots 协议设置是否合理的判断问题。

---

① 百度在线网络技术（北京）有限公司等与北京奇虎科技有限公司不正当竞争案，北京市高级人民法院（2017）京民终 487 号民事判决书。

② 北京微梦创科网络技术有限公司与北京字节跳动科技有限公司不正当竞争案，北京市高级人民法院（2021）京民终 281 号民事判决书。

第四节 数据侵害行为的类型化

一、数据侵害行为的归类

日本反不正当竞争法修订论证中,根据小委会的讨论结果,在合理保护数据提供者利益的同时,不能影响数据的灵活利用,而要考虑两者之间的平衡,在不阻碍经营者正当业务活动的范围内,最小程度地设定规制行为。同时,参考日本现行《不正当竞争防止法》第2条第1款第4—10项商业秘密的规定,规定了侵害数据的行为类型,而对于一时不宜纳入的行为未作规定。[①] 为维护数据持有者与利用者之间的利益平衡,促进数据的流通和利用,日本《不正当竞争防止法》第2条第1款第11—16项仅将获取、使用以及披露等三种直接侵害受保护数据的恶性行为,规定为不正当竞争行为,并于第19条第1款第8项规定了两种适用除外。获取、使用、披露行为的对象为受保护的数据,包括受保护数据的全部和其中具有利用价值的部分数据。每次获取一小部分,连续或者断续获取的结果,整体上达到了相当数量的情况的,该系列行为应当一体评价为获取的不正当行为。[②]

我国当前司法实践认定的侵害数据权益不正当竞争行为基

[①] 参见刘影、眭纪纲:"日本大数据立法增设'限定提供数据'条款及其对我国的启示",载《知识产权》2019年第4期。

[②] 参见日本通产省于2019年1月23日发布的《受保护数据指南》。

本上是不正当获取和不正当使用行为。① 不正当获取行为包括破坏保护措施、违反约定和违反 Robots 协议获取数据的行为。不正当使用行为主要是替代性使用。其中,最为关注的因素是该使用行为是对他人数据的照搬照抄,还是在他人数据基础上的创新。

以数据专条保护数据,并非赋予数据持有人绝对排他的财产权利,而需要兼顾保护数据持有人的权利与促进数据流通和利用,具体的路径是通过赋予数据持有人有限的权利,主要是禁止权即禁止他人实施侵害行为的权利,并采取有限列举侵害行为的方式,划定数据持有人的权利范围,给予数据持有人有限范围内的保护。基于当前保护实践并借鉴国外经验,可以将数据侵害行为归纳为:(1)以盗窃、胁迫、欺诈、电子侵入等不正当方式获取他人数据。如通过破坏管理措施、擅自爬取等方式。(2)超出约定范围访问和利用他人数据。即使被告原来获得了原告的许可,如可通过数据接口 OpenAPI(开放的应用编程接口)访问其数据,但在后续的数据访问中,被告的行为超出了许可合同约定的范围,或在许可合同终止后,继续抓取原告事实控制的数据,并加以利用。② (3)全部或者部分披露、转让或者使用以不正当手段获取的

---

① "数据不正当竞争行为可以分为两大类:数据获取行为和数据使用行为。虽然两者之间存在紧密关联,但在认定其不正当性时所考量的因素并不完全相同。"见浙江省高级人民法院联合课题组:"关于企业数据权益知识产权保护的调研报告",载《人民司法》2022 年第 6 期。

② 如北京微梦创科网络技术有限公司与北京字节跳动科技有限公司不正当竞争案,北京市高级人民法院(2021)京民终 281 号民事判决书。

数据。①(4)以违反诚实信用和商业道德的其他方式获取他人数据。(5)帮助、教唆他人实施侵害数据行为。

二、不构成数据侵权的例外

为了确保公众获取、使用和披露信息的权利,平衡数据持有者和数据利用者之间的利益,保证交易安全,防止过度萎缩使用数据的事业活动,日本《不正当竞争防止法》第 19 条第 1 款第 8 项规定了两种适用除外行为。例外之一是,获取、使用或者披露与公众可以无偿利用的信息相同的限定提供数据的行为。如果获取、使用或披露的限定提供数据与公众可以无偿利用的信息(即开放数据)相同或实质相同,则获取、使用、披露行为不属于不正当竞争行为。该规定旨在确保一般公众获取、使用数据的自由。"无偿"指不需要支付任何对价,不限于不支付金钱,"公众"指不特定多数人。例外之二是,在原权限范围内披露限定提供的数据的行为。此种适用除外行为确保了交易安全和秩序,此即通过交易获取限定提供数据的行为人,如果获取时不知道该数据存在不正当获取或者披露的事实,即善意获取该数据,即使事后知道该数据存在不正当获取或者披露的事实,即善意转得后变为恶意,依旧可以在变为恶意之前通过交易取得的原权限范围内披露

---

① 例如,在淘宝与美景涉"生意参谋"零售电商数据平台不正当竞争纠纷案中,美景公司并未直接通过技术手段侵入淘宝公司的服务器来抓取,或违反淘宝公司的数据访问授权范围来获取涉案数据,而是通过淘宝公司合法授权的第三方来获取涉案数据,并对相关数据加以利用。值得注意的是,涉案数据是淘宝公司基于网络用户的浏览、交易信息及用户画像而产生的衍生数据。具体包括趋势图、排行榜、占比图等。浙江省杭州市中级人民法院(2018)浙 01 民终 7312 号案民事判决书。

该数据。①

例外是对数据保护的限制,目的是更好地平衡数据保护与公众行动自由的关系,防止数据的过度保护。为平衡利益,可以借鉴日本做法,规定数据侵害行为的例外。例如,获取、使用或者披露与公众可以无偿利用的信息相同的限定提供数据的行为,应当作为例外。其他例外情形也需要认真研究归纳。

三、数据使用的实质性替代标准问题

数据使用是数据抓取的目的和结果,数据抓取是数据利用的先决条件,数据抓取和数据使用经常是一个密不可分的过程。当前的裁判已涉及数据的使用与获取的关系,即获取数据正当,但因在数据使用上具有实质性替代而认定构成不正当竞争。当前存在的争议是,如果被告在获取数据时既未破坏技术措施,也未违反相关约定或 Robots 协议,即其获取数据行为本身并没有不正当性,在这种情况下,后续的数据使用行为是否就是正当的? 现状是,数据持有方未设置技术措施或者 Robots 协议限制他人获取数据,并不意味着就默许他人可以随意使用该数据。因为数据在被获取之后有多种多样的用途,有可能会损害数据持有方的利益,有可能根本不对其产生影响,也有可能达到双方共赢的效果。作为数据持有方,对数据在被他人获取后的使用方式和结果根本无法预测,也不应要求其在事前就武断地采取限制他人获取的措施。如果认为数据持有方不设置限制措施就是允许他人随意使用,那么数据持有方必然会因为担心数据被滥用而广泛设置

---

① 参见日本通产省于 2019 年 1 月 23 日发布的《受保护数据指南》。

限制措施,这样反而不利于数据的自由流通共享。因此,即使数据获取行为未突破数据持有人的限制措施,法院还是应当继续对数据使用行为的正当性进行判断。目前最需要关注的因素是该使用行为是对他人数据的照搬照抄,还是在他人数据基础上的创新。若是前者,往往会产生替代性后果,进而被认定为不正当竞争;若是后者,就需要综合被告使用行为的创新程度、对原告利益的影响及其在促进社会福利提升方面的贡献,以及是否有更好的替代方案等因素,来判断被诉行为的竞争后果。[1]

我国不少裁判一直以商业模式或者产品的实质性替代标准认定不正当竞争。实质性替代是指在涉数据或信息的不正当竞争纠纷中,当事人利用信息或者数据提供的相关产品或者服务之间具有实质性替代关系。如在汉涛诉爱帮案中,爱帮网使用了源于大众点评网的内容,其商户简介和大众点评网完全一致,用户点评和大众点评网也没有实质性区别。通过爱帮网,用户可直接获取商户简介的全部内容和用户点评的绝大部分内容,基本实现获取信息的目的,网络用户一般不会再选择点击大众点评链接标识。因此,爱帮网中的商户简介和用户点评已构成对大众点评网相应内容的实质性替代,对汉涛公司合法利益造成实质性损害。[2]大众点评诉百度案二审判决认为,使用来自大众点评网评论信息的理想状态是应当遵循"最少、必要"的原则,即采取对汉涛公司损害最小的措施,但要求在进行商业决策时,逐一考察各种可能

---

[1] 参见浙江省高级人民法院联合课题组:"关于企业数据权益知识产权保护的调研报告",载《人民司法》2022年第6期。
[2] 上海汉涛信息咨询有限公司与爱帮聚信(北京)科技有限公司不正当竞争纠纷上诉案,北京市第一中级人民法院(2011)一中民终字第7512号民事判决书。

的行为并选择损害最小的方式,难以操作的。百度公司通过搜索技术抓取并大量全文展示来自大众点评网的信息,已经实质替代了大众点评网的相关服务,且明显可以采取对汉涛公司损害更小,并能在一定程度上实现积极效果的措施。据此认定抓取和使用行为超过必要限度。① "反不正当竞争法司法解释征求意见稿"第26条也采纳"实质性替代其他经营者提供的相关产品或服务"的提法。

实质性替代是一种事后判断标准,即以实质性替代作为认定构成损害和具有不正当性的标准,具有不确定性,虽然于数据交易安全和自由流通不利,但或许也是因为没有更为精确的损害判断标准,不得已而采用。不过,如果数据本身处于未采取保护措施的公开状态,获取和使用该数据是否不正当即成为问题。为维护互联互通和数据利用自由,未采取保护措施的数据应当认定为不受保护的公开数据,获取和使用此类数据不构成数据侵害性不正当竞争。采取数据专条保护模式之后,事先的保护措施是构成受保护数据的要件,成为是否予以保护的界限。保护措施应当是事先措施,且立足于权利式保护,具有确定性和事先可识别性。因此,如果《反不正当竞争法》纳入数据保护条款,只需将使用不正当获取的数据规定为不正当竞争行为,则不正当获取成为不正当使用前提,而应当从判断获取行为正当性意义上认识和使用实质性替代标准。

---

① 上海知识产权法院(2016)沪73民终242号民事判决书。

第十二章　商业数据权：一种独立的新型工业产权

第一节　独立的权利化是商业数据权益保护的"孵化"方向

一、走向一种独立的新类型商业数据权

工业产权是工业革命的产物。任何一次工业革命，都会出现新的代表性产业和新型财产权，也都伴随相应的财产权制度变革。"18 世纪伊始，知识产权帮助确立了发达国家的工业图景。"[1]比如，发端于英国的第一次工业革命是一场前所未有的划时代变革，其最本质的特征都表现在技术创新层面。这一时期登场的诸多发明成果中，有后来享誉后世的蒸汽机、珍妮纺纱机、水力织布机、焦炉冶铁技术等。[2] "在工业化的社会中，知识日益被

---

[1] *Research Handbook in Data Science and Law*, edited by Vanessa Mak, Eric Tjong Tjin Tai, Anna Berlee, Edward Elgar Publishing(2018), p.133.

[2] "如果套用艾什顿(Ashton)笔下那位大名鼎鼎的孩童的话来说，就是'在 1760 年左右，一波又一波发明和使用各类新式机械装置的浪潮开始席卷英国各地'。"〔英〕罗伯特·艾伦：《近代英国工业革命揭秘》，毛立坤译，浙江大学出版社 2012 年版，第 201 页。

人们认为是通往财富的道路,'最佳实践'①也日益展开和传播,所有要素的生产力得以提高。"②与技术和知识的勃兴相适应,专利制度开始大行其道,专利、技术秘密等无体财产成为划时代的工业产权形态。③"大概是从1730年开始,世界范围内出现了一次前所未有的技术创新大爆炸,它一直持续至今,并在很大程度上归功于专利法的诞生。"④随着以互联网、大数据、人工智能为标志的第四次工业革命蓬勃兴起,"政策制定者和技术专家均相信新的工业时代正在来临",⑤数据正在成为数字经济的关键生产要素,推进数据确权和分类分级管理,畅通数据交易流动,实现数据要素市场化配置,合理分配数据要素收益,已成为数字时代的突出议题。大数据背景下的数据正在成为数字时代的标志性资产,商业数据权有望成为第四次工业革命具有时代标签意义的新型工业产权。欧美立法者已在考虑是否以特别的知识产权法案保护数据。⑥

随着数据价值的凸显,近年来我国学界对于数据产权的界权

---

① "最佳实践"是一个管理学概念,认为存在某种技术、方法、过程、活动或机制可以使生产或管理的结果达到最优,并减少出错的可能性。
② 〔美〕威廉·J.伯恩斯坦:《繁荣的背后:解读现代世界的经济大增长》,符云玲译,机械工业出版社2021年版,第49页。
③ 吊诡的是,"1960年代以降,知识产权开始被作为驱动国家竞争力、经济增长和财富的力量之一"。Ana Ramalho and Christina Angelopoulos eds., *Crossroads of Intellectual Property: Intersection of Intellectual Property and Other Fields of Law*, Nova Science Publishers, Inc. (2012), p.121.
④ 〔美〕威廉·J.伯恩斯坦:《繁荣的背后:解读现代世界的经济大增长》,符云玲译,机械工业出版社2021年版,第89页。
⑤ *Research Handbook in Data Science and Law*, edited by Vanessa Mak, Eric Tjong Tjin Tai, Anna Berlee, Edward Elgar Publishing (2018), p.133.
⑥ Ibid, p.134.

问题进行了持续的探讨[1],且呈现出多学科学者共同参与的局面,研究触角广泛,歧见纷呈。举其要者如,除持债权观点、[2]物权观点、[3]衍生数据的著作权观点[4]及邻接权观点[5]外,有学者主张设定数据原发者拥有数据所有权与数据处理者拥有数据用益权的二元权利结构;[6]有学者基于经济学的"捕获规则"和"关联规则",认为数据财产权应分配给收集、处理数据的数据业者,与人格密切相关且界定清晰的"个人敏感数据"权利分配给数据主体;[7]有学者认为数据的权属必然是双重所有或者多重所有,不存在对物的"完全"的权利,是一种新型的"容他性物权";[8]有学者认为数据控制者(企业或平台)可取得其相关数据的经营权与资产权;[9]有学者将数据权益之内涵界定为数据利用过程中的价值发现与实现,并在平衡各方利益的基础上寻求最佳的权益分配机制。[10] 这些纷纭不一的众说从各个角度对于数据权益属性及其与个人信

---

[1] 本文研究的是数据赋权或者界权,即对数据是否以及如何设定权利,而不是确权。确权通常是在既有权利之下确定权利的归属,且多发生于权属产生争议的场合。

[2] 梅夏英:"数据的法律属性及其民法定位",载《中国社会科学》2016年第9期。

[3] 周林彬、马恩斯:"大数据确权的法律经济学分析",载《东北师大学报(哲学社会科学版)》2018年第2期。

[4] 杨立新:"衍生数据是数据专有权的客体",载《中国社会科学报》2016年7月13日。

[5] 郝思洋:"知识产权视角下数据财产的制度选项",载《知识产权》2019年第9期。

[6] 申卫星:"论数据用益权",载《中国社会科学》2020年第11期。

[7] 许可:"数据权属:经济学与法学的双重视角",载《电子知识产权》2018年第11期。

[8] 张震:"略论数据权属与数据权益",载《东方法学》2021年第4期。

[9] 龙卫球:"数据新型财产权构建及其体系研究",载《政法论坛》2017年第4期。

[10] 张翔:"数据权益之内涵划分及归属判断",载《东方法学》2021年第5期。

息等权利的关系进行了探讨，既有对物权等现有权利的类比参照，又结合了数据的诸种特殊性。对于数据的不同界权，反映了数据迥异于现有的类型化权利客体，不能简单纳入现有权利体系，但多少又与现有权利有类同性。

以前学界对于数据界权的讨论多是将数据与个人信息、数据安全等议题并行和交织进行，讨论的逻辑前提和概念基础可能不尽一致。随着《民法典》《数据安全法》《个人信息保护法》完成个人信息保护和数据安全的法律构建，隐私、个人信息与数据等关乎数据界权的基础制度和前提概念得到法律层面的厘清，数据界权必然有了明晰的概念共识和法律前提，可以在明晰的基础性法律架构之上，进一步最终正面解决数据界权问题。而且，现有法律框架已经预定了数据界权的基本方向，数据权益的界定问题也就呼之欲出。因此，当前数据界权的研究应当置于已构建的信息数据法律的前提基础之上，尽快形成共识，解决数据悬而未决的界权问题。

值得一提的是，数据权益的现实保护不会坐等理论上的成熟，近年来司法先行的数据权益保护已取得实质性进展。就数据本身而言，商业秘密、著作权等保护都可能具有相关性，但又不适应数据的正面保护，于是司法选择了将数据权益纳入反不正当竞争法保护。显然，这一倾向决不是偶然的。鉴于反不正当竞争法是工业产权法的重要组成部分，且以商业成果的方式对于数据权益进行保护，这首先表明数据权益具有与工业产权保护的内在强相关性。从保护的趋向看，越来越将数据权益进行权利化保护。

结合工业产权的历史逻辑和制度内涵，认为商业数据可归入工业产权范畴，成为独立的新型工业产权类型。这是一种独立的权利类型,独立于既有的物权和各类知识产权,可以称其为"商业数据权"或者"数据权"。

二、商业数据界权的逻辑起点

个人信息保护和数据安全是商业数据界权的逻辑起点和法律基础。由《民法典》《数据安全法》《个人信息保护法》等法律形成的信息数据法律体系,构建了全新的数据界权和保护的"法律基础设施",并预示了我国数据权界定和保护的基本路径。这种趋势性框架可以作如下描述。

(一)由隐私到个人信息再到数据的演进

隐私、个人信息和数据都以信息为保护对象,三者在纳入法律保护上存在先后相继的时序关系,即隐私最早被纳入保护范围,互联网时代个人信息的保护扩展到非私密的个人信息。个人信息和万物互联挟算法和算力之力,又汇集成大数据,大数据之下的数据集(数据集合)产生了革命性价值。这种演变史表明,数据和数据界权既与隐私及个人信息相关联,同时又自成一体和独具一格。

在互联网和数字时代,个人信息的价值链延长,隐私以外的信息具有保护价值,因而出现了由隐私到个人信息保护的扩展。在我国,隐私、个人信息与数据的区分性规定首见于《民法总则》[①],后为

[①] 《民法总则》第127条规定:"法律对数据、网络虚拟财产的保护有规定的,依照其规定。"第111条规定:"自然人的个人信息受法律保护。任何组织和个人需要获取他人个人信息的,应当依法取得并确保信息安全,不得非法收集、使用、加工、传输他人个人信息,不得非法买卖、提供或者公开他人个人信息。"

《民法典》所承袭[①]。《民法典》对于隐私和个人信息作出系统规定,但对"数据"语焉不详。对于三者的区别性规定至少说明,"数据"与"隐私"和"个人信息"是不同的法律概念。[②]《民法典》将"个人信息"界定为"以电子或者其他方式记录的能够单独或者与其他信息结合识别特定自然人的各种信息"(第 1034 条第 2 款),而《数据安全法》则将"数据"界定为"任何以电子或者其他方式对信息的记录"(第 3 条第 1 款)。据此,信息与数据各有所指,但本质上又两位一体。

根据《民法典》和《数据安全法》的有关规定,个人信息与数据有如下区别与联系:(1)数据是信息的载体和形式,而信息是数据的实质和内容,即数据是任何以电子或者其他方式记录的信息。个人信息是数据的重要来源,但源于万物互联和传感器无处不在,构成数据的信息不限于个人信息,还包括其他行动或者物的信息。(2)数据的价值在于信息。信息是数据的来源,数据则以信息为内涵,无信息即无数据的存在价值。从本质上看,数据与信息是一种表里关系,以数据为表,以信息为理,因而又可以将数据与信息作为一种统一体。(3)数据的革命性意义在于数据集合即大数据,电子技术、算法、算力等使得大数据成为可能,同时又

---

① 《民法典》第 1034 条规定:"自然人的个人信息受法律保护。""个人信息是以电子或者其他方式记录的能够单独或者与其他信息结合识别特定自然人的各种信息,包括自然人的姓名、出生日期、身份证件号码、生物识别信息、住址、电话号码、电子邮箱、健康信息、行踪信息等。""个人信息中的私密信息,适用有关隐私权的规定;没有规定的,适用有关个人信息保护的规定。"

② 以前我国学界和地方性立法对于"数据"与"个人信息"的界分不尽一致,确实存在将个人信息称为个人数据的情形,也即将个人信息也纳入数据的范畴。如,《深圳经济特区数据条例》(2021 年 6 月 29 日通过)将数据划分为个人数据(第二章)、公共数据(第三章)和商业数据(第四章)。

使其极具价值。数据保护的本质是保护大数据,需要以大数据的实质界定数据概念,也使得大数据场景下的数据必然超越原来的商业秘密和数据库等概念,并超越原来的法律保护框架。鉴此,可以将数据与数据集合(数据集)画等号,并且为便利起见,有必要将个人信息与数据在概念上区分开,数据专指信息的集合体或者集合的信息。也即数据权益界定和保护中的数据专指规模性的集合信息,而不再是单个或者少量信息。

(二) 数据信息在保护和规制与开发和利用上的两重性

《民法典》《数据安全法》《个人信息保护法》在数据信息的规定上体现了保护和规制与开发和利用的双重性,这就为数据界权和保护留下法律空间,也提供了法律指针。

《民法典》虽然将个人信息纳入人格权保护范围,但对于个人信息采取了加强保护与强化利用并举的基本态度,即保护是基础,利用是重要目的。例如,《民法典》第1035首先规定了处理个人信息的限制和约束,[1]然后在第1036条中规定了"合理使用"制度,体现了便利利用个人信息的精神。[2]《个人信息保护法》第1条同样规定了"保护个人信息权益,规范个人信息处理活动,促进个人信息合理利用"的双重目的,并建立相应的规范。个人信息的"合理使用"与处理规范,为数据的形成和积累创造了重要条件。《数据安全法》第1条明确提出"规范数据处理活动,保障数据安全,促进数据开发利用,保护个人、组织的合法权益,维护国

---

[1] 参见《民法典》第1035条。
[2] 参见《民法典》第1036条。

家主权、安全和发展利益"的立法目的,并涉及"保护个人、组织与数据有关的权益"的内容。

数据信息的开发利用是数据界权和保护的基本依据和重要目的。由于我国新法施行伊始,强化信息数据保护和安全具主导地位,受到主管部门的阶段性强调和强化推进,随着数据信息保护常态化,数据信息的规范保护与开发利用应当并举,且顺应数字经济迅猛发展趋势的要求,在保障基本信息权利和数据安全的前提下,逐步加大开发利用的权重,数据界权、交易和保护必将更为迫切和突出。

(三) 公共数据与商业数据的分野

当前深圳、上海等地方性立法已开始区分公共数据与商业数据。例如,《深圳经济特区数据条例》将数据区分为"个人数据"[①]和"公共数据"[②],并规定了市场主体的数据,即在"数据要素市场"的专章规定中指出,"市场主体对合法处理数据形成的数据产品和服务,可以依法自主使用,取得收益,进行处分"(第58条)。《上海数据条例》(2022年1月1日起施行)规定了"公共数据"[③]和"数据要素市场",后者涉及市场主体拥有和交易的数据。这些法

[①] 《深圳经济特区数据条例》第2条第(2)项规定:"个人数据,是指载有可识别特定自然人信息的数据,不包括匿名化处理后的数据。"
[②] 《深圳经济特区数据条例》第2条第(5)项规定:"公共数据,是指公共管理和服务机构在依法履行公共管理职责或者提供公共服务过程中产生、处理的数据。"
[③] 第2条第(4)项规定:"公共数据,是指本市国家机关、事业单位,经依法授权具有管理公共事务职能的组织,以及供水、供电、供气、公共交通等提供公共服务的组织(以下统称公共管理和服务机构),在履行公共管理和服务职责过程中收集和产生的数据。"

规之所以未使用"商业数据"之名,或许是因为对于"商业数据"的称谓妥当性或者公共数据与商业数据的对称性分类尚未达成共识。但是,将市场主体为市场目的收集的数据称为商业数据,并将其与公共数据相对称,并不存在逻辑上的障碍和问题,也不失准确性。公共数据与商业数据基本涵盖了基本的和最为重要的数据类型。而且,两类数据的区分标准也是清晰的,对其区分基本上已达成共识,即两类数据具有不同的收集主体、收集对象和收集目的,两者之间的界限能够清楚地划分,应当构建不同的法律规则,因而在产权界定上没必要混为一谈,而需要分别单独界定。经营者以经营为目的数据,应当按照商业资产进行产权界定。两类数据的区分又是独立界定商业数据产权的事实和法理基础。鉴此,将数据区分为公共数据与商业数据,并正式采用"商业数据"的对应称谓,是必要的和可行的。

综上,商业数据的界权,必须解决商业数据的独立性和自主性问题。现有立法为商业数据的界定构筑了新起点,能够对于商业数据进行新界定。在个人信息与数据以及公共数据与商业数据等关键概念可区分,且个人信息保护和数据安全法律基础得以确立的前提下,商业数据的范围和独立价值已变得清晰可见,商业数据的界权能够做到有的放矢。商业数据的界权,首先要将数据与个人信息区别开来,将数据限定为数据信息的集合即数据集的概念,围绕该概念构建其产权和权属等制度。其次,将公共数据与商业数据作为数据的基本分类,进行不同的制度设计。商业数据则另起炉灶形成单独的"商业数据权"。再次,商业数据的复合性和层次性非常清晰。比如,个人信息与数据以及单个信息和数据集合的边界清晰,两种权利或者两种客体之间可以互不隶属、交叉并行,可以进行清晰的析分。

第二节 数据权益工业产权化保护的司法雏形

不论法学理论上如何争论数字界权,都不会阻挡司法保护的探索步伐。司法在数据权益保护上先行先试的具体实践,或许预示了数据界权的重要方向,也为明确数据权益的法律属性奠定了重要实践基础。当前的总体保护状况是将数据权益纳入知识产权保护范围,同时又有具体权利保护与反不正当竞争保护的不同路径。

一、具体权利的保护路径

司法实践中已发生的具体权利保护方式,主要是以著作权和商业秘密保护数据权益。

以著作权路径保护数据权益,主要是通过汇编作品方式。如果涉案数据库或数据集合符合"内容的选择或者编排体现独创性"的汇编作品要件,可认定为汇编作品。① 但是,大数据背景下的数据集合主要是通过算法或者计算机系统自动生成,通常难以构成"选择或编排的独创性",通过汇编作品进行保护存在法律障碍。换言之,大数据之下的数据集合已非数据库意义上的数据汇

---

① 如在济南白兔信息有限公司与佛山鼎容软件科技有限公司侵害著作权纠纷案中,法院肯定了数据库可以作为汇编作品进行保护,并指出数据本身不构成作品,不具备独创性,但对数据的选择或者编排形成具有独创性的数据库,可以纳入汇编作品的范围。广东省佛山市中级人民法院(2016)粤06民终9055号民事判决书。

编,存在涵盖上的困难。数据的价值毕竟在于其承载的内容,即使认定为汇编作品,其保护范围只能是独创性的选择或编排,而无法延展到编排的内容即数据本身,难以适应数据保护的正面需求。[1] 此外,也可能有关联性地归入某种作品进行保护的情形。如在四维图新公司诉秀友公司、奇虎公司案[2]中,二审和再审法院均认定导航电子地图构成著作权所保护的图形作品,对被告未经授权的使用行为通过著作权法予以保护。这种保护同样基于个案和偶然,难以应对正面保护需求。

商业秘密是保护数据的另一路径。符合商业秘密要件的秘密数据信息可以受商业秘密保护,但其保护仍受商业秘密要件的严格限制,且对于非秘密性的数据信息鞭长莫及。例如,商业数据具有海量、来源广的特点,通常是数据收集者经过大范围收集公开或者从被授权收集信息中经过加工整理得到的。例如,互联网平台上积累的海量用户数据,如微博上的大量用户言论、大众点评上的用户评论等。这些信息未必以保密为必要,或者无法满足保密要件。而且,商业数据的价值实现不仅在于对数据的占有和控制,更在于在数据市场的流转和使用,须要具有可公开性。商业秘密的保护方式经常不能适应公众获取和利用他人在先收集数据的需求,有碍数据作为生产要素的价值实现和数据产业发

---

[1] *Research Handbook in Data Science and Law*, edited by Vanessa Mak, Eric Tjong Tjin Tai, Anna Berlee, Edward Elgar Publishing(2018), pp.139-145. 参见苏志甫等:"司法裁判视角下企业数据权益保护的路径、门槛与边界——基于涉企业数据权益典型案例的分析",载"天同诉讼圈"(微信公众号)2021年12月8日。

[2] 北京知识产权法院(2019)京73民终1270号民事判决书。

展要求。①

二、反不正当竞争保护路径

近年来的数据权益保护案件基本上都是纳入反不正当竞争法一般条款或者互联网专条进行调整。在保护中业已形成了基本的裁判模式,大体上有双方是否具有竞争关系、原告对于数据是否享有竞争性权益、被诉行为的损害后果、被诉行为是否具有不正当性等判断步骤。②当前以反不正当竞争法保护数据,呈现了如下态势:

首先,受保护数据及侵权行为的多样化。当前数据权益的反不正当竞争保护已触及各种数据类型,包括原始数据与衍生数据,且在法律对于各类数据未作类型化保护区分的情况下,笼统地归入反不正当竞争保护。最为常见的数据争议发生于网络社交、影视点播、网上购物等生活O2O服务领域,与此类企业对数据流量及其衍生利益的核心需求相契合。所涉竞争行为方式主要有数据不当获取、不当使用、妨碍使用及数据污染等。

其次,数据权益的合法性和适格性是重点。由于数据集合的多样性,当前司法裁判对于不同数据的可保护性存在不同态度。

---

① *Research Handbook in Data Science and Law*, edited by Vanessa Mak, Eric Tjong Tjin Tai, Anna Berlee, Edward Elgar Publishing(2018), pp. 134-138. 参见苏志甫等:"司法裁判视角下企业数据权益保护的路径、门槛与边界——基于涉企业数据权益典型案例的分析",载"天同诉讼圈"(微信公众号)2021年12月8日。如微博诉脉脉案对于通过商业秘密保护商业数据持审慎立场。参见北京知识产权法院(2016)京73民终588号案民事判决书。

② 王洁:"企业数据权益保护及竞争边界——基于45件典型案例的实证分析",载"数据法盟"(微信公众号)2021年12月7日。

总体上说,对于原始数据以及平台合法收集并深度加工后形成的数据,一般承认互联网平台享有数据权益。例如,在微博诉脉脉案中,法院实质上保护的是由原始个人信息集合而成的数据。[1] 淘宝诉美景案中,法院保护的是衍生数据产品。[2] 在许多案件中法院并未进行细化区分,认为即使是用户发布的原始数据、公开数据,仍具有可以为平台带来现实或者潜在、当下或者将来的经济利益的属性,属于平台可主张的反不正当竞争法益。当然,有些法院对这类数据流通、使用的利益平衡问题进行了特别关注。如大众点评诉百度地图案,二审判决指出,即使平台可以对用户发布的公开内容数据进行权益主张,但是考虑产业发展和互联网环境具有信息共享、互联互通的特点,需要兼顾信息获取者、信息使用者和社会公众三方的利益。[3] 这些案件也涉及如何对待数据权益的法律结构,即数据集合是否一概可以作为单一的权利客体,是否均可以产生单一的权利;原始数据与衍生数据在界权上是否应该区别对待,等等。这些问题都涉及数据保护的适格性。

再次,行为判断模式导致数据权益保护具有较大的裁量性和不确定性。反不正当竞争法保护数据权益采取多因素行为判断方式,以多元法益的复杂平衡判断不正当性。如基于被诉行为的具体情况,通常将原告的合法权益、涉诉行为对原告的损害、被告的主观过错作为重要考量要素,有的则进一步考量公共利益、经

---

[1] 北京淘友天下科技发展有限公司、北京淘友天下技术有限公司与北京微梦创科网络技术有限公司不正当竞争纠纷案,北京知识产权法院(2016)京73民终588号民事判决书。
[2] 杭州市中级人民法院(2018)浙01民终7312号民事判决书。
[3] 北京百度网讯科技有限公司与上海汉涛信息咨询有限公司不正当竞争纠纷案,上海知识产权法院(2016)沪73民终242号民事判决书。

营者利益与消费者利益,综合考虑多元法益。而且,结合受保护法益和被诉行为的具体情况,确定不同利益之间的序位、权重和内在联系。多元素综合考量下的反不正当竞争法保护,使得数据权益保护易于产生争议和分歧,进而影响数据权益保护的确定性。此外,公共利益、经营者利益与消费者利益的三元利益平衡,通常最终体现为市场激励有效性与数据共享流通两种价值在用户、在先平台、在后平台三方主体之间的平衡取舍。如果强调在先平台对既有数据的控制利益,为其设置较强的保护边界,可以更好地激励企业对数据资产的投入,但可能与数据共享互联互通的价值以及与其他数据参与方的利益发生冲突。如果强调数据共享流通的价值取向,则可能对在先平台的数据控制利益有所减损,导致市场激励失灵。

最后,司法裁判已出现将数据权利化的倾向。有法官在实证研究以后认为,竞争利益权利化趋势明显。比如,有些法院以私法自治为基础,根据诉争双方的合同约定确定数据权利边界;有些法院则遵循"劳动赋权"模式,直接将数据产品作为"劳动成果"保护;有些法院则宽泛地以数据权益、商业模式受到侵害为论证起点,将经营者的竞争优势上升为权利加以保护。[①]

[①] 参见北京知识产权法院(2016)京 73 民终 588 号民事判决书,杭州铁路运输法院(2017)浙 8601 民初 4034 号民事判决书,上海知识产权法院(2016)沪 73 民终 242 号民事判决书。有法官认为,数据权益不正当竞争纠纷平均审理时间较长,说明法官对此审裁尤为谨慎,但从裁判结果上看,法官对新型竞争行为的判断又显得格外大胆且一致,认定案涉行为构成不正当竞争的比率明显偏高达 88.3%。裁判中对竞争问题的论证多集中于行为"为什么是不正当的",而不是优先考虑"为什么不是",体现出积极干预思维。参见吴博雅、张竣宇:"未阐明的规则:数据权益不正当竞争的实证检视、路径重塑与具案证成",全国法院第三十三届学术讨论会征文(2021 年 8 月 24 日)。

三、两种保护路径的利弊分析

总体上看,具体权利保护路径更有确定性,但现有的著作权和商业秘密保护在可保护客体和保护范围上仍有极大的局限性,无法适应大数据背景下数据保护宏观需求,不能提供有效的正面保护制度供给。反不正当竞争法一般条款的正面保护虽然填补了当前数据权益保护的法律空白,直面数据权益保护的正面要求,但毕竟难以适应数字经济时代和大数据背景下数据权益保护的大面积和持续性的需求,尤其是行为取向性的保护范式使得数据权益保护呈现个案保护上考量因素的烦琐性,以及保护结果的不确定性,与方兴未艾和蓬勃兴起的数据开发利用和交易流通的产权清晰现实要求已严重不适应。① 数据权益的反不正当竞争保护注定是带有过渡性的安排,也即属于一种"孵化器"路径。②

权利与利益(法益)保护的根本区别是权利的边界清晰,侵权责任要件简明,因而更利于给予法律保护。利益(法益)保护更取决于侵害行为的个案裁量,缺乏清晰的保护边界,具有保护上的更大不确定性,保护力度相对较弱。商业数据权益是一种客体特定、有持续保护需求、面广量大且极具市场价值的法益,以个案裁量和行为判断为范式的反不正当竞争法保护,无法适应商业数据权益的现实保护需求,也与数据权益保护的实际地位不匹配。反

---

① 例如,有些司法调研发现,数据权属不明确产生了创新难、交易难和保护难三个困扰性问题。姜伟:"数字经济发展亟须数据权利保护类法律的完善",载《人民法院报》2021年1月13日。

② 孔祥俊:"论反不正当竞争法的二元法益保护谱系",载《政法论丛》2021年第1期。

不正当竞争保护只能是过渡性安排和权宜之计。"过路的小旅馆终究不是行程的目的地。"现实需求已强烈呼唤数据权益保护的权利化。

第三节 商业数据纳入工业产权序列的契合性

无论是从工业产权的历史逻辑,还是从商业数据的特性及保护需求,将商业数据纳入工业产权范畴,并创设为独立的工业产权类型,更为契合商业数据保护的本质和实际。

一、商业数据单独设权的必要性

物质决定意识,需求是创设之母,新型法益是否单独设权,首先取决于实践需求,取决于特定法益在经济社会生活中的价值和地位,取决于设权的利弊得失。法律和法理通常不过是为新设权利找到一个相对合适的法律位置,并提供一套相对合理的法理说辞和法律外衣。随着企业信息化的普及和计算能力的提高,数据真正变成了一种资源,数据正经历着前所未有的指数增长,必然是数字经济的关键要素,数据利用、交易和流通已经广泛开展。数据本身的经济地位和广泛前景,决定了法律必须给予正面的、清晰的和可持续的强保护。以汇编作品、商业秘密及反不正当竞争法等既有路径保护数据法益,只能是从各个侧面应一时之需,不是长久之计。个人信息保护和数据安全是前提,数据界权才是构建数据制度的中枢和核心,数据开发利用和交易流通则是目的。将商业数据界定为类型化的独立权利,可以正面界定权利属性、范围和归属,并在此基础上健康安全地开展数据开发利用和交易流通,为数据要素发挥市场功能提供法律基础和保障。

就知识产权保护的正当性来看,曾经有多种理论对包括工业产权在内的各类知识产权进行证成。[1] 例如,商业秘密保护的正当性可以基于劳动价值论、人格权益论、侵占行为以及合同关系和信任关系等。[2] 但是,知识产权保护归根结底是基于公共政策。[3] 商业数据的保护正当性可以基于劳动价值论等具体正当性理由,但最终基于激励投资、促进数字经济发展等公共政策及社会效益的目标。[4] 只要有足够的保护需求,在设权正当性证成上就不存在问题。

二、观念上的直觉与实践中的便宜

民法总则草案一审稿第108条第2款曾在"知识产权是指权利人依法就下列客体所享有的权利"中,将"数据信息"作为知识产权的客体之一。对此存在不同意见,最终未能保留。[5] 这种纳

---

[1] 〔美〕罗伯特·P. 莫杰思:《知识产权正当性解释》,金海军等译,商务印书馆2019年版,第一章。

[2] Carlos M. Correa Abdulquwi A Yusuf, *Intellectual Property and International Trade-The Trips Agreement*, Kluwer Law International(1998), pp. 243-346. 孔祥俊:《商业秘密保护法原理》,中国法制出版社1999年版,第一章第一节。

[3] Carlos M Correa Abdulquwi A Yusuf, *Intellectual Property and International Trade-The Trips Agreement*, Kluwer Law International(1998), p. 243. 孔祥俊:"论知识产权的公共政策性",载《上海交通大学学报(哲学社会科学版)》2021年第3期。

[4] Guido Westkamp, "Data(base) rights—Misappropriation, Property, and Tales of Tials and Tribulations", *Research Handbook on Information Law and Governance*, Edward Elgar Publishing Limited(2021), p. 85.

[5] 《民法典》起草过程中,对于是否及如何规定数据,存在较大争议,有关观点见黄薇主编:《中华人民共和国民法典总则编释义》,法律出版社2020年版,第334页。

入知识产权范畴的尝试,至少表明两者之间的紧密相关性,或者说,至少有将数据信息归入知识产权的理论或者观念上的直觉,直觉的背后经常是对于事物本质的把握。民法总则最终未能保留该规定,也并不否定两者之间的紧密相关性。因为,《民法典》第 127 条并未对数据的权益性质作出规定,而留给具体法律规定。据立法者解释,该规定意图有二:一是确立了依法保护数据的原则;二是鉴于数据的权利性质存在争议,需要对数据的权利属性作进一步的深入研究,进一步总结理论和实践的经验,为以后的立法提供坚实基础。①

司法实践将数据信息纳入反不正当竞争保护,更是将数据信息纳入工业产权范畴的自动的实践取舍和便宜取向。如前所述,数据权益保护在我国自始即被纳入反不正当竞争保护,这既因为其与反不正当竞争保护的契合性,又说明数据权益天然地具有工业产权的基因。事实上,数据权益的反不正当竞争保护是将数据作为具有市场竞争价值的商业成果,事实已表明其具有工业产权的本质特性。当初实践纳入反不正当竞争调整,实际上也是以类比逻辑对数据权益的属性进行归类,而并非偶然为之。因此,以工业产权涵摄数据权益,反映了观念直觉和实践便宜。

三、商业数据归入知识产权的历史逻辑

知识产权在传统上被划分为"工业产权"和"版权"两个分支。工业产权以专利的方式保护发明以及以商标、商号和工业设计的

---

① 《民法典》起草过程中,对于是否及如何规定数据,存在较大争议,有关观点见黄薇主编:《中华人民共和国民法典总则编释义》,法律出版社 2020 年版,第 334 页。

方式保护特定商业利益。工业产权还包括制止不正当竞争。[1]

"工业产权"的称谓源于法国,法国将知识产权划分为两部分,即一部分是文学和艺术财产权,另一部分是工业产权。法国的分类为大陆法系国家所接受,并且因这种分类为19世纪中期以后的有关双边条约以及《保护工业产权巴黎公约》和《保护文学艺术作品的伯尔尼公约》所接受。[2]由该两类知识产权构成的现代知识产权法最早形成于19世纪50年代,但当时的两类知识产权都是以智力上的创造性为共同的本质特征,旨在授权给新的创造,并未将商标纳入之内。[3]

19世纪中期有关商标的规定还杂乱无章,甚至不被承认具有财产性,尚无今天意义上的现代商标法。但是,19世纪下半期,商标法开始成为一个独特的和得到承认的法律领域。部分原因是,商业标志在商业实践中得到越来越多的承认和使用,促使其法律调整的专门化,也增进了引入登记制度的需求。例如,随着欧洲国家国际贸易的增长,跨国保护商标的需求增加,双边和多变条约开始将商标纳入,条约反过来推进国内立法。"随着商标法开

---

[1] World Intellectual Property Organization, *Introduction to Intellectual Property: Theory and Practice* (second edition), Wolters Kluwer(2017), pp. 6-7.《设立世界知识产权组织的公约》第2条对于知识产权作出了列举加概括的例示规定,据此知识产权包括文学、艺术和科学作品,表演家的演出、录音和广播,人们在一切领域的发明,科学发现,工业设计,商标、服务商标、厂商名称和标记,制止不正当竞争以及在工业、科学、文学或艺术领域里的一切来自知识活动的权利。《保护工业产权巴黎公约》第1条第(1)项规定,工业产权的保护对象有专利、实用新型、外观设计、商标、服务标记、厂商名称、货源标记或原产地名称和制止不正当竞争。

[2] 〔澳〕布拉德·谢尔曼、〔英〕莱昂内尔·本特利:《现代知识产权法的演进:英国的历程(1760—1911)》,金海军译,北京大学出版社2006年版,第192页脚注[2]。

[3] 同上书,第197—198页。

始呈现出它现在为人们所熟悉的形态,与此同时,如何容纳到知识产权法的架构中去,这一问题就对它构成了越来越大的压力。"[1]原因是,"对许多人来说,诸如共同的职业团体(专利和商标的代理人),国际条约的本质特征和形式[2],以及工业产权的逻辑,这些因素都要求就商标和外观设计、专利之间的关系作出一个明显的选择"。而且,已有外观设计、专利和著作权法为正在形成的商标法提供了参照系和类比点:"证明该权利的存在,作为解释商标规则的一种帮助,说明登记制度所应当采取的样态,以及商标立法中所采用的语言和结构。"此外,它们之间还存在调整对象相似的连接点。"在极端的情形中,有人甚至提议,商标就像由著作权和外观设计权所调整的作品那样,也体现了商标创始人的人格。"实践中,在商标注册尚未独立建制之时,商标所有人以变通办法通过外观设计、著作权登记等,寻求保护,这也形成了相互之间事实上的联系。[3]基于上述逻辑的、实用的和历史的原因,商标逐渐被纳入工业产权的范畴。[4]

商标法加入工业产权法体系,使得知识产权不再仅限于保护

---

[1] 〔澳〕布拉德·谢尔曼、〔英〕莱昂内尔·本特利:《现代知识产权法的演进:英国的历程(1760—1911)》,金海军译,北京大学出版社 2006 年版,第 200 页。

[2] 在双边协定和商事条约中,通常是将商标、外观设计和新式样连为一体。

[3] 〔澳〕布拉德·谢尔曼、〔英〕莱昂内尔·本特利:《现代知识产权法的演进:英国的历程(1760—1911)》,金海军译,北京大学出版社 2006 年版,第 200—202 页。

[4] 当时对于商标纳入知识产权也是有强烈反对声音的,主要有两个理由:一是认为知识产权起始于创造性,商标则不然;二是知识产权主要涉及财产的创造与保护,而商标更多地关注伪造与欺诈。〔澳〕布拉德·谢尔曼、〔英〕莱昂内尔·本特利:《现代知识产权法的演进:英国的历程(1760—1911)》,金海军译,北京大学出版社 2006 年版,第 202—204 页。这些理由显然很符合逻辑,但最终未能阻挡商标纳入知识产权范畴。

创造物,而涵盖了商业标识。除商标外,还有地理标志、厂商名称等亦纳入工业产权保护之列。而且,商业秘密保护的历史很悠久,但并未作为单独的知识产权类型写入巴黎公约,不过通常都是将其纳入不正当竞争保护,这本身并未脱离工业产权的范畴。[①] Trips 协定第 39 条特别强调,WTO 成员按照巴黎公约第 10 条之二制止不正当竞争,应当将"未披露信息"(即商业秘密)纳入其中。商业秘密是以技术信息和经营信息为保护对象,旨在激励创新和保护劳动、投资等努力。商业秘密并不必然具有创造性,只是需要与公有领域的知识信息区分开来。特别是近年来随着商业秘密保护日趋重要,美欧陆续将商业秘密保护进行单独立法。[②]

工业产权概念和类型的形成史,可以为将商业数据纳入工业产权的契合性提供历史参照,也符合工业产权的历史演化逻辑。首先,客体上的可容纳性。知识产权并不以创造性或者创造物为要件,标志类和信息类知识产权均不以创造为必要,信息类知识产权则因信息具有的竞争价值等市场价值而为保护的必要性所在。数据承载的是信息,信息是数据的本体,也是数据的根本价值所在。数据权必然以符合特定条件的信息为权利客体,在客体上有与知识产权结合的空间。而且,将商标等最初归入工业产权范畴都曾经采用过类比之类的路径,类比是接纳的重要管道。尤其是,商业数据与商业秘密在很大程度上有市场价值上的异曲同工之妙,有很强的可类比性,可以作为在知识产权中接纳商业数据权的直接类比基础。如果将商业数据纳入知识产权范畴,商业

---

① *Protection Against Unfair Competition*: *Analysis of the Present World Situation*, presented by the International Bureau of WIPO (1994), p.49.
② 2016 年美国制定了《商业秘密保护法》,欧盟制定商业秘密保护指令。

数据与商业秘密可以成为两类相对称的知识产权类型。

其次,保护正当性和保护目标上的契合性。知识产权本来起源于对于智力和创新的保护,随着知识产权家族的扩大和类型的多样性增加,标志类和信息类知识产权纳入其中。这些工业产权不以激励创新和保护创新成果为直接目标,而是以鼓励和促进市场竞争、维护市场竞争秩序等为目标。如商标法最初起源于反不正当竞争法,商业秘密旨在维护竞争秩序和促进诚实竞争。商业数据权保护同样基于非激励创新性的市场目标,如激励投资、促进商业数据的开发利用以及促进数字经济的发展。

四、商业数据与工业产权的兼容性

数据财产的信息性和无体性。知识产权保护的首先是无体物,而其本质上是财产性信息。例如,"在某种意义上,无论受保护的是专利、版权、外观设计还是实用新型,《与贸易有关的知识产权协定》(Trips)均在于保护财产性信息(proprietary information)"。[①] 商业数据则是无体财产,本质上是一种信息性资产,即具有商业价值并体现为数据的信息。信息是数据的本体和实质,数据则是信息的载体和形式。数据信息是一种无体财产,天然地不适宜纳入有体财产权利体系或者类比有体财产的界权路径,而与工业产权具有类同性。

商业数据的非竞争性和非排他性。知识产权是无形的,与物权法上的动产和不动产的竞争性和排他性不同,无体财产是非竞

---

① Carlos M. Correa Abdulquwi A Yusuf, *Intellectual Property and International Trade—The Trips Agreement*, Kluwer Law International(1998), p. 237.

争和非排他的。在同一时间定点一个人欣赏一幅画作,不影响其他人欣赏,也不因此而降低画作的价值以及此后可欣赏的次数。艺术作品在同一时间可以被多人使用而不减少其供应,就因为其具有非竞争性。商业数据具有取得和使用上的非竞争性。在技术层面上数据是无限可用的,一些人对数据的使用并不影响其他人的使用,即数据可以被多个主体同时使用而不会被耗尽,能够持续产生、无限积累。同时,信息技术的进步和通信网络的普及大幅降低了数据复制传输的成本,使得数据易于传播和广泛共享,从而进一步强化数据的非竞争性。[1] 非竞争性是数据区别于劳动、资本等传统生产要素的最显著经济特征。商业数据的非排他性和非竞争性,使得商业数据与工业产权具有天然的共同基因谱系。

数据价值的内生性[2]。数据价值具有内生性,数据的复制成本又极低,可以反复发掘和提取,用完以后再用。[3] 数据资源参与生产过程可以不被消耗,对于某个数据产品一方使用不影响另一方使用。该特性使数据市场为数据产品提供了探索生产可能性边界的渠道,通过各种各样的需求方的数据应用,能够发现数据更多的价值,使数据效益得以最大化。同时,数据产品通过合规合法的市场机制和流通活动,被许可用于特定的用途。因此,"数据就像一个神奇的钻石矿,当它的首要价值被发掘后仍能不断给予。它的真实价值就像漂浮在海洋中的冰山,第一眼只能看到冰

---

[1] 冯哲、胡海洋:"新技术带来的传统生产要素权利保护与数据权利构建问题",载《东方法学》2021年第5期。
[2] 企业的数据价值取决于四个关键维度:一是数据质量,即可用性、准确性、相关性、时间性;二是数据规模的有效性;三是数据范围的有效性,即数据维度数目;四是数据稀缺性,也就是独特性。这四个维度决定了数据的价值。
[3] 车品觉:《数据的本质》,北京联合出版公司2017年版,第78页。

山的一角,而绝大部分都隐藏在表面之下"。"数据的价值从它最基本的用途转变为未来的潜在用途。""数据的价值是其所有可能用途的总和。这些似乎无限的潜在用途就像是选择。……这些选择的总和就是数据的价值,即数据的'潜在价值'。"[①]独特的价值使得数据能够成为独特的权利客体,也就决定了现有的权利无法正面地将其涵摄和容纳,而需要另起炉灶创设一种新型权利。

数据蕴含的知识信息性。知识信息是数据价值的内容,数据的价值来自其蕴含的或者可发掘的知识信息,且可以进行"'取之不尽,用之不竭'的数据创新",[②]因而又是一种可创新性知识信息。知识性及其衍生的创新价值使其具有知识产权的天然基因。

综上,商业数据权益与工业产权有天然的基因联系,无论是知识产权归入的历史逻辑,还是商业数据本身的特质,均适宜将其归入工业产权的范畴。而且,商业数据有其独具的品格,适宜单独设立商业数据权。

第四节 可权利性商业数据的构成要素

商业数据界权需要有清晰的保护客体、明确的保护条件及可以界定的权利范围(边界)。[③] 其中,商业数据界权首先要确定受

[①] 〔英〕舍恩伯格、库克耶:《大数据时代》,周涛等译,浙江人民出版社 2013 年版,第 127、130、135 页。

[②] 同上书,第 127 页。

[③] 民法典制定过程中,有人认为,对于数据的保护需要规定一系列制度,包括构成数据保护的情形、主体和客体、权利的内容、权利的限制、享有权利的期限、法律责任等。黄薇主编:《中华人民共和国民法典总则编释义》,法律出版社 2020 年版,第 336 页。

保护的商业数据的构成要素,也即受保护商业数据的适格性。归纳起来,受保护商业数据必须具有合法性、集合性、管理性、可公开性和商业价值性。

一、合法性

商业数据取得的合法性是产生和享有数据权的前提性要件。当前数据权益的反不正当竞争保护已经重点关注数据取得的合法性,也即在决定数据的可保护性时首先确定其合法性。[①] 随着个人信息保护和数据安全法律体系的建立,数据合法性问题具有直接和全面的判断依据,合法性问题迎刃而解。[②]

诸如,《民法典》对于"数据"未作规定,但对个人信息的处理和保护作出了基础性规定。《个人信息保护法》又对于个人信息保护进行专门立法。数据保护基于遵循个人信息保护和数据安全规范,个人信息保护和数据安全是数据权利合法化的根基,是构建数据权利的法律基础。鉴此,基于个人信息保护和数据安全的合法性,必然成为数据权的构成要素。

二、集合性

大数据具有 4V(量大、多样、速度、价值)的特性,"大"是大数

[①] 如淘宝诉美景案一、二审判决依据《网络安全法》等有关规定,将来源合法性作为是否保护衍生数据的前提。杭州市中级人民法院(2018)浙 01 民终 7312 号民事判决书。在微博诉脉脉案中,法院依据用户是否授权等分析了诉争微播原始信息的合法性(甚至提出了"三重授权"原则)。北京知识产权法院(2016)京 73 民终 588 号民事判决书。

[②] 此前法院在一些裁判中以较大篇幅讨论数据合法性,如前引淘宝诉美景案一、二审判决均进行详细讨论。

据环境之下的数据的本质特征。商业数据权的客体必须是达到较大规模的规模性数据集合(数据集)。这是一种大数据背景下的数据集合,且规模性数据集合又具有独特的特性。例如,大数据追求的"不是精确性,而是混杂性","执迷于精确性是信息缺乏时代和模拟时代的产物。只有5%的数据是结构化且能适用于传统数据库的。如果不接受混乱,剩下95%的非结构性数据都无法被利用,只有接受不精确性,我们才能打开一扇从未涉足的世界的窗户"。[①] 这些特性塑造了商业数据权的诸多特质,使得数据集不能为传统的商业秘密、数据库等制度所正面涵盖,需要在保护制度上另起炉灶。

第一,数据集合的整体确定性与构成要素的变动(流动)性。数据作为信息的规模性集合,既有模糊性又有确定性,是一种模糊基础上的准确即"模糊的准确",也即数据集合的边界或者范围能够确定,即使构成数据的个体信息变动不居,但数据的整体边界和范围应该是确定的,至少能够按照一定的标准或者方式加以确定,或者可以大而化之地进行概称和保护,构成元素的流动不影响整体性的保护。因此,完全可以出现整体上的清晰性与个体信息上的变动性的有机结合。数据整体的确定性与构成内容的可变性,不但不影响数据作为权利客体,恰恰体现了数据权的特性,也使得数据权具有独特的根基和保护必要性。这主要是因为,数据的价值在于整体,个体信息的局部变化不影响数据集合的整体价值,只要整体上是可以确定的,就可以作为固定的权利

[①] 〔英〕舍恩伯格、库克耶:《大数据时代》,周涛等译,浙江人民出版社2013年版,第45页。

客体。

第二,数据集合的种类多样性。数据集具有种类上的多样性。首先,数据集有原始数据与衍生数据之分。数据的可保护性源于数据的价值性,因而具有商业价值的规模性数据集合均可以成为数据权的客体。这种数据首要的是原始数据,然后才是二次加工之后的衍生数据(数据产品)。[1] 原始数据更具有大数据的数据典型性,且其蕴含的信息价值可以反复再利用。数据产品具有功能用途的特指性和确定性,而且当其加工处理到不具有数据特征时,就可能超出数据的范畴,无需再按照数据进行保护(如直接纳入作品进行著作权保护)。当前司法实践中依照反不正当竞争法保护的数据集,更多是原始数据,也有衍生数据。

第三,数据集与单个信息的分合性。数据是单个信息的规模性集合,单个信息是数据的构成成分,两者之间既可以分离,又结合为一体。而且,规模性数据集合不影响单个信息的权利存在,也即单个信息(如个人信息)可以成为单独的权利客体,且个人信息等权利可以构成对商业数据权的行使限制。但是,商业数据的权利与个人信息权利指向不同的对象,有关联、有制约但更有可分性。

三、管理性

商业数据的管理性是指需要对数据采取一定的管理措施,该

---

[1] 对于原始数据尤其是自动生成的数据是否给予保护,恰恰是争论焦点。Guido Westkamp,"Data(base) rights—Misappropriation, property, and Tales of Tials and tribulations", *Research Handbook on Information Law and Governance*, Edward Elgar Publishing Limited(2021), p. 77.

措施能够表达权利人享受权利的意愿,并使受保护的数据可特定和可识别。换言之,权利管理措施是用以表示权利存在、应定位于具有权利公示属性的措施。

在当前数据权益反不正当竞争保护中,大多案件涉及的都是采取保护措施的数据,被诉行为通过绕过或者破坏技术(管理)措施等方式擅自获取数据。例如,在腾讯公司与斯氏公司不正当竞争案[1]中,案涉微信公众平台对其数据采取了登录机制、IP 频率访问限制、验证机制等保护措施。被告未经腾讯公司许可,利用爬虫技术突破腾讯公司的保护措施,从微信服务器爬取了微信公众平台上的数据,被认定构成不正当竞争。但是,有些案件已涉及是否以采取管理措施为数据权益的保护要件问题。有些案件受保护的数据未采取管理措施,法院不将采取管理措施作为保护要件,而根据被诉行为获取数据数量的多少等弹性标准确定是否构成不正当竞争。

例如,在大众点评诉百度案中,大众点评网站对其用户点评等数据信息未采取阻止随意抓取的 Robots 协议等管理措施,法院以百度搜索引擎过度抓取其数据信息、构成实质性替代为由,认定构成不正当竞争。[2]《反不正当竞争法司法解释征求意见稿》[3]第 26

---

[1] 案涉微信公众平台的数据内容包括:微信公众号的账号信息,即公众号头像、名称、微信号、简介;用户在微信公众平台上发布的数据内容,即部分随机抓取的公众号文章内容、文章标题;用户与公众号的互动信息,包括但不限于公众号文章阅读数、点赞数、发文时间(精确到秒)。杭州铁路运输法院(2021)浙 8601 民初 309 号民事判决书。

[2] 上海知识产权法院(2016)沪 73 民终 242 号民事判决书。

[3] 《关于适用〈中华人民共和国反不正当竞争法〉若干问题的解释(征求意见稿)》(2021 年 8 月 19 日公开征求意见)。

条:"经营者违背诚实信用原则和商业道德,擅自使用其他经营者征得用户同意、依法收集且具有商业价值的数据,并足以实质性替代其他经营者提供的相关产品或服务,损害公平竞争的市场秩序的,人民法院可以依照《反不正当竞争法》第 12 条第 2 款第 4 项予以认定。""经营者征得用户同意,合法、适度使用其他经营者控制的数据,且无证据证明使用行为可能损害公平竞争的市场秩序和消费者合法权益,控制该数据的经营者主张属于《反不正当竞争法》第 12 条第 2 款第 4 项规定的行为的,人民法院一般不予支持。"该条款仍依赖"诚实信用和商业道德""公平竞争的市场秩序和消费者利益"的个案判断,以实质性替代等不确定性标准,认定擅自使用他人数据的不正当竞争,不以事先采取管理措施为保护条件。从上述条款来看,有关数据竞争的正当性边界仍在于"实质性替代"和"合法、适度使用"的认定,在个案中如何对多元法益进行统筹兼顾和综合考量,尤其是如何防止脱离竞争法的目标进行泛道德化评判,似乎仍是未解难题。

在商业数据权的制度设计中,有必要考虑是否以采取管理措施作为数据权的构成要件。尤其是,在开放的互联网环境下保护数据,是否要求采取管理措施,涉及深度的利益衡量。

首先,如何确定损害和成本的分配机制。擅自获取或者使用他人数据,通常会给他人造成损害,关键是如何设定防止损害的机制,以及如何分配防止损害的成本,即是交给市场分配还是交给法律干预的问题。以事后的实质性替代之类的标准分配责任,本质上是通过法律强行设定损害防止机制,并决定损害发生的风险分配;以事先采取管理措施作为保护要件,则是将防止和分配损害风险的主动权交给市场主体,属于市场性损害防止和风险分配机制。而且,以事先采取管理措施为数据权构成要件,能够使他人轻易地识别出是否有权利的存在,相当于建立权利公示机制,可以使法律标准的确定性和可预见性增强,防患于未然,减少社会成本。相反,以事后的弹性标准决定违法性,则使得法律标准的预见性和确定性较差,必然增加防止损害发生的社会成本。

大众点评诉百度案二审判决认为,使用来自大众点评网评论信息的理想状态是应当遵循"最少、必要"的原则,即采取对汉涛公司损害最小的措施,但要求在进行商业决策时,逐一考察各种可能的行为并选择损害最小的方式,是难以操作的。百度公司通过搜索技术抓取并大量全文展示来自大众点评网的信息,已经实质替代了大众点评网的相关服务,且明显可以采取对汉涛公司损害更小,并能在一定程度上实现积极效果的措施。据此认定抓取和使用行为超过必要限度。[1] 但是,实质性替代仍有较大的不确定性,即这种以抓取数据信息多少作为不正当竞争的实质判断标准,使得数据信息的保护标准具有不确定性,且以不确定性标准限定公开置于网站之中、未采取防护措施的数据信息的自由抓取,可能会不适当增加网络环境下获取数据信息的成本,进而增加数据抓取和利用的社会总成本。

其次,如何更利于构建互联网互联互通的良好生态。从发展的眼光看,将采取管理措施作为保护数据信息的积极条件,摒弃以抓取多少等弹性标准进行个案判断的不确定性做法,或许更利于贯彻互联互通的互联网原则精神,更利于数据信息的保护和流通,更适应大数据的应用场景和数字经济的发展需求。

---

[1] 上海知识产权法院(2016)沪 73 民终 242 号民事判决书。

例如,网络环境下的数据信息是海量的,搜索引擎、网络机器人等技术手段使得网络信息的自由抓取成为可能。为确保网络信息的自由流通,置于网络环境下的数据信息原则上都是可以自由抓取和自由流通的,除非被访问网站采取 Robots 协议等网络信息保护措施。换言之,数据信息自由流通和自由抓取符合互联网精神,是互联互通的本质要求,但网络环境下的自我保护仍非常重要。将自我防护的义务施加给受访网站,显然既便于操作,且操作成本较低,适合网站和网络用户海量而分散的实际。而且,Robots 协议等措施的基本功能是网络用户反抓取的有效防护措施,自我保护是 Robots 协议等网络信息保护措施的消极功能,也是其最初的功能定位。[①] 但是,随着互联网的发展和数字经济的兴起,数据信息的保护日益重要,Robots 协议等网络信息保护措施又可以成为数据信息保护的积极条件。为保障数据信息网络流动自由与数据信息持有人享有合法权益之间的有效平衡,便于识别受保护的数据信息,降低网络数据信息搜索获取成本和提高搜索获取效率,有必要将数据信息持有人采取保护措施作为受保护的条件。也即,凡没有采取保护措施的数据信息,原则上认为属于互联互通的范畴,可以自由抓取和利用。

Robots 协议等网络信息保护措施既是阻止网络数据信息过度抓取等的措施工具,但实质上又是互联互通的重要保障。网络信息保护措施的存在,使得通过搜索引擎等获取他人数据信息的

[①] 司法实践通常认为,Robots 协议是互联网行业公认商业道德的具体体现,也是互联网行业在生产经营活动中遵守诚信原则的具体表现。参见百度在线网络技术(北京)有限公司等与北京奇虎科技有限公司不正当竞争案,北京市高级人民法院(2017)京民终 487 号民事判决书。

边界更为清晰,因而有利于网络数据信息的自由和便利的获取。同时,网络信息技术措施又使得网络用户有了更为有效的防护手段,可以将数据信息放心大胆地置于网络环境之下,从而增加网络数据信息的存量,促进网络信息交流。鉴此,权利管理措施同样是以促进互联网互联互通为使命和取向。而且,维护网络数据信息自由抓取与通过管理措施进行私益保护之间的平衡机制,是确保互联互通得以实现的重要路径。

再次,如何更符合市场机制和商业伦理。反不正当竞争法采取经济人伦理标准判断竞争行为的正当性[①],即将经营者视为经济人,趋利避害是其市场行为的基本标准。经营者基于经济人理性,在权衡利弊之后进行的行为取舍,所体现的是商业伦理和市场机制,原则上应当予以尊重。比如,大众点评诉百度案大众点评经营者不采取管理措施(如 Robots 协议),如果是为了通过百度等通用搜索引擎的抓取而赚取更多流量,那一定是在权衡多赚取通用搜索的流量与被通用搜索过多抓取所损失流量的利弊得失基础上,进行的理性选择。这种选择即属于市场性选择,应当予以尊重。如果再以实质性替代标准进行法律干预,则可能产生法律干预过度的问题。因为,法律干预通常以市场失灵为前提。如果纯属经营者通过趋利避害的市场选择可以解决的问题,即属于市场可以调节的范围,由此产生的交易机会成本也应当由市场主体判断、选择和承担。这种选择并未达到超出当事人判断选择能力的程度,因而未导致市场失灵,不需要强行干预。相反,如果

---

① 参见山东省食品进出口公司、山东山孚集团有限公司、山东山孚日水有限公司与青岛圣克达诚贸易有限公司、马达庆不正当竞争纠纷案,最高人民法院(2009)民申字第 1065 号民事裁定书。

要求以采取管理措施作为保护数据的前置要件,则会使当事人的选择更清晰更自主,更利于减少交易成本。法律机制与市场机制在调整市场关系中的典型区别是:法律属于命令的范畴,而市场属于协议的范围;法律是对服务和调整的垄断,而市场则为一种竞争制度。法律制度的最独特特征是不断地主张拥有并利用合法的垄断自然力,将价值观念强加于人并调动各种手段实现这些价值观。市场则是根据协议来运作,以达到参与各方切实满意的条款来调整社会关系。[①] 以 Robots 协议等行业惯例性管理措施约束互联网上数据抓取与反抓取,本质上仍是以协议方式调整数据保护关系,更为符合市场经济的本质要求。

从国外立法看,日韩均将管理措施作为数据保护的法律要件。例如,2018 年修订的日本《不正当竞争防止法》专设数据保护的规定,其在数据保护的要件中规定了数据必须有"电磁管理性",即受日本反不正当竞争法保护的数据必须采用了电磁方法管理,电磁管理性要求数据保有者具有将该数据作为仅向特定的人提供的数据进行管理的意思,且该意思从外部看是具体、明确的,特定者以外的第三人能够认识到数据保有者的意思。这种要求的目的在于确保第三人的预见可能性以及经济活动的安定性。数据保有者采取的管理措施的具体内容和管理程度,应当达到第三人容易且能够认识的程度。也即,必须采取限制特定的人以外的第三人访问其管理的数据的技术措施,通常包括认证技术、通

[①] 〔美〕詹姆斯·威拉德·赫斯特:《美国史上的市场与法律:各利益间的不同交易方式》,郑达轩等译,法律出版社 2006 年版,第 99—101 页。

过专用传输线路提供。[①] 韩国国会 2021 年 11 月 11 日通过的《不正当竞争防止法》(《不正当竞争防止以及商业秘密保护相关法律》)修订案,也将采取"电子管理"措施作为保护要件之一。

总之,纳入商业数据权保护的数据需要采取彰显保护意愿和限定保护客体范围的管理性措施,使数据与公有领域区分开来,具有特定性和可识别性。管理性措施不是数据安全等技术性防护措施,而是宣示权利和限定权利客体范围的积极措施。首先,管理措施以彰显权利以及使数据信息具有特定性和可识别性为直接目的。受数据权益保护的数据信息必须能够特定化,能够被他人识别出来,而管理数据信息的技术性或者行业性措施,通常是使其能够特定化的依据和方式。管理措施既是一种权利性宣示,又是一种前置和主动的自我保护。换言之,受保护数据信息必须具有预先的可控制性和可识别性,包括由实际控制者采取适当的管理措施,如通过用户注册登录等规则限制非用户访问涉案数据。其次,管理性措施不同于数据安全等技术保护措施。我国相关法律对于个人信息安全规定了"技术措施"[②],对于确保个人信息处理活动的"加密、去标识化等安全技术措施"[③],以及对于数

---

① "Big Data in Japan: Copyright, Trade Secret and New Regime in 2018", Research Handbook on Information Law and Governance, Edward Elgar Publishing Limited (2021), pp.108-120. 认证技术多种多样,比如 ID 和密码等。李扬:"日本保护数据的不正当竞争法模式及其检视",载《政法论丛》2021 年第 4 期。韩国反不正当竞争法要求受保护数据采取电子管理措施,其重要目的是便于识别受保护的数据信息,进而有利于促进数据产业的发展和国民的便利,激活数据的利用和流通。

② 《民法典》第 1038 条第 2 款规定:"信息处理者应当采取技术措施和其他必要措施,确保其收集、存储的个人信息安全……"

③ 参见《个人信息保护法》第 51 条。

据安全规定的"网络安全技术措施"[①]。这些措施是基于保护数据安全要求的技术措施,通常其保护程度高于管理措施,因而可以同时将其视为权利管理措施,但数据管理措施并不以此为限。管理措施主要不是基于技术上的防护性,而是为了宣示权利保护,只要足以识别出受保护数据的受保护性即可。也即,管理措施依照行业管理等能够足以识别即可,不要求达到技术上的防护高度,也不要求采取像商业秘密那样的保密措施。[②]

四、可公开性

商业数据可以是公开的和非公开的数据信息,但商业数据权可以定位于可公开性的数据信息。商业数据的价值来源于规模性数据集合,数据的公开不影响其价值,甚至可以因为可公开而具有价值。这与因为保密而具有商业价值的商业秘密恰恰相对应。[③] 也正是在这个意义上,商业数据是与商业秘密相对称的权

[①] 参见《网络安全法》第 21 条。

[②] 一些数据权益保护不正当竞争案件似乎已经意识到对于管理措施不宜有过高要求。例如,被告突破原告平台针对爬虫采取的异常账号封禁和 IP 访问限制策略,破坏了原告平台的访问登录服务运行,导致原告只能投入更多的成本与其对抗,或使用更加严格的限制措施,这会存在误伤正常用户的可能,还会对原告平台产生不真实的用户行为数据,对原告平台的真实用户行为数据形成干扰,从而认定爬取行为具有不正当性。杭州互联网法院(2021)浙 8601 民初 309 号民事判决书。

[③] 商业秘密是一种因保密而具有价值的商业信息。如 Trips 协定第 39 条将商业秘密的价值性要件界定为"因属于秘密而具有商业价值"(has commercial value because it is secret)。《最高人民法院关于审理侵犯商业秘密民事案件适用法律若干问题的规定》(2020 年 9 月 12 日起施行)第 7 条规定:"权利人请求保护的信息因不为公众所知悉而具有现实的或者潜在的商业价值的,人民法院经审查可以认定为《反不正当竞争法》第 9 条第 4 款所称的具有商业价值。"

利。商业秘密是以达到足够保密性的技术信息和经营信息为保护对象,且受保护的信息具有重大经济意义,商业秘密也由此俨然成为商标、专利和著作权之外的第四知识产权。[①] 商业数据同样以商业性信息为保护对象,其来源有更广泛、更不确定性的信息范围,甚至具有更为重大的经济价值。在信息资产的保护中,商业秘密与商业数据可以具有关联性和比对性,商业秘密保护的正当性可以用于类比商业数据设权的必要性和正当性。商业数据可以成为与商业秘密并驾齐驱甚至更为重要的信息资产和权利类型。

需要特别指出的是,商业秘密已有特别的构成要件和法律调整,法律应该将两者予以切割,构成商业秘密的数据不再纳入数据权保护,因而数据权所针对的数据信息应当是可以公开的数据。从这种意义上讲,数据权所保护的数据信息是与商业秘密相对称的,即商业秘密保护采取保密措施的数据信息,数据权保护可以公开的数据信息。与此相适应,在一定意义上商业数据权是相对于商业秘密的权利。

五、商业数据的商业价值性

商业数据因为商业目的而产生,也因具有商业价值而受保护。因数据信息承载的内容的不同,商业数据可以划分为经营性数据与技术性数据。这是商业数据的重要分类。这种划分类似

[①] 参见王润华:《第四知识产权:美国商业秘密保护》,知识产权出版社2021年版,前言。

于将商业秘密划分为技术信息和经营信息。① 例如,日本反不正当竞争法对于数据采取了此种划分。2018 年日本修订反不正当竞争法,对于数据加以界定和保护,即该法第 2 条第 7 款规定,是指以营业为目的向特定人提供的采用电磁方法(电子方法、磁气方法以及人的知觉所不能感知的其他方法)积累了相当数量以及进行了电磁管理的技术信息或者经营信息(作为商业秘密管理的除外)。该规定显然比照了商业秘密的界定方式。在此受保护的数据包括可以利用或者期待可以利用的各种技术信息或者经营信息,并且包括文本、画像、声音、影像等各种信息。技术信息是指与技术有关的结构、原料、组分、配方、材料、样品、样式、植物新品种繁殖材料、工艺、方法或其步骤、算法、数据、计算机程序及其有关文档等信息。经营信息是指与经营活动有关的创意、管理、销售、财务、计划、样本、招投标材料、客户信息、数据,以及客户名称、地址、联系方式以及交易习惯、意向、内容等信息。② 我国当前受保护的商业数据就是具有商业价值的商业数据,商业数据设权时应当将其客体限于具有商业价值的信息。

---

① 《反不正当竞争法》第 9 条第 4 款规定:"本法所称的商业秘密,是指不为公众所知悉、具有商业价值并经权利人采取相应保密措施的技术信息、经营信息等商业信息。"《最高人民法院关于审理侵犯商业秘密民事案件适用法律若干问题的规定》第 1 条规定:"与技术有关的结构、原料、组分、配方、材料、样品、样式、植物新品种繁殖材料、工艺、方法或其步骤、算法、数据、计算机程序及其有关文档等信息,人民法院可以认定构成《反不正当竞争法》第 9 条第 4 款所称的技术信息。""与经营活动有关的创意、管理、销售、财务、计划、样本、招投标材料、客户信息、数据等信息,人民法院可以认定构成《反不正当竞争法》第 9 条第 4 款所称的经营信息。"

② 但是,儿童色情图片数据、毒品广告数据、毁损名誉犯罪内容的数据等违反公序良俗的信息,与反不正当竞争法确保事业者之间公正竞争,助益于国民经济健康发展的立法目的不相容,因而非受保护的技术信息或者经营信息。李扬:"日本保护数据的不正当竞争法模式及其检视",载《政法论丛》2021 年第 4 期。

综上，可以将受保护的商业数据界定为合法收集或者处理、达到较大的规模、采取了管理措施的可公开性技术信息和商业信息等商业信息。①

第五节　商业数据的权属界定原则

在数据界权中，前述学者们提出了各种设想和理由，进行了有益探索。当前一种比较流行的观点认为，数据的产生是有成本的，是多方共同投入的结果，这就为确权带来了难题。② 在理论与实务界产生了数据归个人所有、平台所有、个人与平台共用、社会公众共有等多种观点。③ 有人认为，无论将数据权利配置给哪一方，均会受质疑。

前述一些学者提出了复杂的界权设想甚至玄虚的界权结构、界权语言和界权理由，似乎使复杂的问题更加复杂。虽然数据集

---

① 日本《反不正当竞争法》第 2 条第 7 款规定，受保护的数据是指以营业为目的向特定人提供，采用电磁方法（电子方法、磁气方法以及人的知觉所不能感知的其他方法）积累了相当数量，以及进行了电磁管理的技术信息或者经营信息（作为商业秘密管理的除外）。据此，受保护的数据，需要具备限定提供性、相当积累性、电磁管理性、属于技术信息或经营信息、作为秘密管理的数据除外和公众可以无偿利用的信息相同的数据除外六个要件。李扬："日本保护数据的不正当竞争法模式及其检视"，载《政法论丛》2021 年第 4 期。韩国《不正当竞争防止法》修订案规定了如下数据保护要件：(1) 为商业目的给特定对象提供；(2) 电子管理；(3) 积累了相当数量；(4) 以公开为前提。规定这些要件的目的也是为了限制给保护的数据，即为了数据产业的发展和国民的便利，需要激活数据的利用和流通，因而只保护符合要件的数据。如果规定保护所有数据，可能导致过度限制。

② 例如，数据生成包含数据采集、归集存储、分析处理等多个环节，是个人、企业、组织等多元主体、多重归属的复杂映射。梅宏：《数据治理之论》，中国人民大学出版社 2020 年版，第 65 页。"大数据的关联特性，让数据权属的边界变得越来越模糊。"车品觉：《数据的本质》，北京联合出版公司 2017 年版，第 78 页。

③ 例如，新浪诉脉脉案中法院提出的"用户授权"＋"平台授权"＋"用户授权"的"三重授权"模式，体现了个人与平台共有的裁判倾向。

的形成涉及多方主体和多方参与,但就界权的现实功用而言,数据本身的利益结构及其界权不宜如此复杂,不宜将简单的问题复杂化,否则无法进行操作。商业数据的权属界定应当既能够使权利人得其应得的利益,实现法律保护的应有目的,又使权利保护适可而止,不侵入他人权益和损害公益。数据界权可以基于劳动价值论等数据权益保护正当性理由,①借鉴知识产权界权中的分层赋权方式,遵循投入界权、分层界权及责任界权等三原则。

一、投入界权原则

该原则可以通俗地表达为"谁收集、谁投入、谁拥有"。数据是一种信息集合,经收集聚合而成,收集者进行了时间、资金、管理等方面的投入,且作为数据集合的投入者,通常都是单一和清晰的,能够给予清晰的界定,因而其权属界定应当是清晰的,此即收集者即投入者享有权利。②

实践中的数据类型已呈现这种状况,即当前反不正当竞争保护的数据基本上是原始数据与衍生数据两种基本类型,权利主体并无争议。③ 衍生数据系在原始数据的基础上加工处理而成,其

---

① 有学者根据经济学"捕获规则""关联规则"等,对数据界权进行了论证。许可:"数据权属:经济学与法学的双重视角",载《电子知识产权》2018年第11期。
② 我国20世纪90年代的企业改制产权界定中采用过类似原则,有可资借鉴的历史经验。虽然商业数据有特殊性,但界权的基础原理有共通性。
③ 《深圳经济特区数据条例》第58条规定:"市场主体对合法处理数据形成的数据产品和服务,可以依法自主使用,取得收益,进行处分。"仅规定了数据产品的使用、收益和处分权利。《上海数据条例》第12条第2款和第14条分别规定:"本市依法保护自然人、法人和非法人组织在使用、加工等数据处理活动中形成的法定或者约定的财产权益,以及在数字经济发展中有关数据创新活动取得的合法财产权益。""自然人、法人和非法人组织对其合法取得的数据,可以依法使用、加工。法律、行政法规另有规定或者当事人另有约定的除外。"对于数据权益的享有未限定于数据产品。

加工处理的主体更为清晰，且因加工处理过程中对原始数据中的个人隐私、个人信息等敏感信息通常已作出处理（脱敏），其权属确定显得更为单纯清晰，即以加工处理者为数据权属主体。即便是原始数据，其收集和形成主体也是清晰的，只是涉及与作为其构成元素的个人隐私、个人信息等敏感信息的交叉关系，界权问题显得有些复杂。但是，原始数据界权与其构成元素的多元性敏感性是两个问题，界定权属只是解决原始数据集的归属，其中敏感信息不因数据集的归属而在保护上受影响，仍受隐私、个人信息权利的保护，构成要素的单独权利可以构成对于数据权行使的限制，但不影响数据权归属的界定。因此，原始数据与衍生数据在权利归属的确定上并无不同，均可以适用投入界权原则。正是由于权利归属与权利限制具有法律结构上的特殊性，无法归入现有的权利体系，需要按照数据的独特权利结构进行界权，并另行创设权利。

二、分层界权原则

分层界权原则可以表达为"谁的孩子谁抱走，谁的权利归属于谁"。数据是信息集合，其中组成数据的隐私、个人信息与数据集合是界限清晰的。整体上看，数据信息有个体信息与整体信息之分，但两者之间在界权上可以各行其道而互不干扰，即个体权利的独立并不影响整体权利的构成，整体权利归属于数据收集处理者，而个人权利即个人信息权仍由个人独立享有并按照法律规定和约定行使。正如著作权法中的电影电视剧作品经常涉及众多参与方和多方主体，著作权法本着激励投入等原则，采取分层界权原则，将复杂客体的电影电视剧作品的著作权界定问题简单化,即电影作品、电视剧作品的著作权由制作者享有,但编剧、导演、摄影、作词、作曲等作者享有署名权,并有权按照与制作者签订的合同获得报酬;视听作品中的剧本、音乐等可以单独使用的作品的作者有权单独行使其著作权(《著作权法》第17条)。这种分层界权方式值得数据界权借鉴。例如,医院收集形成的患者数据集是由患者信息所构成,其中涉及患者的隐私和个人信息。就界权而言,数据集的权属归于医院,即医院是数据集的权利主体,而隐私、个人信息仍由患者享有,两者之间的权利和权利客体不同,只是医院行使数据权会受到个人隐私等权利保护的限制。

数据及其构成要素的可分性,数据的收集和处理可能涉及多个利益主体和利益环节,数据权的界定需要考虑多样化的主体和利益,由此决定了数据界权中涉及的数据权利与数据要素单个权利之间的单一性、分层性和复合性。但是,无论是出于数据权属清晰、流转的便利等的必要性,还是足以清晰界权的可能性,都不宜采取"剪不断、理还乱"的界权方式,而可以采取分层界权的方式,将复杂问题简单化。最为基本的权利结构是个人享有数据中的个人信息权,数据集的商业数据权由收集者享有,而后续的衍生品由数据处理者享有。商业数据权与数据构成要素的个人信息权利既有相互独立性,又有交织性和制约性。个人信息所有人对其纳入数据集中的个人信息仍享有个人信息权利,但该权利受到数据集的所有人对于数据集享有控制权的限制。例如,个人信息所有人授权一家平台使用其个人信息之后,还可以另行授权另一平台使用相同的个人信息,也即授权不同平台使用其相同信息,但无权授权另一平台在前一已授权平台的数据之中抓取其个人信息,因为在他人平台之中抓取该个人信息,则涉及该平台的数据权以及对数据权的侵犯。①

当前司法实践已对于数据权益的分层保护进行了尝试,即数据竞争性权益以整体数据为基础,并非针对单个数据。如在微信聚客通群控系统案中,腾讯公司主张其对微信用户账号、好友关系链、用户操作信息等微信平台数据享有数据权益。法院认为,腾讯公司享有权益的数据可以分为两种形态:一是数据资源整体,二是单一数据个体。就数据资源整体而言,原告投入大量人财物力收集、控制和维护,并可经运营开发衍生产品、获得增值利润,其已成为腾讯公司的核心竞争力,腾讯公司对此享有竞争性权益;就仅对用户信息作了数字化记录的单一数据个体而言,两原告仅享有有限使用权,而不享有专有权。② 这种界定和保护思路显然符合数据权保护实际。

三、责任界权原则

责任界权原则即"谁的行为,由谁承担责任"的原则。在数据的后续转让和使用中,数据所有人仍须尊重个体权利,因违反法律规定或者约定侵害个体权利的,数据所有人应当承担责任。尤其是大数据时代,个人信息与数据的关系应该由重在许可转化为

---

① 该问题涉及未经数据平台方同意,甚至是平台协议反对的情况下,第三方仅获用户授权,能否大批量、自动化抓取用户已在数据平台方发布的数据内容。例如,今日头条曾经通过用户授权直接把新浪微博的内容自动搬家到今日头条。面对大量用户与数据的溢出,新浪切断了与今日头条的内容接口,并在海淀区法院起诉。田小军:"AI时代数据之争,我们需要什么样的'数据权'?",载"腾讯研究院"(微信公众号)2017年12月25日。

② 杭州铁路运输法院(2019)浙8601民初1987号民事判决书。

让使用者承担责任。① 这也是构建数据权的重要基础。尤其是，数据形成过程中的隐私、个人信息等授权仍可能未完全解决后续的被使用问题，后续数据使用仍可能有诸多不确定性，这些延伸性或者不确定性后续使用中涉及的个体权利保障，只能通过让使用者承担责任的方式加以解决。比如，医院的患者数据集由医院享有权利，但医院后续生成衍生数据产品或者进行数据交易时，仍负有保护隐私、个人信息的义务，发生损害时需承担责任。事先许可与事后责任都是保障个体权利以及平衡数据权利人与数据元素权利人之间关系的必要制度设计。

上述数据界权三项原则是相辅相成和协同发挥作用的，既能够使权利界定清晰，又能够使相关权利各得其所和相安无事。单一界权与分层界权可以使数据权属确定易于操作，让复杂问题简单化。

四、商业数据界权的整体构想

商业数据是数据要素市场的基础，是数字经济的关键。商业数据界权必须以个人信息保护和数据安全为基础，但个人信息保

---

① 在互联网时代，隐私规范由人们自主决定，往往会演变成"告知与许可"的公式化系统。在大数据时代，因为数据的价值很大一部分体现在二级用途上，而收集数据时并未作这种考虑，"告知与许可"就不能再起到好的作用了，需要设立不一样的隐私保护模式，更着重于数据使用者为其行为承担责任，而不是将重心放在收集数据之处取得个人同意上，使用数据的公司就需要基于其将对个人所造成的影响，对涉及个人数据再利用的行为进行正规测评。"将责任从民众转移到数据使用者很有意义，也存在充分的理由，因为数据使用者比任何人都明白他们想要如何利用数据。""也许更为重要的是，数据使用者是数据二级应用的最大受益者，所以理所当然应该让他们对自己的行为负责。"〔英〕舍恩伯格、库克耶：《大数据时代》，周涛等译，浙江人民出版社2013年版，第220—222页。

护与数据安全同时具有促进开发利用等立法意图,保护与利用相辅相成和相互促进,没有保护和安全就没有开发利用的基础,就无法形成大数据和数字经济。商业数据必须在隐私、个人信息保护和数据安全的基础上加以界权。商业数据不同于公共数据,具有独特的界权需求、目标和功能。已有数据权益的反不正当竞争保护实践已为数据界权进行了有益探索,以工业产权框架进行保护的端倪初露,并预示了将商业数据纳入工业产权保护的现实可能性。

基于数据的本质特性及工业产权的历史逻辑和制度内涵,有必要将商业数据纳入工业产权的范畴,确立商业数据权概念和类型,以可公开性数据信息为保护对象,包括技术数据和经营数据等,并大致对应于商业秘密,属于保护可公开性数据信息的新类型信息保护类工业产权。商业数据权属的确定则应当按照数据信息的复合性、分层性和单一性等特征,按照投入者、分层原则和责任原则确定归属主体,在此基础上形成独特的权利结构。总之,商业数据权是商业数据的收集者或者处理者对其合法收集的数据或者形成的数据产品的占有、使用和处分的权利。

后　　记

　　近年来《反不正当竞争法》频繁修改,说明其重要性和活跃度与日俱增。《反不正当竞争法》的适用范围日渐拓宽,不断地被用于调整新领域和规制新行为。特别是近年来信息网络产业异军突起和变动不居,数据权益等新法益、新业态和新商业模式层出不穷,伴随而来的是各种新类型不正当竞争问题。无论是立法还是司法执法,都需要及时回应新的发展需求和现实挑战。《反不正当竞争法》施行 30 年来,学界和实务界对于其根本属性和运行规律有了比较全面深刻的把握,相应的理念和制度有了长足的演化和发展。但是,在丰富多彩和变动迅速的实践面前,理论经常陷于捉襟见肘和不能左右逢源的境地,理念和理论观点经常陷入对立,各种争论层出不穷。恰当的实践需要强有力的理论支撑。各类实践问题的有效应对,需要回归《反不正当竞争法》的本源,探寻其基本理念和理论。

　　我在反不正当竞争法领域有独特的经历。我既是《反不正当竞争法》的长期实践者,曾在国家工商行政管理局公平交易局从事反不正当竞争执法,在最高人民法院知识产权庭从事不正当竞争审判,参与和主持过规章和司法解释、司法文件的起草,参与和主审过一些不正当竞争大要案,有着较多的实践积淀,又始终保持理论上的研究兴趣,自 20 世纪 90 年代以来出版过数部反不正当竞争法的著作,在一些方面推动了这一领域理论与实践的发展。2017年反不正当竞争法修订过程中,应邀多次参与修订会议,特别是应邀作为专家参加"修订草案送审稿"提交国务院常务会议之前由国家工商行政管理总局和国务院法制办联合召开的统稿会。在参与立法过程中对于法律精神有了更为深刻的理解。2022年启动第三次修改,我有幸被列入专家组成员,能够有机会建言献策,期望略尽绵薄之力。在这些经历的基础上,面对扑面而来的各种新难问题,我将更多的精力投入《反不正当竞争法》的理念、哲学和基本制度的研究之中,陆续撰写了系列文章。我深深地体会到,任何法律争议的有效解决和法律的准确适用,均在于回归本源,寻求恰当的理念和制度支撑,重在把握好法律精神。当然,这些理念、制度和精神经常需要反思、发掘、检验和发展,而不是一目了然、触手可及和一成不变。鉴于此,本人深深感到,《反不正当竞争法》具有低门槛和宽范围,奉行实用哲学,并采取"三元利益叠加"的法律分析框架。一般条款的谦抑性适用、竞争行为的基础地位、商业道德的商业伦理内涵、有限补充保护的功能定位、静态竞争与动态竞争的取舍、判断范式的区别对待、自由与公平的价值观取向以及"搭便车"理据的限制性适用,构成了反不正当竞争理念与制度的基本框架,也成为架构其法律体系的四梁八柱。恰切地和与时俱进地把握其核心理念、基本价值与基础关系,是《反不正当竞争法》健康发展的必由之路和必要保障。

事物的展开都有一个过程,探索都有尝试性,经常不太可能把握绝对真理。我本人对于许多问题的认识同样也在不断深化,许多认识也不一定全面允当。好在我从不愿故步自封、敝帚自珍,而尽可能吐故纳新和与时俱进。本书的主要内容是近一两年的研究成果，集中反映了我对相关问题的新思考，但也有部分内容撰写于几年前，之所以纳入本书，既是为了内容的关联性和本书的体系性，更主要是想借此机会修订一些过去的主张，注入新的思考。本书虽然以"范式"为名，但探讨的都是这一领域最为重要、最为基础和最有争议的问题。把这些问题学深悟透，才可能在实践操作中豁然开朗、举重若轻和应付裕如。当然，因各种局限，本书有些内容只是浅尝辄止，有些观点可能有失偏颇，这些都需要不断地加以探索。

本书的出版得益于王艳芳教授向王兰萍编审的积极推荐。在我的心目中，商务印书馆始终是出版界的神圣存在，从学生时代至今，我始终保持定期光顾商务印书馆涵芬楼书店的习惯，那里的浓浓书卷气总令人流连忘返，使人获得无数的精神慰藉。这次是我首次成为商务印书馆的作者，由老读者到新作者的转变，于我值得欣喜。值此付梓出版之际，特致鸣谢。

孔祥俊

2024年4月于北京寓所